LES 645 LIEUX DE L'ART CONTEMPORAIN

Guide France - Belgique
Luxembourg - Suisse 2007

Edition Archibooks

Directeur de la publication:
Marc Sautereau

Archibooks
18-20 rue de la perle
F- 75003 Paris
T : + 33 (0)1 42 25 15 58
F : + 33 (0)1 42 25 10 72
www.archibooks.com

Rédaction :
Marie de Jacquelot
Martin Kiefer
Marianne Lippa
Maryline Robalo
Adeline Turmeau

Coordination et graphisme :
Archibooks + sautereau éditeur.

Distribution Paris Musées :
Philippe Magnani
17 cour du Midi
F- 75012 Paris
T : + 33 (0)1 56 95 07 52
pmagnani@paris-musees.asso.fr

Prix de vente : 14,90 €
ISBN : 2-915639-21-3

Dépôt légal :
4 éme trimestre 2006

Impression :
Achevé d'imprimer en Union Européenne.

Pour une définition...

La notion de [lieu d'art contemporain] s'affirme. Du simple statut de diffuseurs de la création contemporaine, ces structures sont devenues productrices. Ce sont ces structures que nous avons souhaité vous présenter. Ces espaces aux statuts multiples (fondations, musées, artothèques, écoles, associations...) favorisent une rencontre entre contemporanéité et public tout en se révélant lieu d'impulsion, d'inspiration, de confrontation.
L'identité de ces [lieux] se fonde sur des femmes, des hommes, des architectures, des scénographies, des géographies. Plus que témoins, gardiens, ces [lieux] participent à l'histoire d'un art actuel.

En toute indépendance, Archibooks a souhaité répertorier ces différents lieux sous la forme d'un guide.
À vous de l'apprécier, de le juger, de le critiquer mais aussi de le compléter.

Cette nouvelle édition fait suite à celle de 2005, c'est donc l'occasion de vous faire découvrir de nouveaux lieux **et surtout d'élargir les territoires et de découvrir des lieux implantés en Suisse, en Belgique, et au Luxembourg**.

Pour un repérage immédiat...

Le voulant simple, pratique et économique, vous trouverez un classement alphabétique par pays et par ville.

Pour chacun des lieux, trois rubriques facilitent votre repérage :
- « Historique du lieu / architecture » : propose une rapide présentation des bâtiment et lieux.
- « Mission/ programmation, collections » : définit l'objectif majeur et la politique de l'établissement.
- « Infos pratiques » donne toutes les informations utiles à connaître : coordonnées, horaires, tarifs, accueil du public, services proposés (bibliothèque / librairie / centre de documentation / publications / ateliers / stages / restaurant / cafétéria / bar).

Marc Sautereau

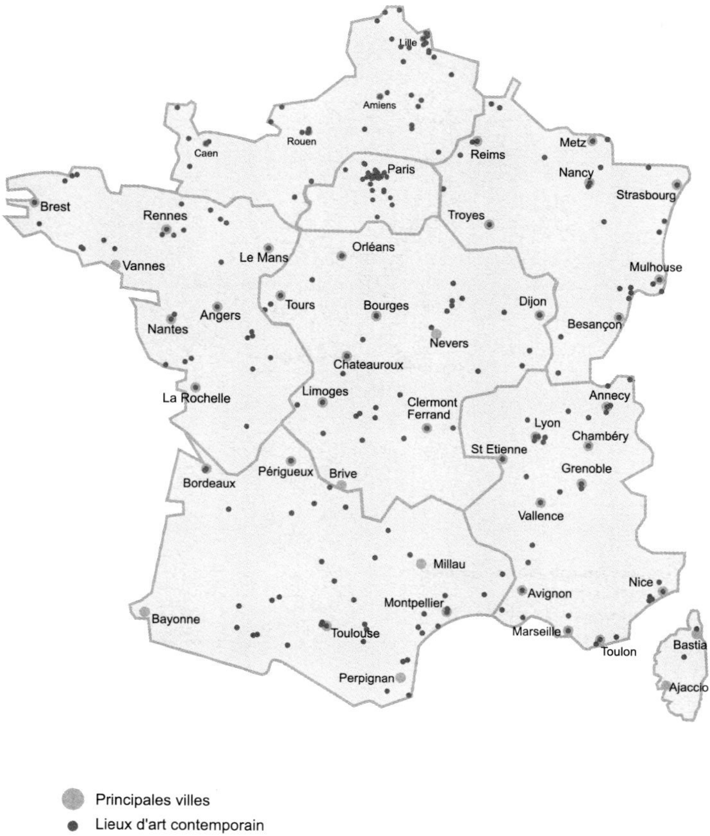
Lille
Amiens
Rouen
Caen
Reims
Metz
Nancy
Strasbourg
Paris
Brest
Rennes
Troyes
Orléans
Le Mans
Vannes
Mulhouse
Tours
Bourges
Dijon
Angers
Nantes
Besançon
Nevers
Chateauroux
Limoges
La Rochelle
Annecy
Clermont
Ferrand
Lyon
Chambéry
St Etienne
Périgueux
Brive
Bordeaux
Grenoble
Vallence
Millau
Nice
Avignon
Montpellier
Bayonne
Toulouse
Marseille
Toulon
Bastia
Perpignan
Ajaccio
Principales villes
Lieux d'art contemporain

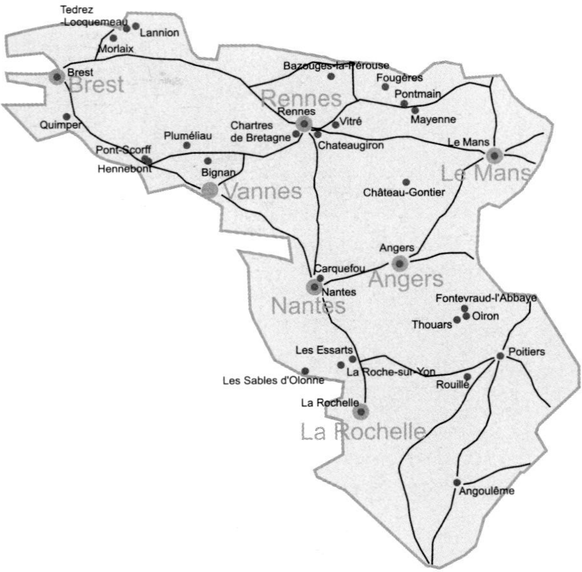

Départements de la région:

16-CHARENTE
17-CHARENTE-MARITIME
22-CÔTES-D'ARMOR
29-FINISTÈRE
35-ILLE-ET-VILAINE
44-LOIRE-ATLANTIQUE
49-MAINE-ET-LOIRE
53-MAYENNE
56-MORBIHAN
72-SARTHE
79-DEUX-SÈVRES
85-VENDÉE
86-VIENNE

Principales villes
Lieux d'art contemporain

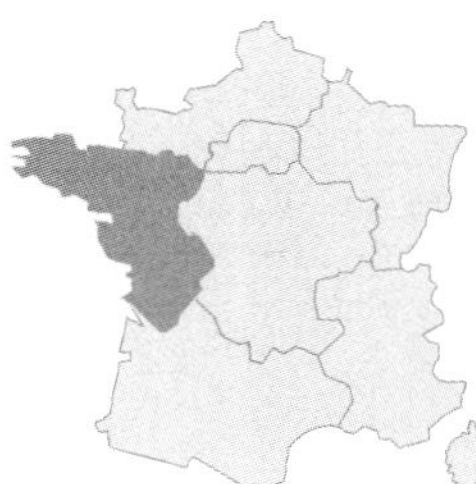

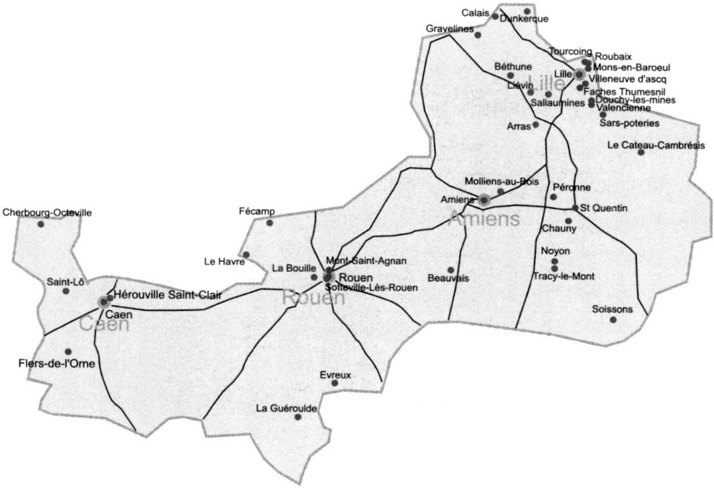

Principales villes

Lieux d'art contemporain

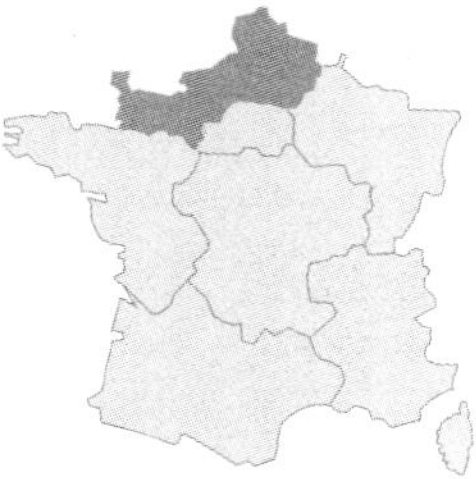

Départements de la région:

02–AISNE
14–CALVADOS
27–EURE
50–MANCHE
59–NORD
60–OISE
61–ORNE
62–PAS-DE-CALAIS
76–SEINE-MARITIME
80–SOMME

Région Ile-de-France

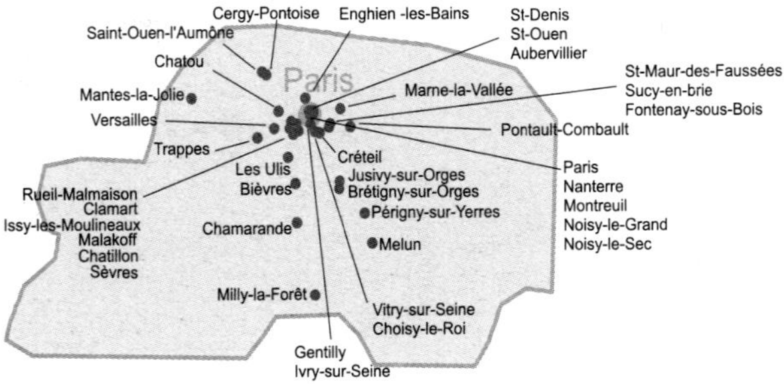

Départements de la région:

75–PARIS
77–SEINE-ET-MARNE
78–YVELINES
91–ESSONNE
92–HAUTS-DE-SEINE
93–SEINE-SAINT-DENIS
94–VAL-DE-MARNE
95–VAL-D'OISE

Principales villes
Lieux d'art contemporain

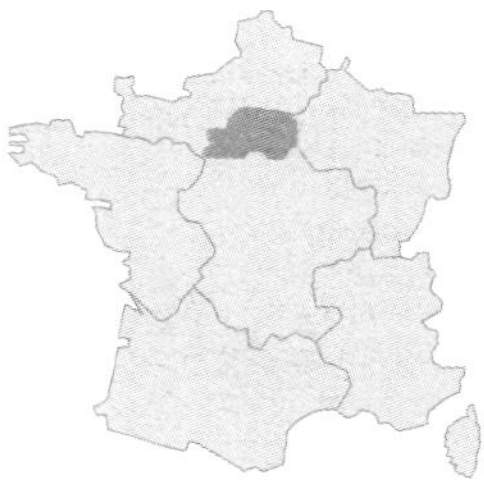

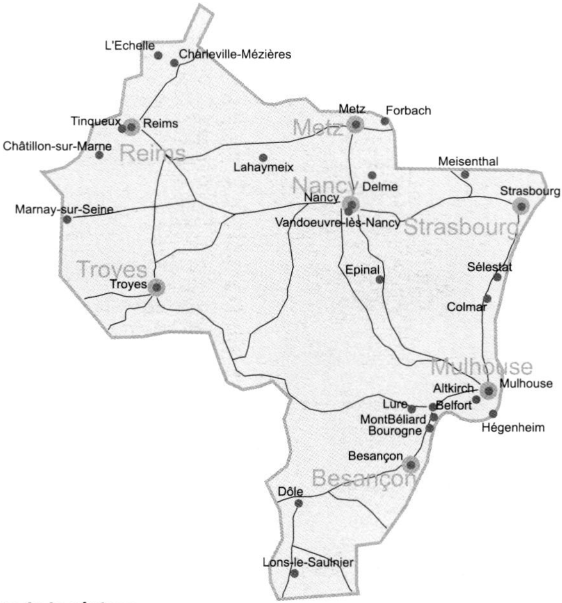

Départements de la région:

08-ARDENNES
10-AUBE
25-DOUBS
39-JURA
51-MARNE
54-MEURTHE-ET-MOSELLE
55-MEUSE
57-MOSELLE
67-BAS-RHIN
68-HAUT-RHIN
70-HAUTE-SAÔNE
88-VOSGES
90-TERRITOIRE DE BELFORT

Principales villes
Lieux d'art contemporain

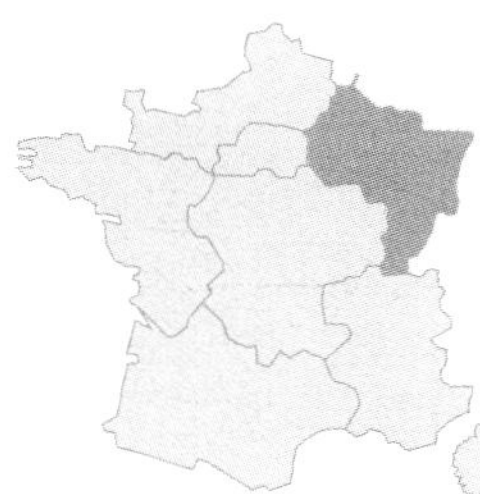

Région Sud-Ouest

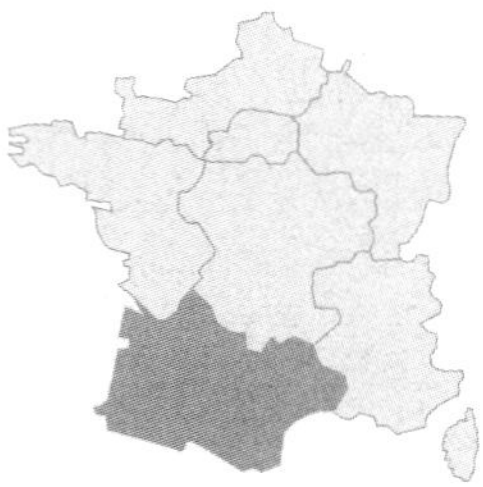

Départements de la région:

11–AUDE
12–AVEYRON
24–DORDOGNE
30–GARD
31–HAUTE-GARONNE
32–GERS
33–GIRONDE
34–HÉRAULT
46–LOT
47–LOT-ET-GARONNE
48–LOZÈRE
64–PYRÉNÉES-ATLANTIQUES
65–HAUTES-PYRÉNÉES
66–PYRÉNÉES-ORIENTALES
81–TARN
82–TARN-ET-GARONNE

Principales villes
Lieux d'art contemporain

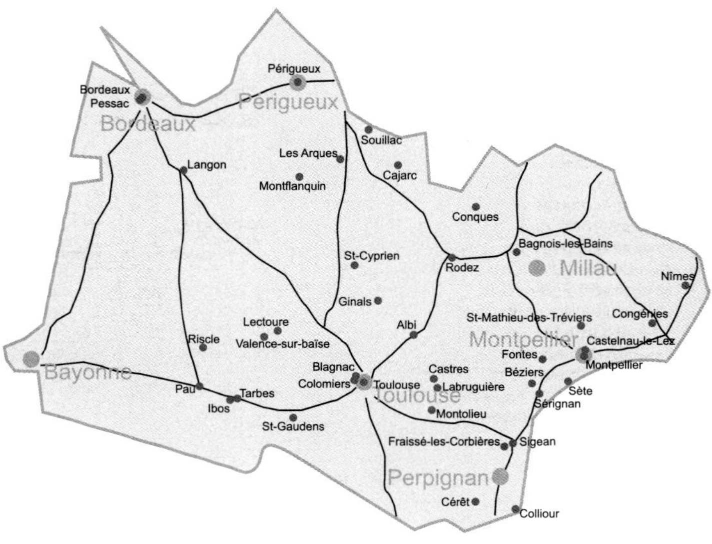

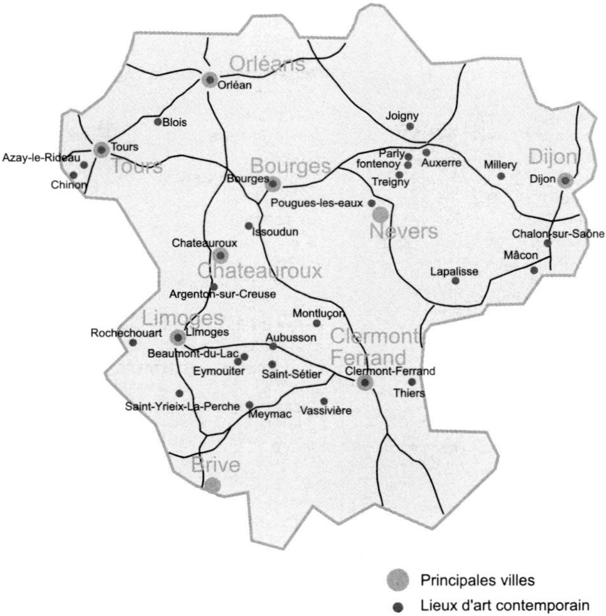

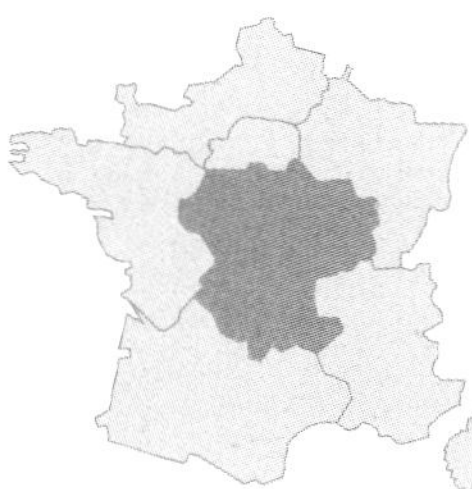

Départements de la région:

03–ALLIER
18–CHER
19–CORRÈZE
21–CÔTE-D'OR
23–CREUSE
36–INDRE
37–INDRE-ET-LOIRE
41–LOIR-ET-CHER
45–LOIRET
58–NIÈVRE
63–PUY-DE-DÔME
71–SAÔNE-ET-LOIRE
87–HAUTE-VIENNE
89–YONNE

Départements de la région:

01–AIN
06–ALPES-MARITIMES
07–ARDÈCHE
13–BOUCHES-DU-RHÔNE
2A–CORSE-DU-SUD
2B–HAUTE-CORSE
26–DRÔME
38–ISÈRE
42–HAUTE-LOIRE
69–RHÔNE
73–SAVOIE
74–HAUTE-SAVOIE
83–VAR
84–VAUCLUSE

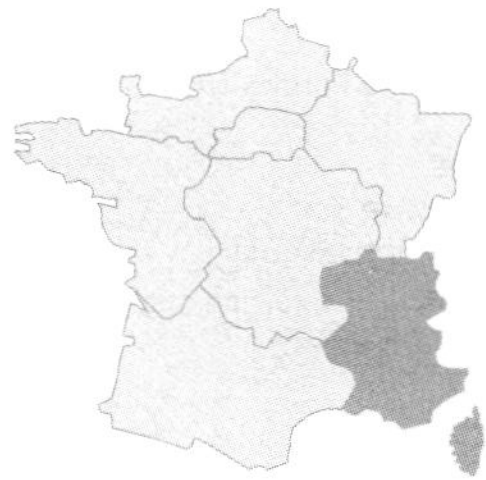

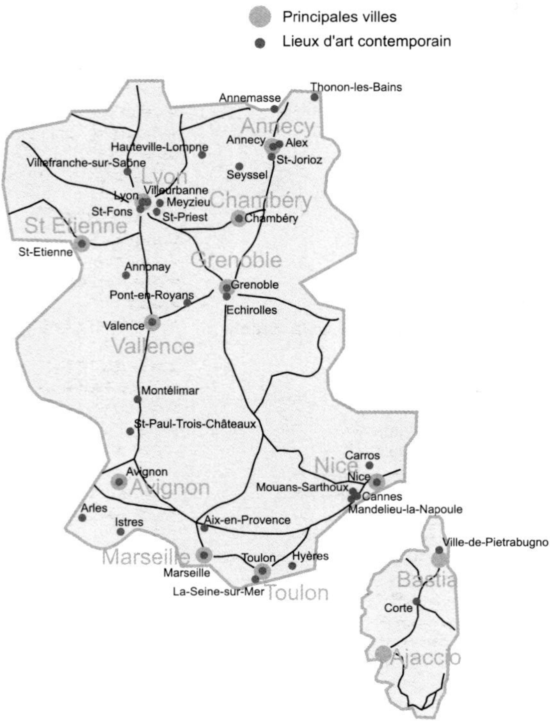

01–AIN
Hauteville-Lompnes :
> Centre d'art contemporain de Lacoux
Seyssel :
> Ateliers de la Poudrière

02–AISNE
Saint-Quentin :
> Galerie Saint-Jacques
Soissons :
> Musée de Soissons

03–ALLIER
Lapalisse :
> Musée de l'art en marche
Montluçon :
> Athanor

04–ALPES-DE-HAUTE-PROVENCE
Digne-les-Bains :
> Musée Gassendi
> Musée promenade

05–HAUTES ALPES
Gap :
> Galerie du Théâtre de La Passerelle

06–ALPES-MARITIMES
Cannes :
> La Malmaison
Carros :
> Centre international d'art contemporain
Mandelieu-la-Napoule :
> Château de la Napoule
Mouans-Sartoux :
> Espace de l'art concret, centre d'art contemporain
Nice :
> Galerie municipale des Ponchettes
> Le DOJO
> La Station/ Association Starter
> Musée d'art moderne et contemporain
> Théatre de la photographie et de l'image Charles Nègres
> Villa Arson, école supérieure d'art
Saint-Paul-de-Vence :
> Château de Villeneuve, fondation Émile Hugues
> Fondation Maeght

07–ARDÈCHE
Annonay :
> Groupe d'art contemporain, GAC

08–ARDENNES
Charleville-Mezières :
> Maison Arthur Rimbaud
L'Échelle :
> Centre d'art et de littérature, Hôtel Beury

10–AUBE
Marnay-sur-Seine :
> CAMAC
Troyes :
> Centre d'art contemporain, Passages

11–AUDE
Fraissé-les-Corbières :
> Château de Fraissé
Montolieu :
> Centre de sculpture
Sigean :
> Lieu d'art contemporain, LAC

12–AVEYRON
Conques :
> Centre européen d'art et de civilisation médiévale, CEACM
Rodez :
> Musée des beaux- arts Denys Puech

13–BOUCHES-DU-RHÔNE
Aix-en-Provence :
> 3 bis F
> École supérieure d'art
> Fondation Vasarely
> Galerie d'Art du Conseil Général des Bouches du Rhône
> Galerie de l'Ecole Supérieure d'Art
Arles :
> Association du Méjan
> Arena, Galerie de l'école nationale supérieure de la photographie
> Artothèque, Espace Van Gogh
> Musée Reattu
Istres :
> Centre d'art contemporain

Marseille :
> Ateliers d'Artistes de la Ville de Marseille
> Artena
> Artothèque Antonin Artaud
> Astérides
> Bureau des Compétences
> Centre de la Vieille Charité
> Centre international de recherche et de création sur le verre et les arts plastiques, CIRVA
> Documents d'Artistes
> École des beaux-arts
> Espace culture
> Espace Ecureuil
> FRAC PACA
> Galerie Athanor
> La Compagnie
> Musée Cantini
> Musée d'art contemporain, MAC
> P-silo
> RBLQ – Poser la Bonne Question
> Red District
> Sextant et plus
> Sol, Mur, Plafond
> Triangle
> Vidéochroniques

Miramas :
> Artothèque

14–CALVADOS
Caen :
> Artothèque
> École régionale des beaux-arts
> FRAC Basse-Normandie
> Musée-jardin de la Luna Rossa
> Musée des beaux-arts

Hérouville-Saint-Clair :
> Station Mir
> WHARF, Centre d'art contemporain de Basse-Normandie

15–CANTAL
Aurillac :
> Musée des beaux-arts, Les Écuries

16–CHARENTE
Angoulême :
> École supérieure de l'image
> FRAC Poitou-Charentes

17–CHARENTE-MARITIME
La Rochelle :
> Carré Amelot

18–CHER
Bourges :
> Association Emmetrop : Transpalette
> La BOX, École nationale supérieure d'art
> Musée Estève
> Maison de la culture de Bourges, MCB

19–CORRÈZE
Meymac :
> Abbaye Saint-André, centre d'art contemporain

2A–CORSE-DU-SUD
Ville di Pietrabugno :
> Centre méditerranéen de la photographie

2B–HAUTE-CORSE
Corte :
> FRAC Corse

21–CÔTE-D'OR
Dijon :
> Atheneum
> École nationale supérieure d'art
> FRAC Bourgogne
> Interface
> Le Consortium

Millery :
> Association Plus CRANE

22–CÔTES-D'ARMOR
Lannion :
> L'imagerie

Tedrez-Locquemeau :
> Galerie du Dourven

23–CREUSE
Aubusson :
> École nationale supérieure d'art

24–DORDOGNE
Périgueux :
> Association départementale de développement culturel, ADDC

25–DOUBS

Besançon :

> Centre d'art mobile
> École régionale des beaux-arts

Montbéliard :

> Artothèque ASCAP
> Le 19, centre régional d'art contemporain

26–DRÔME

Montélimar :

> Le château des Adhémar

Saint-Paul-Trois-Châteaux :

> Galerie Angle

Valence :

> Centre de recherche et d'action culturelle

27–EURE

Évreux :

> Maison des arts

La Guéroulde :

> La Source

29–FINISTÈRE

Brest :

> Centre atlantique de la photographie
> Centre d'art Passerelle
> École supérieure d'arts
> Musée des beaux-arts

Morlaix :

> Les Moyens du bord

Pont Aven :

> CIAC

Quimper :

> Association Galerie Artem
> École supérieure des beaux-arts de Cornouailles
> Le Quartier

30–GARD

Congénies :

> Association Artelinéa-art contemporain

Milhaud :

> ESCA/ Espace de Soutien à La Circulation Artistique

Nîmes :

> Carré d'art
> La Vigie

31–HAUTE-GARONNE

Blagnac :

> Odyssud

Colomiers :

> Espace des arts

Saint-Gaudens :

> Chapelle Saint-Jacques

Toulouse :

> BBB, centre régional d'initiatives pour l'art contemporain
> École supérieure des beaux-arts
> Espace Croix-Baragnon
> Espace Saint-Cyprien
> Fondation d'entreprise espace écureuil
> Galerie municipale du Château d'eau
> Les Abattoirs
> Traverse vidéo

32–GERS

Lectoure :

> Centre de photographie de Lectoure

Riscle :

> La Galerie Bleue

Valence-sur-Baïse :

> Abbaye de Flaran

33–GIRONDE

Bordeaux :

> A 5 bis
> Archéoptéryx
> L'art Cru Muséum
> Bruit du frigo
> CAPCMusée
> École supérieure des beaux-arts
> FRAC Aquitaine
> Le Garage moderne
> Musée des beaux-arts

Langon :

> Imagiques, rencontres photographiques en Sud Gironde

Pessac :

> Artothèque Les Arts au mur

34–HÉRAULT

Béziers :

> Association Art et Toiles
> Lézigno

Castelnau-le-lez :

> Fondation du Pioch Pelat, ARPAC

Fontes :

> Centre local d'art contemporain
de l'Hérault, CLAC
Montpellier :
> Carré Saint-Anne
> École supérieure des beaux-arts
> Espace d'art contemporain du domaine départemental du Château d'O
> FRAC Languedoc-Roussillon
> Galerie photographique
Dominique Bagouet
> Galerie Saint-Ravy
> La Réserve
> Musée Fabre
Saint-Mathieu-des-Tréviers :
> Artur
Sérignan :
> Espace d'art Gustave Fayet
Sète :
> Centre régional d'art contemporain
> Musée international des Arts Modestes
> Villa Saint-Clair

35–ILLE-ET-VILAINE
Bazouges-la-Pérouse :
> Le Village, site d'expérimentation
> Le Carré d'art, centre culturel Pôle Sud
Châteaugiron :
> FRAC Bretagne
Fougères :
> Arcade, les Urbanistes
Rennes :
> Centre culturel du Triangle
> École supérieure des beaux-arts
> Galerie Art & Essai
> La Criée, centre d'art contemporain
> 40mcube
> Le Bon accueil, site expérimental de pratiques artistiques
Vitré :
> Artothèque

36–INDRE
Argenton-sur-Creuse :
> Artboretum, lieu d'art contemporain
Châteauroux :
> École municipale des beaux-arts
Issoudun :
> Musée de l'hospice Saint-Roch

37–INDRE-ET-LOIRE
Azay-le-Rideau :
> Atelier Calder
Chinon :
> Galerie contemporaine
Tours :
> CCC Centre de création contemporaine
> École supérieure des beaux-arts
> Eternal Network

38–ISÈRE
Échirolles :
> Musée Géo-Charles
Grenoble :
> Artothèque
> École supérieure d'art
> Fluid Image, espace de création contemporaine
> le 102
> Le Magasin
> Musée de Grenoble
Pont-en-Royans :
> La Halle, lieu d'art contemporain

39–JURA
Dôle :
> FRAC Franche-Comté
> Musée des beaux-arts
Lons-le-Saulnier :
> Artothèque

41–LOIR-ET-CHER
Blois :
> École d'art
42–LOIRE
Saint-Étienne :
> École régionale des beaux-arts
> Musée d'art moderne

44–LOIRE-ATLANTIQUE
Carquefou :
> FRAC Pays de la Loire
Nantes :
> Artothèque Le Ring
> École régionale des beaux-arts
> Le lieu unique
> Musée des beaux-arts
Saint Nazaire :
> Le Grand Café

45–LOIRET
Orléans :
> FRAC Centre
> Institut d'arts visuels d'Orléans, IAV
> Le Pays où le ciel est toujours bleu
> Scène nationale d'Orléans

46–LOT
Cajarc :
> Maison des arts Georges Pompidou
Les Arques :
> Les Ateliers, résidences d'artistes
Souillac :
> L'Atelier Lauranne

47–LOT-ET-GARONNE
Monflanquin :
> Association Pollen

48–LOZÈRE
Bagnols-les-Bains :
> le Vallon du Villaret, Enfance de l'art

49–MAINE-ET-LOIRE
Angers :
> Artothèque
> École supérieure des beaux-arts
> Musée des Beaux-Arts d'Angers
Fontevraud-l'Abbaye :
> Abbaye de Fontevraud
Saumur :
> Galerie d'Art Bouvay-Ladubay

50–MANCHE
Cherbourg-Octeville :
> Artothèque
> École supérieure des beaux-arts
> Scène nationale du Trident
Saint-Lô :
> Art plume
> École municipale de dessin

51–MARNE
Châtillon-sur-Marne :
> Irma Vep Lab, lieu de création contemporaine
Reims :
> Centre culturel Saint-Éxupéry
> Domaine Pommery
> FRAC Champagne-Ardenne
Tinqueux :
> Dans la lune, centre de créations pour l'enfance

53–MAYENNE
Château-Gontier :
> Le Carré
Mayenne :
> La Chapelle des Calvairiennes
> Le kiosque, centre d'action culturelle du Pays de Mayenne
Pontmain :
> Centre d'art sacré et contemporain

54–MEURTHE-ET-MOSELLE
Nancy :
> 379, lieu de présentation expérimentale d'art contemporain
> École nationale supérieure des arts
> Musée des Beaux Arts
Vandoeuvre-lès-Nancy :
> Centre culturel André Malraux

55–MEUSE
Bar-le-Duc :
> Espace Saint- Louis
Lahaymeix :
> Le Vent des Forêts

56–MORBIHAN
Bignan :
> Centre d'art contemporain, Domaine de Kerguéhennec
Hennebont :
> Artothèque Pierre Tal-Coat
Plumélian :
> L'art dans les chapelles
Pont-Scorff :
> L'Atelier d'Estienne, espace d'art contemporain du Pays de Lorient

57–MOSELLE
Delme :
> La Synagogue de Delme
Forbach :
> Association Oeil
> Castel coucou
Meisenthal :
> Comité d'animation et de développement de la Halle de Meisenthal, CADHAME

Metz :
> École des beaux-arts
> Faux Mouvement
> FRAC Lorraine

58–NIÈVRE
Pougues-les-Eaux :
> Parc Saint-Léger

59–NORD
Douchy-les-Mines :
> Centre régional de la photographie Nord-Pas-de-Calais
Dunkerque :
> FRAC Nord-Pas-de-Calais
> LAAC/Mac Dunkerque
Faches-Thumesnil :
> Médiathèque Marguerite Yourcenar
Gravelines :
> Musée du dessin et de l'estampe originale
Le cateau-Cambrésis :
> Musée Matisse
Lille :
> Artconnexion
> Espace culture de l'université des sciences et technologies de Lille
> La Malterie
Mons-en-Baroeul :
> Heure exquise !
Roubaix :
> Espace croisé, centre d'art contemporain
> La Piscine, musée d'art et d'industrie de Roubaix
Sars-Poteries :
> Cent lieux d'art
Tourcoing :
> École régionale supérieure d'expression plastique
> Le Fresnoy, studio national des arts contemporains
> Médiathèque André Malraux
> Musée des beaux-arts
Valenciennes :
> Acte de Naissance
> Espace Pier Paolo Pasolini
> L'Aquarium, école des beaux-arts
Sallaumines :
> Maison de l'art et de la communication
Villeneuve-d'Ascq :
> Musée d'art moderne Lille métropole

60–OISE
Beauvais :
> Espace culturel François Mitterrand
> École des beaux-arts
Hannaches :
> Hors cadre
Noyon :
> Galerie d'exposition de la cité scolaire
Tracy-le-Mont :
> Traces & Cie

61–ORNE
Flers-de-l'orne :
> 2 Angles

62–PAS-DE-CALAIS
Arras :
> La Pomme à tout faire
Béthune :
> Espace Saint-Pry
Calais :
> Le Channel
Liévin :
> Arc-en-ciel

63–PUY-DE-DÔME
Clermont-Ferrand :
> École des beaux-arts
> FRAC Auvergne
Thiers :
> Le Creux de l'Enfer

64–PYRÉNÉES-ATLANTIQUES
Pau :
> École supérieure des arts et de la communication
> Vidéo K.01

65–HAUTES-PYRÉNÉES
Ibos :
> Le Parvis
Pouzac :
> L'Art en Stalles
Tarbes :
> Le Carmel

66–PYRÉNÉES-ORIENTALES

Cérêt :
> Musée d'art moderne

Collioure :
> Musée d'art moderne

Saint-Cyprien :
> Centre d'art contemporain

67–BAS-RHIN

Sélestat :
> FRAC Alsace

Strasbourg :
> Apollonia
> Association pour la création d'événements culturels et artistiques, ACECA
> Banlieues d'Europe
> Centre européen d'actions artistiques contemporaines, CEAAC
> Chambre à part
> École supérieure des arts décoratifs
> Maison de l'image
> Musée d'art moderne et contemporain
> Syndicat potentiel

68–HAUT-RHIN

Altkirch :
> CRAC Alsace, Centre rhénan d'art contemporain

Colmar :
> Espace André Malraux
> Espace Lézard
> Musée d'Unterlinden

Hegenheim :
> La Fabrik

Mulhouse :
> Artothèque de Mulhouse
> La Filature, scène nationale
> Le Quai, école supérieure de l'art

69–RHÔNE

Lyon :
> Artothèque
> École nationale des beaux-arts
> Goethe Institut
> Galerie Iufm Confluence(s)
> L'Attrape-Couleurs
> La BF 15
> La Salle de Bains
> Le Rectangle
> Les Subsistances
> Maison des arts plastiques Rhône-Alpes
> Musée d'art contemporain

Meyzieu :
> Espace culturel François Mitterrand, médiathèque, Rez d'art contemporain

Oulins :
> Cité de la création

Saint-Fons :
> Centre d'arts plastiques

Saint-Priest :
> Artothèque

Vénissieux :
> Espace d'Arts Plastiques de Vénissieux

Villefranche-sur-Saône :
> Musée Paul Dini

Villeurbanne :
> Institut d'art contemporain, IAC-FRAC Rhône-Alpes
> URDLA – Centre international de l'Estampe et du Livre

70–HAUTE-SAÔNE

Lure :
> Centre de ressources « Photographies »

71–SAÔNE-ET-LOIRE

Chalon-sur-Saône :
> Espace des arts
> Musée Nicéphore Niepce

Mâcon :
> Musée des Ursulines

72–SARTHE

Le Mans :
> École supérieure des beaux-arts
> Théâtre Espal

73–SAVOIE

Chambéry :
> Artothèque
> Espace André Malraux

La Motte Servolex :
> La Conciergerie

74–HAUTE-SAVOIE

Alex :
> Fondation pour l'art contemporain Claudine et Jean-Marc Salomon

Annecy :
> Savoie. Haute-Savoie. Art contemporain
Annemasse :
> Villa du parc,
centre d'art contemporain
Saint-Jorioz :
> Imagespassages,
art visuel et médiatique
Thonon-les-bains :
> Maison des arts,
Espace Maurice Novarina

75–PARIS
(1e) Les Halles – Châtelet :
> Galerie du Jeu de Paume
> Les Arts Décoratifs
> Maison du geste et de l'image, centre de recherche et d'éducation artistique
> Musée du Louvre
> Pavillon des arts
(2e) Bourse – 4 septembre :
> BNF, département des estampes et de la photographie – Site Richelieu
(3e) Beaubourg – Le Marais :
> Centre culturel du Mexique
> Centre culturel suédois
> Centre culturel suisse
> Musée d'art et d'histoire du judaïsme
> Passage de Retz
> Public
(4e) Beaubourg – Saint-Paul :
> Centre Pompidou
> Centre Wallonie-Bruxelles
> Maison européenne de la photographie
(5e) Panthéon – Saint-Michel :
> Centre culturel irlandais
> Institut finlandais
> Institut du monde arabe
(6e) Saint-Germain – Odéon :
> Centre culturel tchèque
> Couvent des cordeliers
> École nationale supérieure
des beaux-arts
> Fondation Dubuffet
> Goethe Institut, Galerie Condé
> Institut hongrois
> Musée Zadkine
(7e) Saint-Germain – Invalides :
> British Council
> Centre culturel canadien
> Centre culturel néerlandais
> Fondation Dina Vierny, Musée Maillol
> Fondation Électra
> Institut culturel italien
> Maison de l'Amérique latine
(8e) Elysée – Concorde :
> Centre culturel Cardin
> Espace Paul Ricard
> Instituto Cervantes
> Maison du Danemark
(9e) Opéra – Grands boulevards :
> Centre culturel Anatolie
> Fondation Taylor
> Musée de la vie romantique
(10e) Saint-Martin – République :
> Espace Beaurepaire
> Fondation ICAR
> Galerie Fraîch'Attitude, espace de création contemporaine de l'Aprifel
> Passage du désir
> Point éphémère
(11e) République – Bastille :
> Ars longa
> Le Génie de la Bastille
> La Maison des métallos
> La Ménagerie de verre
(12e) Reuilly – Bercy :
> La Maison rouge,
Fondation Antoine de Galbert
(13e) Bibliothèque – Italie :
> BNF, site François Mittérand
> Chapelle Saint-Louis de la Salpétrière
(14e) Montparnasse – Raspail :
> Cité-culture, Cité internationale
universitaire de Paris, CIUP
> Fondation Cartier
pour l'art contemporain
> Fondation Henri Cartier-Bresson
> Musée Bourdelle
(15e) Vaugirad – Grenelle :
> Centre culturel algérien
> Immanence
> Maison de la culture du Japon à Paris
> Musée de la Poste
> Premier Regard
> Square de Vergennes
(16e) Passy – Auteuil :
> Centre culturel Calouste Gulbenkian
> Centre culturel coréen
> Galliéra, Musée de la mode

> Goethe Institut
> Institut Camoës
> Musée d'art moderne de la Ville de Paris
> Palais de Tokyo
(18e) Montmartre – Clichy :
> La Halle Saint-Pierre
(19e) La Vilette :
> FRAC Ile-de-France / Le Plateau
(20e) Belleville :
> Anomos
> Confluences

76–SEINE-MARITIME
Fécamp :
> Palais Bénédictine
La Bouille :
> De la pierre aux pixels
Le Havre :
> Le Spot
Mont-Saint-Aignan :
> Galerie Du Bellay
Rouen :
> 141, ateliers d'artistes
> École régionale des beaux-arts
> Musée des beaux-arts
> Pôle image de Haute-Normandie
Sotteville-les-Rouen :
> FRAC Haute-Normandie

77–SEINE-ET-MARNE
Marne-la-vallée :
> La Ferme du Buisson
Melun :
> Act'art, action artistique en Seine-et-Marne
Pontault-Combault :
> Centre photographique d'Ile-de-France

78–YVELINES
Chatou :
> Centre national de l'estampe et de l'art imprimé, CNEAI
Mantes-la-Jolie :
> Centre culturel Chaplin
> Collectif 12, friche André Malraux
Trappes :
> Banlieues' Arts
Versailles :
> La Maréchalerie

79–DEUX-SÈVRES
Oiron :
> Château d'Oiron
Thouars :
> École municipale d'arts plastiques

80–SOMME
Amiens :
> Artothèque
> École supérieure d'art et de design
> FRAC Picardie
> Galeries des lycées
> La Briqueterie
> Le Safran
> Maison de la culture d'Amiens
> Musée de Picardie
Chauny :
> Galerie du collège Jacques Cartier
Molliens-au-Bois :
> La Forge
Péronne :
> Galerie de la cité scolaire Pierre Mendès-France

81–TARN
Albi :
> Artothèque du collège Jean Jaurès
> L'Athanor
> Cimaise et portique, centre départemental d'art contemporain
Castres :
> Centre d'art contemporain
Labruguiere :
> Musée Arthur Batut

82–TARN-ET-GARONNE
Ginals :
> Abbaye de Beaulieu

83–VAR
Hyères :
> Villa Noailles
La Seyne-sur-Mer :
> La Tête d'Obsidienne
> Villa Tamaris, centre d'art
Lorgues :
> Le Garage / Ass MDLC

Toulon :
> École supérieure d'art
> Galerie des Remp'arts
> Hôtel des arts,
centre méditerranéen d'art
> Maison de La Photographie

84–VAUCLUSE
Avignon :
> Collection Lambert
> Palais des Papes

85–VENDÉE
La Roche-sur-Yon :
> Artothèque
Les Essarts :
> La Caravane jaune
Les Sables-d'Olonne :
> Musée de l'abbaye Sainte-Croix
Luçon :
> Collectif de réflexion sur l'image, CRI

86–VIENNE
Poitiers :
> École supérieure de l'image
> Le Confort moderne,
centre d'art contemporain
> Musée Sainte-Croix
Rouillé :
> Rurart, espace d'arts

87–HAUTE-VIENNE
Beaumont-du-Lac :
> Centre national d'art et du paysage de Vassivière en Limousin, CNAP
Eymoutiers :
> Espace Paul Rebeyrolle
Limoges :
> Artothèque du Limousin
> Centre de recherche sur les arts du feu et de la terre, CRAFT
> Fonds d'art contemporain des communes du Limousin, FACLIM
> FRAC du Limousin
> Galerie du CAUE
> La Vitrine
Rochechouart :
> Musée départemental d'art contemporain
Saint-Sétiers :
> Appelboom et Mouvance
Saint-Yrieix-La-Perche :
> Association Pays-paysage
> Centre culturel Jean-Pierre Fabrègue

88–VOSGES
Épinal :
> École supérieure d'art d'Épinal
> La Lune en parachute
> Musée départemental d'art ancien et contemporain

89–YONNE
Auxerre :
> Artothèque
> Centre d'art de l'Yonne
Fontenoy :
> Centre régional d'art contemporain
Joigny :
> Atelier Cantoisel
Parly :
> Centre graphique de la Métairie Bruyère
Treigny :
> Château de Ratilly
> Maison du chanoine

90–TERRITOIRE DE BELFORT
Belfort :
> Galerie du Granit
> Musée d'art et d'histoire
Bourogne :
> L'Espace multimédia Gantner

91–ESSONNE
Bièvres :
> Musée français de la photographie
Brétigny-sur-Orge :
> Espace Jules Verne
Chamarande :
> Centre artistique et culturel
Juvisy-sur-Orge :
> École et centre d'arts plastiques intercommunal Camille Lambert
Les Ulis :
> Centre culturel Boris Vian
Milly-la-Forêt :
> Le Cyclop de Jean Tinguely

92–HAUTS-DE-SEINE
Châtillon :
> Maison des arts
Clamart :
> Centre d'arts plastiques Albert Chanot
> Fondation Arp
Issy-les-Moulineaux :
> Le cube art 3000
Malakoff :
> La Périphérie
> Maison des arts
Nanterre :
> Galerie Villa des Tourailles
Puteaux :
> Fonds national d'art contemporain
Rueil-Malmaison :
> École supérieure d'art
Sèvres :
> Musée national de la céramique

93–SEINE-SAINT-DENIS
Aubervilliers :
> Les Laboratoires d'Aubervilliers
Montreuil-sous-bois :
> Maison populaire
> Pulsart
Noisy-le-Grand :
>École nationale supérieure Louis Lumière
Noisy-le-Sec :
> La Galerie, centre d'art contemporain
Saint-Denis :
> Café culturel
Saint-Ouen :
> Mains d'oeuvres

94–VAL-DE-MARNE
Chailloux :
> Maison d'art contemporain
Choisy-le-Roi :
> Bibliothèque Aragon,
service municipal des arts plastiques
Créteil :
> Maison des arts et de la culture
André Malraux
Fontenay-sous-Bois :
> La Galeru
Gentilly :
> Maison Robert Doisneau
Ivry-sur-Seine :
> Centre d'art d'Ivry, le CREDAC,
galerie Fernand Léger
> Fonds municipal d'art contemporain
> La Manufacture des oeillets
Périgny-sur-Yerres :
> Fondation Dubuffet
Saint-Maur-des-Fossés :
> Artothèque
Sucy-en-Brie :
> Centre culturel
Vitry-sur-Seine :
> La Galerie Municipale d'Art Contemporain
> Musée d'art contemporain
Val de Marne / Vitry

95–VAL-D'OISE
Cergy-Pontoise :
> École nationale supérieure d'art
Enghien-les-Bains :
> Centre des arts d'Enghien-les-Bains
> In Situ
Saint-Ouen-l'Aumône :
> Abbaye de Maubuisson

974–RÉUNION
Saint-Denis de la Réunion :
> Artothèque
> FRAC Réunion
> LERKA

Aix-en Provence (13)

➔ 3 BIS F

Hôpital Montperrin
109, av. du petit Barthélémy
13617 Aix-en-Provence
+33 (0)4 42 16 16 48
www.3bisf.com

Historique du lieu/architecture : le 3 bis F, ancien pavillon de contention pour femmes, d'où le F, est un lieu d'art contemporain situé dans les murs de l'hôpital psychiatrique Montperrin.

Mission/programmation, collections : situé au coeur même d'un lieu d'enfermement, le 3 bis F, est un lieu d'art contemporain pluridisciplinaire qui accueille compagnies théâtrales, chorégraphiques et des plasticiens. Sa mission est bâtie autour de la rencontre entre la création contemporaine pluridisciplinaire et la folie.

Services : des ateliers collectifs de pratique artistique sont proposés par des artistes.

Le 3 bis F accueille des artistes en résidence..

➔ ÉCOLE SUPÉRIEURE D'ART

Rue Émile-Tavan
13100 Aix-en-Provence
+33 (0)4 42 27 57 35
www.ecole-art-aix.fr

Mission/programmation, collections : l'école supérieure des arts d'Aix-en-Provence forme des étudiants à un haut niveau. Elle prend place dans l'activité culturelle de la région en présentant dans une galerie de 100 m2, quatre à cinq expositions par an. L'école se distingue également par son projet pédagogique fortement orienté vers la création numérique et la trandisciplinarité.

Services : elle possède un centre de documentation ouvert du lundi au jeudi de 9h à 18h et le vendredi de 9h à 12h30.

Horaires : la galerie est ouverte du lundi au samedi de 15h à 19h.

➔ FONDATION VASARELY

1 avenue Marcel Pagnol
Jas de Bouffan
13090 Aix en Provence
+33 (0)4 42 20 01 09
www.fondationvasarely.fr

Historique du lieu / architecture : la Fondation Vasarely, du nom du maître de l'art optique, est une fondation privée, reconnue d'utilité publique depuis 1971 et inscrite à l'Inventaire supplémentaire des Monuments historiques depuis novembre 2003.

Mission / programmation / collections : la vocation de ce lieu est entièrement tournée vers les nouvelles technologies, les sciences, et l'informatique. A Aix en Provence, Victor Vasarely a voulu mettre en application, ce qu'il définit comme un nouveau "techno art social". L'intégration des arts plastiques dans l'architecture, la popularisation de la culture et la diffusion de la plasticité grâce à la production en série d'œuvres d'art sont les objectifs de ce qui constitue un acte de générosité exceptionnel envers la communauté.

Service : boutique et librairie.

Horaires : de novembre à février, tout les jours de 10h à 18h et de juin à octobre de 10h à 19h.

Tarifs : plein : 7€ / réduit : 4 €.

→ GALERIE D'ART DU CONSEIL GENERAL DES BOUCHES DU RHONE

Hôtel Castillon
21bis cours Mirabeau
13100 Aix-En-Provence
+33 (0)4 42 93 03 67

Mission / programmation / collections : au coeur du cours Mirabeau à Aix-en-Provence, la Galerie d'art du Conseil général présente chaque année quatre événements de qualité en art moderne ou contemporain à des visiteurs, de plus en plus nombreux.
Services : production de DVD interactif, de publications, conférences et débats.
Horaires : ouvert en hiver de 9h30 à 13h et de 14h à 18h, et l'été de 10h30 à 13h et de 14h à 19h.
Tarifs : entrée libre.

→ GALERIE DE L'ECOLE SUPERIEURE D'ART

1 rue Emile Tavan
13100 Aix-En-Provence
+33 (0)4 42 27 57 35
www.ecole-art-aix.fr

Mission / programmation / collections : l'école supérieure d'art d'Aix-en-Provence forme des artistes et des créateurs, professionnels de haut niveau, pour les mener au coeur de la réalité artistique contemporaine et des métiers de la création. Une galerie de 100 m2, espace de recherche, propose quatre à cinq expositions et manifestations par an en lien avec la pédagogie de l'école.
Horaires : ouvert tous les jours de 15h à 19h à l'exception du dimanche et des vacances scolaires.
Tarifs : entrée libre.

Albi (81)

→ ARTOTHÈQUE DU COLLÈGE JEAN JAURÈS

Avenue de Pélissier
81000 Albi
+33 (0)5 63 45 66 63

Mission/programmation, collections : l'artothèque, véritable outil pédagogique, dispose d'une collection de plus de deux cents estampes représentatives des courants artistiques des quarante dernières années.
Accueil public/scolaires : l'artothèque est ouverte à tous les enseignants sur simple demande. Des expositions thématiques peuvent être proposées en complément.

→ L'ATHANOR

Place de l'amitié
entre les peuples
81000 Albi
+33 (0)5 63 38 55 55
www.athanor.asso.fr

Mission/programmation, collections : créé en 1983, l'Athanor s'attache à soutenir au mieux la jeune création contemporaine.
Cette structure pluridisciplinaire désormais scène nationale, oeuvre à la fois pour le théâtre, le cinéma d'art et essai, et pour les arts plastiques et photographiques.
Services : l'Athanor Café donne rendez-vous pour des lectures, des concerts acoustiques et des animations tout au long de la saison culturelle. L'Athanor accueille également dans son enceinte une bibliothèque des arts, une salle de cinéma, et deux salles de spectacles.
Horaires : du mardi au dimanche de 12h à 19h pour les expositions; pour le café, avant et après les spectacles et du

lundi au vendredi de 10h30 à 14h30 et de 17h30 à 21h. Fermé le lundi.

→ CIMAISE ET PORTIQUE, CENTRE DÉPARTEMENTAL D'ART CONTEMPORAIN

Moulins Albigeois
41, rue Porta
81000 Albi
+33 (0)5 63 47 14 23
www.cimaise-portique.com

Historique du lieu/architecture : classés aux Monuments historiques, les Moulins Albigeois accueillent depuis 1982 diverses expositions dans un cadre exceptionnel.
Mission/programmation, collections : le Centre départemental d'art contemporain a pour mission de soutenir la création artistique contemporaine et sa diffusion à travers une aide à la création locale, régionale, nationale et même internationale.
Producteur d'oeuvres souvent monumentales, le centre comptabilise une cinquantaine de réalisations.
Accueil public/scolaires : Cimaise et Portique mène une politique active de sensibilisation des publics. Des dossiers pédagogiques sont mis à la disposition des enseignants.
Services : Cimaise et Portique accueille des artistes en résidence, et organise des conférences et des rencontres.
Horaires : ouvert tous les jours sauf le mardi, de 13h à 19h.

Alex (74)

→ FONDATION POUR L'ART CONTEMPORAIN CLAUDINE ET JEAN-MARC SALOMON

Château d'Arenthon
74290 Alex
+33 (0)4 50 02 87 52
www.fondation-salomon.com

Historique du lieu/architecture : collectionneurs d'art contemporain depuis plusieurs années, Jean-Marc Salomon et son épouse Claudine tombent sous le charme du château d'Arenthon, à Alex, une demeure du XIIIe siècle à restaurer.
Mission/programmation, collections : la fondation a pour vocation première d'offrir des clés de lecture et de compréhension des oeuvres à un public non spécialiste et curieux. La fondation organise des expositions temporaires : la première était consacrée aux artistes Gilbert & George, figures marquantes de la scène artistique anglaise. Le parc de 1,3 hectare s'est enrichi notamment d'une fontaine d'Anne Ferrer, de sculptures de Yan Pei Ming et de Jan Fabre.
Services : la mission de diffusion et de médiation est menée à travers la mise en place d'une politique éducative et culturelle qui passe par un accompagnement à la visite, l'organisation de tables rondes, de colloques, de conférences et de rencontres avec les artistes. La fondation publie des catalogues.
Horaires : au printemps, du jeudi au dimanche de 14h à 19h. En été, du mercredi au dimanche de 14h à 19h.

Altkirch (68)

→ CRAC ALSACE, CENTRE RHÉNAN D'ART CONTEMPORAIN

18, rue du Château
68130 Altkirch
+33 (0)3 89 08 82 59
www.cracalsace.com

Historique du lieu/architecture : le CRAC Alsace est installé depuis 1992 dans les locaux de l'ancien lycée Jean-Jacques Henner d'Altkirch, bâtiment de style Wilhelmien construit en 1889 par l'architecte allemand Kessler.
Mission/programmation, collections : acteur essentiel de la création contemporaine, le CRAC Alsace est un lieu d'initiation à la création la plus novatrice. À travers l'organisation d'expositions, il accueille les différents aspects des pratiques utilisées par la nouvelle génération d'artistes.
Accueil public/scolaires : les visites guidées se font sur rendez-vous. Divers ateliers pédagogiques sont proposés aux enfants de 6 à 18 ans. Inscription au 03 89 08 82 59.
Participation de 15 € pour l'année.
Services : le CRAC accueille des artistes en résidence. Il dispose d'un auditorium, d'un centre de documentation et d'une librairie-boutique.
Horaires : ouvert du mardi au vendredi de 10h à 18h et le week-end de 14h30 à 19h.

Amiens (80)

→ ARTOTHÈQUE

Bibliothèque municipale
50, rue de la République
80000 Amiens
+33 (0)3 22 97 10 10

Mission/programmation, collections : l'artothèque met à disposition du public une collection d'estampes composée d'oeuvres originales multiples : gravures, lithographies, sérigraphies, constituant un panorama de la création artistique des trente dernières années. Les noms d'artistes de références, Calder, Hartung, Soulages, Tapiès... y côtoient ceux d'artistes moins connus qui incarnent la création contemporaine.
Services : l'artothèque organise expositions, conférences, et animations. Une documentation est proposée afin de mieux connaître les artistes de l'artothèque et le contexte de création des oeuvres.
Horaires : ouvert le lundi de 14h à 19h et du mardi au vendredi de 9h30 à 19h. Ouvert de juillet à août du mardi au samedi de 9h30 à 18h.

→ ÉCOLE SUPÉRIEURE D'ART ET DE DESIGN, ESAD

40, rue des Teinturiers
80080 Amiens
+33 (0)3 22 66 49 90
www.esad-amiens.fr

Mission/programmation, collections : la galerie de l'ESAD, la Petite Fabrique, présente principalement des oeuvres d'étudiants de l'école. Mais, à raison d'une douzaine d'expositions par an, elle montre aussi des travaux de jeunes talents régionaux ou d'étudiants d'écoles étrangères.

45, rue Pointin
80041 Amiens
+33 (0)3 22 91 66 00
www.frac-picardie.org

→ FRAC PICARDIE

Mission/programmation, collections : dès 1985, le FRAC a orienté son action artistique vers le dessin contemporain.
Ce projet singulier lui a valu d'imposer sa notoriété autant en France qu'à l'étranger. Un intérêt constant est porté au dessin sériel et mural, aux grands papiers, et depuis peu, au dessin animé, nouveau registre d'investigations.
Grâce à une politique d'acquisition régulière, des ensembles monographiques parfois très conséquents se sont peu à peu constitués.
Accueil public/scolaires : le service des publics propose visites commentées, accueil enseignants et conférences. Le réseau Galeries des Lycées met à la disposition des élèves des dossiers documentaires, des documents pédagogiques et propose divers ateliers de pratique. Pour compléter ses actions de diffusion en direction du milieu scolaire, le FRAC Picardie propose également un moyen souple et léger de présentation d'oeuvres contemporaines à travers son activité d'artothèque.
Services : le FRAC dispose d'un centre de documentation composé de huit mille catalogues, vingt-deux titres de périodiques vivants, de dossiers d'artistes et de productions audiovisuelles.
Horaires : ouvert au public du lundi au vendredi de 9h à 12h et de 14h à 18h sauf les jours fériés.

45, rue Pointin
80041 Amiens
+33 (0)3 22 91 66 00
www.frac-picardie.org

→ GALERIES DES LYCÉES

Mission/programmation, collections : en vue d'une sensibilisation des jeunes à l'art contemporain, le conseil régional de Picardie a aménagé au sein des établissements scolaires des galeries d'art qui permettent de présenter des oeuvres originales du FRAC Picardie.
Ces lieux d'exposition à part entière accueillent ainsi tout au long de l'année des expositions thématiques ou monographiques. Six Galeries des Lycées ont déjà ouvert leurs portes pour douze envisagées à terme.

2, rue Lescouvé
80000 Amiens
+33 (0)3 22 95 12 95
www.labriqueterie.fr.st

→ LA BRIQUETERIE

Historique du lieu/architecture : créée en 2001, l'association s'installe dans une friche industrielle avant de déménager pour un espace-squat étonnant de 2000 m2 répartis sur trois niveaux.
Mission/programmation, collections : la Briqueterie est une association regroupant une vingtaine d'associations à caractère culturel et artistique.
Là se croisent et travaillent plasticiens, photographes, musiciens, troupes de théâtre, vidéastes et danseurs, tandis que l'émulation collective et la confrontation des projets deviennent un véritable moteur de création qui donnent naissance à des actions collectives.

3, rue Georges-Guynemer
80000 Amiens
+33 (0)3 22 69 66 00

→ LE SAFRAN

Mission/programmation, collections : le Safran est un établissement culturel important qui enseigne les pratiques artistiques, encourage la création et la diffusion. Il présente de nombreux départements, parmi lesquels une salle d'exposition réservée à l'art contemporain, Le Carré Noir, grâce à laquelle la promotion artistique est possible.
Horaires : l'espace d'exposition est ouvert du lundi au samedi de 10h à 12h et de 14h à 18h.

Place Léon-Gontier
80000 Amiens
+33 (0)3 22 97 79 79
+33 (0)3 22 97 79 55
www.amiens.fr

→ MAISON DE LA CULTURE D'AMIENS

Mission/programmation, collections : ce lieu pluridisciplinaire offre une approche du théâtre, du cinéma, de l'art contemporain, de la danse ou encore de la musique. La programmation des arts plastiques est dense et offre de nombreux événements de qualité.
Accueil public/scolaires : l'objectif du service éducatif est d'apporter aux professeurs intéressés des outils pédagogiques facilitant l'élaboration et l'analyse de dossiers autour des spectacles et des expositions. La visite des élèves peut se prolonger par des rencontres avec les artistes.
Horaires : l'espace d'exposition est ouvert du mardi au vendredi de 13h à 19h et le week-end de 14h à 19h. Fermé le lundi.

48, rue de la République
80000 Amiens
+33 (0)3 22 97 14 00
www.amiens.fr

→ MUSÉE DE PICARDIE

Historique du lieu/architecture : construit entre 1855 et 1867, le musée a été conçu comme un palais sur le modèle du Nouveau Louvre de Napoléon III. Puvis de Chavannes a orné de ses peintures l'escalier d'honneur et les galeries du premier étage.
Mission/programmation, collections : le musée a des collections qui vont de la Préhistoire à des pièces contemporaines. Des créateurs contemporains ont participé à sa modernisation. À noter la restauration de la rotonde pour laquelle l'artiste américain Sol LeWitt a conçu un « Wall Drawing » spécifique. Par ses manifestations, expositions, conférences, ateliers, le musée de Picardie s'affirme comme un pôle culturel dynamique de la ville.
Services : des concerts, conférences et visites sont proposés pour une meilleure compréhension des oeuvres.
Tarifs : plein : 4 € / réduit : 2,50 €.
Horaires : le musée est ouvert du mardi au dimanche de 10h à 12h30 et de 14h à 18h.

Angers (49)

12, place Imbach
49000 Angers
+33 (0)2 41 87 26 46
www.nta-angers.fr/
artotheque.html

→ ARTOTHÈQUE

Mission/programmation, collections : chaque année l'artothèque, ouverte en 1984, organise quatre expositions en

lien direct avec la collection. Celle-ci, enrichie chaque année, compte aujourd'hui plus de huit cent trente-cinq oeuvres originales de trois cents artistes.
À noter, un ensemble de photographies essentiellement consacrées au paysage.
Accueil public/scolaires : des rencontres avec les artistes sont régulièrement proposées. Les groupes scolaires peuvent être accompagnés à travers l'établissement, de projets pédagogiques.
Lors des expositions, des visites commentées sont proposées sur rendez-vous.
Services : l'artothèque possède un centre de documentation.
Horaires : ouvert tous les jours de 11h à 19h sauf le dimanche.

→ ÉCOLE SUPÉRIEURE DES BEAUX-ARTS

Hôtel d'Ollone
72, rue Bressigny
49100 Angers
+33 (0)2 41 24 13 50
www.angers.fr

Mission/programmation, collections : l'ESBA a été fondée au milieu du XVIIIe siècle. Spécialisée en architecture d'intérieur, elle développe des échanges entre créateurs et étudiants par le biais de Vitrine sur cour : artistes, architectes et graphistes collaborent avec les étudiants en vue de réaliser des projets d'expositions.
Horaires : ouvert du lundi au vendredi de 9h30 à 12h et de 14h à 19h, le samedi de 9h30 à 12h.

→ MUSEES DES BEAUX ARTS D'ANGERS

14 rue du Musée
49100 Angers
+33 (0)2 41 05 38 00
www.angers.fr

Historique du lieu / architecture : la réouverture du musée des Beaux-arts d'Angers en 2004 marque l'aboutissement d'un des plus grands chantiers muséographiques de France, mené par les architectes Gabor Mester de Parajd, architecte en chef des monuments historiques, pour les parties classées et Antoine Stinco. La superficie est passée de 3000 à 7000 m2 -dont seulement 3000 cependant sont consacrés aux surfaces d'exposition- et 33 millions d'euros environ ont été consacrés aux travaux. L'ensemble des bâtiments a été restauré, des réserves ont été construites et, en sous-sol, un espace dédié aux expositions temporaires (550 m2) et un auditorium ont été créés.
Mission / programmation / collections : ce musée de province a les moyens de ses ambitions et bénéficie chaque année d'un budget d'acquisition significatif et six expositions par an sont prévues.
Service : boutique et librairie, édition de publications, conférences et débats.
Horaires : du mardi au dimanche : collections permanentes : de 13h à 18h
Expositions temporaires : de 12h à 18h, nocturne le 1er vendredi du mois jusqu'à 20h, tarif réduit à partir de 18h.
Tarifs : plein : 4€ / réduit : 3 €.

Angoulême (16)

➔ ÉCOLE SUPÉRIEURE DE L'IMAGE

> Site d'Angoulême
134, rue de Bordeaux
16024 Angoulême
+33 (0)5 45 92 66 02
www.eesati.fr
> Site de Poitiers
26, rue Jean-Alexandre
86000 Poitiers
+33 (0)5 49 88 96 53

Mission/programmation, collections : l'école, située sur les sites d'Angoulême et de Poitiers, est dédiée aux arts et technologies numériques. Elle prodigue un enseignement en arts et technologies numériques.
Elle organise au cours de l'année diverses expositions, propose des colloques, présente des travaux d'étudiants et des activités de l'atelier de recherche et de création (ARC).

➔ FRAC POITOU-CHARENTES

Hôtel Saint-Simon
15, rue de la Cloche Verte
16000 Angoulême
+33 (0)5 45 92 87 01

Mission/programmation, collections : riche de presque cinq cents oeuvres de plus de deux cent trente artistes de vingt-sept pays, la collection du FRAC est très représentative de la création artistique internationale de ces trente dernières années. Elle touche des domaines aussi diversifiés que la peinture, la sculpture, le dessin, la photographie, l'installation, mais aussi la vidéo ou le film 35 mm. Des ensembles autour d'un art de l'objet, mais aussi autour du médium photographique, se sont constitués.
À noter, l'acquisition en 1988 d'un exemplaire de la Boîte de Marcel Duchamp, oeuvre emblématique de la collection.
Accueil public/scolaires : le public scolaire est pris en charge par une équipe de médiateurs. Le FRAC coordonne des stages de formation destinés aux enseignants, ou des interventions d'artistes en milieu scolaire (résidences d'artistes, atelier de pratiques artistiques...).
Services : en liaison avec l'actualité de ses expositions, le FRAC organise des conférences et des projections en invitant artistes, critiques, conservateurs et collectionneurs. Il dispose également d'un centre de documentation.
Horaires : ouvert du mardi au samedi de 10h30 à 12h et de 14h à 19h entrée libre. Le centre de documentation est ouvert le mercredi et jeudi de 14h à 18h, et le vendredi de 10h à 12h et sur rendez-vous.

Annecy (74)

➔ SAVOIE. HAUTE-SAVOIE. ART CONTEMPORAIN

34, av. de Loverchy
74000 Annecy
+33 (0)4 50 45 47 32

Mission/programmation, collections : Savoie. Haute-Savoie. Art contemporain est une association qui oeuvre pour le développement de la rencontre de l'art contemporain avec le public. L'association a pour objet la promotion et la diffusion d'informations sur les activités artistiques.
Services : une brochure trimestrielle sur l'actualité artistique est publiée par l'association.

Annemasse (74)

12, rue de Genève
74100 Annemasse
+33 (0)4 50 38 84 61
www.villaduparc.com

VILLA DU PARC, CENTRE D'ART CONTEMPORAIN

Mission/programmation, collections : depuis sa création en 1986, la Villa du Parc, située au coeur du parc Montessuit, propose cinq expositions par an, et des conférences-débats. Elle collabore régulièrement avec les structures culturelles implantées en Rhône-Alpes et en Suisse et avec les divers lieux culturels de la ville.

Accueil public/scolaires : depuis 1994, la Villa du Parc a mis en place des conférences, des rencontres avec les artistes et des visites commentées. Des dossiers pédagogiques situant les parcours artistiques dans le champ de l'histoire de l'art sont mis à la disposition des enseignants.

Horaires : du mardi au samedi de 14h à 18h30. Fermeture le dimanche, lundi et les jours fériés.

Annonay (07)

1, bd de la République
07100 Annonay
+33 (0)4 75 67 58 50

GROUPE D'ART CONTEMPORAIN, GAC

Mission/programmation, collections : le GAC organise des expositions de peintures accompagnées parfois de lectures d'écrivains contemporains.

Argenton-sur-Creuse (36)

8, rte de Châteauroux
36200 Argenton-sur-Creuse
+33 (0)2 54 24 58 84

ARTBORETUM, LIEU D'ART CONTEMPORAIN

Mission/programmation, collections : disposant d'une salle d'exposition de 330 m², l'Artboretum invite régulièrement des artistes plasticiens. Une fois par an, il est également un lieu expérimental à destination des écoles d'art. Depuis son ouverture, il a présenté notamment les oeuvres de Joël Frémiot, Nicolas Hérubel, Paul-Armand Gette, Patrick Jaillot et Chrytèle Lérisse.

Accueil public/scolaires : le centre d'art accueille les groupes scolaires, participe à des actions culturelles et organise régulièrement des réunions pédagogiques avec les enseignants.

Services : un espace de documentation accueille les publics adultes et scolaires. L'Artboretum édite des catalogues pour soutenir la création artistique et expliciter les oeuvres exposées.

Horaires : ouvert du vendredi au dimanche de 15h à 19h.

Arles (13)

➔ ARENA, GALERIE DE L'ÉCOLE NATIONALE SUPÉRIEURE DE LA PHOTOGRAPHIE

16, rue des Arènes
13631 Arles
+33 (0)4 90 99 33 33
www.enp-arles.com

Historique du lieu/architecture : en 1978, la municipalité d'Arles achète un bel hôtel particulier du XVIIIe siècle pour accueillir le Centre permanent des rencontres internationales de la photographie, puis à partir de 1982, l'École nationale de la photographie.
L'ancienne chapelle, construite au XIXe siècle a été transformée en salle d'exposition sous le nom de Galerie Arena.
Mission/programmation, collections : l'École nationale supérieure de la photographie a pour mission principale de former des photographes dans les domaines artistiques, techniques, historiques et théoriques. Au cours du Festival des Rencontres Internationales de la Photographie, au mois de juillet, la galerie accueille un ancien étudiant de l'école qui expose ses travaux les plus récents, ainsi qu'un autre photographe qui met en regard les siens.
Services : l'École nationale supérieure de la photographie est dotée d'une bibliothèque.
Horaires : ouvert en juillet de 10h à 19h et le reste de l'année du jeudi au dimanche de 10h à 12h et de 14h à 18h.
La bibliothèque est ouverte au public le mercredi et le jeudi.
Tarifs : entrée libre.

➔ ARTOTHÈQUE – ESPACE VAN GOGH

Place Docteur Félix-Rey
13637 Arles
+33 (0)4 90 49 39 39

Historique du lieu/architecture : en 1989, la bibliothèque municipale d'Arles s'installe dans l'aile nord de l'ancien Hôtel-Dieu datant de 1573, où Vincent Van Gogh fit deux séjours. Elle évolue rapidement vers une médiathèque. Les architectes Froidevaux et Tétrel ont créé une architecture tubulaire originale.
En 2002, le Centre permanent des rencontres internationales de la photographie s'installe dans l'aile sud.
Mission /programmation, collections : l'artothèque possède trois cent cinquante-quatre oeuvres présentant un panorama de l'art contemporain depuis 1945. Il peut s'agir soit d'une gravure, soit d'une sérigraphie, soit d'une lithographie ou d'une photographie.
Horaires : ouvert du mardi au vendredi de 13h à 18h30, le samedi, de 10h à 12h et de 13h à 17h.

➔ ASSOCIATION DU MEJAN

Place Nina Berberova
13200 Arles
+33 (0)4 90 49 56 78
www.lemejan.com

Historique du lieu / architecture : la chapelle saint-Martin du Méjan, ancienne église paroissiale se situe dans le quartier du Méjan, sur les quais du Rhône à Arles, c'est un lieu intimiste à l'acoustique exceptionnelle.
Mission / programmation / collections : l'Association du Méjan a été créée en 1984 par Jean-Paul Capitani, Françoise

Nyssen et Hubert Nyssen, dirigeants et fondateurs du groupe d'édition acte sud.
Des expositions de peintures, sculptures, photographies sont organisées tout au long de l'année dans la chapelle et également l'été en parallèle des Rencontres internationales de la photographie.
Horaires : dépend des évènements.
Tarifs : dépend des évènements.

➔ MUSÉE REATTU

10, rue du Grand Prieuré
13200 Arles
+33 (0)4 90 49 37 68

Historique du lieu/architecture : installé dans l'ancien prieuré de Malte, primitivement commanderie fondée au XIVe siècle, agrandie au XVIe siècle, le musée est l'un des pôles de la vie arlésienne.
Mission/programmation, collections : en matière d'art contemporain, on trouve des oeuvres directement liées à la région, celles d'artistes qui y sont nés ou y ont vécu.
En mai 1971, Picasso offre à la ville d'Arles trente et un dessins, en témoignage d'amitié, qui sont exposés au musée.
Des expositions sur les arènes, le théâtre, le cloître et l'Arles antique, sont mises en place avec de nombreuses sculptures et peintures.
Horaires : ouvert tous les jours de novembre à février de 13h à 17h30 ; en mars, avril et octobre : ouvert de 10h à 12h30 et de 14h à 17h30 ; de mai à septembre : ouvert de 10h à 12h30 et de 14h à 19h. Fermé le 1er janvier, 1er mai, 1er novembre et le 25 décembre.

Arras (62)

➔ LA POMME À TOUT FAIRE

9, rue des Agaches
62000 Arras
+33 (0)3 21 23 41 11

Mission/programmation, collections : l'association La Pomme à tout faire a été créée en octobre 1999 afin d'ouvrir un espace de réflexion et d'action permettant de favoriser la présence d'oeuvres et d'artistes sur le bassin minier du Pas-de-Calais.
Elle se compose de trois lieux : la galerie Arc-en-Ciel à Liévin, la Maison de l'art et de la communication de Sallaumines et l'Espace Lumière d'Hénin Beaumont.
Services : une lettre d'information adressée par mail à plus de cinq cents destinataires professionnels permet de découvrir l'actualité des arts plastiques.
Un centre de ressources est accessible sur rendez-vous.

Aubervilliers (93)

➔ LES LABORATOIRES D'AUBERVILLIERS

41, rue Lecuyer
93300 Aubervilliers
M°Aubervilliers, Pantin, ou Quatre-Chemins
+33 (0)1 53 56 15 90
www.leslaboratoires.org

Mission/programmation, collections : les Laboratoires sont un lieu pluridisciplinaire de travail et de réflexion, qui

accueillent tous les projets artistiques concernant notamment les arts plastiques et visuels, à travers un programme d'accueil d'artistes en résidence.
Les Laboratoires ouvrent régulièrement leurs portes pour des présentations publiques (expositions, spectacles, rencontres, discussions, et toutes formes expérimentées par les artistes).
Les artistes qui sont accueillis en résidence, sont plus particulièrement associés à ces moments d'ouverture, occasions de montrer des états d'un travail en cours ou l'aboutissement d'un projet.
La politique éditoriale des Laboratoires est pour partie un prolongement de l'accompagnement proposé aux artistes accueillis en résidence.

Aubusson (23)

→ ÉCOLE NATIONALE SUPÉRIEURE D'ART LIMOGES-AUBUSSON

> Site Limoges
19, av. Martin-Luther-King
87000 Limoges
+33 (0)5 55 43 14 00
> Site Aubusson
Place Villeneuve
23200 Aubusson
+33 (0)5 55 83 05 40

Mission/programmation, collections : réunissant deux écoles d'art décoratif, l'ENSA Limoges-Aubusson dispense un enseignement autour de deux pôles : l'art et le design (avec des spécificités liées à l'histoire des lieux : le textile, la tapisserie et la céramique).
Une galerie présente les travaux des étudiants. L'ENSA accueille régulièrement des artistes en résidence ou des personnalités invitées dans chacun de ses sites.
Avec l'organisation régulière de workshops et de stages ou ateliers d'été, l'ENSA est un lieu privilégié de confrontations entre écoles, professionnels et amateurs, au niveau national et international.
Elle possède également un atelier expérimental extra-muros, situé à la Bisbal d'Empordà en Catalogne espagnole, ville historiquement engagée dans la création céramique et faisant preuve d'une vitalité exceptionnelle dans ce domaine.

Aurillac (15)

→ MUSÉE DES BEAUX-ARTS, LES ÉCURIES

37, rue des Carmes
15000 Aurillac
+33 (0)4 71 45 46 10
www.ville-aurillac.fr

Historique du lieu/architecture : le musée des beaux-arts est installé dans un ancien couvent de visitandines, construit en 1682. En 1792, le couvent est transformé en caserne, puis en haras nationaux.
La ville d'Aurillac réhabilite les locaux et l'écurie des Haras devient à partir de 1985 une salle d'exposition réservée à l'art contemporain.
Mission/programmation, collections : une salle est consacrée au XXe siècle, deux salles présentent par roulement une partie des photographies contemporaines (environ sept cents) d'artistes internationaux.

Accueil public/scolaires : entrée gratuite pour les groupes scolaires. Visites guidées gratuites sur demande.
Services : vente d'objets, affiches, catalogues d'exposition...
Horaires : le musée est ouvert du mardi au samedi 10h à 12h et de 14h à 18h. En juillet et août, le dimanche de 14h à 18h. Fermé les jours fériés.
Tarifs : 2,50 €.

Auxerre (89)

→ ARTOTHÈQUE

Bibliothèque municipale
Rue d'Ardillière
89000 Auxerre
+33 (0)3 86 72 91 60

Mission/programmation, collections : enrichi chaque année, le fonds constitué de plus de huit cents oeuvres de trois cent soixante artistes, offre un panorama de la création visuelle depuis les années 60. Le fonds est composé d'oeuvres originales telles que des collages, notamment ceux de Jean-Pierre Pincemin, et des dessins.
Accueil public/scolaires : les groupes sont accueillis les jeudis et vendredis matins. Des animations sont prévues pour les enfants de 6 à 9 ans.
Services : l'artothèque organise des rencontres d'artistes une fois par mois au cours des Mardis soirs de l'artothèque.
Horaires : ouvert le mercredi de 10h à 18h et le samedi de 10h à 12h et de 14h à 18h.

→ CENTRE D'ART DE L'YONNE

10, rte de St-Georges-Perrigny
89005 Auxerre
+33 (0)3 86 72 85 31
www.centreartyonne.net

Historique du lieu/architecture : après dix-huit années d'activité dans les communs du château d'Ancy-Le-Franc, le centre d'art a été transféré en 1984 au château de Tanlay, magnifique construction d'époque Renaissance, entourée de douves, avec des appartements somptueusement décorés.
Mission/programmation, collections : de fin mai au début du mois d'octobre, le centre d'art propose une importante exposition dans le cadre de ses Quartiers d'été à Tanlay, aménagée dans les communs du château. Hors saison, Quartiers d'hiver propose des expositions à Auxerre ou dans le département.
Services : les conférences ont lieu à l'auditorium du musée Saint-Germain, place Saint-Germain à Auxerre. Le centre d'art dispose d'un centre de documentation.
Tarifs : plein : 3 € / réduit : 1,50 €.

Avignon (84)

→ COLLECTION LAMBERT

5, rue violette
84000 Avignon
+33 (0)4 90 16 56 20
www.collectionlambert.com

Historique du lieu/architecture : ouvert en juin 2000, l'hôtel Caumont, ancien hôtel particulier du XVIIIe siècle, accueille désormais la collection d'Yvon Lambert, célèbre galeriste et collectionneur.

Mission/programmation, collections : la collection Lambert offre un panorama complet de la création artistique contemporaine à travers trois cent cinquante oeuvres prêtées pour vingt ans à la ville d'Avignon, sans compter les nombreuses commandes faites à des artistes français et étrangers, qui enrichissent le fonds chaque année. La collection est constituée d'ensembles très cohérents pour chaque artiste tels que Christian Boltanski, Cy Twombly, Nan Goldin.
Accueil public/scolaires : des visites commentées et des parcours thématiques sont proposés aux groupes, sur réservation, du mardi au vendredi.
Des stages de création artistique sont régulièrement programmés pendant les vacances scolaires.
Services : le centre d'art dispose d'une librairie et d'une cafétéria aménagée dans la cour.
Horaires : le centre est ouvert d'août à juin tous les jours sauf le lundi de 11h à 18h ; en juillet, tous les jours, de 11h à 19h.
Tarifs : plein : 5,50 € / réduit : 4 €.

→ PALAIS DES PAPES

6, rue Pente Rapide
84000 Avignon
+33 (0)4 90 27 50 00
www.palais-des-papes.com

Historique du lieu/architecture : édifié à partir de 1335 et symbole du rayonnement de l'Église sur l'Occident chrétien, le monument constitue le plus important palais gothique du monde et présente au visiteur plus de vingt lieux, théâtres d'événements au retentissement universel avec, notamment, les appartements privés du pape et leurs fabuleux décors de fresques exécutées par l'artiste italien Matteo Giovannetti.
Il est l'oeuvre principalement de deux papes bâtisseurs, Benoît XII et son successeur Clément VI.
Mission/programmation, collections : le cadre somptueux du Palais des Papes sert d'écrin pour l'art contemporain et offre au visiteur une animation culturelle tout au long de l'année. En été, une exposition d'art occupe la Grande Chapelle.

Azay-le-Rideau (37)

→ ATELIER CALDER

3, rue Victor Hugo
37190 Azay le Rideau
+33 (0)2 47 45 29 29
www.atelier-calder.com

Mission/programmation, collections : mis à la disposition de l'État français par ses héritiers depuis 1988, l'atelier du sculpteur américain Alexander Calder permet aux artistes français et étrangers de venir effectuer de longs séjours de travail dans des conditions exceptionnelles de résidence. L'objectif de l'atelier est de favoriser la production d'oeuvres et leur présentation au public.
Services : certains travaux sont accompagnés de publications qui présentent les recherches accomplies à l'atelier et font suite au séjour des artistes en résidence.

Bagnols-les-Bains (48)

LE VALLON DU VILLARET, ENFANCE DE L'ART

Parc de découvertes
48190 Bagnols-les-Bains
+33 (0)4 66 47 63 76
www.levillaret.fr

Mission : ouvert en 1983, ce lieu étonnant offre un espace forestier mis en scène par des artistes afin d'offrir en pleine nature un lieu d'art à travers des jeux conçus par les plasticiens.
Horaires : ouvert tous les jours de 10h à 19h (entrée jusqu'à 16h30) du début des vacances scolaires de Pâques jusqu'au 2e dimanche de septembre. Ouvert le samedi et le dimanche de 10h à 18h (entrée jusqu'à 16 h), du 2e dimanche de septembre à la fin des vacances de la Toussaint.

Bazouges-la-Pérouse (35)

LE VILLAGE, SITE D'EXPÉRIMENTATION

10, rue de l'église
35560 Bazouges-la-Pérouse
> Galerie Cherbonnel
26, rue de l'église
> Galerie Thébault
23, rue du Maine
> Galerie Rapinel
25, rue de l'église
> Centre de Création
10, rue de l'église
+33 (0)2 99 97 43 60
www.bazouges.com

Mission/programmation, collections : depuis plusieurs années, cette commune se transforme en village des peintres et des artistes. Le Village, site d'expérimentation artistique, a pour objet de sensibiliser à l'art contemporain en milieu rural autour des thématiques Identité, culture, territoire. Dans cette optique, l'association propose des résidences d'artistes, des expositions, des ateliers, des conférences...
Accueil public/scolaires : le Village met en place des ateliers de pratique artistique pour enfants et adultes, des visites commentées, et des rencontres avec les artistes.
Services : résidences d'artistes, conférences et débats.
Horaires : le week-end de 14h30 à 18h et sur rendez-vous.
Tarifs : entrée libre.

Beaumont-du-Lac (87)

CENTRE NATIONAL D'ART ET DU PAYSAGE DE VASSIVIÈRE EN LIMOUSIN, CNAP

Île de Vassivière
87120 Beaumont-du-Lac
+33 (0)5 55 69 27 27
www.limousin.culture.gouv.fr

Historique du lieu/architecture : le centre d'art contemporain, implanté sur l'île de Vassivière dont les prairies, les bois et les rives, sont autant de sites où les artistes interviennent, est un lieu particulièrement propice à l'éveil de l'imaginaire. Ouvert en 1991 et conçu par les architectes Aldo Rossi et Xavier Favre, le centre se dresse sur l'île de Vassivière au milieu d'un lac artificiel à quelques kilomètres du plateau de Millevaches.
Mission/programmation, collections : ce lieu de création et d'exposition privilégie les relations entre arts plastiques, environnement, paysages et aménagement des territoires.
Véritable musée en plein air, un parc de sculptures s'étend sur l'ensemble de l'île.
Des artistes français ou étrangers sont régulièrement invités à réaliser des oeuvres in situ. Depuis sa création, le centre d'art

témoigne de la volonté de favoriser, dès l'enfance, une rencontre avec l'art contemporain et la notion de création. Ainsi, pendant toute l'année scolaire, le service éducatif reçoit des élèves, issus d'écoles élémentaires, de collèges et de lycées, venant de la région du limousin et d'ailleurs.
Services : le centre accueille une cafétéria (ouverte l'été face au lac), une librairie, une bibliothèque, un atelier d'artiste, et des espaces polyvalents réservés aux activités éducatives.
Horaires : ouvert le samedi de 11h à 13h et de 14h à 19h, le dimanche de 11h à 13h et de 14h à 19h.
Tarifs : 3 € et 1,50 € pour l'intérieur. Le parc est gratuit.

Beauvais (60)

→ ESPACE CULTUREL FRANÇOIS MITTERRAND

Rue de Buzenval
60000 Beauvais
+33 (0)3 44 06 36 00
www.mairie-beauvais.fr

Mission/programmation, collections : anciens hospices civils datant du XVIIe siècle, fondés sous l'épiscopat de Monseigneur Buzanval, l'espace François Mitterrand est chaleureux avec des architectures et des fonctions multiples qui s'associent.
Ainsi, cohabitent l'École des beaux-arts, des restaurants, la médiathèque, l'École nationale de musique et de danse, le Service culturel de la ville, des logements sociaux et étudiants, la chapelle devenue auditorium, la crypte, un lieu d'exposition et des galeries d'art contemporain.
Horaires : mercredi et samedi de 10h à 19h, dimanche de 15h à 18h, jeudi et vendredi de 12h à 19h.

→ ÉCOLE DES BEAUX-ARTS

Espace culturel
François-Mitterrand
rue de Buzenval
60000 Beauvais
+33 (0)3 44 06 36 30
www.beauvais.fr

Mission/programmation, collections : l'école d'art du Beauvaisis, structure municipale, se situe dans le coeur ancien de la ville, à l'angle d'une rue piétonne aux maisons à colombage.
Cet équipement de près de 2000 m2, poursuit d'année en année sa mission d'éducation artistique et d'accompagnement à la création et attire de plus en plus de personnes issues de l'Oise et d'ailleurs.
Services : une salle de documentation comprenant 1300 ouvrages, une quinzaine d'abonnements spécialisés et des outils de recherches Internet, est ouverte à tous pour une consultation sur place ainsi qu'une information régulièrement mise à jour sur les formations artistiques et leurs débouchés.
Horaires : du lundi au vendredi de 9h à 12h30 et de 13h30 à 18h30, samedi de 13h30 à 18h30.

Belfort (90)

→ GALERIE DU GRANIT

Le Granit - Scène Nationale
1 Faubourg de Montbéliard
BP 117
90002 Belfort
+33 (0)3 84586755
www.theatregranit.com

Historique du lieu/ architecture : la Galerie du Granit est située dans l'enceinte du Théâtre du Granit. Lieu qui a vu le

jour en 1878 et a été depuis rénové deux fois. La dernière rénovation a été réalisée par l'architecte Jean Nouvel, son intention première étant de créer un rapport entre le théâtre et la ville : « l'ouvrir sur la ville ». Le théâtre reste depuis l'un des travaux architecturaux les plus significatifs des années 80.
Mission/ programmation, collections : la galerie du Granit privilégie la jeune création et organise environ six expositions annuelles. Performances, installations, photographies, peintures, sculptures sont au rendez-vous.
Le Théâtre du Granit est un lieu engagé dans la production d'arts plastiques, mais aussi, et surtout dans celle des arts vivants : danse et théâtre contemporain.
Accueil public/ scolaires : le théâtre du Granit propose différents ateliers de sensibilisation auprès des scolaires, recouvrant des champs variés tel que le jeu théâtral, la mise en scène, l'écriture ou la poésie urbaine. Pour les adultes, des ateliers de pratique théâtrale, d'écriture et de « roman-photo » sont proposés.
Horaires : la Galerie est ouverte du mardi au samedi de 14h à 18h et le dimanche de 15h à 18h.
Tarif : Entrée libre.

→ MUSÉE D'ART ET D'HISTOIRE

Château de Belfort
90000 Belfort
+33 (0)3 84 54 25 51
www.mairie-belfort.fr

Historique du lieu/architecture : le Musée d'art et d'histoire se trouve dans l'enceinte du château de Belfort. Le site est en lui-même remarquable, il permet la découverte de la position stratégique de Belfort et l'étude directe de son architecture militaire.
Les salles du musée s'étalent sur trois étages. L'ancienne place forte transformée par Vauban, permet également d'admirer le lion de Bartholdi en grès rose des Vosges.
Mission/programmation, collections : la collection du musée s'étend du Moyen Âge à l'art contemporain. Depuis quelques années, le musée s'oriente vers la sculpture contemporaine (Peter Briggs, Pascal Kern, Sylvie Blocher...).
Accueil public/scolaires : des visites guidées sont proposées par les guides du château.
Horaires : ouvert tous les jours de 10h à 12h et de 14h à 18h, du 1er mai au 30 septembre. Ouvert de 10h à 12h et de 14h à 17h, du 1er octobre au 30 avril.
Fermé à la Toussaint, le 25 décembre et 1er janvier.

Besançon (25)

→ CENTRE D'ART MOBILE

B.P. 76133
25014 Besançon
Cedex 06
+33 (0)3 81 65 72 65
www.cicv.fr

Mission/programmation, collections : l'association Centre d'art mobile développe des activités dans le domaine des arts plastiques, du design et de la vidéo, afin de stimuler la collaboration entre les artistes et d'encourager de nouveaux modes

de relations avec le public.
La particularité des interventions artistiques tient, d'une part, à la diversité des lieux et espaces exploités et d'autre part, à la mise en réseau de divers partenaires, de structures culturelles, d'entreprises locales et de collectivités territoriales.

→ ÉCOLE RÉGIONALE DES BEAUX-ARTS

12, rue Denis-Papin
25000 Besançon
+33 (0)3 81 87 81 30
www.erba.besancon.com

Mission/programmation, collections : spécialisée en art et communication visuelle, l'école régionale des beaux-arts de Besançon organise dans sa galerie trois à quatre expositions annuelles, faisant de ce lieu un pôle important de création régionale. Les expositions sont complétées par des rencontres avec les artistes.
Services : l'école régionale des beaux-arts de Besançon accueille dans ses locaux une bibliothèque, un auditorium et divers ateliers.
Elle édite des catalogues et réalise des co-éditions consacrées à un artiste de la région.

Béthune (62)

→ ESPACE SAINT-PRY

Rue Saint-Pry
62400 Béthune
+33 (0)3 21 56 74 23
www.ville-bethune.fr

Mission/programmation, collections : l'espace Saint-Pry se situe dans une chapelle restaurée en 1992. Cette dernière a subi depuis de nouveaux travaux de modernisation qui font d'elle un lieu privilégié pour offrir des expositions d'art contemporain.
Services : la chapelle propose des lectures d'oeuvres, des conférences, des rencontres, des éditions de catalogues ainsi que des ateliers et des stages.

Béziers (34)

→ ASSOCIATION ART ET TOILES

9, rue Argence
34500 Béziers
+33 (0)4 67 30 31 90
+33 (0)6 79 81 39 53
www.art-et-toiles.com

Mission/programmation, collections : l'association Art et Toiles organise des expositions d'artistes contemporains et des événements artistiques. Elle propose des ateliers d'arts plastiques et des animations.
Services : des ateliers d'arts plastiques, des cours particuliers et des stages, sont proposés à tous les publics, ainsi que des animations en milieu scolaire, en maison de retraite et maison de quartier. L'association dispose d'une artothèque qui offre un choix de peintures, sculptures, photos, modelages.

→ LEZIGNO

Domaine de Lézigno
34500 Béziers
+33 (0)4 67 90 67 67

Historique du lieu / architecture : la société Technilum crée au domaine de Lézigno près de la ville de Béziers, un nouveau lieu consacré à l'art et à l'architecture, bâtiment de 340 m2 aménagé par les architectes Jean de Giacinto associé

à Duncan Lewis et l'agence Matte-Rousseaux-Devaux.
Mission/programmation, collections : lieu vivant d'exposition en coursive, de conférence, de détente, etc. ouvert aux nouveaux talents et aux chercheurs, Lézigno développe trois champs d'expérimentation : la formation, l'innovation et la création. Lézigno, véritable laboratoire de recherche, lieu d'accueil, d'échanges, de dialogue et d'expositions accueille des artistes en résidence, et propose un cycle annuel de conférences et de rencontres, les "Heureuses Coïncidences", destiné à un public professionnel. Sa programmation répond aux interrogations sur le devenir de la ville contemporaine, à travers la lumière et ses interférences sur l'architecture, l'art, le design et le paysage, en y associant les différents acteurs.
Tarif : entrée libre.

Bièvres (91)

→ MUSÉE FRANÇAIS DE LA PHOTOGRAPHIE

78, rue de Paris
91570 Bièvres
+33 (0)1 69 35 16 50
www.photographie.essonne.fr

Historique du lieu/architecture : fondé par deux amateurs passionnés, le musée associatif qui est à l'origine du musée actuel, a ouvert ses portes en 1960.
Mission/programmation, collections : avec plus de deux millions de photographies et plus de quinze mille objets, le Musée français de la photographie rassemble une des plus importantes collections européennes qui témoigne de l'histoire des techniques et des usages sociaux de la photographie.
Accueil public/scolaires : des visites guidées et des ateliers pédagogiques sont proposés au public. Des carnets de visite, des dossiers pédagogiques et des livrets-jeux sont disponibles gratuitement à l'accueil.
Services : le musée dispose d'une bibliothèque avec un fonds documentaire technique unique et d'un centre de documentation. Il organise également régulièrement des conférences.
Horaires : ouvert tous les jours (sauf le mardi et les jours fériés) de 10h à 12h et de 14h à 18h.
Tarifs : plein : 3 € / réduit : 2 €.

Bignan (56)

→ CENTRE D'ART CONTEMPORAIN, DOMAINE DE KERGUÉHENNEC

Domaine de Kerguéhennec
56500 Bignan
+33 (0)2 97 60 44 44
www.art-kerguehennec.com

Historique du lieu/architecture : créé en 1986, le Centre d'art contemporain est situé dans un parc entourant un château et des communs classés aux Monuments historiques. Son parc de sculptures compte parmi les plus importants d'Europe.
Mission/programmations, collections : à travers un parc de sculptures permanent et des expositions temporaires, le domaine de Kerguéhennec invite le visiteur à découvrir l'art

d'aujourd'hui.
Depuis sa création, le domaine de Kerguéhennec enrichit son parc de sculptures, propose tous les ans plusieurs expositions et accueille régulièrement des artistes plasticiens en résidence.
Une trentaine de sculptures réparties dans le parc du domaine permet de découvrir vingt-cinq artistes contemporains majeurs, tels que Étienne Hajdu, Richard Long, Ian Hamilton Finley, Marta Pan, François Morellet, Giuseppe Penone, Marie Nordman, Jean-Pierre Raynaud, Ulrich Rückriem ou encore Matt Mullican.
Accueil public/scolaires : le centre propose des activités à tous les publics, enfants et adultes. Il accueille toute l'année en stage des étudiants des écoles d'art et de l'université.
Services : en plus des journaux d'expositions, le Centre d'art contemporain constitue une collection d'ouvrages bilingues.
Des artistes de renommée mondiale sont accueillis régulièrement à l'occasion de programmation événementielle ou bien afin de développer un projet personnel.
Horaires : du mardi au vendredi de 10h à 18h.

Blagnac (31)

→ ODYSSUD

4, av. du parc
31706 Blagnac Cedex
+33 (0)5 61 71 75 44
www.odyssud.com

Historique du lieu/architecture : inauguré en 1988, Odyssud a été conçu comme une pyramide éclatée autour d'un forum couvert.
Mission/programmation, collections : espace pluridisciplinaire, Odyssud est l'un des plus grands équipements culturels de la région Midi-Pyrénées.
L'établissement regroupe divers espaces essentiellement culturels et artistiques dont une salle d'exposition de 230 m2.
Services : Odyssud dispose d'une salle de spectacle, d'une salle jeune public, de salles de réunion, d'un auditorium et d'un espace culturel multimédia. Il offre également les services de sa médiathèque, d'une ludothèque, d'une halte-garderie, et d'un bar-brasserie.

Blois (41)

→ ÉCOLE D'ART

6, rue Franciade
41000 Blois
+33 (0)2 54 55 37 40

Mission : en collaboration avec le Musée de l'objet et à partir de démarches artistiques, l'école d'art de Blois a développé une véritable pédagogie de l'art en direction des enfants à partir de l'âge de 6 ans.
Horaires : ouverture du secrétariat de 8h30 à 17h30.

Bordeaux (33)

➔ A 5 BIS

5 bis, rue Maydieu
33000 Bordeaux
+33 (0)5 56 51 18 09

Mission/programmation, collections : l'A 5 bis, composé d'un collectif d'artistes, organise des expositions, débats et rencontres autour de domaines tels que la vidéo, les arts plastiques, le graphisme, la musique numérique et l'infographie. Des formations aux écoles préparatoires d'art et des programmes personnalisés sont également proposés.
Horaires : ouvert tous les dimanches à partir de 15h.

➔ ARCHÉOPTÉRYX

32, rue Gaspard-Philippe
33800 Bordeaux
+33 (0)5 56 91 66 42

Mission/programmation, collections : créée en 2000 par un collectif d'artistes, l'association met en place des stages et ateliers de pratique ainsi que divers projets et événements (expositions, workshops, publications, rencontres...) afin de soutenir la création actuelle.
Accueil public/scolaires : Archéoptéryx propose diverses interventions (ateliers hebdomadaires, interventions ponctuelles, stages, résidences, rencontres autour du travail d'un artiste, sessions d'histoire de l'art contemporain) à destination des scolaires, centres socio-culturels ou École des beaux-arts.

➔ L'ART CRU MUSEUM

34-36, rue Chantecrit
33300 Bordeaux
+33 (0)5 56 69 06 63
www.art-cru.com

Historique du lieu/architecture : créé par Guy Lafargue en 1984, l'Art Cru Museum est installé dans des anciens chais du quartier des Chartrons.
Mission/programmation, collections : centre de formation continue des personnels de l'éducation spécialisée, de la santé, du travail social et de l'animation éducative et artistique, l'Art Cru Museum regroupe une collection d'oeuvres d'art réalisées par des autodidactes.
Services : à travers sa collection, Les Cahiers de l'Art Cru, le centre édite diverses publications d'essais sur l'art. Divers ateliers sont proposés.
Horaires : l'Art Cru Museum est ouvert du lundi au vendredi matin, sur rendez-vous.
Tarifs : entrée libre.

➔ BRUIT DU FRIGO

Association Bruit du frigo
33000 Bordeaux
+33 (0)5 56 81 86 12
www.bruitdufrigo.com

Mission/programmation, collections : créée en 1997, Bruit du frigo est une association animée par une équipe de professionnels issus de différents champs disciplinaires. Son objectif est de donner à tous la possibilité d'exercer une curiosité critique sur son cadre de vie quotidien à l'occasion d'ateliers pédagogiques. L'association a, en particulier, travaillé sur des espaces en transition (friches urbaines).
Accueil public/scolaires : l'association intervient régulièrement, à Bordeaux et dans d'autres villes d'Aquitaine,

dans des ateliers d'éducation au cadre de vie à destination d'adolescents. Le principe des ateliers est de faire de la ville un terrain d'étude. Ces ateliers font systématiquement l'objet de restitution sous différentes formes : vidéos, affiches, livrets. Ils peuvent donc être réinvestis dans des projets intéressant le cadre architectural et urbain.

→ CAPCMUSÉE

Entrepôt
7, rue Ferrère
33000 Bordeaux
+33 (0)5 56 00 81 50
www.bordeaux.fr

Historique du lieu/architecture : installé dans un ancien entrepôt portuaire, le Capcmusée bénéficie d'une architecture fonctionnelle directement inspirée de l'architecture romaine (répétition d'arcs en plein-cintre, évidement du grand espace central et utilisation de la briquette et de la pierre taillée).
Mission/programmation, collections : le Capcmusée présente les grands mouvements artistiques des trente dernières années, sous forme d'expositions monographiques et thématiques, et propose régulièrement la découverte des oeuvres de jeunes artistes. À noter l'organisation de projets spécifiques pour la grande nef. La collection réunit à ce jour plus de sept cents oeuvres de près de cent cinquante artistes. Les collections renferment un admirable ensemble de Richard Long, une riche section espagnole (Miquel Barceló, Susana Solano, José-María Sicilia...), des oeuvres de Simon Hantaï, Mario Merz, Sol LeWitt, Jean-Pierre Raynaud, Claude Viallat et Christian Boltanski. Notons également la présence d'oeuvres in situ (quatre oeuvres de Richard Long sur la terrasse et dans le café du musée, une oeuvre de Keith Haring sur le mur de l'ascenseur, deux oeuvres de Max Neuhaus dans les escaliers, une oeuvre de Niele Toroni au-dessus de la porte de l'ascenseur).
Accueil public/scolaires : des visites / ateliers sont proposées sur rendez-vous. Des boîtes / exposition, matériel éducatif de prêt, imaginé par les animateurs et les graphistes du musée, permettent aux enseignants de préparer leurs visites ou de les exploiter en classe. Accueil le mercredi de 10h à 17h. En dehors du cadre scolaire, les ateliers du mercredi s'adressant aux enfants de 7 à 11 ans, sont proposés pendant leurs loisirs de 14h à 16h30 (sauf pendant les vacances scolaires).
Renseignements au 05 56 00 81 78.
Le musée propose également des visites commentées le samedi et le dimanche à 16h sur présentation du ticket d'entrée (pour les groupes, visites sur rendez-vous). Guide conférencier sur demande : 46 € pendant la semaine, 61 € le week-end.
Services : le service culturel du musée propose un ensemble de rencontres, de conférences, de cours d'histoire de l'art, d'événements liés aux expositions, qui sont destinés au public adulte et aux étudiants. Le Capcmusée dispose d'une bibliothèque en accès libre, ouverte du mardi au vendredi de 14h à 18h et sur rendez-vous. Albums à colorier, à découper, affiches, tee-shirts, cartes postales et jusqu'aux étiquettes de bouteilles de vin de Bordeaux, sont édités en série limitée

ainsi que les catalogues des expositions. Les publications du Capcmusée sont en vente sur place, au sein de la librairie du musée.
Le café du musée est ouvert tous les jours de 12h à 18h, sauf le lundi, et sur rendez-vous avec une nocturne le mercredi jusqu'à 20h. Renseignements au 05 56 44 71 61.
Horaires : ouvert de 11h à 18h et jusqu'à 20h le mercredi. Fermé le lundi, le 25 décembre, le 1er janvier, et le 1er mai (autres jours fériés, se renseigner).
Tarifs : expositions temporaires : plein : 5,50 € / réduit : 3 €. Collections permanentes : plein : 4 € / réduit : 2,50 €.

→ ÉCOLE SUPÉRIEURE DES BEAUX-ARTS

7, rue des Beaux-Arts
33800 Bordeaux
+33 (0)5 56 33 49 10
www.bordeaux.fr/ebx

Historique du lieu/architecture : l'École supérieure des beaux-arts est composée de deux bâtiments : un bâtiment principal et une annexe récemment réhabilitée par le cabinet d'architecte bordelais Flint. Cette annexe comprend deux espaces d'exposition : le Café Pompier et la galerie du Triangle.
Mission/programmation, collections : les espaces d'expositions s'attachent à présenter les créations de jeunes artistes et à diffuser des oeuvres vidéos et multimédia. À noter l'exposition consacrée à Jeremy Deller lors de l'inauguration du Café Pompier.
Services : l'école comprend une bibliothèque et un café-vidéo. Divers ateliers de pratiques artistiques accueillent des auditeurs libres. Un cycle de conférences hebdomadaires est programmé dans l'amphithéâtre.

→ FRAC AQUITAINE

Hangar G2
Bassin à flot n°1
Quai Armand-Lalande
33300 Bordeaux
+33 (0)5-56 24 71 36
www.frac-aquitaine.net

Mission/programmation, collections : depuis 1982, le FRAC Aquitaine a acquis un ensemble de plus de sept cents oeuvres. Comme en témoignent les dernières acquisitions (Richard Fauguet, Pierre Huyghe, Philippe Ramette, Gundula Schulze...), le FRAC Aquitaine est particulièrement attentif aux productions de la jeune création. Le fonds photographique, la réunion d'un ensemble d'oeuvres importantes d'artistes contemporains internationalement reconnus, et une place importante faite à des oeuvres représentatives d'artistes anglo-saxons apparus dans les années 60 et 70, constituent la spécificité de ce fonds. Les nouveaux espaces du FRAC, d'une superficie de 1000 m2 dont 250 sont dévolus aux expositions, permettront pour la première fois au FRAC d'entretenir un rapport direct avec le public autour de la notion de réserves visitables.
Services : un centre de documentation est ouvert au public sur rendez-vous.
Horaires : ouvert le samedi de 14h à 18h.

→ LE GARAGE MODERNE

1, rue des étrangers
33300 Bordeaux
+33 (0)5 56 50 91 33

Historique du lieu/architecture : depuis la fin 2000, le Garage moderne est installé dans une ancienne raffinerie d'huile du quartier des docks.
Mission/programmation, collections : atelier associatif de mécanique automobile ouvert à tous, le Garage moderne propose une salle d'exposition à l'ambiance surprenante : les toiles des artistes côtoient en effet les capots des voitures en réparation. Ce lieu de rencontres, ouvert à toutes les propositions d'expression artistique, accueille régulièrement des expositions et des concerts d'artistes du monde entier.
Horaires : ouvert du lundi au vendredi de 14h à 19h.

→ MUSÉE DES BEAUX-ARTS

20, cours d'Albret
33000 Bordeaux
+33 (0)5 56 10 20 56
www.bordeaux.fr

Historique du lieu/architecture : créé en 1801 à l'initiative de Bonaparte, le Musée des beaux-arts est installé dans l'hôtel Rohan. En 1870, suite à un incendie, deux ailes perpendiculaires conçues par Charles Burguet sont adjointes au bâtiment principal.
Mission/programmation, collections : le musée dédie sa dernière salle aux différents courants artistiques qui ont marqué les années 1920 à nos jours : Herbin, Bissière, Debré, Alechinsky, Despiau, Zadkine...
Horaires : le musée est ouvert tous les jours de 11h à 18h, sauf le mardi et les jours fériés

Bourges (18)

→ ASSOCIATION EMMETROP : TRANSPALETTE

26, rte de la chapelle
18000 Bourges
+33 (0)2 48 50 38 61
www.emmetrop.fr.fm

Historique du lieu/architecture : à l'origine, un groupe d'élèves de l'école des beaux-arts de Bourges et quelques personnes issues de divers milieux artistiques (cinéma, musique, théâtre), décident de créer en 1984 une association.
Mission/programmation, collections : Emmetrop est une association dont l'objectif est la promotion de la jeune création contemporaine à travers le décloisonnement des pratiques artistiques. L'association organise des expositions d'art contemporain et des performances.
Services : l'association met en place des résidences d'artistes et des ateliers d'expressions, anime un centre de ressources et publie des ouvrages, notamment un catalogue à caractère rétrospectif sur l'ensemble de son activité des dernières années.
Horaires : ouvert du mercredi au samedi de 14h à 18h et sur rendez-vous.

→ LA BOX, ÉCOLE NATIONALE SUPÉRIEURE D'ART

9, rue Édouard-Branly
18000 Bourges
+33 (0)2 48 24 78 70
www.enba-bourges.org

Historique du lieu/architecture : l'école nationale des beaux-arts de Bourges est un ancien collège jésuite, puis devient le lycée Alain Fournier, bâtiment historique des XVIIe et

XVIIIe siècles qui enferme deux cours, la Cour d'Honneur et la Cour basse, et distribue plus de 6000 m2 d'espaces utiles.
Mission/programmation, collections : galerie institutionnelle située sous l'autorité de l'école nationale des beaux-arts de Bourges, La Box produit chaque année six à huit expositions d'artistes français ou étrangers qui témoignent des développements les plus marquants de l'art contemporain.
Chaque exposition donne lieu à l'édition d'un catalogue ou d'un produit multimédia.
Services : La Box accueille quatre résidences d'artistes par an au sein même de l'école. L'association publie des catalogues d'exposition.
Horaires : ouvert de 15h à 19h sauf le dimanche.

➔ MUSÉE ESTÈVE

13, rue Édouard-Branly
1800 Bourges
+33 (0)2 48 24 75 38

Historique du lieu/architecture : dans le cadre exceptionnel de l'hôtel des échevins, ce musée entièrement consacré à l'oeuvre de Maurice Estève (1904-2001), est aujourd'hui installé. Il présente, en une superbe scénographie, une passionnante rétrospective du peintre français.
Mission/programmation, collections : les 212 oeuvres offertes à la ville de Bourges permettent au visiteur de suivre l'imagination créatrice de l'artiste à travers les diverses techniques qu'il a explorées : huile, aquarelle, dessin, collage, tapisserie et lithographie.
Horaires : ouvert de 10h à 12h30 et de 13h30 à 18h en juillet et août ; de 10h à 12h et de 14h à 17h de janvier à mars; de 10h à 12h et de 14h à 18h le reste de l'année. Fermé le dimanche matin, le mardi et le 1er janvier, 1er mai, 1er et 11 novembre, et le 25 décembre.
Tarifs : entrée libre.

➔ MAISON DE LA CULTURE DE BOURGES, MCB

Place André-Malraux
B.P. 257
18005 Bourges Cedex
+33 (0)2 48 67 74 70
www.mc-bourges.fr

Historique du lieu/architecture : inaugurée en 1963 par Malraux, la Maison de la culture fut installée dans l'ancienne maison du peuple construite dans les années 30. À noter, la remarquable façade sculptée par Popineau et Thébault. L'architecte Jean-Michel Wilmotte rénova les lieux en y adjoignant une cafétéria de verre et d'acier.
Mission/programmation, collections : ce lieu pluridisciplinaire soutient une programmation intense qui le met au centre des activités culturelles de la ville. Il est composé de scènes, d'un cinéma et de lieux d'exposition, dédiés aux artistes de renommée internationale dans les domaines de la peinture, des arts graphiques, de la photographie, de la vidéo et de la sculpture.
Horaires : accueil du mardi au samedi de 14h à 19h.
Tarifs : entrée libre.

Bourogne (90)

L'ESPACE MULTIMÉDIA GANTNER

1, rue de la Varonne
90140 Bourogne
+33 (0)3 84 23 59 72
www.espacegantner.cg90.fr

Mission/programmation, collections : construit dans une ancienne ferme située en pleine campagne, lieu d'expression et de création, l'espace multimédia Gantner est dédié aux cultures multimédia et numériques, et à la sensibilisation à l'art contemporain. Toute l'année l'espace accueille expositions, projections vidéos, concerts, diffusions sonores, rencontres et performances interactives.
L'espace met également en place des résidences tous les ans pour écrivains ou collectifs d'artistes qui trouvent là, les conditions idéales pour travailler à leurs prochaines créations.
Accueil public/scolaires : l'espace Gantner met en place des missions éducatives en direction des scolaires.
Horaires : ouvert du mardi au vendredi de 14h à 18h et le samedi de 14h à 17h.

Brest (29)

CENTRE ATLANTIQUE DE LA PHOTOGRAPHIE

Galerie du Quartz
2-4 av. Georges-Clémenceau
29200 Brest
+33 (0)2 98 46 35 80
www.centre-atlantique-photographie.asso.fr

Mission/programmation, collections : créé à Brest en 1996 à l'initiative d'un groupe de photographes, le Centre atlantique de la photographie a pour mission de développer la création photographique par une politique d'expositions, de commandes, de résidences de photographes, d'aide à l'édition et de pédagogie de l'image. Six à dix expositions sont organisées chaque année dans la Galerie du Quartz – scène nationale de Brest, espace de 400 m², disposant de plus de 100 m linéaires d'accrochage.
Accueil public/scolaires : le CAP propose des visites commentées de ses expositions aux groupes et aux classes.
Elle encadre également des ateliers photographiques dans les collèges et lycées de la région.
Services : le centre édite régulièrement la Lettre du CAP, journal gratuit d'information.
Horaires : ouvert du mardi au samedi de 13h à 19h et le dimanche de 14h à 18h.

CENTRE D'ART PASSERELLE

41, rue Charles-Berthelot
29200 Brest
+33 (0)2 98 43 34 95
www.passerelle.infini.fr

Historique du lieu/architecture : le Centre d'art s'est installé au sein de l'architecture singulière d'une ancienne mûsserie construite en 1946 au moment de la reconstruction de Brest. Au coeur de la ville, Passerelle se situe au croisement des pratiques des arts plastiques, de la musique et de la poésie.
Mission/programmation, collections : géré par une association depuis 1988, le Centre d'art est un lieu pluridisciplinaire de recherche et d'expérimentation dédié à la création contemporaine. Dans la perspective de produire une oeuvre

inédite, les artistes sont invités à apprivoiser les espaces aux volumes et aux éclairages particulièrement contrastés.
Accueil public/scolaires : des visites commentées des expositions et des rencontres avec les artistes invités sont organisées tout au long de l'année.
Dès sa création, l'association Passerelle a souhaité développer un programme d'initiation à l'art contemporain en créant des ateliers de pratique.
Services : l'association invite des théoriciens pour des conférences et débats sur certaines pratiques.
Horaires : ouvert le mardi de 14h à 20h et du mercredi au samedi, de 14h à 18h30.

→ ÉCOLE SUPÉRIEURE D'ARTS

Voir Rennes (35) - École supérieure des beaux-arts.

→ MUSÉE DES BEAUX-ARTS

24, rue Traverse
29200 Brest
+33 (0)2 98 00 87 96
www.mairie-brest.fr

Historique du lieu/architecture : le musée de Brest est à l'image de la ville qui l'entoure. C'est une recréation d'après-guerre, alors qu'avait disparu l'essentiel des richesses rassemblées depuis 1875. Anéanti sous les bombes en 1941, il fut rebâti en 1964 lorsque s'achevait la reconstruction de la cité.
Mission/programmation, collections : outre ses collections consacrées à l'art ancien et moderne, le Musée des beaux-arts s'ouvre à l'art contemporain par le biais d'expositions temporaires, permettant de découvrir des courants artistiques non représentés dans les collections permanentes et offrant au public une large ouverture sur l'art actuel dans les domaines de la peinture, la sculpture, la photographie.
Services : le musée offre un service éducatif, fonctionnant sous la responsabilité du conservateur et d'un professeur relais, ayant pour missions la formation des enseignants des écoles maternelles et primaires, l'accueil des classes, la production de documents pédagogiques et la mise à disposition, sur place, de jeux éducatifs.
Horaires : ouvert du lundi au samedi de 10h à 12h et de 14h à 18h, sauf le mardi. Ouvert le dimanche de 14h à 18h.
Tarifs : plein : 4 € / réduit : 2,50 €.
Gratuit le 1er dimanche du mois.

Brétigny-sur-Orge (91)

→ CAC BRETIGNY

Rue Henri-Douard
91220 Brétigny-sur-Orge
+33 (0)1 60 85 20 76
www.cacbretigny.com

Mission/programmation, collections : le centre d'art contemporain de Brétigny a acquis une renommée nationale et internationale pour son action en faveur des arts plastiques. Son activité se divise en trois secteurs qui proposent au public une approche différente de l'oeuvre : à l'intérieur de son espace, un programme d'expositions est consacré aux projets

personnels et collectifs d'artistes français et étrangers. Sur le parvis du centre d'art, un programme se développe avec des oeuvres installées à l'extérieur dans une relation qui s'étend au territoire. Sur le lieu qui rassemble plusieurs activités, un programme s'articule autour de liens avec le théâtre et la médiathèque.
Services : les animations développées sont gratuites, elles s'adressent au public amateur et professionnel et se poursuivent avec la publication du journal ED qui permet à tous de mieux comprendre la création contemporaine.
Horaires : ouvert du mardi au samedi de 14h à 18h et sur rendez-vous le lundi.
Tarifs : entrée libre.

Caen (14)

→ ARTOTHÈQUE

Place Saint-Pierre
14000 Caen
+33 (0)2 31 85 69 73
www.artotheque-caen.net

Historique du lieu/architecture : créée en 1986, l'artothèque est installée dans l'hôtel d'Escoville, ancien hôtel particulier du XVIe siècle.
Mission/programmation, collections : soutien à la création contemporaine, diffusion et sensibilisation des publics, conduisent l'artothèque à proposer des activités variées : programmation de six expositions par an, édition de catalogues et d'oeuvres multiples, centre de ressources ; organisation de rencontres, de conférences, d'événements artistiques ; actions de formation, etc... La collection se compose de plus de mille huit cents oeuvres d'artistes représentatifs des principaux mouvements de la fin des années 50 à aujourd'hui et faisant appel aux techniques les plus variées.
Accueil public/scolaires : l'équipe de médiation propose diverses actions pédagogiques (visites commentées des expositions temporaires, découvertes des différentes techniques de l'estampe, rencontres avec des artistes ou accompagnement de projets pédagogiques).
Services : un espace de documentation est accessible à tous. L'artothèque publie régulièrement des catalogues d'exposition. Elle édite également des oeuvres multiples (estampes, photographies, livres d'artistes, objets...).
Horaires : ouvert de 14h à 18h30 le mardi, le jeudi et le samedi, et de 11h30 à 18h30 le mercredi et le vendredi.
Fermeture le dimanche, lundi et les jours fériés.

→ FRAC BASSE-NORMANDIE

9, rue Vaubenard
14000 Caen
+33 (0)2 31 93 09 00

Mission/programmation, collections : le FRAC a été créé en 1982 par le conseil régional de Basse-Normandie et l'État afin de promouvoir les arts plastiques et de réaliser une véritable décentralisation dans le domaine de l'art contemporain.
La collection du FRAC Basse-Normandie est le fruit de plus de

quinze ans d'acquisitions. Parmi les grands noms, l'on peut citer Martine Aballéa, Simon Hantaï, Gilles Mahé, Annette Messager, Jean-Pierre Pincemin, Claude Viallat.
Le FRAC dispose de deux salles d'expositions temporaires où sont présentées des expositions, il organise également des expositions hors les murs, en France ou à l'étranger.
Accueil public/scolaires : l'accent est mis sur la formation du jeune public en relation et en partenariat avec l'Éducation nationale à travers les ateliers découvertes, ouverts aux enfants des écoles primaires. Le service éducatif s'attache plus particulièrement à la sensibilisation des enseignants d'art. Une documentation spécialisée en art contemporain est également ouverte au public.

→ ÉCOLE RÉGIONALE DES BEAUX-ARTS

83, rue de Geôle
14000 Caen
+33 (0)2 31 30 47 90
www.unicaen.fr/beaux-arts

Mission/programmation, collections : l'école propose à la fois un enseignement artistique ainsi qu'une programmation annuelle d'expositions qui présente les travaux d'artistes, étudiants ou artistes en résidence. Ces expositions, organisées le plus souvent dans la galerie l'Hôtel, se font parfois en partenariat avec d'autres institutions artistiques telles que le FRAC Basse-Normandie avec lequel elle possède la galerie l'Atelier.
Services : l'école publie Ohm, un petit journal de l'art contemporain à parution trimestrielle ainsi que des ouvrages monographiques, écrits d'artistes, poésie et éditions numériques.
L'école possède une bibliothèque dont le fonds de référence et de ressources contient de plus de 13 000 titres.
Il est principalement axé sur les arts visuels et plus particulièrement sur le XXe siècle et l'art contemporain.
Horaires : l'école possède une bibliothèque ouverte durant l'année scolaire le lundi, mardi, mercredi et jeudi de 8h à 18h30 et le vendredi de 8h à 17h30.

→ MUSÉE DES BEAUX-ARTS

Le Château
14000 Caen
+33 (0)2 31 30 47 70
www.ville-caen.fr/mba

Historique du lieu/architecture : ouvert en 1809 dans une partie du couvent des eudistes avec essentiellement des oeuvres en dépôt du Louvre, le musée est détruit en 1944 par les bombardements. Un nouveau musée conçu par l'architecte Jean Merlet ouvre en 1973 dans l'enceinte du château de Guillaume le Conquérant.
Mission/programmation, collections : réputé pour sa collection de peinture italienne, française, flamande et hollandaise des XVIe et XVIIe siècles, le musée s'est engagé depuis quelques années dans la constitution d'un fonds d'art contemporain.
Quatre thématiques forment la politique d'acquisition : allégorie, monumentalité, espace et lumière. Des oeuvres de Joan Mitchell, Viera da Silva, Tobey, Soulages, Rebeyrolle, Monique Frydman, Zoran Music, Olivier

Debré, et Jean-Pierre Pincemin sont à découvrir. Par ailleurs, des expositions temporaires sont proposées par le FRAC.
Services : le Musée dispose d'un service éducatif pour les professeurs et les enfants, d'une bibliothèque, d'une librairie / boutique et d'un café / restaurant.
Horaires : le musée est ouvert tous les jours de 9h30 à 18h sauf le mardi et certains jours fériés (1er janvier, Pâques, 1er mai, Ascension, 1er novembre, 25 décembre). La bibliothèque est ouverte le lundi, mercredi, jeudi de 9h30 à 12h et de 14h à 17h, et le vendredi de 9h30 à 12h et de 14h à 16h.

Cajarc (46)

→ MAISON DES ARTS GEORGES POMPIDOU

Route de Gréalou
B.P. 24
46160 Cajarc
+33 (0)5 65 40 78 19

Mission/programmation, collections : créée en 1989, à partir d'initiatives privées locales dans le cadre de l'aménagement touristique et du développement culturel décentralisé, la Maison des arts a pour mission de sensibiliser à l'art contemporain à travers des expositions d'art contemporain de mars à novembre à Cajarc et Figeac.Des oeuvres l'artistes européens, prioritairement français ou d'Europe du Sud, ou bien encore internationaux, sont présentées au centre de Cajarc ou hors les murs. La Maison des arts produit également des catalogues, mène des actions scolaires toute l'année, accueille des artistes et organise des rencontres européennes.
Horaires : ouvert tous les jours de 14h à 18h.

Calais (62)

→ LE CHANNEL

173, bd Gambetta
B.P. 77
62102 Calais Cedex
+33 (0)3 21 46 77 10
www.lechannel.org

Mission/programmation, collections : en janvier 2000, la Scène nationale inaugure le Passager, un bar et une salle de 200 places, conçus par François Delarozière, qui permettent de présenter du théâtre, de la danse, de la musique, mais aussi des formes beaucoup plus atypiques, notamment des expositions d'arts vivants. Ce lieu organise aussi des rencontres avec les artistes. Un projet de reconversion des abattoirs en site culturel est en cours.

Cannes (06)

→ LA MALMAISON

47, La Croisette
06400 Cannes
+33 (0)4 97 06 44 90
www.cannes.fr

Historique du lieu/architecture : seul pavillon qui subsiste de l'ensemble du Grand hôtel construit en 1863, La Malmaison accueille les premières expositions organisées par Aimé Maeght à partir de 1945.
Mission/programmation, collections : La Malmaison or-

ganise des expositions temporaires d'artistes dont la notoriété a marqué l'histoire de l'art moderne et contemporain.
Services : La Malmaison publie les catalogues des expositions temporaires.
Horaires : ouvert tous les jours sauf le lundi et certains jours fériés, d'octobre à mars de 10h à 12h et de 14h30 à 18h ; d'avril à mai, de 10h à 13h et de 14h30 à 18h30 ; de juin à août, de 10h à 13h et de 15h à 19h ; en septembre, de 10h à 13h et de 14h30 à 18h30.
Tarifs : entrée libre.

Carquefou (44)

→ FRAC PAYS DE LA LOIRE

La Fleuriaye
44470 Carquefou
+33 (0)2 28 01 50 00
www.fracdespaysdelaloire.com

Historique du lieu/architecture : depuis 2000, le FRAC Pays de la Loire s'est installé dans le parc technopolitain de la Fleuriaye. La conception du bâtiment qui se caractérise par une élégante simplicité, a été confiée à Jean-Claude Pondevie.
Mission/programmation, collections : créé en 1982, le FRAC des Pays de la Loire organise diverses expositions monographiques ou thématiques durant l'année.
La collection du FRAC est riche de plus de sept cents oeuvres, auxquelles il convient d'ajouter l'important fonds Pereire. Le FRAC privilégie les oeuvres de jeunes artistes et diverses thématiques qui s'attachent à révéler l'art dans ce qu'il a de plus novateur (le corps, le paysage ou encore l'image de l'artiste).
Accueil public/scolaires : les groupes scolaires sont accueillis au FRAC par un médiateur, du lundi au vendredi de 10h à 18h, sur rendez-vous. Une médiation personnalisée est proposée gratuitement au public individuel du mercredi au dimanche.
À l'occasion de chaque exposition, un programme d'action culturelle permet de toucher un public très varié. Des visites commentées des expositions ont lieu le dimanche à 16h.
Services : espace de recherche, les Ateliers permettent aux artistes d'exposer leurs productions au cours d'une exposition-bilan. Depuis 1984, le FRAC accueille ainsi pendant l'été quelques artistes en résidence. Le FRAC dispose également d'un centre de documentation et d'une salle de conférence.
Il publie des livres d'artistes et des catalogues d'exposition.
Horaires : expositions ouvertes du mercredi au vendredi de 13h à 18h, le samedi et le dimanche de 15h à 19h.
Le centre de documentation est ouvert du mardi au vendredi de 10h à 12h et de 13h à 18h. Fermeture les jours fériés.
Tarifs : entrée libre.

Carros (06)

Château de Carros
Place du Château
06510 Carros village
+33 (0)4 93 29 30 90

→ CENTRE INTERNATIONAL D'ART CONTEMPORAIN

Historique du lieu/architecture : établi dans le site historique du château médiéval de Carros datant du XIIe siècle, le CIAC a été inauguré le 4 juillet 1998.

Mission/programmation, collections : le centre offre une rencontre unique entre le patrimoine ancien et la création contemporaine.

Largement ouvert aux échanges internationaux, le CIAC présente régulièrement des expositions rétrospectives consacrées à des artistes étrangers, originaires d'Irlande, d'Italie, de Suisse, des Etats-Unis ou encore du Canada.

Il propose également des expositions temporaires des artistes de la région et dispose désormais d'une collection d'oeuvres d'art représentative de la création contemporaine (Appel, Arman, Kijno, Klein, Léger...).

Accueil public/scolaires : des visites et des animations pédagogiques sont proposées aux scolaires dans le but d'offrir une initiation à l'art contemporain.

Services : le centre de documentation, accessible sur rendez-vous, possède plus de sept mille ouvrages constituant la mémoire de l'art contemporain dans la région.

Horaires : ouvert de 10h à 12h et de 14h à 18h, tous les jours sauf le lundi et certains jours fériés. Fermeture annuelle au mois de janvier.

Tarifs : entrée libre.

Castelnau-le-Lez (34)

511, rte de la Pompignane
34170 Castelnau-le-Lez
+33 (0)4 67 79 41 11
www.arpac.free.fr

→ FONDATION DU PIOCH PELAT, ARPAC

Mission/programmation, collections : depuis plus de 20 ans, l'ARPAC accueille des artistes choisis pour la qualité de leur travail et présentés à travers six expositions annuelles.

Accueil public/scolaires : l'ARPAC accueille visiteurs et groupes scolaires. Les vernissages ont lieu le premier vendredi du mois de 19h à minuit.

Horaires : ouvert de mai à octobre, tous les après-midi de 15h à 19h, sauf le lundi.

Tarifs : entrée libre.

Castres (81)

35, rue Chambre-de-l'Édit
81100 Castres
+33 (0)5 63 59 30 20
www.centredart-castres.org

→ CENTRE D'ART CONTEMPORAIN

Historique du lieu/architecture : d'une superficie de 170 m2 d'espace d'exposition, le centre d'art contemporain est situé au rez-de-chaussée d'un hôtel particulier du XVIIIe siècle.

Mission/programmation, collections : les expositions du centre témoignent de la diversité de la création contemporaine et s'ouvrent aux nouvelles technologies de communication.
Accueil public/scolaires : le centre propose des visites commentées sur rendez-vous. Des visites guidées, des ateliers artistiques, ainsi que des parcours au fil de l'oeuvre sont organisés à l'attention du public scolaire, de 9h30 à 12h et de 14h à 17h30.Renseignements au 05 63 59 30 52.
Services : le centre d'art contemporain dispose d'une bibliothèque. Fermée le week-end.
Horaires : ouvert du mardi au vendredi de 10h à 12h et de 14h à 17h30, le mardi jusqu'à 19h, sur réservation, du samedi au lundi de 15h à 18h. En juillet et août, ouvert tous les jours de 10h à 13h et de 14h à 18h. Fermé le 14 juillet, ainsi que les 14 et 15 août.
Tarifs : 1 €

Céret (66)

→ MUSÉE D'ART MODERNE

8, bd du Maréchal-Joffre
66400 Céret
+33 (0)4 68 87 27 76
www.musee-ceret.com

Historique du lieu/architecture : en janvier 1910, le sculpteur catalan Manolo Hugué, le peintre Frank Burty Haviland et le compositeur Déodat de Séverac s'installent à Céret. Le village devient rapidement une terre d'accueil pour d'illustres artistes parisiens. Créé grâce à l'aide déterminante de Pierre Brune, Picasso et Matisse, et avec l'appui des artistes, collectionneurs et ayants droit, le musée inauguré en 1950 dans les salles d'un ancien couvent des carmes du XVIIe siècle, vient alors retracer l'aventure artistique exceptionnelle de la ville. Réhabilité en 1993, le musée est devenu un lieu prépondérant sur la scène artistique.
Mission/programmation, collections : le musée d'art moderne de Céret présente à travers ses collections les passages et les séjours dans la ville et ses alentours des grands artistes pendant tout le XXe siècle : Picasso, Braque, Soutine, Chagall, Herbin, Matisse, puis Miró, Tapiès, Viallat... Les expositions temporaires s'ouvrent également à l'art contemporain et à tout ce qui touche la création actuelle.
Accueil public/scolaires : visites guidées sur réservation.
Le service éducatif est ouvert du lundi au vendredi de 9h à 12h et de 14h à 17h.
Services : le musée dispose d'une boutique où sont présentées les publications du musée et d'une bibliothèque ouverte du lundi au vendredi de 10h à 18h.
Horaires : ouvert du 15 juin au 15 septembre de 10h à 19h. Du 16 septembre au 14 juin de 10h à 18h. Ouvert tous les jours du 2 mai au 30 septembre. Fermeture le mardi du 1er octobre au 30 avril. Fermé le 1er janvier, 1er mai, 1er novembre et le 25 décembre.

Tarifs : plein : 5,50 € / réduit : 3,50 €.

Cergy-Pontoise (95)

→ ÉCOLE NATIONALE SUPÉRIEUR D'ARTS

2, rue des Italiens
95000 Cergy-Pontoise
+33 (0)1 30 30 54 44
www.ensapc.net

Mission/programmation, collections : créé en 1975, l'école a la vocation d'un lieu d'enseignement pionnier et développe autour de l'option « art » des studios de danse, cinéma, son, vidéo, qui s'inscrivent dans le métissage des recherches contemporaines.
Services : le prêt permet aux étudiants d'emprunter du matériel photo, audiovisuel et informatique dans le cadre de leurs études et de leurs projets. L'utilisation du matériel peut se faire dans l'école et à l'extérieur, selon une réglementation que les élèves s'engagent à respecter. Il existe également un important fonds de documentation de plus de 14 000 ouvrages entièrement informatisés, consultables sur place ou, sauf exception, empruntables.

Chailloux (94)

→ MAISON D'ART CONTEMPORAIN

5, rue Julien-Chailloux
94260 Fresnes
+33 (0)1 46 68 58 31

Mission/programmation, collections : la Maison propose chaque année cinq expositions d'artistes contemporains et publie une revue bi-mensuelle. Des rencontres et conférences sont également organisées. Une incertitude pèse néanmoins sur la pérennité du lieu.
Accueil public/scolaires : le centre propose diverses visites libres ou guidées à l'attention des individuels, groupes ou scolaires.

Chalon-sur-Saône (71)

→ ESPACE DES ARTS

5 bis, av. Nicéphore-Niepce
71100 Chalon-sur-Saône
+33 (0)3 85 42 52 12
www.espace-des-arts.com

Mission/programmation, collections : l'Espace des arts est un lieu pluridisciplinaire disposant d'une surface d'exposition de 1000 m2.
Il est ouvert à la création contemporaine et plus particulièrement à la danse, au théâtre, à la musique et au cinéma.

→ MUSÉE NICÉPHORE NIEPCE

28, quai des Messageries
71100 Chalon-sur-Saône
+33 (0)3 85 48 41 98
www.museeniepce.com

Historique du lieu/architecture : installé en 1972 dans l'hôtel XVIIIe des Messageries royales, le musée Nicéphore Niepce est l'un des plus anciens musées consacrés à la photographie.
L'importante collection d'images, objets personnels et premiers appareils utilisés par Nicéphore Niepce, originaire de Chalon-sur-Saône, fut à l'origine de la création du musée.

Mission/programmation, collections : considéré comme unique en Europe, le musée possède une très importante collection de photographies contemporaines.
Pour la période la plus récente, on peut citer notamment Ange Leccia, Florence Chevallier, Philippe Bazin, Dominique Pasqualini, Lise Sarfati, Patrick Tosani, Yves Trémorin.
Accueil public/scolaires : le musée organise des actions éducatives et pédagogiques, notamment des ateliers et des visites pour le jeune public, des stages en techniques anciennes ainsi que des démonstrations de camera obscura.
Des visites guidées sont proposées sur rendez-vous.
Services : le musée dispose d'un laboratoire, d'un studio de prises de vues, d'un atelier multimédia et audiovisuel. Il accueille des artistes en résidence. Un espace librairie-boutique propose des ouvrages, des cartes postales, des affiches et objets divers. Une importante bibliothèque spécialisée est consultable sur demande.
Le musée édite des catalogues d'exposition et des ouvrages consacrés à la photographie.
Horaires : ouvert tous les jours sauf le mardi.
De septembre à juin, de 9h30 à 11h45 et de 14h à 17h45.
En juillet et août, de 10h à 12h30 et de 13h30 à 18h.
Tarifs : plein : 3,10 €/ réduit : 1,55 €.
Gratuit le 1er dimanche de chaque mois et le mercredi.

Chamarande (91)

→ CENTRE ARTISTIQUE ET CULTUREL

38, rue du Cdt-Arnoux
91730 Chamarande
+33 (0)1 60 82 25 32

Historique du lieu/architecture : construit en 1654, le château de Chamarande, exemple du style Louis XIII, est entouré d'un parc paysager de 98 hectares.
Mission/programmation, collections : dans le site historique de Chamarande, se développe toute l'année une action de production et d'exposition d'art contemporain, et une programmation culturelle diversifiée de théâtre, musique, danse ou cinéma en plein air.
Les oeuvres, qu'ils s'agissent des productions d'art contemporain ou des créations du spectacle vivant, s'articulent toujours autour du dialogue entre l'art actuel et le patrimoine bâti et paysagé.
Conçues pour le lieu, les oeuvres plastiques et vivantes confrontent la mémoire patrimoniale à la sensibilité contemporaine et renouent avec le site, son histoire et son usage.
Accueil public/scolaires : les visites guidées pour les groupes se font toute l'année sur réservation (sauf pendant les vacances de Noël).
Pour les individuels, les visites guidées se déroulent du 1er mai au 30 septembre, le samedi, le dimanche et les jours fériés.
Le service éducatif de Chamarande accueille les classes, les

étudiants en stage, les enseignants en formation. Ses activités, riches des ressources du domaine, sont construites autour de trois thématiques : arts plastiques et visuels, patrimoine et archives, environnement et sciences.
Des rencontres avec l'équipe enseignante porteuse d'un projet, permettent aux enseignants détachés et aux intervenants spécialisés du service éducatif, de proposer des réponses personnalisées aux questions soulevées. Toutes les activités sont gratuites. Renseignements au 01 69 27 10 60.
Services : des cycles de conférences d'histoire de l'art en partenariat avec l'association Connaissance de l'art contemporain ont lieu le samedi à 16h au Salon blanc du château.

Chambéry (73)

➔ ARTOTHÈQUE

Musée des beaux-arts
Place du Palais de Justice
73000 Chambéry
+33 (0)4 79 33 75 03

Mission/programmation, collections : créée en 1986, l'artothèque met à la disposition de chacun, dans le cadre du prêt, plus de trois cent cinquante estampes contemporaines de 1960 à nos jours.
Horaires : ouvert le lundi de 16h à 18h, le mercredi de 8h à 12h et de 14h à 18h sur rendez-vous, le jeudi de 16h à 18h et le vendredi de 14h à 18h.

➔ ESPACE ANDRÉ MALRAUX

67, place François-Mitterrand
B.P. 147
73001 Chambéry Cedex

Mission/programmation, collections : l'espace André Malraux est spécialisé dans le domaine des arts vivants tels que le théâtre, la danse et la musique.
L'espace propose également des expositions axées sur la photographie et passe régulièrement des commandes à de jeunes photographes.

Charleville-Mézières (08)

➔ MAISON ARTHUR RIMBAUD

7, quai Arthur-Rimbaud
08000 Charleville-Mézières
+33 (0)3 24 32 44 65

Historique du lieu/architecture : le musée Arthur Rimbaud est situé dans le « Vieux-Moulin », à proximité de la demeure familiale du poète, 7, quai du Moulinet.
En octobre 2004, il a été rebaptisé « Maison des ailleurs » et a été restructuré par une équipe d'architectes, designers et paysagistes : A+H, Guliver design et Bertrand Paulet.
Mission/programmation, collections : l'association « Est-ce une bonne nouvelle » invite onze artistes à investir le lieu et à recréer des espaces artistiques autour de la vie et de l'oeuvre du poète.
Horaires : Ouvert tous les jours sauf le lundi, de 10h à 12h et de 14h à 18h.
Tarifs : entrée libre.

Chartres-de-Bretagne (35)

B.P. 28
35176 Chartres-de-Bretagne
Cedex
+33 (0)2 99 77 13 20
www.ville-chartresdebretagne.fr

→ LE CARRÉ D'ART, CENTRE CULTUREL PÔLE SUD

Mission/programmation, collections : Le Carré d'art est un espace d'exposition dédié principalement à la photographie.
Accueil public/scolaires : la galerie du Carré d'art propose des projets pédagogiques constitués de visites et d'ateliers pratiques ainsi que des visites commentées tout public.
Sur rendez-vous.

Chateaugiron (35)

3, rue de Noyal
35410 Chateaugiron
+33 (0)2 99 37 37 93

→ FRAC BRETAGNE

Historique du lieu/architecture : installé depuis 1986 dans une ancienne école, le FRAC Bretagne abrite les réserves des oeuvres et accueille depuis 1989 Les archives de la critique d'art.
Mission/programmation, collections : créé en 1981, le FRAC Bretagne a pour mission première la promotion des arts plastiques à travers la réunion d'un ensemble d'oeuvres significatives des années 50 et la diffusion de cette collection auprès d'un public éclectique. La collection a été enrichie autour de quelques axes forts privilégiant la peinture abstraite, la thématique du paysage, la photographie, la sculpture et la jeune création bretonne. À noter, quelques grands noms comme Pierre Soulages, Aurélie Nemours, Richard Long, Berndt et Hilla Becher, Rebecca Horn, Etienne Hajdu ou Jean-Pierre Raynaud.
Accueil public/scolaires : le service éducatif propose divers modes de sensibilisation à l'art contemporain.
Services : un service de documentation se propose de documenter les oeuvres et plus largement l'art et les artistes depuis 1945.
Horaires : ouvert du lundi au vendredi de 14h à 17h30.
Tarifs : entrée libre.

Château-Gontier (53)

4 bis, rue Horeau
53200 Château-Gontier
+33 (0)2 43 09 21 50
www.le-carre.org

→ LE CARRÉ

Mission/programmation, collections : Le Carré, scène nationale, organise des ateliers, des expositions et des rencontres avec des artistes. Aux côtés du spectacle vivant, une véritable politique de soutien aux arts plastiques a été initiée en 1997, à partir de la chapelle du Genêteil.
Ce lieu est désormais consacré à la présentation d'expositions et d'installations de jeunes artistes, mais aussi à des talents reconnus et à des projets spécifiques.

Ce travail de diffusion de l'art contemporain est accompagné d'actions de sensibilisation des publics, dans ou hors les murs, par le biais de rencontres, de conférences, visites guidées, voyages culturels.
Accueil public/scolaires : Le Carré propose toutes sortes de visites et offre aussi une programmation pédagogique aux enseignants et à leurs élèves.
Horaires : ouvert le mardi, jeudi et vendredi de 14h à 19h, le mercredi de 10h à 12h30 et de 14h à 19h, le samedi de 10h à 12h30.

Châteauroux (36)

→ ÉCOLE MUNICIPALE DES BEAUX-ARTS

> École des beaux-arts
10-12, place Ste-Hélène
36012 Châteauroux
+33 (0)2 54 22 40 20
> Galerie du collège Marcel-Duchamp
12, place Ste-Hélène
36012 Châteauroux
+33 (0)2 54 60 09 25
www.ville-chateauroux.fr

Mission/programmation, collections : l'école dispense un enseignement artistique et soutient la création contemporaine à travers des expositions ayant lieu à la Galerie du collège Marcel-Duchamp ou à l'atelier Ocre d'Art. Elle présente ainsi les travaux d'artistes de renommée internationale.
À noter, l'école étant placée sous l'égide de Marcel Duchamp, possède cinq fac-similés d'oeuvres de l'artiste dont La Mariée mise à nu par ses célibataires, même.
Accueil public/scolaires : un atelier workshops propose l'intervention d'un artiste auprès des élèves du cycle préparatoire.
Des ateliers pour enfants sont également mis en place, ainsi que divers projets destinés à un public lycéen ou étudiant et des cours du soir pour adultes.
Services : l'école édite des catalogues d'exposition, propose des cycles de conférences.
Elle accueille également de jeunes artistes en résidence.

Châtillon (92)

→ MAISON DES ARTS

11, rue de Bagneux
92320 Châtillon
+33 (0)1 40 84 97 11
www.ville-chatillon.fr

Historique du lieu/architecture : demeure appartenant dès 1484 à l'humaniste Robert Gaguin, la Maison des arts fut rénovée vers 1845 et présente actuellement deux pavillons symétriques élevés de chaque côté d'une galerie couverte, ouvrant sur un vaste parc de 5000 m2.
En 1992, la ville de Châtillon en prend possession et confie sa gestion à l'association du même nom.
Mission/programmation, collections : la Maison des arts s'est orientée vers l'art contemporain. Au travers de cinq à six expositions par an, elle accueille des artistes reconnus tout en gardant une place pour les jeunes artistes.
Différents courants et supports y sont représentés : peinture, sculpture, photographie, tapisserie...
Accueil public/scolaires : à chaque exposition, la Maison

des Arts propose des animations pédagogiques en direction des scolaires. Les activités sont adaptées à l'âge des enfants : des supports pédagogiques sont proposés pour les plus jeunes, des livrets-jeux à partir du CP.
Horaires : ouvert tous les jours de 14h à 18h.
Fermé le lundi.
Tarifs : entrée libre.

Châtillon-sur-Marne (51)

→ IRMA VEP LAB, LIEU DE CRÉATION CONTEMPORAINE

4, place Urbain II
51700 Châtillon-sur-Marne
+33 (0)3 26 59 12 68
www.iramveplab.com

Mission/programmation, collections : lieu dédié à la création contemporaine et à la production artistique, Irma Vep Lab a pour mission d'accueillir des artistes en leur offrant des conditions de travail et de recherche optimales au sein de la propriété ayant appartenue à l'actrice de cinéma muet Musidora.

Chatou (78)

→ CENTRE NATIONAL DE L'ESTAMPE ET DE L'ART IMPRIMÉ, CNEAI

Ile des impressionnistes
78400 Chatou
+33 (0)1 39 52 45 35
www.cneai.com

Historique du lieu/architecture : inauguré en 1997, le CNEAI s'est installé dans ce qui fut au début du siècle, l'atelier d'André Derain et de Maurice Vlaminck.
Mission/programmation, collections : créé en 1997, le Centre national encourage la création artistique contemporaine en matière d'estampe et d'art imprimé.
Ce lieu de résidence, de création et de diffusion, offre aux artistes la possibilité de produire des oeuvres et de les exposer.
Services : le CNEAI publie et diffuse des livres d'artistes.
Horaires : ouvert au public du mercredi au dimanche de 12h à 18h. Groupes sur rendez-vous, tous les jours de 10h à 20h.
Tarifs : entrée : 2,30 € / réduit : 1,50 €.

Chauny (80)

→ GALERIE DU COLLÈGE JACQUES-CARTIER

60, rue Ernest-Renan
02300 Chauny
+33 (0)3 23 39 95 95

Mission/programmation, collections : la galerie du collège Jacques Cartier diffuse l'art d'aujourd'hui en mettant en lumière la variété des techniques utilisées et les nombreuses interrogations qu'il suscite. Des artistes renommés sont invités à rencontrer les élèves (Combas, Claude Lévêque...).

Cherbourg-Octeville (50)

→ ARTOTHÈQUE

Direction des musées
4, rue Vastel
50100 Cherbourg-Octeville
+33 (0)2 33 23 39 38

Mission/programmation, collections : l'artothèque, créée

en 1983, compte environ mille trois cents oeuvres contemporaines, estampes et photographies. Elle souhaite privilégier la production graphique d'artistes de notoriété internationale de la fin du XXe siècle (Aillaud, Klasen, Massoudy, Monory, Soulages, Bram Van Velde) ainsi que des artistes contemporains (Avril, Bilal, Clément, Floc'h, Viallat, Yu Qilong). Elle organise également des expositions temporaires monographiques ou thématiques. Les artistes majeurs de la fin du XXe siècle sont régulièrement présentés dans les galeries contemporaines du musée Thomas Henry.
Accueil public/scolaires : à travers des ateliers de pratiques artistiques, l'artothèque met en place des projets (réalisation de fresques, de livres d'artistes...) qui peuvent se dérouler sur une ou deux années scolaires. Elle organise également des stages d'arts plastiques qui donnent lieu à la réalisation d'ouvrages imprimés (porte-folios, recueils sérigraphiés...).
Services : l'Artobus permet l'acheminement et l'accrochage d'oeuvres dans les établissements scolaires de Cherbourg-Octeville. Renseignements au 02 33 23 39 33.
Horaires : ouvert le mercredi de 9h à 17h sans interruption, le samedi de 9h à 12h et de 14h à 16h.
Sur rendez-vous le mardi, jeudi, vendredi.

→ ÉCOLE SUPÉRIEURE DES BEAUX-ARTS

109, av. de Paris
50100 Cherbourg-Octeville
+33 (0)2 33 43 33 74
www.ville-cherbourg.fr

Mission/programmation, collections : l'École des beaux-arts dispense un enseignement supérieur et organise des expositions, conférences et stages dans ses lieux et hors les murs.

→ SCÈNE NATIONALE DU TRIDENT

> Scène nationale du Trident
Place du Général-de-Gaulle
B.P. 807
50108 Cherbourg-Octeville
+33 (0)2 33 88 55 55
> Théâtre de la Butte
Place René-Cassin
> Le Vox
Avenue de Paris
www.trident-sn.com

Mission/programmation, collections : la scène nationale du Trident est un espace pluridisciplinaire qui organise au cours de sa programmation annuelle diverses manifestations plurielles, Les escales.
Durant ces moments, des expositions faisant appel à divers plasticiens se déroulent dans les différents endroits composant la scène nationale du Trident, le Théâtre à l'italienne, le Théâtre de la Butte et sa galerie de la Butte et Le Vox.

Chinon (37)

→ GALERIE CONTEMPORAINE

Maison des associations
45, rue J-J-Rousseau
37500 Chinon
+33 (0)2 47 93 04 92
www.ville-chinon.com

Mission/programmation, collections : des expositions sont organisées dans cette galerie en collaboration avec d'autres centres ou associations d'artistes de la région (CCC de Tours, le Groupe Laura,...)
Horaires : les expositions sont ouvertes du mercredi au dimanche, de 15h à 18h30.
Tarifs : entrée libre.

Choisy-le-Roi (94)

> Bibliothèque Aragon
14, rue W-Rousseau
94600 Choisy-le-Roi
RER Choisy-le-Roi
+33 (0)1 46 80 54 87
> Service des arts plastiques
118, av. Anatole-France
94600 Choisy-le-Roi
+33 (0)1 58 42 30 17

➔ BIBLIOTHÈQUE ARAGON/SERVICE MUNICIPAL DES ARTS PLASTIQUES

Mission/programmation, collections : créé en 1997, le Service municipal des arts plastiques réalise cinq à six expositions par an afin de promouvoir l'art contemporain auprès du public.
Les expositions sont présentées soit dans la galerie de la bibliothèque Aragon, soit dans le hall de l'Hôtel de ville.
Services : une collection de trente-neuf cartes postales présentant la ville sous un angle original, commandées à des artistes, est en vente dans le hall de l'Hôtel de ville.
Horaires : la bibliothèque est ouverte le mardi de 13h30 à 18h, le mercredi de 9h à 18h, le jeudi de 10h à 17h, le vendredi de 13h30 à 18h, le samedi de 10h à 18h. En juillet et août, ouverture le mardi, mercredi et vendredi de 14h à 18h.

Clamart (92)

33, rue Brissard
92140 Clamart
+33 (0)1 47 36 05 89
www.centrealbertchanot.com

➔ CENTRE D'ARTS PLASTIQUES ALBERT CHANOT

Historique du lieu/architecture : inauguré en 1980, le Centre est issu du legs du peintre Albert Chanot et de celui de son épouse à la ville de Clamart.
Mission/programmation, collections : le Centre d'arts plastiques Albert Chanot organise une dizaine d'expositions par an afin de faire découvrir toutes les tendances de l'art contemporain. Il met en place de nombreuses manifestations telles que l'Opération 4 Z'Arts, des villégiatures estivales d'artistes ou Le Mois de l'image.
Accueil public/scolaires : le Centre Albert Chanot reçoit régulièrement des classes, de la maternelle au collège, et des centres de loisirs.
Services : il dispose d'un espace de documentation qui met à la disposition des visiteurs, les dossiers des artistes exposés ainsi qu'un ensemble de livres d'art et d'ouvrages destinés aux enfants.
Horaires : ouvert de 14h à 18h tous les jours de septembre à mars sauf le lundi et les jours fériés.
D'avril à juillet, ouverture de 15h à 19h.
Tarifs : entrée libre.

21, rue des Châtaigniers
92140 Clamart
+33 (0)1 45 34 22 63
www.fondationarp.org

➔ FONDATION ARP

Historique du lieu/architecture : c'est dans un lieu isolé dans les hauteurs de Clamart que Jean Arp et Sophie Taeuber avaient installé une maison-atelier dessinée par Sophie Taeuber en 1927. Ce bâtiment cubique à la rigueur d'un monastère cistercien, fut un lieu de création qui attira artistes et intellectuels de l'époque. La maison-atelier abrite aujourd'hui la

fondation dont Jean Arp avait esquissé les contours plusieurs années avant sa mort, afin de présenter son oeuvre.
Mission/programmation, collections : ce lieu dédié à la mémoire de Jean Arp et Sophie Taeuber, abrite une collection exceptionnelle d'oeuvres léguées par Marguerite Arp et enrichie par diverses donations.
À noter, la restitution récente des cent quatorze sculptures en plâtre et trente-deux reliefs confisqués en 1996 par les douanes de Valenciennes.
Accueil public/scolaires : la fondation Arp accueille les groupes scolaires sur rendez-vous.
Services : la fondation dispose d'une librairie spécialisée sur Jean Arp, Sophie Taeuber et leur époque.
Horaires : ouvert le vendredi, samedi, dimanche et lundi de 14h à 18h et sur rendez-vous.
Tarifs : plein : 6 € / réduit : 2 €. Gratuit pour les moins de 10 ans.

Clermont-Ferrand (63)

→ ÉCOLE DES BEAUX-ARTS

142, av. Jean-Mermoz
63100 Clermont-Ferrand
+33 (0)4 73 91 43 86
www.ecoledart.ville-clermont-ferrand.fr

Historique du lieu/architecture : la nouvelle École des beaux-arts est opérationnelle depuis la rentrée 2005. Implantée au coeur du quartier Kessler Rabanesse, sur un terrain de plus de 6000 m2, la nouvelle École des beaux-arts constitue le premier élément de la transformation entreprise par la ville, pour la totalité du quartier Kessler-Rabanesse.
Mission/programmation, collections : l'école expose les travaux des étudiants dans divers lieux culturels de la région.

→ FRAC AUVERGNE

Écurie de Chazerat
Rue de l'Oratoire
63000 Clermont-Ferrand
+33 (0)4 73 41 27 68

Mission/programmation, collections : créé en 1985, le FRAC Auvergne a pour objectif majeur la constitution d'une collection d'oeuvres d'art, représentative de la création contemporaine depuis 1945. Il a cette particularité d'être à la fois présent à Clermont-Ferrand et de circuler régulièrement dans différentes villes de la région. Sa collection, essentiellement orientée autour de la peinture et de son histoire, comprend actuellement environ deux cent cinquante oeuvres.
Accueil public/scolaires : le FRAC Auvergne multiplie des actions de sensibilisation du public à l'art contemporain, par la mise en place de visites commentées et d'expositions au sein des lycées de la région.
Services : le FRAC organise des conférences et édite de nombreuses publications de qualité.

Collioure (66)

➔ MUSÉE D'ART MODERNE

Villa Pams
Route de Port-Vendres
66190 Collioure
+33 (0)4 68 82 10 19
www.collioure.net

Historique du lieu/architecture : mobilisée par l'Association des amis du musée pour ouvrir un musée, la municipalité a acheté la villa de l'ancien sénateur Gaston Pams, sauvant ainsi la magnifique colline du même nom, devenue parc public. La villa qui abrite le musée a été remodelée afin d'optimiser la présentation des oeuvres.
Mission/programmation, collections : aujourd'hui, grâce notamment à plusieurs donations dont la plus importante est celle de Balbino Giner, le musée a largement développé son fonds en matière d'art du XXe siècle et d'art contemporain.
Accueil public/scolaires : visites guidées sur demande.
Services : un atelier d'artiste en résidence a été créé depuis le début des années 1990.
Horaires : ouvert en juillet et août de 10h à 12h et de 14h de 19h. De septembre à juin, de 10h à 12h et de 14h à 18h.
Ouvert tous les jours du 1er juin au 30 septembre.
Fermé le mardi du 1er octobre au 31 mai.
Fermé le 1er janvier, 1er mai, 1er novembre et 25 décembre.
Tarifs : plein : 2 € / réduit : 1,50 €.

Colmar (68)

➔ ESPACE D'ART CONTEMPORAIN ANDRÉ-MALRAUX

4, rue Rapp
68000 Colmar
+33 (0)3 89 24 28 7

Mission/programmation, collections : l'espace André Malraux organise des expositions d'art contemporain, des spectacles et des rencontres associant divers arts.
Horaires : ouvert de 14h à 19h sauf le lundi.
Tarifs : entrée libre.

➔ ESPACE LÉZARD

2, bd du Champ-de-Mars
68000 Colmar
+33 (0)3 89 41 70 77

Mission/programmation, collections : créée en 1991, l'association Lézard est un lieu pluridisciplinaire qui établit des connexions entre les arts et diffuse ces diverses expressions artistiques auprès d'un public varié. L'espace Lézard présente chaque mois une exposition d'un ou plusieurs artistes contemporains.
Tous les deux ans, l'association organise pARTage, un parcours artistique d'ateliers ouverts à Colmar et dans les alentours.
Accueil public/scolaires : l'association propose des activités en partenariat avec les écoles.

➔ MUSEE D'UNTERLINDEN

1 rue d'Unterlinden
68000 Colmar
+33 (0)3 89 20 15 58
www.musee-unterlinden.com

Historique du lieu / architecture : les bâtiments du musée actuel, à l'abandon depuis la Révolution française, furent sauvés par la Société Schongauer instituée en 1847. Un musée

s'y crée ; il accueille la mosaïque romaine de Bergheim et le séquestre révolutionnaire constitué de peintures et de sculptures du Moyen Age et de la Renaissance. Le musée est désormais connu essentiellement pour abriter le Retable d'Issenheim, un des chefs-d'œuvre de l'art religieux de l'Occident médiéval.
Mission/ programmation, collections : outre les collections et expositions d'art ancien, la section d'art moderne, présentée par roulement, illustre quelques grandes tendances des avant-gardes (Monet, Bonnard, Renoir, Rouault, Delaunay, Léger, Picasso...). La collection privilégie également une relecture des peintres abstraits des années 50-60 (Magnelli, Hélion, Hartung, Soulages...) et évoque le dialogue engagé durant ce siècle entre des artistes français et allemands (Max Ernst, Bissier, Baumeister, Friedlaender...).
Horaires : de mai à octobre ouvert tous les jours de 9h à 18h, de novembre à avril, tous les jours sauf le mardi de 9h à 12h et de 14h à 17h.
Tarifs : plein : 7€ / réduit : 5€

Colomiers (31)

→ ESPACE DES ARTS

Plein centre
31770 Colomiers
+33 (0)5 61 78 15 41
www.mairie-colomiers.fr

Mission/programmation, collections : créé en 1989 à l'initiative de la municipalité de Colomiers, l'Espace des arts a pour mission la promotion de l'art contemporain et la sensibilisation auprès des publics. Il propose quatre expositions temporaires par an.
Accueil public/scolaires : le programme éducatif, Artam ! l'art et l'enfant, propose diverses activités éducatives en collaboration avec un artiste. Des dossiers pédagogiques sont mis à la disposition pour chaque exposition temporaire. Pour un public adulte, l'espace des arts propose des visites commentées, des expositions ainsi que des cycles de conférences assurées par des historiens d'art.

Congénies (30)

→ ASSOCIATION ARTELINÉA-ART CONTEMPORAIN

8, av. Malle Poste
30111 Congénies
+33 (0)4 66 80 23 95

Mission/programmation, collections : dirigée par les artistes Maurin et La Spesa, l'association Artelinea se propose de promouvoir la création artistique auprès d'un large public.
En collaboration avec des partenaires institutionnels ou associatifs de la région, elle organise des événements et des expositions s'ouvrant sur les démarches actuelles.

Conques (12)

→ CENTRE EUROPÉEN D'ART ET DE CIVILISATION MÉDIÉVALE, CEACM

CEACM
12320 Conques
+33 (0)5 65 71 24 00
www.ceacm.fr

Historique du lieu/architecture : la prestigieuse abbaye romane des XIe et XIIe siècles accueille en ses murs le Centre européen d'art et de civilisation médiévale.
Les vitraux réalisés par Soulages, révèlent la symbiose entre le patrimoine ancien et l'art actuel.
Mission/programmation, collections : fondé en 1993, le CEACM effectue diverses missions culturelles qui visent à mêler étroitement le patrimoine et l'art contemporain au travers de diverses manifestations culturelles pluridisciplinaires comme les arts plastiques, la photographie, la musique, la danse, le théâtre, le cinéma...
Accueil public/scolaires : le Centre européen propose des ateliers de pratique artistique, des visites guidées et des rencontres entre les artistes et le public scolaire pour une somme de 3 € par élève et par atelier.
Services : le Centre européen dispose d'une salle de spectacle, d'un auditorium et d'une librairie.
Tarifs : entrée libre pour toutes les expositions.

Corte (2B)

→ FRAC CORSE

La Citadelle
20250 Corte
+33 (0)4 95 46 22 18

Mission/programmation, collections : pour répondre à sa mission de diffusion de l'art contemporain, le FRAC Corse organise régulièrement des expositions aussi bien à Corte que dans toute la Corse.
La collection du FRAC Corse compte à ce jour plus de cent trente-cinq oeuvres.
Accueil public/scolaires : le FRAC accueille tous les publics. Il travaille notamment en étroite collaboration avec le Département des arts appliqués et des arts du spectacle de l'université de Corte.

Créteil (94)

→ MAISON DES ARTS ET DE LA CULTURE ANDRÉ MALRAUX

Place Salvador-Allende
94000 Créteil
+33 (0)1 45 13 19 19
www.maccreteil.com

Mission/programmation, collections : la maison des arts André Malraux partage sa programmation entre théâtre, danse, musique et arts plastiques, avec une part importante consacrée aux créations internationales ainsi qu'au jeune public. Elle organise ou accueille différents festivals : Exit, Festival international de films de femmes, Sons d'hiver et la Biennale nationale de danse du Val-de-Marne. En collaboration avec de nombreux partenaires, elle pilote Les Fantaisies de Créteil.

Services : un restaurant est ouvert tous les midis de 12h à 14h30 (sauf samedi et dimanche) et à partir de 19h les soirs de spectacle. Renseignements au 01 43 77 64 34.
Horaires : ouvert du lundi au dimanche de 13h à 19h.
Tarifs : plein : 18 € / réduit : 9 €.

Delme (57)

→ LA SYNAGOGUE DE DELME

33, rue Poincaré
57590 Delme
+33 (0)3 87 01 43 42

Historique du lieu/architecture : construite en 1877, la synagogue détruite par les Allemands lors de la Seconde Guerre mondiale fut reconstruite en 1946.
Après les travaux de réfection menés au début des années 90 et l'accord du Consistoire israélite, propriétaire du bâtiment, et de la Direction régionale des affaires culturelles, la synagogue est devenue un espace d'art contemporain.
La synagogue est actuellement, en Lorraine, l'espace d'art contemporain le plus important. C'est un lieu unique par son passé et son architecture, un lieu connu et reconnu dans le monde de l'art contemporain.
Depuis son ouverture en février 1993, de nombreuses expositions d'artistes se sont succédées.
Mission/programmation, collections : des artistes renommés ont exposé dans ce lieu, notamment Buren, Carbonnet et le japonais Kawamata.
Horaires : du mercredi au samedi de 14h à 18h.
Tarifs : entrée libre.

Digne-les-Bains (04)

→ MUSÉE GASSENDI

64, bd Gassendi
04000 Digne-les-Bains
+33 (0)4 92 31 45 29
www.viapac.net

Historique du lieu/architecture : l'hôpital Saint-Jacques datant de 1555, abrita le musée à partir de 1905. La partie haute et les espaces voûtés du bâtiment actuel en sont les vestiges. Le musée, situé aux abords d'une réserve naturelle, a été réaménagé en 2004.
Mission/programmation, collections : c'est en 1991 qu'a lieu la première exposition d'art contemporain, produite et commandée par le musée. Ce dernier organise désormais deux à trois expositions d'art contemporain par an.
Accueil public/scolaires : le musée propose à l'attention des scolaires, des visites et des ateliers.
Services : le musée Gassendi publie des catalogues d'expositions temporaires.
Horaires : ouvert en hiver du 1er octobre au 31 mars, de 13h30 à 17h30, tous les jours sauf le mardi et les jours fériés, (fermeture entre Noël et le Jour de l'an).
Ouvert en été du 1er avril au 30 septembre, tous les jours sauf le mardi de 11h à 19h.

Tarifs : plein : 4 € / réduit : 2 €. Gratuit pour les moins de 21 ans et le premier dimanche de chaque mois.

04000 Digne-les-Bains
+33 (0)4 92 36 70 70
www.viapac.net

➔ MUSÉE PROMENADE

Historique du lieu/architecture : en 1996, les sentiers du parc Saint Benoît ainsi que l'espace muséographique de la réserve sont aménagés. Suite à ce nouvel aménagement, le parc et le musée de la réserve sont baptisés musée Promenade.

Mission/programmation, collections : le musée promenade invite des artistes à intervenir sur les lieux afin d'y concevoir des oeuvres permanentes.

Il propose cinq à six expositions d'art contemporain par an dans un cadre naturel.

Horaires : le musée est ouvert d'avril à octobre inclus, de 9h30 à 12h30 et de 13h30 à 17h30.

Tarifs : entrée libre.

Dijon (21)

Centre culturel de l'université de Bourgogne
BP27877
21078 Dijon Cedex
+33 (0)3 80 39 52 20
www.atheneum.u-bourgogne.fr

➔ ATHENEUM

Mission/programmation, collections : l'Atheneum est le centre culturel de l'université de Bourgogne. Le campus offre un espace d'exposition dédié aux sculptures contemporaines.

L'Atheneum invite des artistes et permet aux jeunes créateurs de l'école nationale supérieure des beaux-arts de Dijon de présenter leurs travaux.

Accueillir de nombreux artistes en résidence, contribuer à développer la place des pratiques artistiques dans les cursus de formation universitaire, est également l'une des missions essentielles de l'Atheneum qui propose des formations ponctuelles parallèlement aux cursus.

Services : le café de l'Atheneum est ouvert du lundi au jeudi de 10h à 17h et le soir après les spectacles.

3, rue Michelet
21000 Dijon
+33 (0)3 80 30 21 27
www.ensa-dijon.fr

➔ ÉCOLE NATIONALE SUPÉRIEURE D'ART

Mission/programmation, collections : en plus de l'enseignement supérieur délivré, l'école mène une active politique culturelle par l'intermédiaire de workshops, d'accueil d'artistes, et de programmation d'expositions en relation avec des centres d'arts et des galeries de la région (Atheneum, Parc Saint-Léger à Pougues-les-eaux...). L'école publie également régulièrement des catalogues d'expositions.

Services : l'école dispose d'une bibliothèque ainsi que d'ateliers de pratiques artistiques ouverts au public.

49, rue de Longvic
21000 Dijon
+33 (0)3 80 67 18 18
www.frac-bourgogne.org

➔ FRAC BOURGOGNE

Mission/programmation, collections : ne possédant pas de lieu permanent, le FRAC Bourgogne est invité par les musées, les municipalités et les établissements scolaires afin d'exposer les oeuvres de sa collection au travers d'expositions temporaires. Depuis 1984, le FRAC cherche à bâtir sa collection à la fois avec des artistes de référence, et avec de jeunes artistes émergeants. Parmi les acquisitions, citons Merlin (1982) de Gerhard Richter ou Cornish Slate Ring (1984) de Richard Long, également 2 colonnes (1982) de Jacques Vieille et Aniversaire 1 (1983) de Claude Lévêque. Le FRAC s'oriente actuellement du côté des questions liées à l'architecture et à l'urbanisme.

Accueil public/scolaires : des visites accompagnées sont organisées pour chaque exposition et un accueil des groupes est proposé. Les enseignants peuvent participer à des ateliers de familiarisation avec les oeuvres. Des stages sont également proposés aux élèves.

Services : un centre documentaire est ouvert sur rendez-vous, ainsi que le vendredi et le samedi en consultation libre de 14h à 18h. En collaboration avec les artistes, le FRAC effectue régulièrement des publications.

Horaires : le service administratif est ouvert de 9h à 12h30 et de 14h à 18h.

Tarifs : les visites sont gratuites et sur rendez-vous.

→ INTERFACE

12, rue Chancelier-de-l'Hospital
21000 Dijon
+33 (0)3 80 67 13 86
www.interface-art.com

Mission/programmation, collections : créée en 1992, l'association Interface a pour mission de soutenir les jeunes artistes afin de favoriser la réalisation et à la diffusion de leurs oeuvres à travers un lieu d'échange et de rencontres.

L'association programme aussi bien des jeunes artistes de la région que des artistes confirmés.

Services : Interface publie le journal Hors-d'oeuvre qui a trait à l'actualité de l'art contemporain en Bourgogne.

Horaires : l'association est ouverte le mercredi, vendredi et samedi de 15h à 19h et sur rendez-vous.

Tarifs : entrée libre.

→ LE CONSORTIUM

16, rue Quentin
21000 Dijon
+33 (0)3 80 68 45 55
www.leconsortium.com

Historique du lieu/architecture : trois associations d'art contemporain, Le Coin du miroir, À la Limite et Déjà Vu s'installent à la place d'un ancien magasin d'électroménager appelé Le Consortium. Ce nom est conservé et le lieu devient un centre d'art contemporain.

Mission/programmation, collections : Le Consortium laisse libre cours à toutes sortes de pratiques artistiques. Il organise des expositions hors de Dijon, participe au Festival d'art vivant, effectue des productions cinématographiques, et graphiques. Ce lieu, qui entretient des relations privilégiées avec certains grands noms de l'art contemporain, s'engage à encourager les jeunes artistes dans leur création.

Accueil public/scolaires : des documents sur les artistes et les expositions sont disponibles. Il est possible de prendre

rendez-vous pour une visite guidée. Le Consortium privilégie la venue de groupes scolaires, proposant diverses activités et documents pédagogiques.
Services : édition de catalogues, surtout monographiques.
Horaires : ouvert du mardi au samedi de 14h à 18h.
Tarifs : entrée libre.

Dôle (39)

→ FRAC FRANCHE-COMTÉ

Musée des beaux-arts
85, rue des Arènes
39100 Dôle
+33 (0)3 84 79 25 85

Mission/programmation, collections : depuis 1984, plus de quatre cents oeuvres de quelques cent soixante artistes contemporains ont été acquises par le FRAC Franche-Comté. Ce dernier présente en permanence une sélection d'oeuvres de sa collection au musée des beaux-arts de Dôle. Depuis 1993, le FRAC a orienté sa politique d'acquisition en direction de l'image et de la question de la représentation.
Accueil public/scolaires : le FRAC travaille en collaboration avec les établissements scolaires depuis 1994. De nombreuses animations pour le jeune public sont proposées avec des interventions en classe, des visites commentées et des ateliers de pratique artistique. Des visites guidées sont proposées un dimanche après-midi sur deux (visite sur rendez-vous pour les groupes).
Horaires : ouvert tous les jours sauf le lundi de 10h à 12h et de 14h à 18h. Fermeture le 1er mai et 1er novembre.

→ MUSÉE DES BEAUX-ARTS

85, rue des arènes
39100 Dôle
+33 (0)3 84 79 25 85

Historique du lieu/architecture : le musée de Dôle est installé dans un magnifique bâtiment militaire datant du XVIIIe siècle et son fonds ancien est lié au riche passé historique de la ville, ancienne capitale de la Franche-Comté jusqu'en 1678.
Mission/programmation, collections : la collection d'art contemporain du musée des beaux-arts rassemble des oeuvres des années 60 représentatives de la Figuration narrative et du Nouveau réalisme.
Depuis 1988, le musée gère et abrite le FRAC de Franche-Comté, composé de quatre cents oeuvres environ, présentées par roulement.
Horaires : ouvert de 10h à 12h et de 14h à 18h.
Fermé le lundi tout au long de l'année et également le mardi en juillet et août.

Douchy-les-Mines (59)

→ CENTRE RÉGIONAL DE LA PHOTOGRAPHIE NORD-PAS-DE-CALAIS

Place des Nations
59282 Douchy-les-Mines
+33 (0)3 27 43 56 50

Historique du lieu/architecture : en 1981, le Centre régional de la photographie Nord-Pas-de-Calais est créé par

divers photographes réunis. Transféré à Douchy-les-Mines, en 1986, il est dirigé par un groupe professionnel.
Le Ministère de la culture le reconnaît comme centre d'art à partir de 1991.
Mission/programmation, collections : le CRP défend les valeurs de la photographie. Il présente diverses activités encourageant la création photographique, telles que la formation, la médiation, la diffusion et l'édition.
Ainsi, au moyen de la communication visuelle, le Centre régional de la photographie s'engage dans une lutte contre la ségrégation culturelle d'une région en crise.
Horaires : ouvert tous les jours de 13h à 17h, le samedi, le dimanche et les jours fériés de 15h à 19h.
Fermé du 25 décembre au 2 janvier.

Dunkerque (59)

→ FRAC NORD-PAS-DE-CALAIS

930 av. Rosendaël
59240 Dunkerque
+33 (0)3 28 65 84 20
www.fracnordpdc.asso.fr

Historique du lieu/architecture : le FRAC est installé depuis 1996 dans une partie des bâtiments de l'ancien hôpital de Dunkerque.
Mission/programmation, collections : depuis sa création en 1982, le FRAC constitue une collection de plus de six cent quatre-vingt oeuvres contemporaines qu'il diffuse par le biais de manifestations et d'expositions. Sa collection d'oeuvres et d'objets design met à l'honneur les principaux mouvements historiques des années 60 et 70 ainsi que des oeuvres majeures de la jeune génération des années 90. Cette collection est reconnue pour ses installations souvent imposantes.
Accueil public/scolaires : le Service développement culturel, créé en 1988, favorise la sensibilisation et la formation du public. Tous les samedis, une visite commentée gratuite est proposée à 16h.
Le FRAC intervient également en milieu scolaire. Les groupes sont accueillis sur rendez-vous.
Des visites thématiques peuvent être organisées.
Services : des conférences dispensées par des spécialistes ainsi que des rencontres avec les artistes sont proposées en parallèle avec les expositions.
Un centre de recherche et de documentation est à la disposition du public.
Horaires : le service administratif est ouvert du lundi au vendredi de 9h à 18h. Les expositions sont accessibles au public du mardi au vendredi de 10h à 18h et le samedi de 13h à 19h.
Le centre de recherche est ouvert le lundi, mardi, jeudi et vendredi de 10h à 18h, de préférence sur rendez-vous.

BP 4212
59378 dunkerque
+33 (0)3 28 29 56 00

➔ LAAC / MAC, JARDINS DE SCULPTURES

Historique du lieu/ architecture : à l'origine du LAAC, lieu d'art et d'action contemporaine, Gilbert Delaine, hommes d'affaires mécéne, fonde en 1973 l'association « l'art contemporain » dans l'idée de créer une collection puis un musée. L'association collecte des fonds auprès des entreprises régionales et nationales. En 1980 la ville entreprend la construction du MAC aux abords des chantiers de constructions navales. L'architecte Jean Willerval imagine alors un bâtiment en céramique blanc distribuant 8 salles d'expositions de 150m2 sur un déambulatoire ouvert sur le jardin des sculptures et les chantiers par des points vitrés. Rouvert en 2006, le musée a invité l'artiste Stéphane Calais à intervenir sur le site.
Mission/ Programmation, collection : la collection constituée à l'initiative du mécène rassemble des pièces issues des tendances de la seconde école de paris, de la Figuration Narrative, de Supports Surfaces, du mouvement de l'abstraction lyrique.
Horaires : du mardi au vendredi de 9h à 12h et de 14h à 17h30, le samedi et dimanche de 10h à 12h30 et de 14h à 17h 30 (jusqu'à 18h30 en été).
Tarifs : plein : 4,5€ /réduit : 1,5€

Échirolles (38)

1, rue Géo-Charles
38433 Echirolles
+33 (0)4 76 22 58 63

➔ MUSÉE GÉO-CHARLES

Historique du lieu/architecture : le musée évoque la mémoire de l'artiste-athlète Géo-Charles, collectionneur d'art.
Mission/programmation, collections : le musée Géo-Charles accueille des artistes, photographes, plasticiens et musiciens, et organise des expositions temporaires, et accueille des installations et des performances.
À noter, la particularité de sa collection fondée sur la thématique du sport.
Accueil public/scolaires : le musée propose gratuitement des visites commentées, des animations et des rencontres les dimanches après-midi à 15h.
Horaires : ouvert du lundi au vendredi de 14h à 18h, le samedi et le dimanche de 14h à 19h.
Fermé le mardi, le 1er janvier, le 1er mai et le 25 décembre.
Tarifs : entrée libre.

Enghien-les-Bains (95)

12-16, rue de la libération
95880 Enghien-les-Bains
+33 (0)1 30 10 88 91
www.ville-enghienlesbains95.fr

➔ CENTRE DES ARTS D'ENGHIEN-LES-BAINS

Historique du lieu/architecture : en 1976, l'ancienne distillerie Garnier fut rachetée par la ville d'Enghien-les-Bains pour fonder un centre des arts afin de permettre à certains artistes d'y loger et d'y exposer.
Après avoir fermé pour vétusté, en 2002, ce lieu est ensuite

devenu un nouvel endroit culturel.
Mission/programmation, collections : le centre des arts d'Enghien-les-Bains insiste sur l'importance des rencontres et des échanges entre les artistes et le public en associant la création à la diffusion, la production et l'édition, notamment au moyen des nouvelles technologies.
Accueil public/scolaires : le centre des arts cherche à sensibiliser un large public.

→ IN SITU

57, rue du Général-de-Gaulle
95880 Enghien-les-Bains
+33 (0)1 34 12 10 24
www.insitu-enghien.org

Mission/programmation, collections : créée en 1993 par la volonté de deux passionnées d'art contemporain, l'association travaille avec l'espace public de la ville afin de faire découvrir des oeuvres hors du contexte d'un musée. Depuis 1996, In Situ invite des artistes à modifier le paysage urbain par l'introduction d'oeuvres d'art. In Situ organise également la biennal d'art contemporain d'Enghien-les-Bains.

Épinal (88)

→ ÉCOLE SUPÉRIEURE D'ART D'ÉPINAL, ESAE

15, rue des Jardiniers
88000 Épinal
+33 (0)3 29 68 50 66
www.esae.fr

Mission/programmation, collections : outre son enseignement spécialisé dans l'image narrative et le design graphique, l'ESAE possède une galerie, la salle Philippe Lelièvre, en hommage à l'artiste, dans laquelle se déroulent des expositions d'art contemporain.

→ LA LUNE EN PARACHUTE

19, rue d'Ambrail
88000 Epinal
+33 (0)3 29 35 04 64
www.laluneenparachute.com

Mission/programmation, collections : l'association, créée en 1991, organise des expositions, des colloques, et des conférences afin de sensibiliser le public à l'art contemporain.
Accueil public/scolaires : l'association propose des visites du mercredi au samedi de 14h à 19h et le dimanche de 15h à 19h.
Services : La Lune en parachute édite des catalogues et des cartes postales.
Tarifs : entrée libre.

→ MUSÉE DÉPARTEMENTAL D'ART ANCIEN ET CONTEMPORAIN

1, place Lagarde
88000 Epinal
+33 (0)3 29 82 20 33

Historique du lieu/architecture : reconstruit en 1992, le Musée se situe au sein d'un bâtiment moderne et lumineux. Une verrière transversale laisse pénétrer la lumière du jour tandis que des passerelles permettent de créer des liens entre les salles, les étages et l'extérieur avec le parc des sculptures.
Mission/programmation, collections : la collection contemporaine du musée est composée d'oeuvres qui ont marqué l'art des années 60 à nos jours.
Accueil public/scolaires : le Service éducatif propose des

préparations à la visite, des formations pour les enseignants, des documents pédagogiques et des catalogues d'expositions ainsi que divers projets pédagogiques annuels.
Visité guidée pour les groupes, sur demande.
Services : la bibliothèque dispose d'un fonds ancien et de nombreux ouvrages et revues concernant la création artistique ancienne ou contemporaine.
Horaires : le musée est ouvert du 1er avril au 30 septembre de 10h à 18h ; du 1er octobre au 31 mars, de 10h à 12h30 et de 13h30 à 18h. Fermé le mardi.
Fermeture annuelle le 1er janvier, le 1er mai, le 1er novembre et le 25 décembre.
La bibliothèque est ouverte le lundi, mercredi, jeudi, vendredi de 10h à 12h et de 14h à 18h.
Tarifs : plein : 4,60 € / réduit 2,30 €.

Évreux (27)

→ MAISON DES ARTS

Place Charles-de-Gaulle
27000 Évreux
+33 (0)2 32 78 85 45

Mission/programmation, collections : créée en 1980, la Maison des arts est un centre d'expositions, destiné à favoriser la création et à développer les rencontres entre le public et les artistes.
Des expositions thématiques sont organisées chaque année.
Accueil public/scolaires : la Maison des arts propose des ateliers d'arts plastiques pour adultes et enfants à partir de 9 ans.
Horaires : les galeries d'expositions sont ouvertes le mardi et vendredi de 13h30 à 19h et le mercredi et samedi de 10h à 19h.

Eymoutiers (87)

→ ESPACE PAUL REBEYROLLE

Rte de Nedde
87120 Eymoutiers
+33 (0)5 55 69 58 88
www.espace-rebeyrolle.com

Historique du lieu/architecture : implanté sur un ancien site industriel et conçu par l'architecte Olivier Chaslin, l'espace Paul Rebeyrolle a ouvert en 1995. Le bâtiment compact contraste avec un intérieur lumineux ouvert sur l'extérieur.
Mission/programmation, collections : ce lieu consacré à Paul Rebeyrolle, accueille plus de quarante toiles réalisées par l'artiste de 1959 jusqu'à nos jours. Depuis sa création, le centre s'est enrichi de quatre sculptures aux dimensions exceptionnelles. De plus, le Centre d'art organise des expositions temporaires monographiques, destinées à promouvoir l'art français et francophone.
Accueil public/scolaires : le service pédagogique propose des visites, des animations, des ateliers spécialement adaptés aux publics scolaires. Des visites commentées sont également possibles toute l'année.

Services : l'espace dispose d'une librairie en accès libre.
Horaires : ouvert tous les jours du 1er juin au 30 octobre de 10h à 19h et du 31 octobre au 31 mai de 10h à 18h.
Fermé le 1er mai et la dernière semaine de l'année.
Tarifs : plein : 4 € / réduit : 2,50 €.
Gratuit pour les moins de 10 ans.

Faches Thumesnil (59)

→ MÉDIATHÈQUE MARGUERITE YOURCENAR

199, rue Carnot
59155 Faches Thumesnil
+33 (0)3 20 96 12 44
www.ville-fachesthumesnil.fr

Mission/programmation, collections : la médiathèque a pour mission de diffuser la jeune création régionale en privilégiant les oeuvres faites in situ. Depuis 2002, la galerie est associée à la programmation culturelle de la ville.
Accueil public/scolaires : l'engagement de la médiathèque se caractérise également par un volet pédagogique important, mené pour le jeune public et plus particulièrement pour les écoles et collèges en collaboration avec les enseignants et le conseiller pédagogique en arts plastiques de l'Éducation nationale.

Fécamp (76)

→ PALAIS BÉNÉDICTINE

110, rue Alexandre-le-Grand
B.P. 192
76400 Fécamp
www.benedictine.fr

Mission/programmation, collections : le palais Bénédictine doit sa notoriété aussi bien à sa production de liqueur qu'au musée qu'il abrite. Une exposition dédiée à l'oeuvre de Joan Miró inaugura en 1988 la partie du musée consacrée à l'art contemporain.
De nombreux artistes de renom ont été exposés depuis : Calder, César, De Kooning, Niki de Saint Phalle, Warhol...
Services : le palais possède, outre son musée, une distillerie, une bibliothèque et une herboristerie.
Horaires : ouvert tous les jours de 10h à 13h et de 14h à 19h.
Tarifs : plein : 5,60 €.

Flers-de-l'Orne (61)

→ 2 ANGLES

11, rue Schnetz
61100 Flers-de-l'Orne
+33 (0)2 33 64 29 51

Mission/programmation, collections : créée en 2003, 2 Angles est une association qui cherche à promouvoir les arts plastiques par des expositions (Jean-Pierre Pincemin, Olivier Umhauer, Claire Le Breton...) et par l'accueil d'artistes en résidence.
Accueil public/scolaires : l'association propose aux individuels et aux scolaires des visites commentées sur rendez-vous.

Services : 2 Angles édite un journal et diverses publications en relation avec les artistes invités.
Horaires : ouvert le week-end de 14h30 à 18h30.
Fermé en juillet et en août.

Fontenay-sous-Bois (94)

→ LA GALERU

1, place du Général-Leclerc
94120 Fontenay-sous-Bois
+33 (0)1 53 99 23 68
www.lagaleru.org

Historique du lieu/architecture : La Galeru a élu domicile dans l'ancienne échoppe d'un cordonnier.
Mission/programmation, collections : avec une moyenne de huit expositions par an, l'espace public La Galeru propose une programmation hétéroclite d'artistes. Ceux-ci jouent avec l'espace en créant des oeuvres qui sont la plupart du temps éphémères.
Accueil public/scolaires : des ateliers de pratique artistique et des visites accompagnées sont proposés.

Fontenoy (89)

→ CENTRE RÉGIONAL D'ART CONTEMPORAIN, CRAC

Château du Tremblay
89520 Fontenoy
+33 (0)3 86 44 02 18

Historique du lieu/architecture : situé dans l'enceinte XVIIe du château du Tremblay, le CRAC fut l'un des premiers lieux à avoir mené dès 1958 des actions en direction de l'art contemporain en Bourgogne et notamment plusieurs expositions des artistes du groupe Cobra ou de l'Abstraction lyrique.
Mission/programmation, collections : toute l'année, le CRAC organise diverses expositions temporaires d'art naïf.
Accueil public/scolaires : le CRAC effectue des animations dans les classes avec des mallettes pédagogiques. Il propose aussi des ateliers pour les adultes.
Services : les dons d'oeuvres d'artistes ayant exposé sont mis à disposition du public dans l'artothèque dont le fonds comprend plus de trois cents oeuvres.

Fontes (34)

→ CENTRE LOCAL D'ART CONTEMPORAIN DE L'HÉRAULT, CLAC

12, bd Jules-Ferry
34320 Fontes
+33 (0)4 67 25 27 33
www.clac34.com

Mission/programmation, collections : le CLAC permet aux artistes adhérents de présenter en pleine nature des sculptures monumentales.

Fontevraud-l'Abbaye (49)

→ ABBAYE DE FONTEVRAUD

B.P. 24
49590 Fontevraud-l'Abbaye
+33 (0)2 41 51 73 52
www.abbaye-fontevraud.com

Historique du lieu/architecture : fondée en 1101 par Robert d'Arbrissel, l'abbaye royale de Fontevraud est d'abord un lieu

prestigieux d'histoire et de mémoire.
Mission/programmation, collections : l'abbaye est devenue en 1973, le siège du centre culturel de l'Ouest, centre culturel de rencontre, qui organise de nombreux concerts tout au long de l'année et des expositions, mais aussi des résidences d'artistes pluridisciplinaires ainsi que des colloques liés à la culture et à l'histoire et des concerts de musique sacrée.
Elle accueille également des classes du patrimoine et des stages de chant grégorien. Le CCO a également à coeur de développer son action dans le domaine de la recherche historique ainsi que dans celui des nouvelles technologies liées au patrimoine. Au fil des ans, l'abbaye développe son activité d'accueil d'artistes en résidence.
Services : une hôtellerie, installée au prieuré Saint-Lazare, permet d'accueillir les participants aux activités culturelles, les séminaires d'entreprises et tous les visiteurs qui le souhaitent. Renseignements au 02 41 51 73 16.

Forbach (57)

→ ASSOCIATION OEIL

Lycée Jean-Moulin
rue Maurice Barrès
B.P. 50058
57601 Forbach
+33 (0)3 87 87 76 91
www.oeil-castel.com

Mission/programmation, collections : créée au lycée Jean-Moulin de Forbach il y a trente ans, l'association OEil fut une pionnière en matière d'implantation de galerie en milieu scolaire. Attentive aux pratiques les plus récentes, l'association organise des expositions et présente de jeunes artistes. Elle gère à la fois la galerie OEil située dans le lycée Jean-Moulin et Castel coucou.
Services : l'association publie des catalogues, cartes postales, et affiches. Elle accueille des artistes en résidence et propose des ateliers et cours de pratique ainsi que des stages.
Horaires : la galerie OEil est ouverte du lundi au vendredi de 8h à 18h. Elle est fermée durant les vacances scolaires.

→ CASTEL COUCOU

17, rue du château
57600 Forbach
+33 (0)3 87 87 76 91
www.oeil-castel.com

Historique du lieu/architecture : situé dans l'ancienne Voirie municipale, un ancien appartement entouré de terrasses accueille depuis 1999 l'association.
Mission/programmation, collections : Castel coucou présente les travaux de jeunes artistes contemporains en créant rencontres et échanges avec le public.
Horaires : ouvert du mercredi au samedi de 10h à 18h.

Fougères (35)

→ ARCADE, LES URBANISTES

Couvent des urbanistes
35300 Fougères
+33 (0)2 99 94 49 16

Historique du lieu/architecture : monument classique aux lignes pures, l'ancien couvent du XVIIe des religieuses Urbanistes, accueille l'association artistique Arcade, les écoles municipales de

musique, dessin, et arts plastiques.
Mission/programmation, collections : fondée en 1995, l'association organise six expositions par an destinées à offrir un regard large sur l'art contemporain et notamment à faire connaître de jeunes talents à travers l'estampe et le livre d'artiste.
Accueil public/scolaires : Arcade organise des ateliers et des stages grand public. Ces ateliers sont ouverts à tous.
Cette association dispose depuis 1998 d'un service éducatif destiné principalement aux écoles. Des ateliers d'arts plastiques post-scolaires ont été créés.

Fraissé-les-Corbières (11)

→ CHÂTEAU DE FRAISSÉ

11360 Fraissé-les-Corbières
+33 (0)4 68 45 94 80
www.chateau-du-fraisse.com

Mission/programmation, collections : le château accueille chaque année un artiste invité pour une intervention authentique au sein du lieu. Les années passées ont vu Felice Varini et Cécile Bart.
Horaires : le château est ouvert du vendredi au dimanche de 13h à 20h et sur rendez-vous.

Gap (05)

→ GALERIE DU THEATRE DE LA PASSERELLE

137 bd Georges Pompidou
05000 Gap
+33 (0)4 92 52 52 44
www.theatre-la-passerelle.com

Mission/ Programmation, collections : Le Théâtre de La Passerelle a choisi d'intégrer la photographie dans sa programmation. Diffusant la photographie du début du XXéme à celle la plus actuelle, la photographie plasticienne notamment, le Théâtre a développé une politique d'achat, il dispose aujourd'hui d'une centaine d'œuvres.
Services : librairie, résidences d'artistes, et éditions.
Horaires : du mardi au samedi de 11h à 13h et de 15h à 18h30, fermé en août.
Tarifs : entrée libre.

Gentilly (94)

→ MAISON ROBERT DOISNEAU

1, av. de la Division du Général-Leclerc
94250 Gentilly
+33 (0)1 47 40 88 33

Historique du lieu/architecture : en 1992, Robert Doisneau donne son nom à une belle bâtisse qui ouvre ses portes au public en 1996.
Mission/programmation, collections : la maison Robert Doisneau organise à la fois des expositions sur l'oeuvre du célèbre photographe, mais également sur de nombreux autres artistes, afin de favoriser la diffusion de cet art auprès du public, en privilégiant une thématique humaniste.
Ses expositions historiques et thématiques ne négligent pas

cependant les productions contemporaines.
La maison Robert Doisneau réalise également des expositions hors-les-murs et, depuis 1998, est associée à la démarche d'enrichissement du Fonds municipal d'art contemporain.
Accueil public/scolaires : la maison Doisneau mène un travail d'animation et de sensibilisation à l'art photographique en direction notamment du jeune public.
Horaires : la maison est ouverte le mercredi et le vendredi de 12h à 19h et le samedi et le dimanche de 14h à 19h.
Fermeture les jours fériés.

Ginals (82)

→ ABBAYE DE BEAULIEU

82330 Ginals
+33 (0)5 63 24 50 10

Historique du lieu/architecture : l'abbaye gothique de Beaulieu fut construite au XIIe siècle et vendue à la Révolution avant de devenir une exploitation agricole. En 1960, des amateurs d'art rachètent l'abbaye et la font restaurer avec une aide de l'État. Cette abbaye est depuis 1970 un important centre d'art contemporain.
Mission/programmation, collections : créé en 1970, le Centre d'art contemporain possède un impressionnant fonds permanent (oeuvres de Jean Dubuffet, Henri Michaux, Georges Mathieu...) exposé de façon épisodique.
Pendant la période estivale (juin à septembre), des expositions temporaires, consacrées aux grands thèmes de la peinture contemporaine sont organisées.
Horaires : ouvert du 1er avril au 1er novembre, de 10h à 12h et de 14h à 18h sauf le mardi. En juillet et en août, de 10h à 12h et de 14h à 18h tous les jours.
Ouverture toute l'année pour les groupes (sur rendez-vous en dehors des périodes d'ouverture). Fermé le 1er janvier, le 1er mai, le 11 novembre et le 25 décembre.
Tarifs : plein : 6,10 € / réduit : 4,10 €.

Gravelines (59)

→ MUSÉE DU DESSIN ET DE L'ESTAMPE ORIGINALE

Château–Arsenal
59820 Gravelines
+33 (0)3 28 51 81 00
www.ville-gravelines.fr

Mission/programmation, collections : situé dans la Poudrière, bâtie en 1742, le musée de Gravelines est le seul musée de France consacré à l'estampe.
Au sous-sol, son exposition permanente Histoire et technique de l'Estampe, permet de découvrir un art mal connu au travers des outils des graveurs, et d'oeuvres majeures anciennes et contemporaines (Dürer, Picasso, Arman, Léger, Miro, Doré, Daumier, Favier, Baselitz,...).
Le musée compte notamment dans ses collections : l'Apocalypse d'Albrecht Dürer, Le Chef d'oeuvre inconnu de Balzac illustré par Picasso, l'oeuvre gravée de Lam, de Marcel

Gromaire, d'Arman et d'Eugène Leroy.
Services : de nombreuses activités (ateliers, stages, mallettes pédagogiques...) sont proposées aussi bien aux individuels qu'aux scolaires.
Horaires : ouvert tous les jours sauf le mardi de14h à 17h.
Le week-end de 15h à 18h.
En juillet et en août, ouvert de 14h à 18h. Le week-end et les jours fériés de 10h à 12h et de 15h à 18h.
Tarifs : plein : 2 €.

Grenoble (38)

→ ARTOTHÈQUE

1, cour des érables
Centre commercial
Grand'Place
38100 Grenoble
+33 (0)4 38 12 46 20
www.bm-grenoble.fr

Mission/programmation, collections : l'artothèque municipale de Grenoble, ouverte en 1976 au sein de la bibliothèque Grand'Place, complète l'action des musées et des galeries.
Elle propose aux abonnés des bibliothèques de Grenoble une approche de l'art contemporain, sous la forme de prêt d'oeuvres à domicile pour une durée de trois mois.
Riche de plus de mille deux cent oeuvres représentatives des courants ayant marqué l'art de l'après-guerre à nos jours, elle s'adresse aux particuliers et aux collectivités qui souhaitent parfaire leur connaissance de l'art contemporain par le biais de l'emprunt d'oeuvres à domicile.
Depuis le milieu des années 80, parallèlement à la constitution d'un fonds d'estampes, la politique d'acquisitions et d'expositions de l'artothèque a mis plus particulièrement l'accent sur la photographie.

→ ÉCOLE SUPÉRIEURE D'ART DE GRENOBLE

25, rue Lesdiguières
38000 Grenoble
+33 (0)4 76 86 61 30

Mission/programmation, collections : l'école supérieure d'art de Grenoble participe à des projets artistiques où la place des nouvelles technologies et de la science, cohabitent avec les formes plus traditionnelles des arts visuels et des arts plastiques.
Aujourd'hui, la plupart des projets dirigés par les artistes, professeurs de l'école, se font sur des supports numériques, et engagent une réflexion sur la spécificité des nouvelles technologies de la communication dans la création artistique.
Services : l'école supérieure d'art de Grenoble invite régulièrement des scientifiques et des artistes autour d'un cycle annuel de conférences.
L'école, en relation constante avec les artistes les plus importants de la scène internationale, invite dans ses formations, des artistes, des intellectuels, des scientifiques issus de diverses disciplines, favorisant ainsi le décloisonnement des formes artistiques.
Sa participation, en collaboration avec l'université Paris VIII

et l'ACROE à un programme de recherche qui met en relation l'innovation scientifique et l'expérimentation artistique, illustre la démarche engagée.

→ FLUID'IMAGE, ESPACE DE CRÉATION CONTEMPORAINE

12, place Notre-Dame
38000 Grenoble
+33 (0)4 76 01 85 58
www.fluid-image.net

Mission/programmation, collections : l'espace de création Fluid'Image a pour objectif le développement de l'art contemporain et des arts numériques. Pour ce faire, il organise des expositions et invite en résidence des artistes spécialisés dans les technologies numériques.

→ LE 102

Rue d'Alembert
38000 Grenoble
+33 (0)4 76 70 12 00
www.le102.org

Mission/programmation, collections : depuis 20 ans, l'espace indépendant du 102 accueille diverses associations pluridisciplinaires organisant expositions, concerts, séances de cinéma expérimental, pièces de théâtre, spectacles de danse, rencontres et débats.
Services : Le 102 propose des ateliers d'expérimentation.
Horaires : ouvert tous les jours à partir de 16h.
Tarifs : entrée libre.

→ LE MAGASIN

Site Bouchayer-Viallet
155 cours Berriat
38028 Grenoble
Cedex 1
+33 (0)4 76 21 95 84
www.magasin-cnac.org

Historique du lieu/architecture : parmi les premiers lieux d'art installés dans une friche industrielle, Le Magasin est constitué d'une halle de 3000 m2 construite en 1900 par les ateliers de Gustave Eiffel, pour l'exposition universelle de Paris. Cet ancien entrepôt, réhabilité en 1985 par Patrick Bouchain, a donné son nom au Centre national d'art contemporain.
Le centre d'art dispose de deux espaces d'exposition autonomes : les « galeries », espace modulable de 870 m2 et « la rue » (900 m2 sur une longueur de 70 m et une hauteur de 20 m sous verrière) dont la particularité architecturale a permis la présentation d'installations monumentales conçues in situ.
On pense notamment aux installations de Daniel Buren ou de Richard Long qui ont marqué les premières années d'existence de ce centre d'art contemporain.
Mission/programmation, collections : Le Magasin présente tous les trois mois des expositions temporaires thématiques ou monographiques, qui privilégient la variété des supports.
De nombreuses publications sont éditées.
Accueil public/scolaires : le centre d'art propose des visites commentées, des journées de sensibilisation à l'art contemporain, des conférences et colloques. Une documentation et un espace librairie accueillent le public.
Horaires : ouvert du mardi au dimanche de 14h à 19h. Pour les groupes, possibilité de visites le matin sur rendez-vous.

→ MUSÉE DE GRENOBLE

5, place de Lavalette B.P. 326
38010 Grenoble
Cedex 01
+33 (0)4 76 63 44 44
www.museedegrenoble.fr

Historique du lieu/architecture : fondé en 1798, le musée de Grenoble a fêté ses deux cents ans, ce qui fait de lui le

plus ancien musée d'art moderne de France. Le nouveau bâtiment, inauguré en 1994, dispose d'une surface d'exposition de 18000 m2 et s'ouvre sur un parc de deux hectares qui accueille quinze sculptures monumentales d'artistes contemporains et constitue ainsi un véritable musée en plein air.
Mission/programmation, collections : la collection du musée a connu une orientation décisive en faveur de l'art moderne. Dès 1921, des oeuvres majeures de Picasso, Zadkine, Matisse, entrent au musée.
La collection comprend aujourd'hui les plus grands noms qui ont marqué l'art moderne, tandis que son parc de sculptures offre une ouverture à l'art actuel.
Services : le musée met à la disposition du public une bibliothèque et un auditorium.
Accueil public/scolaires : il propose des visites guidées le samedi et le dimanche à 15h, et organise des visites thématiques de la collection le deuxième et le troisième dimanche du mois à 11h.
Horaires : le musée est ouvert tous les jours, sauf le mardi, de 10h à 18h30.
La bibliothèque est ouverte le lundi, le mercredi, le jeudi, et le vendredi de 14h à 18h.
Tarifs : plein : 5 € / réduit : 3 € / étudiant : 2 €.

Hauteville – Lompnes (01)

→ CENTRE D'ART CONTEMPORAIN DE LACOUX

L'école- Lacoux
01110 Hauteville-Lompnes
+33 (0)4 74 35 25 61
www.centre-art-lacoux.com

Historique du lieu/architecture : une association consacrée à l'art contemporain, fondée en 1971 par deux artistes dans l'ancienne école du village, donne naissance en 2001 au centre d'art de Lacoux.
Mission/programmation, collections : ce lieu, désormais une référence en matière d'art contemporain, favorise la promotion de l'art actuel à travers des expositions le plus souvent soucieuses de valoriser la jeune création.
Le centre travaille en étroite collaboration avec les artistes du département.
Accueil public/scolaires : un pôle pratique plastique propose une rencontre entre le public et les artistes, et développe différents projets autour des expositions, notamment avec les établissements scolaires.
Services : il dispose d'un centre de documentation grand public.

Hégenheim (68)

→ LA FABRIK

60, rue de Bâle
68220 Hégenheim
+33 (0)3 89 70 04 34
www.fabrik-hegenheim.net

Historique du lieu/architecture : située dans une zone industrielle, cette ancienne fabrique de fil à coudre acquise par

Christophe Staehli, devient en 2001, un centre d'art.
Mission/programmation, collections : le Centre d'art a pour vocation de faire découvrir la création artistique contemporaine à travers expositions et spectacles.
Horaires : La Fabrik est ouverte le vendredi et le dimanche de 11h à 17h.

Hennebont (56)

→ ARTOTHÈQUE PIERRE TAL-COAT

Rue Gabriel-Péri
56700 Hennebont
+33 (0)2 97 36 48 74

Mission/programmation, collections : l'artothèque met à la disposition du public plus de cinq cents estampes et photographies originales. Un espace galerie présente des expositions régulières.
Horaires : l'artothèque est ouverte le mercredi de 14h à 18h, le vendredi de 17h à 18h30 et le samedi de 10h à 12h et de 14h à 17h.
Tarifs : le prêt est gratuit (2 oeuvres maximum par personne, pour une durée de 2 mois), à condition d'être titulaire d'une carte d'adhérent à la Médiathèque municipale.

Hérouville-Saint-Clair (14)

→ STATION MIR

124, rue André-Vermeulen
14200 Hérouville Saint-Clair
+33 (0)2 31 53 61 61
www.station-mir.com

Mission/programmation, collections : Station Mir est un lieu expérimental de création audiovisuelle et multimédia, rassemblant des artistes en résidence.
Services : les locaux sont composés d'un espace de 100 m2 où se déroulent des tournages, des performances, des répétitions et des ateliers (photo, 3 D, vidéo, graphisme et son). Il dispose également de studios et d'une imprimerie.
Le groupe d'artistes de Station Mir publie entre autre une revue trimestrielle, IRM, et coédite des livres d'artistes avec le FRAC Basse-Normandie.

→ WHARF, CENTRE D'ART CONTEMPORAIN DE BASSE-NORMANDIE

7, passage de la Poste
14200 Hérouville Saint-Clair
+33 (0)2 31 95 50 87

Mission/programmation, collections : le Centre d'art privilégie la jeune création plastique contemporaine par le biais d'expositions, événements, soirées vidéo, conférences et débats.
Chaque année, le centre d'art contemporain de Basse-Normandie organise le Festival Vidéo Art Plastique, un rendez-vous culturel international, offrant à la création vidéographique un espace d'expression et de rencontres.
Accueil public/scolaires : des visites guidées sur rendez-vous sont proposées au public, avec la possibilité de retirer des dossiers de l'exposition.

Hyères (83)

→ VILLA NOAILLES

Montée Noailles
83400 Hyères
+33 (0)4 94 65 22 72
www.villanoailles.hyeres.com

Historique du lieu/architecture : propriété de Charles et Marie-Claude de Noailles, la Villa de type cubiste, conçue par l'architecte Robert Mallet-Stevens dans les années 30, fut l'une des premières représentantes de l'architecture moderne en France. 1800 m2 furent ainsi entièrement dévolus à une intense vie mondaine et artistique. La Villa Noailles inspira notamment Giacometti, Man Ray, Cocteau.
Elle fut réhabilitée en 1996 et devint un centre culturel d'art et d'architecture.
Mission/programmation, collections : la Villa est entièrement consacrée au modernisme en matière de décoration, design, paysage, arts plastiques, photographie, cinéma et arts de la mode.
Ainsi, en matière de design, elle a accueilli les oeuvres de Christian Astuguevieille, de Marc Newson, et, pendant l'été 1998, elle a réalisé l'exposition thématique Arts et Tables à partir des collections design du Fonds national d'art contemporain.
Horaires : du mercredi au dimanche de 10h à 12h et de 14h à 17h30.

Ibos (65)

→ LE PARVIS

Centre Leclerc Le Méridien
Rte de Pau
B.P. 20
65421 Ibos Cedex
+33 (0)5 62 90 08 55
www.parvis.net

Historique du lieu/architecture : Le Parvis se situe à Ibos, à proximité de Tarbes, dans un important centre commercial. Créé en 1973, il devient Scène nationale en 1991.
La programmation de spectacles vivants propose chaque saison 80 spectacles – tout public et jeune public – diffusés dans une salle de 750 places à Ibos et dans un théâtre à l'italienne dans le centre-ville de Tarbes.
Mission/programmation, collections : l'objectif du Parvis est de faire connaître et rendre accessible la création contemporaine au moyen de présentations théâtrales, cinématographiques, musicales et chorégraphiques. Il anime également un centre d'art contemporain et une galerie de photographies.
Accueil public/scolaires : Le Parvis propose aux scolaires des visites commentées. Des fiches de visite sont disponibles pour les enseignants. Des visites commentées sont également proposées au Vidéo K.01 à Pau.
Le Parvis travaille avec le service culturel de l'université de Pau et des Pays de l'Adour, celui de l'école supérieure de commerce de Pau et de l'ENI de Tarbes.
Services : disques et livres en rapport avec les activités du Parvis sont disponibles dans la librairie de l'espace culturel du Méridien. Des conférences gratuites sont organisées à Ibos et à Pau, en rapport avec les expositions.

Issoudun (36)

→ MUSÉE DE L'HOSPICE SAINT-ROCH

Rue de l'Hospice Saint-Roch
36100 Issoudun
+33 (0)2 54 21 01 76

Historique du lieu/architecture : le musée de l'Hospice Saint-Roch se trouve à l'emplacement de l'ancien Hôtel-Dieu du XVe siècle. Depuis 1995, une extension contemporaine signée par l'architecte Pierre Colboc abrite les expositions temporaires consacrées à des artistes de notre siècle. Par son architecture autant que par sa vocation muséographique, le musée réalise une belle alliance entre le passé et le présent, entre des richesses patrimoniales et l'art contemporain.
Mission/programmation, collections : le musée accueille aussi bien un ensemble archéologique que des expositions d'art contemporain.
Accueil public/scolaires : des visites guidées sont possibles pour les groupes.
Horaires : ouvert du 2 novembre au 31 mars le mercredi, jeudi, vendredi de 14h à 18h, le samedi et le dimanche de 10h à 12h et de 14h à 18h. Du 1er avril au 31 octobre, le lundi et mardi de 14h à 19h, et du mercredi au dimanche de 10h à 12h et de 14h à 19h. Fermeture le 1er mai, 1er novembre, 11 novembre, 24, 25 et 26 décembre, 31 décembre et 31 janvier.
Tarifs : entrée libre.

Issy-les-Moulineaux (92)

→ LE CUBE ART 3000

20, cours Saint-Vincent
92130 Issy-les-Moulineaux
+33 (0)1 58 88 3000
www.lesiteducube.com

Mission/programmation, collections : depuis 1988, l'association Art 3000 travaille dans l'univers du numérique. En 2001, elle ouvre Le cube Art 3000, premier lieu uniquement consacré à l'art numérique en France. Les expositions, programmées au nombre de trois ou quatre à l'année, peuvent présenter des installations, des cédéroms ou des projections. L'association est également organisatrice avec la ville d'Issy-les-Moulineaux, du Festival 1er contact, consacré aux arts numériques qui a lieu tous les deux ans. Renseignements sur le site www.festival-1ercontact.com.
Accueil public/scolaires : les Dimanches du Cube ou Les Fenêtres du Jeudi, ateliers thématiques hebdomadaires, permettent à tout public de toucher aux pratiques artistiques numériques. Dès l'âge de trois ans, les enfants peuvent découvrir ces nouvelles technologies.
Services : accueil d'artistes en résidence.
Horaires : ouvert le mardi et le jeudi de 13h à 20h30, le mercredi et le samedi de 10h à 18h30, le vendredi de 13h à 18h30.
Tarifs : plein isséen : 16 € / réduit isséen : 11 € / tarif unique non isséen : 33 €/ forfait découverte 1 journée : 3 €.

Istres (13)

1, bd Paul-Painlevé
13800 Istres
+33 (0)4 42 55 17 10

➔ CENTRE D'ART CONTEMPORAIN

Historique du lieu/architecture : le Centre d'art contemporain est situé dans l'enceinte d'un ancien hôtel particulier du XVIIIe siècle.

Mission/programmation, collections : le Centre d'art contemporain, créé en 1993 et installé au centre ville, a permis durant sept années de découvrir la peinture moderne et contemporaine.

Depuis 2001, le centre développe un nouveau projet autour de l'art contemporain, des jardins et du paysage. La vocation pédagogique de ce projet est affirmée et orientée vers de nouvelles expérimentations.

Dans ce cadre, une réflexion plus précise de l'art en direction de la nature et du paysage, est l'occasion de donner à l'enfant la possibilité de sortir de son environnement et de créer les conditions pour participer lui-même à l'aventure de la création artistique contemporaine.

Services : le Centre d'art contemporain met en place des visites guidées, des animations pédagogiques, des ateliers de découverte et de création, qui ont pour but de sensibiliser tous les publics – adultes et enfants – tout en portant une attention particulière au monde scolaire.

Horaires : le Centre d'art est ouvert le lundi, mercredi et vendredi de 10h à 18h, le mardi de 14h à 18h, le samedi et le dimanche de 15h à 19h.

Tarifs : entrée gratuite.

Ivry-sur-Seine (94)

93, av. Georges Gosnat
94200 Ivry-sur-Seine
Mo Mairie d'Ivry
RER Ivry-sur-Seine
+33 (0)1 49 60 25 06
www.credac-and-co.com

➔ CENTRE D'ART D'IVRY, LE CRÉDAC, GALERIE FERNAND LÉGER

Mission/programmation, collections : deux activités principales sont proposées au Crédac : la Bourse d'art monumental d'Ivry, qui permet la création d'oeuvres monumentales dans l'espace urbain et Pleins feux sur Ivry, où les artistes interviennent et présentent leurs oeuvres dans divers lieux.

Les expositions dans la galerie Fernand Léger sont le résultat de ces activités. Lieu pluridisciplinaire, il propose à l'artiste contemporain d'investir l'espace à sa manière.

À noter que la galerie doit son nom à l'importante décoration réalisée par l'artiste qui orne une des salles de la mairie d'Ivry.

Services : le Crédac met à la disposition du public des visites commentées, des ateliers de pratiques artistiques, des rencontres d'artistes, des éditions ainsi qu'un espace de documentation.

→ LA MANUFACTURE DES OEILLETS

25, rue Raspail
94200 Ivry-sur-Seine
+33 (0)1 46 71 71 10
www.manufacturedesoeillets.com

Historique du lieu/architecture : sauvée de la destruction en 1989, cette ancienne manufacture a ouvert ses portes en 1995.
Mission/programmation, collections : ce lieu pluridisciplinaire accueille expositions, pièces de théâtre, projections de films ou conférences. L'aile gauche est actuellement louée comme salle de répétition par le théâtre du Châtelet. Le « bâtiment américain » qui complète l'ensemble, abrite quant à lui une immense galerie d'art. La peinture contemporaine en particulier, tient une place prépondérante dans les activités de ce lieu. Comme pour le Théâtre, la programmation est souple et varie au rythme des rencontres, des coups de coeurs. Depuis cinq ans, une vingtaine d'expositions ont été organisées, pour la plupart dans la galerie, espace de 600 m² d'une seule pièce dont les grandes baies vitrées dispensent une lumière généreuse.
Services : La Manufacture dispose d'un café ouvert au public.

Joigny (89)

→ ATELIER CANTOISEL

32, rue Montant du palais
89300 Joigny
+33 (0)3 86 62 08 65
www.cantoisel.com

Historique du lieu/architecture : l'atelier s'est installé en 1981 au sein d'un petit hôtel du XVIIIe surplombant l'Yonne.
Mission/programmation, collections : l'atelier Cantoisel est un centre d'exposition d'art, ouvert à diverses tendances comme l'art cinétique, l'abstraction géométrique, et le minimal-art.
Services : en écho aux expositions et pendant leur déroulement, l'atelier Cantoisel organise des débats sur l'art et en outre, chaque année, un après-midi de poésie où divers courants de la création contemporaine sont représentés.
Horaires : en période d'exposition l'entrée est libre l'après-midi, du mercredi au dimanche de 14h30 à 18h30. Sur rendez-vous en dehors de ces jours et heures.

Juvisy-sur-Orge (91)

→ ÉCOLE ET CENTRE D'ARTS PLASTIQUES INTERCOMMUNAL CAMILLE LAMBERT

18, av. Gounod
35, av. de la Terrasse
91260 Juvisy-sur-Orge
+33 (0)1 69 21 32 89

Historique du lieu/architecture : l'école et centre d'arts plastiques Camille Lambert de Juvisy-sur-Orge et la Maison de Banlieue et de l'Architecture d'Athis-Mons se sont regroupées pour mettre en place et présenter une double exposition sur le peintre Camille Lambert (1874-1964).
Mission/programmation, collections : l'école et le centre d'arts plastiques Camille Lambert sont deux espaces artistiques qui favorisent la création, la communication et de façon plus large, la liberté d'expression.
Ces deux lieux sont en relation avec des organismes scolaires

et des structures culturelles, dans un souci de sensibiliser un public aussi large que possible.
Accueil public/scolaires : divers ateliers sont proposés au public (junior et adulte).

La Bouille (76)

9, rue des canadiens
76530 La Bouille
+33 (0)2 32 11 52 91
www.delapierreauxpixels.asso.fr

→ DE LA PIERRE AUX PIXELS

Mission/programmation, collections : l'atelier associatif a pour vocation de favoriser la création d'estampes selon diverses techniques à la fois traditionnelles et expérimentales.
Accueil public/scolaires : l'atelier est accessible uniquement sur rendez-vous. Programme d'expositions temporaires.

Labruguière (81)

9 ter, bd Gambetta
81290 Labruguière
+33 (0)5 63 70 34 01

→ MUSÉE ARTHUR BATUT

Mission/programmation, collections : inauguré en 1998, le musée présente la collection du photographe Arthur Batut. Une galerie programme des expositions de photographies historiques ou contemporaines comme celles de Willy Ronis, Paola Agosti, Anna Schwob, Vasco Ascolini, Michel Quetin, Ginette Lafon, Robert Doisneau...
Horaires : ouvert tous les jours de 15h à 18h30. Fermé le mardi.

La Guéroulde (27)

3, rue de la Poultière
27160 La Guéroulde
+33 (0)2 32 35 91 41

→ LA SOURCE

Mission/programmation, collections : en 1994, La Source s'installe dans une propriété au coeur du parc de La Poultière. Née de la rencontre entre l'artiste Gérard Garouste et l'éducateur Christian Gotti, l'association mène une action pédagogique en proposant aux jeunes de développer leur potentiel créatif. Lieu permanent d'exposition, La Source a mobilisé de nombreux artistes qui animent les ateliers de création.
Accueil public/scolaires : depuis 1994, elle développe une action éducative et sociale au coeur d'une activité artistique. Des ateliers de création sont proposés aux enfants le mercredi et durant les vacances scolaires. En collaboration avec les enseignants, les classes de la maternelle au lycée, sont accueillies dans des ateliers de pratique.
Services : La Source accueille des artistes en résidence.
Horaires : ouvert du lundi au vendredi de 9h à 18h.

La Motte Servolex (73)

Montée St Jean
73290 La Motte Servolex
+33 (0)479 65 17 78
www.mairie-lamotteservolex.fr/conciergerie

→ LA CONCIERGERIE

Mission/ programmation, collections : la Conciergerie,

salle d'exposition dédiée à l'art contemporain, et aux arts multimédias commence son activité en 1993 et présente cinq expositions dans la saison (de septembre à juin), avec l'objectif de montrer au public la diversité des formes de l'art contemporain. Une place privilégiée est donnée à l'accueil des jeunes créateurs dans les domaines des arts vidéo et du multimédia. Depuis l'année 2004, un partenariat a été mis en place avec l'Institut d'Art Contemporain de Villeurbanne.
Service : accueil personnalisé pour les scolaires, les seniors, les personnes handicapées, visites guidées collectives suivies d'un atelier de pratique en arts plastiques.
Horaires : les mercredi, vendredi, samedi de 15 h à 18 h.
Tarifs : entrée libre.

Langon (33)

→ IMAGIQUES, RENCONTRES PHOTOGRAPHIQUES EN SUD GIRONDE

10, cours des Carmes
33210 Langon
+33 (0)5 56 63 56 87
www.imagiques.com

Mission/programmation, collections : créée en 1996, l'association achète des oeuvres qu'elle expose afin de promouvoir et diffuser la photographie en Aquitaine. Des expositions collectives ou monographiques, présentant des photographes de réputation nationale ou internationale sont organisées tout au long de l'année.
Accueil public/scolaires : l'association intervient fréquemment en milieu scolaire par le biais d'ateliers pratiques d'initiation à la photographie. Elle propose également des visites commentées adaptées au niveau scolaire. Des ateliers sont également proposés aux enseignants. Imagiques organise également des stages de prise de vues et de tirage.

Lannion (22)

→ L'IMAGERIE

19, rue Savidan
22300 Lannion
+33 (0)2 96 46 57 25
www.imagerie-lannion.com

Mission/programmation, collections : créée en 1984 en continuité du Festival Trégor, L'Imagerie est un espace d'exposition consacré à la photographie et plus récemment, aux arts plastiques. L'association travaille en partenariat avec le Festival d'été dont la programmation a évolué de la photographie de reportage vers la photographie contemporaine et plasticienne. Durant l'année, six expositions de photographes internationaux ou de jeunes artistes sont organisées.
Accueil public/scolaires : L'Imagerie offre aux établissements scolaires de nombreuses activités pédagogiques. Des visites commentées et des ateliers de pratique photographique sont proposés gratuitement aux écoles de la région. Un stage d'initiation à la photographie est également proposé dans l'année.

Lapalisse (03)

9, av. du 8 mai 1945
03120 Lapalisse
+33 (0)4 70 99 21 78

MUSÉE DE L'ART EN MARCHE

Mission/programmation, collections : le musée présente les oeuvres de peintres, sculpteurs, plasticiens français et étrangers d'envergure internationale, mais peu présentés habituellement. La galerie des quatre coins accueille des expositions temporaires.
Accueil public/scolaires : le musée propose un accueil pédagogique pour les scolaires, des stages et des animations en ateliers tout public. Possibilité de visites commentées.
Horaires : ouvert tous les jours de 10h à 12h et de 14h à 18h.

La Rochelle (17)

10 bis, rue Amelot
B.P. 309
7013 La Rochelle
Cedex 01
+33 (0)5 46 51 14 70
www.carre-amelot.net

CARRÉ AMELOT

Mission/programmation, collections : le Carré Amelot, est un espace dédié aux arts visuels et aux arts des sons qui privilégie la formation et l'éducation artistiques.
Riche de compétences dans ces domaines et doté d'outils performants – espace multimédia, salle de spectacle, ludothèque –, le Carré Amelot développe un projet artistique et culturel en harmonie et en résonance avec les autres structures culturelles de la ville.
Accueil public/scolaires : le centre propose des ateliers de pratiques artistiques.
Services : il dispose d'un espace culturel multimédia, d'une galerie photo, d'une salle de spectacle, d'une ludothèque qui est ouverte le mardi, mercredi et samedi après-midi, d'un espace de lecture, ainsi que de salles de pratiques artistiques.
Un bar est ouvert au public avant les spectacles.
Horaires : ouvert le mardi, jeudi, et vendredi de 13h à 20h, le mercredi de 10h à 20h et le samedi de 14h à 18h.

La Roche-sur-Yon (85)

Rue Jean-Jaurès
85000 La Roche-sur-Yon
+33 (0)2 51 47 48 50

ARTOTHÈQUE

Mission/programmation, collections : l'artothèque dispose d'une collection de plus de trois cents estampes (gravures, lithographies, sérigraphies) et photographies, destinée à dresser un panorama de la production contemporaine. Elle organise quatre expositions par an.
Accueil public/scolaires : visites de groupes sur rendez-vous.

La Seyne-sur-Mer (83)

➔ LA TETE D'OBSIDIENNE

Fort Napoléon
Chemin Marc Sangnier
83500 La Seyne-Sur-Mer
+33 (0)4 94 87 83 43

Historique du lieu/ architecture : cet espace municipal est installé dans les salles voutées du Fort Napoléon, fort carré datant du début du 19éme.

Mission/ programmation, collections : a un rythme de quatre expositions par an, la galerie expose la création actuelle : peintures, photographies, vidéos... Les expositions sont réguliérement montées en partennariat avec des structures étrangéres et parmi les ouevres produites, certaines sont acquises par le fond municipal d'art contemporain. Ont été récemment exposés : Olivier Blanckart, Richard Buddy Di Rosa, François Lacombe.

Horaires : du mardi au samedi de 14h à 18h.

Tarifs : entrée libre.

➔ VILLA TAMARIS, CENTRE D'ART

Che. de la Grande maison
83511 Tamaris
+33 (0)4 94 06 84 00
www.ot-la-seyne-sur-mer.fr

Historique du lieu/architecture : cette villa, construite à partir de 1890, rappelle par son plan cubique, ses frontons décorés de guirlandes, ses grandes ouvertures et ses terrasses avec balustres, le style toscan. Elle abrite le service des Affaires culturelles et accueille toute l'année des expositions.

Mission/programmation, collections : au sein de ce lieu, sont accueillies des expositions thématiques (La figuration narrative), monographiques (Ivan Messac) et des rétrospectives (Robert Combas).

Horaires : le centre d'art est ouvert du mardi au dimanche de 14h à 18h.

Tarifs : entrée libre.

Le Cateau-Cambrésis (59)

➔ MUSÉE MATISSE

Palais Fénelon
59360 Le Cateau-Cambrésis
+33 (0)3 27 84 64 50
www.cg59.fr/matisse

Historique du lieu/architecture : se souvenant de sa ville natale, Matisse créa son musée en 1952, suivi trois ans plus tard par Auguste Herbin. Depuis, le musée s'est considérablement enrichi et a été transféré de l'Hôtel de ville renaissance au palais Fénelon qui fut la résidence secondaire des archevêques-ducs de Cambrai. Il donne sur le très beau parc Fénelon aux tilleuls bicentenaires. Fermé depuis septembre 1999 pour travaux de rénovation et d'agrandissement, le musée a rouvert ses portes le 8 novembre 2002.

Mission/programmation, collections : le musée accueille la troisième collection Matisse de France, la première collection Herbin et la donation d'Alice Tériade. Notons que les plâtres originaux des bas-reliefs Dos de Matisse ont été déposés récemment.

Le département du Nord a acquis Femme à la gandoura bleue

et Intérieur avec barres de soleil. Auguste Herbin, un des maîtres de l'abstraction géométrique, fit don quant à lui de 24 peintures, dessins et sculptures, enrichis d'un ensemble de peintures léguées par son unique élève. Le musée ouvre ses portes à des artistes contemporains qui rendent hommage, à travers leurs oeuvres, à Matisse.
Services : les ailes Est et Ouest, nouvellement adjointes au palais Fénelon, accueillent de nouveaux espaces pour le public : un auditorium, une salle d'exposition temporaire, une cafétéria, une salle de restauration des oeuvres et des ateliers pédagogiques.
Horaires : tous les jours de 10h à 18h sauf le mardi.
Tarifs : plein 4€/réduit 3€.

L'Échelle (08)

→ CENTRE D'ART ET DE LITTÉRATURE, HÔTEL BEURY

08150 L'Échelle
+33 (0)3 24 35 45 80
www.hotelbeury.com

Historique du lieu/architecture : l'hôtel Beury du XVIIIe siècle, longtemps abandonné et entièrement rénové par ses propriétaires, a rouvert ses portes en 1996 pour accueillir un centre d'art.
Mission/programmation, collections : la mission première de ce lieu d'exposition est la valorisation de l'art contemporain au sens le plus large, à savoir, la peinture, sculpture, littérature, et poésie, en privilégiant notamment la relation qui unit les arts plastiques et la littérature. Un grand nombre de ses expositions a été consacré aux artistes de la région.
Services : le centre d'art accueille en ses murs un café littéraire et propose de nombreuses résidences d'artistes.
Horaires : le centre est ouvert de mars à novembre, du mercredi au dimanche et les jours fériés de 14h à 19h.

Lectoure (32)

→ CENTRE DE PHOTOGRAPHIE DE LECTOURE

5, rue Sainte-Claire
32700 Lectoure
+33 (0)5 62 68 83 72

Mission/programmation, collections : le centre de photographie de Lectoure s'intéresse tout particulièrement à la création contemporaine. Il organise trois expositions au cours de l'année et un festival, L'été photographique de Lectoure, qui fait participer les différents lieux culturels de la région.

Le Havre (76)

→ LE SPOT

> Le Spot 1
32, rue Jules-Lecesne
76600 Le Havre
> Le Spot 2
Av. Lucien-Corbeaux
76600 Le Havre
+33 (0)2 35 22 93 27
www.le-spot.org

Mission/programmation, collections : Le Spot organise des expositions qui sont pour les artistes l'occasion de nouvelles expérimentations. Le Spot est avant tout un laboratoire qui privilégie les nouvelles expériences.

Accueil public/scolaires : le service médiation du Spot propose aux enseignants et aux animateurs des visites avec des remises de dossiers pédagogiques, des visites guidées (20 € par groupe) ou thématiques.
Pour tous les publics, Le Spot propose des rencontres avec les artistes présentés, ainsi qu'un cycle de conférences d'histoire de l'art contemporain.
Horaires : ouvert du mercredi au samedi de 14h à 19h et sur rendez-vous.
Tarifs : entrée libre.

Le Mans (72)

→ ÉCOLE SUPÉRIEURE DES BEAUX-ARTS

28, av. Rostov-sur-le-Don
72000 Le Mans
+33 (0)2 43 47 38 53
www.esbam.net

Mission/programmation, collections : l'école organise, en plus de son enseignement, des colloques et des expositions.
Services : outre les cours programmés d'histoire de l'art, dessin, sculpture, gravure et infographie, ouverts aux adultes, et les cycles de conférence qu'elle organise, l'école propose à des artistes de réaliser des oeuvres et des expositions avec le concours des étudiants.
Depuis de nombreuses années, elle mène également une politique éditoriale de qualité, mémoire et développement des réflexions engagées lors des expositions et colloques.

→ THÉÂTRE ESPAL

60-62, rue de l'Estérel
72058 Le Mans Cedex 2
+33 (0)2 43 50 21 51
www.theatre-espal.net

Mission/programmation, collections : l'Espal, scène conventionnée, offre une programmation attrayante ouverte à la création contemporaine et en particulier autour des arts plastiques et du multimédia.
Accueil public/scolaires : dans le prolongement de sa programmation de spectacles et d'expositions, L'Espal initie un public scolaire à la création contemporaine.
Horaires : ouvert le mardi de 11h à 18h30, le mercredi de 10h à 18h30, le jeudi de 14h à 18h, le vendredi de 13h à 18h30, le samedi de 10h à 17h et le dimanche de 11h à 17h.

Les Arques (46)

→ LES ATELIERS, RÉSIDENCES D'ARTISTES

46250 Les Arques
+33 (0)5 65 22 81 70
www.ateliersdesarques.com

Historique du lieu/architecture : située au coeur du village des Arques, la résidence se compose de quatre ateliers et de cinq maisons de style rural traditionnel.
Mission/programmation, collections : créé en 1988, Les ateliers accueillent des artistes plasticiens, designers et architectes en leur offrant à la fois la possibilité de produire des oeuvres qui prennent en compte un contexte rural, bâti, végétal et humain, et de confronter leurs pratiques artistiques.
Les résidences sont mises en place de janvier à juillet et ac-

cueillent huit à dix artistes par an.
Services : un centre de ressource consacré à l'art contemporain, au design et à l'architecture est ouvert tous les jours d'avril à septembre.
Horaires : ouvert au public du 1er avril au 30 septembre, du mardi au samedi, de 10h à 13h et de 14h à 17h.

Les Essarts (85)

→ LA CARAVANE JAUNE

44, Le Plessis-Cosson
85140 Les Essarts
+33 (0)2 51 62 99 81

Mission/programmation, collections : l'association organise des événements culturels artistiques – arts plastiques, danse, musique – afin de favoriser la rencontre d'un public rural avec l'art actuel. Depuis 2001, un espace d'exposition et un atelier ont été aménagés.
Accueil public/scolaires : l'association dispose d'un espace pédagogique.
Horaires : ouvert tous les jours de 14h à 18h.

Les Sables-d'Olonne (85)

→ MUSÉE DE L'ABBAYE SAINTE-CROIX

rue de Verdun
85100 Les Sables-d'Olonne
+33 (0)2 51 32 01 16

Historique du lieu/architecture : cette ancienne abbaye bénédictine du XVIIe siècle, classée aux Monuments historiques, est devenue un très remarquable musée d'art moderne et contemporain.
Mission/programmation, collections : le musée offre 2000 m2 entièrement voués à l'art contemporain. Sa collection, structurée autour de Gaston Chaissac et Victor Brauner, permet de découvrir les oeuvres de Marquet, Magnelli, Dubuffet, Hélion, Beckmann, Guston... ou bien encore parmi les contemporains, Baselitz, Combas, Hurteau, Rouan, Laget, Sanejouand...
L'abbaye Sainte-Croix présente également les activités navales et maraîchines de la région, ainsi que de nombreux vestiges archéologiques vendéens.
Horaires : le musée est ouvert du mardi au dimanche de 10h à 12h et de 14h30 à 18h30. Fermé le matin en hiver.
Tarifs : plein 4.60€/réduit 2.30€.

Les Ulis (91)

→ CENTRE CULTUREL BORIS VIAN

Rue du Morvan
B.P. 43
91940 Les Ulis
+33 (0)1 69 29 34 90
www.mairie-des-ulis.fr

Mission/programmation, collections : le Centre culturel Boris Vian est un lieu pluridisciplinaire où se déroulent plus particulièrement des expositions.
Accueil public/scolaires : le Centre se focalise sur l'initiation du public, en priorité scolaire, par une ouverture de l'école aux

professionnels de l'art. Des collaborations entre équipe artistique et équipe éducative sont ainsi mises en place.

Liévin (62)

➔ ARC-EN-CIEL

Place Gambetta
B.P. 2
62801 Liévin Cedex
+33 (0)3 21 44 85 10
www.arcenciel-lievin.fr

Mission/programmation, collections : en 1992, le cinéma L'arc-en-ciel devient un centre culturel pluridisciplinaire ouvert notamment aux arts vivants et aux arts plastiques. `
Sa galerie permet de mettre sur le devant de la scène de jeunes artistes régionaux.
Accueil public/scolaires : les divers ateliers mis en place sont destinés à tous les publics.

Lille (59)

➔ ARTCONNEXION

10-12, rue du Priez
59800 Lille
+33 (0)3 20 21 10 51
www.artconnexion.org

Mission/programmation, collections : créée en 1994, l'association Artconnexion a pour vocation la promotion de démarches innovantes et alternatives à travers la mise en place de projets d'art contemporain. Elle invite les artistes à réaliser à Lille ou dans la région, un projet spécifique pour un lieu public.
Accueil public/scolaires : à travers son partenariat avec l'Éducation nationale, l'association met en place diverses actions de formation et de sensibilisation du public.
Services : Artconnexion accueille des artistes en résidence, en vue de la réalisation d'un projet artistique spécifique qui peut déboucher sur une exposition.

➔ ESPACE CULTURE DE L'UNIVERSITÉ DES SCIENCES ET TECHNOLOGIES DE LILLE

Cité Scientifique
59655 Villeneuve-d'Ascq
+33 (0)3 20 43 69 09
www.ustl1.univ-lille1.fr

Mission/programmation, collections : l'université des sciences et technologies de Lille développe un espace intéressant, dédié à la culture.
Ce lieu met en valeur la pratique artistique, et veut sensibiliser un vaste public à la création contemporaine. L'espace culture dispose de salles d'expositions.
Services : certaines questions sur l'art sont abordées dans les publications de l'espace culture, et dans le cycle de conférences, Les Rendez-vous d'Archimède.
Horaires : ouvert du lundi au jeudi de 12h à 18h30, et le vendredi de 10h à 14h.

➔ LA MALTERIE

42, rue Khulmann
59800 Lille
+33 (0)3 20 15 13 21
www.lamalterie.com

Historique du lieu/architecture : un lieu de travail et de diffusion fut créé par des artistes du Nord-Pas-de-Calais et de Belgique dans une ancienne malterie.
Mission/programmation, collections : les artistes travail-

lent et expérimentent dans ce lieu. Ils contribuent au développement d'un certain réseau artistique.
Accueil public/scolaires : des ateliers proposés aux enseignants, permettent de sensibiliser les enfants.

Limoges (87)

→ ARTOTHÈQUE DU LIMOUSIN

27, bd de la Corderie
87031 Limoges Cedex
+33 (0)5 55 45 18 20

Mission/programmation, collections : l'artothèque du Limousin possède un fonds de plus de mille sept cents oeuvres.
Elle anime le Fonds d'art contemporain des communes du Limousin, le FACLIM, une coopérative de l'art contemporain qui regroupe plus de soixante communes.
Chaque été, l'artothèque organise un parcours d'expositions.

→ CENTRE DE RECHERCHE SUR LES ARTS DU FEU ET DE LA TERRE, CRAFT

Impasse Becquerel
87000 Limoges
+33 (0)5 55 49 17 17
www.craft-limoges.org

Mission/programmation, collections : créé en 1993, le Centre de recherche sur les arts du feu et de la terre (CRAFT), a pour vocation de créer un lien expérimental et artistique entre les industriels et les designers, et entre les architectes et les plasticiens.
La création contemporaine devient alors un moteur d'innovations techniques et artistiques.

→ FONDS D'ART CONTEMPORAIN DES COMMUNES DU LIMOUSIN, FACLIM

27, bd de la Corderie
87031 Limoges Cedex
+33 (0)5 55 45 18 20

Mission/programmation, collections : cette coopérative regroupe une soixantaine de communes : 0,15 € par an et par habitant suffisent pour acquérir des oeuvres d'art. La collection est animée par l'artothèque de Limoges. Chaque été, un parcours d'expositions est proposé à travers les différentes communes.

→ FRAC LIMOUSIN

Les Coopérateurs
Impasse des Charentes
87100 Limoges
+33 (0)5 55 77 08 98
www.limousin.culture.gouv.fr

Historique du lieu/architecture : depuis 1991, le FRAC Limousin s'est installé dans un ancien entrepôt du XIXe siècle. L'étrange bâtiment forme une galerie souterraine de 76m desservie de chaque côté par un ensemble de vingt-huit voûtes symétriques qui offrent aux artistes un espace d'exposition intéressant.
Mission/programmation, collections : créé en 1982, le FRAC a réuni aujourd'hui une collection de plus de neuf cents oeuvres représentatives de tous les champs de la création artistique nationale et internationale dans le domaine des arts plastiques.
Le FRAC privilégie la photographie (William Wegman, Boyd Webb, Markus Raetz, Patrick Tosani, Sophie Calle, Vito Acconci, etc.) et la sculpture. Il possède également un fonds non égligeable d'oeuvres du mouvement Supports-Surfaces.

Accueil public/scolaires : les visites commentées sont sur rendez-vous.
Services : le FRAC propose un programme éditorial de publications spécialisées, des séminaires, des résidences d'artistes, des conférences, des lectures et des débats.
Horaires : le FRAC est ouvert du mardi au vendredi de 10h à 18h et le samedi de 14h à18h.
Tarifs : plein : 1,50 € / réduit : 0,70 €.

→ GALERIE DU CAUE

1, rue des Allois
87000 Limoges
+33 (0)5 55 32 32 40

Mission / programmation / collections : la Galerie du CAUE (Conseil d'Architecture d'Urbanisme et de l'Environnement) qui existe depuis 1988, a été créée dans le but d'exposer des artistes qui vivent et travaillent en Limousin. La programmation des expositions d'art contemporain suit les thèmes de l'association. Les étés sont organisées des expositions d'architecture contemporaine. Plusieurs expositions sont des co-productions avec les principales institutions régionales.
Horaires : pendant les expositions, ouvert du mardi au samedi de 14h à 19h.
Tarifs : entrée libre.

→ LA VITRINE

4, rue Raspail
87000 Limoges
+33 (0)5 55 70 12 17

Mission/programmation, collections : La Vitrine est le lieu d'exposition de l'association Lac & S, destinée à promouvoir la création contemporaine régionale par l'intermédiaire d'expositions, d'éditions et de débats.
Horaires : de mars à décembre, ouvert du mardi au samedi de 14h à 19h.

Lons-le-Saulnier (39)

→ ARTOTHÈQUE

Chemin des Dombes
B.P. 324
39015 Lons-le-Saulnier
+33 (0)3 84 87 27 01

Mission/programmation, collections : l'artothèque possède une collection de deux cent quarante oeuvres environ, qu'elle met à disposition du public.
Accueil public/scolaires : visites sur rendez-vous ainsi que le jeudi de 18h à 20 h.

Lorgues (83)

→ LE GARAGE / ASS MDLC

2 place Auriol
83510 Lorgues
+33 (0)4 94 73 99 72
www.mdlc-lef.com

Mission / programmation / collections : située dans un bâtiment ancien au centre du village de Lorgues, la Galerie Le Garage a été créée en 1996 par l'Association MDLC. Ses activités s'inscrivent dans un ensemble global d'actions culturelles : expositions, installations, production mais aussi diffusion de concerts et de spectacles, organisation de festival, et création du label Bab-Ii. Les expositions personnelles, proposées au

rythme d'environ six par an, privilégient les arts graphiques et s'appuient sur des relations nouées de longue date avec des villes telles Saint-Pétersbourg, Belgrade, Vienne... qui ont favorisé la constitution d'une collection d'environ 300 oeuvres, essentiellement des gravures.
Horaires : d'avril à septembre du mardi au samedi de 10h à 12h30 et de 16h30 à 19h.
Tarifs : entrée libre.

Lure (70)

→ CENTRE DE RESSOURCES « PHOTOGRAPHIES »

29, rue Albert-Marthiez
70200 Lure
+33 (0)3 84 30 54 26

Mission/programmation, collections : le centre de ressources a été créé en 1991, comme un outil de développement culturel de la région Franche-Comté, pour la formation, la création et la sensibilité photographiques.

Lyon (69)

→ ARTOTHÈQUE

La Part-Dieu
30, bd Vivier Merle
69431 Lyon
Cedex 03
+33 (0)4 78 62 18 00
www.bm-lyon.fr

Mission/programmation, collections : l'artothèque possède une collection d'oeuvres significatives des recherches artistiques menées depuis l'après-guerre (Bram Van Velde, Hartung, Chris Burden, Robert Filliou, Fiona Tan, Jean-Marc Cerino). La galerie de l'artothèque et le nouvel espace d'exposition permettent une programmation régulière des collections. L'artothèque propose ainsi trois à quatre expositions par an.
Accueil public/scolaires : l'artothèque met en place un programme d'accompagnement des expositions, destiné au public scolaire et aux particuliers.

→ ÉCOLE NATIONALE DES BEAUX-ARTS

Le [-]all
10, rue Neyret
69001 Lyon
+33 (0)4 78 28 13 67
www.enba-lyon.fr

Mission/programmation, collections : Le [-]all est la dénomination du lieu d'exposition de l'école nationale des beaux-arts de Lyon (hall d'entrée de l'école reconverti en galerie). L'école est tournée vers l'art contemporain (art et design). [-]all est d'une part un outil pédagogique, un lieu d'expérimentation professionnelle et de mise en réseau, et d'autre part un moyen de diffusion de l'art auprès du public. La programmation soutient les jeunes talents français et européens. L'espace de diffusion s'est agrandi en investissant d'autres lieux. Un déménagement dans un important bâtiment réhabilité est en cours.

→ GALERIE IUFM CONFLUENCE(S)

5, rue Anselme
69317 Lyon cedex 04
+33 (0)4 72 07 30 80
www.lyon.iufm.fr/confluences

Mission/ programmation, collections : créé en 1994, l'espace IUFM confluence(s) travaille avec les professionnels de l'art contemporain et de la culture et présente régulière-

ment des expositions permettant que se rencontrent dans un lieu privilégié le monde de l'art et celui de l'Education Nationale. De nombreuses classes viennent en visite et travaillent autour des expositions.
Horaires : du mardi au vendredi de 10h à 13h et de 14h à 18h, le samedi de 14h30 à 18h.
Tarifs : entrée libre.

→ GOETHE-INSTITUT LYON

18 rue François Dauphin
69002 Lyon
+33 (0)4 72 77 08 88
www.goethe.de/lyon

Mission/ programmation, collections : le Goethe-Institut de Lyon propose diverses rencontres avec la culture allemande, il est le partenaire privilégié des institutions culturelles dans les régions du sud de la France. Il nous montre à voir un art et une culture contemporains de l'Allemagne, véhiculant une autre image du pays aux yeux des français, par le biais de manifestations stimulantes. Toutes les branches artistiques y sont présentées. (Cinéma, musique, danse, photographie, théâtre, littérature). Grâce à des échanges artistiques entre des institutions françaises et allemandes, nous découvrons de jeunes artistes allemands.
Services : le Centre culturel allemand est doté d'une bibliothèque, il est possible de suivre des cours d'allemand, de visionner des films / des documentaires, de trouver des informations sur le pays.
Horaires : du lundi au vendredi de 11h à 18h30.
Tarifs : entrée libre.

→ LA BF 15

5, place des Terreaux
69001 Lyon
Mo Hôtel de Ville
+33 (0)4 78 28 66 63
www.labf15.org

Mission/programmation, collections : l'association La BF 15 soutient la création contemporaine à travers l'organisation de nombreuses expositions et performances de plasticiens.
Horaires : l'association est ouverte les mercredi, jeudi, vendredi, samedi de 14h à 19h.

→ L'ATTRAPE-COULEURS

Mairie annexe
de Saint-Rambert l'Ile Barbe
5 place Henri Barbusse
69009 Lyon
+33 (0)4 72 19 73 86
www.attrape-couleurs.com

Mission/ programmation, collections : L'attrape-couleurs, "lieu d'arts actuels", présente la création contemporaine sous toutes ses formes. L'esprit du lieu souhaite privilégier la qualité des œuvres et l'engagement des artistes, plutôt que l'appartenance à une discipline.
Horaires : du mercredi au samedi de 13h30 à 18h30.
Tarifs : entrée libre.

→ LA SALLE DE BAINS

56, rue Saint-Jean
69005 Lyon
+33 (0)4 78 38 32 33
www.lasalledebains.net

Historique du lieu / architecture : a Lyon en 1999, trois architectes fraîchement diplômés (Lionel Mazelaygue, Gwenael Morin et Olivier Vadrot) transforment leur atelier d'étudiants en laboratoire artistique.
Mission/ Programmation, collections : dans ce studio transformé en centre d'art partagé entre 25 m² en intérieur et

25 m² en extérieur, les trois architectes invitent des artistes à créer une œuvre in situ. Depuis l'ouverture 25 artistes ont ainsi investit ce micro-espace où le spectateur est mis en rapport immédiat avec l'œuvre du fait de l'exiguïté de l'espace. Parmi les artistes déjà présentés : Xavier Veilhan, Claude Lévêque, Thomas Hirschorn, Lilian Bourgeat...
Services : pour marquer leur présence à la salle de bains, les artistes sont invités à créer une édition : carte postale, catalogue, poster ou édition multiple. La salle de bains propose les « rendez-vous », programmation de concerts sur casques.
Horaires : ouvert tous les jours de 14h à 19h.
Tarifs : entrée libre.

➔ LE RECTANGLE

Place Bellecour
69002 Lyon
Mo Bellecour
+33 (0)4 72 41 88 80
www.lerectangle.com

Historique du lieu/architecture : créé en 1998, Le Rectangle est situé dans un bâtiment XIXe de la place Bellecour classée patrimoine mondial à l'UNESCO.
Mission/programmation, collections : Le Rectangle cherche à révéler la multiplicité des pratiques artistiques actuelles et internationales à travers l'interdisciplinarité de la création (architecture, photographie, arts plastiques, mode, design, cinéma...) en organisant des expositions d'artistes contemporains.
Services : Le Rectangle édite des catalogues et des livres d'artistes.
Horaires : Le Rectangle est ouvert tous les jours (sauf le lundi) de 12h à 19h.
Tarifs : entrée : 1,50 €.

➔ LES SUBSISTANCES

8 bis, quai Saint-Vincent
69001 Lyon
+33 (0)4 78 30 37 24
www.les-subs.com

Historique du lieu/architecture : l'ancien couvent du XVIIe, reconstruit au XVIIIe (seuls le cloître et l'oratoire subsistent aujourd'hui), fut accaparé au XIXe siècle par l'armée qui le baptisa : Subsistances militaires. Le bâtiment, constitué de 22 000 m2 est aujourd'hui un lieu de création contemporaine.
Mission/programmation, collections : Les Subsistances sont un lieu d'expérimentation pluridisciplinaire, consacré au spectacle vivant et aux arts visuels. Il collabore avec l'école nationale des beaux-arts qui s'installera sur le site en septembre 2006.
Services : le lieu accueille des artistes en résidence, susceptibles de proposer un projet singulier. Les Subsistances disposent de trois salles de spectacle, d'ateliers et d'espaces de travail, d'un salon de lecture, et d'un restaurant.
Horaires : ouverture du mardi au samedi de 14h à 19h.

➔ MAISON DES ARTS PLASTIQUES RHÔNE-ALPES, MAPRA

7-9, rue Paul-Chenavard
69001 Lyon
+33 (0)4 78 29 53 13
www.mapra-art.org

Mission/programmation, collections : créée en 1983, l'association MAPRA propose aux artistes un service d'information sur les arts plastiques.

Elle regroupe divers artistes tels que des peintres, sculpteurs, graveurs, ou photographes.

Services : l'association publie Bloc-Notes, un mensuel d'information. Elle édite également l'annuaire des arts plastiques de la région Rhône-Alpes. La MAPRA dispose d'un espace d'information réunissant plus de mille dossiers d'artistes.
L'association met à la disposition des artistes en résidence, un espace d'hébergement, ouvert aux artistes plasticiens/visuels, poètes, écrivains et compositeurs.

Horaires : ouverture tous les jours exceptés le dimanche et le lundi, de 14h30 à 18h30.

➔ MUSÉE D'ART CONTEMPORAIN

81, cité internationale
Quai Charles-de-Gaulle
69006 Lyon
+33 (0)4 72 69 17 17
www.moca-lyon.org

Historique du lieu/architecture : conçu par Renzo Piano, l'édifice du musée d'art contemporain allie une façade des années 30 à un bâtiment moderne fait de briques et de verre.

Mission/programmation, collections : le musée mène une politique originale de productions d'oeuvres d'art réalisées en osmose avec le lieu. Sa collection, représentative de la création des années 60 à nos jours, compte le plus grand nombre d'installations jamais réunies.

Accueil public/scolaires : le service culturel mène diverses activités de sensibilisation auprès des scolaires. Plusieurs parcours pédagogiques sont ainsi proposés. Le public scolaire est accueilli du mardi au vendredi de 9h30 à 18h30 et le week-end de 12h à 19h, et sur rendez-vous.
Renseignements au 04 72 69 17 19.
Des visites individuelles commentées pour adultes sont proposées le samedi et le dimanche à 15h.

Services : une librairie est à la disposition du public.

Horaires : le musée d'art contemporain est ouvert tous les jours de 12h à 19h, sauf le mardi. Nocturne le vendredi jusqu'à 22h.

Tarifs : entrée : 3,80 € / réduit : 2 €.
Gratuit pour les moins de 18 ans.

Mâcon (71)

➔ MUSÉE DES URSULINES

5, rue des Ursulines
71000 Mâcon
+33 (0)3 85 39 90 38

Historique du lieu/architecture : rénové en 1992, le musée des Ursulines est installé depuis 1968 dans un ancien couvent du XVIIe siècle.

Mission/programmation, collections : il organise cinq expositions par an en relation avec les collections et les acquisitions récentes, de la Préhistoire à l'art contemporain. Il privilégie le Post-cubisme et l'Art construit.

Accueil public/scolaires : le musée possède un service pédagogique développé. Des visites commentées pour les groupes sont proposées sur rendez-vous, ainsi que des ani-

mations pour les scolaires.
Services : depuis 1994, le musée effectue des publications sur les collections et possède un centre de documentation.
Horaires : ouvert tous les jours de 10h à 12h et de 14h à 18h, sauf le mardi et le dimanche matin.
Le musée des Ursulines est fermé le 1er janvier, le 1er mai, le 14 juillet, le 1er novembre, et le 25 décembre.

Malakoff (92)

➔ LA PÉRIPHÉRIE

17, rue Rouget-de-Lisle
92240 Malakoff
+33 (0)1 46 57 70 10
www.laperipherie.fr

Mission/programmation, collections : créée par des amateurs d'art, l'association a pour mission d'aider la jeune création dans les domaines de l'art contemporain, de la photographie ainsi que du design.

➔ MAISON DES ARTS

105, av. du 12 février 1934
92240 Malakoff
Mo Chatillon-Montrouge, Plateau, Vanves-Malakoff
+33 (0)1 47 35 96 94

Mission/programmation, collections : lieu de référence en matière de création contemporaine, la Maison des arts organise des expositions, des débats et des rencontres avec les artistes.
Accueil public/scolaires : la Maison des arts propose des ateliers de pratiques artistiques, des animations, des parcours pédagogiques, des livrets pédagogiques, des formations pour les enseignants et des visites guidées pour tout les publics.
Les groupes scolaires sont accueillis sur rendez-vous.
Horaires : la Maison des arts est ouverte du mercredi au vendredi de 12h à 18h, et le samedi et dimanche de 14h à 18h.
Tarifs : entrée libre.

Mandelieu-la-Napoule (06)

➔ CHÂTEAU DE LA NAPOULE

B.P. 940
06210 Mandelieu-la-Napoule
+33 (0)4 93 49 95 05
www.chateau-lanapoule.com

Historique du lieu/architecture : le château de La Napoule fut acquis en 1916 par l'artiste américain Henry Clews qui le restaura en y ajoutant quelques touches personnelles dans le style Art Nouveau.
Mission/programmation, collections : le château accueille à la fois la collection de Henry Clews et l'association d'art de La Napoule. Cette dernière reçoit en résidence des artistes renommés et organise diverses expositions, performances et manifestations tout au long de l'année.
Services : outre l'accueil d'artistes en résidence, le château de La Napoule organise des colloques, des séminaires et des stages d'arts plastiques.
Un salon de thé est ouvert au public de 11h à 17h tous les jours, d'avril à fin septembre.
Horaires : le château est ouvert du 7 février au 7 novembre de 10h à 18h. Ouvert du 8 novembre au 6 février de 10h à

18h, pendant le week-end et les vacances scolaires.
En dehors des vacances scolaires, le château de La Napoule est ouvert de 14h à 18h.
Tarifs : entrée : 6,50 €.

Mantes-la-Jolie (78)

➔ CENTRE CULTUREL CHAPLIN

Place Mendès-France
78200 Mantes-la-Jolie
+33 (0)1 30 63 78 00

Mission/programmation, collections : dans un espace d'exposition de 150 m2, Le Chaplin propose des expositions d'oeuvres de peintres locaux, ainsi que des travaux d'associations.

➔ COLLECTIF 12, FRICHE ANDRÉ MALRAUX

174, bd du Maréchal-Juin
78200 Mantes-la-Jolie
+33 (0)1 30 33 39 42

Mission/programmation, collections : ce collectif, installé dans une friche industrielle, se compose d'artistes issus de disciplines diverses. Il associe les habitants aux différentes démarches de création, afin de concevoir des projets implantés au coeur de la ville.
Accueil public/scolaires : le Collectif 12 ouvre des ateliers de marionnettes, danse, théâtre et arts plastiques, pour enfants et adultes.

Marnay-sur-Seine (10)

➔ CAMAC

1, rue Grande rue
10400 Marnay-sur-Seine
+33 (0)3 25 39 20 61
www.camac.org

Historique du lieu/architecture : l'ancien prieuré de Marnay datant du XVIIe siècle, accueille en ses murs le CAMAC. Dès le début du XXe siècle, le village de Marnay reçoit un certain nombre d'artistes surréalistes. Le village devient rapidement un lieu de résidence artistique, qui organise notamment un festival de jazz dans les années 60.
Mission/programmation, collections : le centre pluridisciplinaire propose des programmes internationaux de résidences d'artistes travaillant sur les nouveaux médias.
Services : le centre dispose d'une petite bibliothèque de références artistiques.

Marne-la-Vallée (77)

➔ LA FERME DU BUISSON

Allée de la ferme / Noisiel
77437 Marne-la-Vallée
Cedex 2
+33 (0)1 64 62 77 00
www.lafermedubuisson.com

Historique du lieu/architecture : La Ferme du Buisson, ancienne chocolaterie Meunier, puis lieu d'innovations technologiques agricoles, accueille en 1889 le concours de machines agricoles de l'exposition universelle.
Après avoir fermé, ce lieu est réhabilité en 1988. Depuis 1990, La Ferme du Buisson comprend un centre d'art contemporain, un théâtre et deux salles de cinéma.

Mission/programmation, collections : La Ferme du Buisson est un lieu culturel très actif où l'on peut assister à des spectacles de danse, théâtre, musique ou cirque, particulièrement originaux et créatifs.
On peut également y voir de nombreux films qui font l'actualité, ou bien des moins récents. Des rétrospectives sont organisées, à l'occasion desquelles le réalisateur est invité à rencontrer le public et débattre de son oeuvre avec lui.
De nombreux festivals d'arts visuels, danse, musique ou autres, ont également lieu à La Ferme. Création, échanges et diffusion caractérisent ce lieu de renommée nationale.
Services : La Ferme du Buisson dispose d'un bar-restaurant, Le Relais du Buisson.
Horaires : ouverture du lundi au vendredi de 12h à 19h, le samedi de 14h à 19h.

Marseille (13)

→ ARTENA

89, rue Sainte
13007 Marseille
+33 (0)4 91 33 89 45

Mission/programmation, collections : fondée en 2001, l'association Artena fait la promotion de la jeune création ainsi que d'artistes renommés au travers de dix expositions collectives et monographiques par an.
L'association met également en place des expositions dans des locaux d'entreprise.
Services : l'association Artena invite des artistes étrangers en résidence, propose des visites d'ateliers d'artistes, des conférences, des rencontres.
Un espace librairie est à la disposition des visiteurs.
Horaires : ouvert du lundi au vendredi de 14h à 19h.

→ ARTOTHÈQUE ANTONIN ARTAUD

25, ch. Notre-Dame-de-la-Consolation
13013 Marseille
+33 (0)4 91 06 38 05

Mission/programmation, collections : depuis 1988, l'artothèque du lycée Antonin Artaud est animée par une équipe d'enseignants.
Elle organise des expositions et des rencontres avec les artistes afin de favoriser la découverte de l'art contemporain par un jeune public. Son fonds comprend aujourd'hui plus de 370 oeuvres.

→ ASTÉRIDES

Astérides
41, rue Jobin
13003 Marseille
+33 (0)4 95 04 95 01
www.asterides.org

Historique du lieu/architecture : en 1992, l'association, composée alors de quatre artistes, investit le 5e étage de la Tour, au sein de la Friche Belle de Mai.
Mission/programmation, collections : à travers la mise à disposition des artistes dans les ateliers, l'organisation d'expositions et d'échanges avec l'étranger, Astérides travaille à la diffusion de la jeune création contemporaine.
Services : une à deux fois par mois, Astérides invite un artiste à venir parler de son travail devant un auditoire d'artistes, de

professionnels ou d'amateurs d'art contemporain afin de favoriser un débat d'idées autour d'une démarche artistique.
Au 5e étage de la Tour, six ateliers accueillent des artistes français et étrangers.
Tous les deux ans, l'association propose un échange d'artiste en résidence avec la structure Hangar à Barcelone.
Astérides édite des catalogues d'exposition ainsi que des multiples réalisés par les artistes, numérotés et signés.

→ ATELIERS D'ARTISTES DE LA VILLE DE MARSEILLE

11-19 boulevard Boisson
13004 Marseille
+33 (0)4 91 85 42 78

Mission/ programmation, collections : les Ateliers d'Artistes de la Ville de Marseille ont pour mission la diffusion de l'art contemporain et l'accueil des artistes et du public. Ils constituent un lieu privilégié d'information pour tout ce qui concerne le domaine des arts visuels à Marseille et l'activité artistique internationale. Ils sont spécialisés dans l'accompagnement de projets expérimentaux émanants d'artistes déjà confirmés et dans la mise en valeur des recherches des plus jeunes. La programmation, le travail éditorial, l'organisation des résidences, des échanges entre institutions et artistes créent à l'échelle locale comme internationale de multiples liens entre création et diffusion.
Services : centre de documentation, visites commentées, ateliers pédagogiques, conférences, concerts.
Horaires : du mardi au samedi de 14h à 18h, fermé en août.
Tarifs : entrée libre.

→ BUREAU DES COMPÉTENCES

8, rue du Chevalier-Roze
13002 Marseille
+33 (0)4 91 90 07 98
www.bureaudescompetences.org

Mission/programmation, collections : créé dans le but de favoriser les actions réalisées dans le domaine de la commande artistique et architecturale, le Bureau des Compétences favorise les échanges entre artistes, architectes et public. Il expose des oeuvres contemporaines susceptibles d'être intégrées dans des projets.
Accueil public/scolaires : ouvert à tous, il est particulièrement attentif à la sensibilisation du public scolaire et étudiant.
Services : le bureau dispose d'un espace de documentation et édite livres d'artistes et cartes postales. Il organise également des séminaires internationaux annuels.
Horaires : ouvert tous les jours de 9h à 18h.
Tarifs : Entrée libre.

→ CENTRE DE LA VIEILLE CHARITÉ

2, rue de la Charité
13002 Marseille
+33 (0)4 91 14 58 80

Historique du lieu/architecture : ensemble architectural d'une rare beauté, exécuté aux XVIIe et XVIIIe siècles pour abriter les pauvres et les mendiants, la Vieille Charité fut laissée à l'abandon avant d'être remarquée par Le Corbusier.
La restauration de l'ensemble des bâtiments fut décidée en 1961 et s'acheva en 1986.
Mission/programmation, collections : le centre de la

Vieille Charité accueille de nombreuses structures culturelles et organise des expositions d'art contemporain.
Services : elle abrite une salle de cinéma, une librairie et une cafétéria.
Horaires : ouvert tous les jours sauf le lundi et les jours fériés de 10h à 17h, du 1er octobre au 31 mai, et de 11h à 18h du 1er juin au 30 septembre.

→ CENTRE INTERNATIONAL DE RECHERCHE ET DE CRÉATION SUR LE VERRE ET LES ARTS PLASTIQUES, CIRVA

62, rue de la Joliette
13002 Marseille
+33 (0)4 91 56 11 50

Mission/programmation, collections : installé depuis 1986 à Marseille, le CIRVA accueille dans un atelier de 1250 m2, plasticiens, architectes, designers ayant un projet de création incluant le verre. Structure unique, le CIRVA est un véritable laboratoire doté d'équipements performants pour le travail du verre mis au service de réalisations concrètes. Grâce à l'assistance permanente d'une équipe technique et à l'aide de consultants extérieurs, industriels, scientifiques, chercheurs, les artistes accueillis pour la qualité de l'ensemble de leur démarche, peuvent ainsi bénéficier des savoir-faire existants ou innover dans les techniques et les matériaux.
Services : le CIRVA étant un atelier de recherche et de réalisation, les allocations accordées sont des bourses de réalisation, plus que de séjour. En effet, seules les nécessités techniques propres à chaque projet ou recherche, dictent la présence de l'allocataire au CIRVA.

→ DOCUMENTS D'ARTISTES

Friche Belle de Mai
13331 Marseille – Cedex 3
+33 (0)4 95 04 95 40
www.documentsdartistes.org

Mission / programmation, collections : l'association Documents d'artistes a été créée en 1999, et constitue un fonds documentaire sur des artistes contemporains, dont elle assure la présentation sur place et la diffusion à travers un site Internet.
Horaires : uniquement sur rendez-vous.
Tarifs : entrée libre.

→ ÉCOLE SUPÉRIEURE DES BEAUX-ARTS

> École des beaux-arts
184, av. de Luminy
13288 Marseille
Cedex 9
+33 (0)4 91 82 83 10
> Galerie de l'école d'art
41, rue Montgrand
13006 Marseille
www.esbam.fr

Mission/programmation, collections : créée en 1968, l'ESBAM est un établissement d'enseignement artistique.
L'école est aussi un diffuseur de création par le biais de sa galerie d'exposition ou de ses divers ateliers qui travaillent en étroit partenariat avec musées, galeries et associations.
Elle participe également aux divers projets d'urbanisation de la ville en mutation.
Accueil public/scolaires : plusieurs ateliers sont ouverts au public dans huit sites différents.
Services : un centre de documentation, commun à l'école d'architecture qui est mitoyenne, est accessible et offre à la consultation et au prêt des milliers de volumes et des revues.

➔ ESPACE CULTURE

42, La Cannebière
13001 Marseille
+33 (0)4 96 11 04 79
www.espaceculture.net

Mission/programmation, collections : le centre met en place des événements culturels dans lesquels la jeune création marseillaise est mise en valeur notamment à travers l'organisation d'expositions.
Services : l'Espace culture dispose d'un centre de documentation et d'étude et édite l'agenda culturel gratuit In Situ ainsi que des guides thématiques.
Horaires : ouvert du lundi au samedi, de 10h à 18h45.

➔ ESPACE ECUREUIL

26 rue Montgrand
13006 Marseille
+33 (0)4 91 54 01 01

Mission / programmation, collections : créé en octobre 1989 par la Caisse d'Epargne Provence-Alpes-Corse, l'espace Ecureuil est un lieu de mécénat culturel au cœur de Marseille qui témoigne de l'engagement de cette entreprise au service du développement social et culturel. Sa démarche est de promouvoir de nouveaux talents en alternant les expositions d'artistes de renom avec celles de jeunes créateurs régionaux. Par ailleurs l'Espace Ecureuil organise chaque année une exposition de prestige avec Miro, Chagall, Picasso, Warhol...
Horaires : du lundi au vendredi de 10h à 18h.
Tarifs : entrée libre.

➔ FRAC PACA

1, place Francis-Chirat
13000 Marseille
+33 (0)4 91 91 27 55
www.frac-paca.org

Mission/programmation, collections : créé en 1982, le FRAC PACA, est un véritable laboratoire de création qui met en valeur la notion de Projet artistique, reposant sur une rencontre régulière du public avec les artistes.
Il possède une collection très diversifiée (peintures, dessins, sculptures, photographies, installations, vidéos) de plus de six cents oeuvres des trente dernières années.
Jusqu'à présent, trois cent vingt artistes ont été présentés au public par le biais de rétrospectives monographiques ou d'expositions thématiques.
Accueil public/scolaires : le FRAC vise à sensibiliser les divers publics au moyen de rencontres avec les artistes, de visites découvertes, visites commentées, de conférences, de discussions, de débats...
Services : différentes formations sont proposées.

➔ GALERIE ATHANOR

5 rue Taulière
13001 Marseille
+33 (0)4 91 33 83 46

Mission / programmation, collections : depuis sa création en 1972 et après avoir occupé divers lieux dans Marseille, la galerie Athanor propose une programmation toujours exigeante alternant des expositions monographiques consacrées à des figures établies de l'art contemporain (Pierre Buraglio, Daniel Dezeuze, Claude Viallat, Gérard Traquandi...) et expositions collectives avec de jeunes artistes.
Horaires : du mardi au samedi de 14h30 à 19h, fermé de mi-juillet à mi-septembre.

Tarifs : entrée libre.

→ LA COMPAGNIE

19, rue du Préssensé
13001 Marseille
+33 (0)4 91 90 04 26
www.la-compagnie.org

Historique du lieu/architecture : l'association s'est installée dans un local conçu par Rudi Ricciotti et a ouvert ses portes en 1997.
Mission/programmation, collections : la compagnie est d'abord un atelier d'artistes, un espace de création. Il s'agit d'un lieu pluridisciplinaire et en cela il fonde sa pertinence en ouvrant un large spectre dans les possibilités d'expérimenter, d'interroger les relations possibles entre l'art et le politique, le processus et l'oeuvre, le poétique et le social.
Accueil public/scolaires : des ateliers de photographie sont proposés aux enfants.
Les groupes sont accueillis sur rendez-vous.
Services : l'association accueille des artistes en résidence.
Elle dispose d'une salle de projection et de laboratoires photographiques.
Horaires : ouvert du mercredi au samedi de 16h à 19h30.
Tarifs : entrée libre.

→ MUSÉE CANTINI

19, rue Grignan
13006 Marseille
+33 (0)4 91 54 77 75

Historique du lieu/architecture : ce bel hôtel particulier de la fin du XVIIe siècle, ayant appartenu en 1888 au célèbre marbrier Jules Cantini, fut donné à la ville en 1916 afin de devenir un musée consacré à l'art moderne et contemporain.
Mission/programmation, collections : le musée Cantini possède une des plus belles collections publiques allant du néo-impressionnisme aux courants abstraits des années 50, ainsi que plusieurs grands maîtres de la période contemporaine.
Horaires : ouvert tous les jours sauf le lundi et les jours fériés, de 10h à 17h du 1er octobre au 31 mai, et de 11h à 18h du 1er juin au 30 septembre.

→ MUSÉE D'ART CONTEMPORAIN, MAC

69, av. de Haïfa
13008 Marseille
+33 (0)4 91 25 01 07

Historique du lieu/architecture : installé dans un bâtiment construit dans les années 70, le musée d'art contemporain de Marseille a ouvert ses portes en 1994. Il dispose d'un espace d'exposition de 2500 m2.
Mission/programmation, collections : le MAC s'attache à enrichir sa collection à travers l'acquisition d'oeuvres emblématiques et d'ensembles spécifiques (oeuvres de César, Arman, Christo, Spoerry, Niki de Saint Phalle, Tinguely). Cette collection regroupe des oeuvres des années 60 à nos jours.
Le musée accueille également les dépôts du FRAC PACA, de collectionneurs et de galeries privées : ainsi une quarantaine d'oeuvres majeures de la collection Reinhard Onnasch Berlin, sont venues fin 1997, enrichir la collection du musée.
Accueil public/scolaires : les visites commentées pour le public se déroulent le mercredi, samedi et dimanche à 15h.

Services : le MAC abrite le centre de documentation Ernst Goldschmidt ouvert au public le mardi, mercredi, jeudi et vendredi de 11h à 17h. Il réunit quelques vingt cinq mille ouvrages d'art contemporain et édite les catalogues des expositions qu'il organise, ainsi que Catalogus, un trimestriel rendant compte des trois cents parutions qui enrichissent le fonds de façon régulière.
Horaires : ouvert tous les jours de 10h à 17h du 1er octobre au 31 mai et de 11h à 18h, du 1er juin au 30 septembre. Fermeture hebdomadaire le lundi et les jours fériés.

> Vidéodrome
8, rue Vian
13006 Marseille
+33 (0)4 91 42 99 14
www.p-silo.org

➔ P-SILO

Mission/programmation, collections : créée à Marseille en 1997, l'association P-Silo est un collectif d'artistes, vidéastes, plasticiens, musiciens, comédiens, qui organise le festival international de la vidéo expérimentale Images Contre Nature. Ce festival a lieu tous les ans, la première semaine de juillet.
Services : l'association possède une vidéothèque située au Vidéodrome. Ouvert du lundi au dimanche de 15h à 19h, sauf les jours fériés. Renseignements au 04 91 42 21 75.

20, rue Saint-Antoine
13002 Marseille
+33 (0)4 91 90 49 67
www.reddistrict.org

➔ RED DISTRICT

Historique du lieu/architecture : un bâtiment industriel du XIXe siècle situé au coeur du quartier du Panier, accueille depuis 1999 l'association Red District.
Mission/programmation, collections : en partenariat avec l'association Interface, Red District organise divers événements dans les domaines de la peinture, la sculpture, la vidéo, les installations, le théâtre, la photographie...
Services : l'association dispose d'une librairie ouverte au public le samedi de 14h à 18h et sur rendez-vous.
Elle possède une bibliothèque, une vidéothèque et une discothèque, spécialisées dans la création contemporaine.
Red District effectue diverses publications.
Horaires : ouvert du mercredi au samedi de 14h à 18h.

41 rue Tapis Vert
13001 Marseille
+33 (0)4 91 91 50 26

➔ RLBQ – REPOSER LA BONNE QUESTION

Historique du lieu/ Architecture : RBLQ est une association créée en 1996 par des étudiants issus de l'école des Beaux Arts.
Mission/ Programmation, collection : lieu interdisciplinaire, RBLQ est à la fois un atelier de création et un espace de diffusion.
Horaires : du mardi au samedi de 14h à 18h.
Tarifs : entrée gratuite.

Friche La Belle de Mai
41 rue Jobin
13003 Marseille
+33 (0)4 95 04 95 94
www.sextantetplus.org

➔ SEXTANT ET PLUS

Mission / programmation, collections : installée à la Friche la belle de Mai depuis 2001, l'association, l'association [S]extant et plus développe des systèmes de production, de

diffusion et de promotion d'oeuvres d'art contemporain. Son activité s'articule autour de 2 projets : La collection, un projet qui constitue un fonds de près de 200 oeuvres et qui met en oeuvre différents outils pour soutenir et diffuser le travail de 16 artistes de la région PACA et l'exposition d'été, une invitation à un ou plusieurs artistes à produire un projet d'exposition de 3 mois pour l'espace de la Galerie de La Friche.
Horaires : du lundi au vendredi de 14h à 18h, et sur rendez-vous.
Tarifs : entrée libre.

→ SOL, MUR, PLAFOND

31, rue Consolat
13001 Marseille
+33 (0)4 91 64 74 46
www.s-m-p.org

Mission/programmation, collections : Sol, Mur, Plafond est une association créée en 1994 qui soutient les projets de jeunes artistes à travers des expositions collectives et, depuis 1999, monographiques. L'association dispose d'un lieu de 100 m2.
Services : l'association édite la revue de dessin Toc.
Horaires : l'association est ouverte au public pendant les expositions, du mardi au samedi de 15h à 19h.
Tarifs : entrée libre.

→ TRIANGLE

Friche La Belle de Mai
41 rue Jobin
13003 Marseille
+33 (0)4 95 04 96 11
www.lafriche.org/triangle

Historique du lieu/ Architecture : fondée à New York en 1982 par le sculpteur Anthony Caro, la « Triangle Art Association » rassemble chaque année une trentaine d'artistes de toutes nationalités pour un séminaire. Obligé de « s'exiler » le temps d'un séminaire, le workshop est accueilli à Marseille par l'école des Beaux-Arts. Cette exportation temporaire les incite à installer une structure équivalente à celle de New York à Marseille suivi quelques années plus tard d'un lieu à Londres.
Mission/ Programmation, collection : à Marseille, quinze artistes français et étrangers sont invités chaque année en résidence donnant ainsi lieu à un programme d'expositions dites « clins d'œil ». Ce lieu propose aussi trois à quatre expositions par an entre Marseille, Londres et New York. Cette structure triangulaire donc favorise de façon exceptionnelle une diffusion internationale.
Services : éditions et festival bisannuel de performances transdisciplinaires 'Action man-œuvres'.
Horaires : du lundi au vendredi de 9h30 à 12h et de 14h à 18h30.
Tarifs : entrée gratuite.

→ VIDEOCHRONIQUES

Friche la Belle de Mai
23 rue Guibal
13003 Marseille
+33 (0)4 95 04 96 00
www.videochroniques.org

Mission/ Programmation, collection : depuis 1989, Videochroniques se consacre à la promotion, la diffusion, et à la documentation des rapports entretenus par l'art contemporain avec les technologies de l'image, du son et des nouveaux médias. L'action de ce lieu se développe autour d'expositions monographiques, collectives, rétrospectives, soutien aux structures autres et enrichissement du fonds du centre de documenta-

tion. Depuis 1997, sous le nom de Media Lab, Videochroniques permet la production d'ouvres via des résidences d'artistes.
Services : centre de documentation.
Horaires : ouvert du mercredi au samedi de 14h à 18h.
Tarifs : entrée libre.

Mayenne (53)

→ LA CHAPELLE DES CALVAIRIENNES

Rue Guyard-de-la-Fosse
53100 Mayenne
+33 (0)2 43 30 12 56

Mission/programmation, collections : datant du XVIIe siècle, la Chapelle des calvairiennes est le dernier vestige d'un vaste couvent. Elle accueille maintenant de nombreuses expositions d'art contemporain.
Accueil public/scolaires : le Kiosque, association culturelle locale, engage pour chaque exposition un travail de sensibilisation auprès des publics scolaires.
Services : les Dimanches à la Chapelle organisent des débats les trois premiers dimanches de chaque exposition, à 15h.
Des rencontres avec les artistes et des cycles de conférences accompagnent les expositions.
Horaires : la Chapelle est ouverte du mercredi au dimanche de 14h30 à 18h.
Tarifs : entrée : 1,60 €.

→ LE KIOSQUE, CENTRE D'ACTION CULTURELLE DU PAYS DE MAYENNE

7, place Juhel
53104 Mayenne Cedex
+33 (0)2 43 30 10 16

Historique du lieu/architecture : Le Kiosque occupe depuis 2002 l'ancien couvent de la Visitation.
Mission/programmation, collections : Le Kiosque est un centre culturel qui favorise l'apprentissage des arts plastiques.
Accueil public/scolaires : le centre propose des ateliers d'arts plastiques ouverts aux enfants de 8 à 12 ans, aux jeunes de la 4e à la Terminale et aussi aux adultes.
Des interventions sont possibles hors les murs et des stages d'éveil pour les plus jeunes sont proposés.
Services : des discussions autour des oeuvres, Dimanches à la Chapelle, sont proposées.
Horaires : ouvert du mercredi au dimanche de 14h30 à 18h.
Tarifs : entrée : 1,60 € / adhérent Kiosque : 1 €.

Meymac (19)

→ ABBAYE SAINT-ANDRÉ, CENTRE D'ART CONTEMPORAIN

Place du Bûcher
19250 Meymac
+33 (0)5 55 95 23 30
www.limousin.culture.gouv.fr

Historique du lieu/architecture : l'abbaye bénédictine Saint-André et Saint-Léger de Meymac a été fondée à la fin du XIe siècle. Les bâtiments conventuels, reconstruits au XVIIe siècle, abritent aujourd'hui un Centre national d'art contemporain et le musée de la fondation Marius-Vazeilles.

Mission/programmation, collections : le Centre d'art expose aussi bien la création d'artistes reconnus que celle d'artistes débutants.
Il présente des expositions thématiques sur les principaux courants artistiques de 1970 à nos jours, des monographies d'artistes de renommée internationale tels que Bouillon, Immendorff, ou Garouste.
Par ailleurs, le Centre d'art contemporain organise annuellement l'Exposition Première, qui consiste à faire découvrir de jeunes talents issus des écoles d'art de Clermont-Ferrand, Bourges et Limoges-Aubusson.
Accueil public/scolaires : visites guidées, actions pédagogiques et catalogues sont proposés au public.
Horaires : ouvert tous les jours sauf le lundi de septembre à juin de 14h à 18h, et en juillet et août de 10h à 13h et de 14h à 19h.
Tarifs : plein : 4 € / réduit : 2 €.

Meisenthal (57)

→ COMITÉ D'ANIMATION ET DE DÉVELOPPEMENT DE LA HALLE DE MEISENTHAL, CADHAME

Halle Verrière
B.P. 8
57960 Meisenthal
+33 (0)3 87 96 82 91

Historique du lieu/architecture : depuis 1996, le CADHAME occupe une ancienne usine de production de verre.
Mission/programmation, collections : le CADHAME est une association pluridisciplinaire de pratique artistique, qui se préoccupe de la sensibilisation du jeune public aux diverses disciplines artistiques.
Services : l'association propose des résidences d'artistes.

Melun (77)

→ ACT'ART, ACTION ARTISTIQUE EN SEINE-ET-MARNE

Hôtel du département
77010 Melun Cedex
+33 (0)1 64 14 70 80
www.actart77.com

Mission/programmation, collections : l'association pluridisciplinaire met en oeuvre des projets culturels et artistiques en matière de création, diffusion, information et formation.
Services : des conférences gratuites visent à sensibiliser le plus grand nombre aux figures majeures de l'art contemporain.

Metz (57)

→ ÉCOLE DES BEAUX-ARTS

1, rue de la Citadelle
57000 Metz
+33 (0)3 87 68 25 25
www.mairie-metz.fr

Mission/programmation, collections : l'école des beaux-arts de Metz, outre l'enseignement qu'elle dispense, présente régulièrement des expositions et organise des colloques liés à l'art contemporain.

→ FAUX-MOUVEMENT

Historique du lieu/architecture : depuis 1997, le Centre

Place Saint-Louis
4, rue du Change
B.P. 84131
57041 Metz
Cedex 1
+33 (0)3 87 37 38 29

d'art contemporain occupe les anciens studios télé et radio de France 3 Lorraine.
Mission/programmation, collections : sa mission est de créer de l'art où le lieu d'exposition entre dans les composantes de l'oeuvre. Elle organise six expositions par an. À noter les expositions de Niele Toroni, Felice Varini, Gilberto Zorio, Sarkis...
Accueil public/scolaires : Faux-Mouvement propose des activités gratuites (visites, ateliers) aux scolaires pour les sensibiliser à l'art contemporain.
Les visites-découvertes pour les scolaires se font uniquement sur rendez-vous.
Services : le centre effectue diverses publications.
Horaires : les expositions sont ouvertes du mercredi au samedi de 13h30 à 18h30.

→ FRAC LORRAINE

7, place de la cathédrale
57000 Metz
+33 (0)3 87 74 20 02
www.fraclorraine.org

Historique du lieu/architecture : le FRAC Lorraine fut créé en 1984 afin de promouvoir les arts visuels.
En 1999, la ville de Metz fait donation de l'hôtel Saint-Livier, bâtisse médiévale, au conseil général de Lorraine, pour accueillir le FRAC. Son ouverture fut programmée pour 2004, après les travaux de réhabilitation confiés à l'architecte Jean-François Bodin.
Mission/programmation, collections : la collection du FRAC compte plus de six cents oeuvres rassemblant des figures emblématiques de l'art contemporain (Marina Abramovic, Mario Merz, Bob Morris, Frank Stella, Daniel Buren...), ainsi que des jeunes créateurs étrangers.
Diverses disciplines sont représentées : peinture, sculpture, photographie, installation, vidéo.

Meyzieu (69)

→ ESPACE CULTUREL FRANÇOIS MITTERRAND, MÉDIATHÈQUE, REZ D'ART CONTEMPORAIN

27, rue Louis-Saulnier
69330 Meyzieu
+33 (0)4 37 44 30 70

Historique du lieu/architecture : l'Espace culturel est situé dans un lieu entièrement vitré, ouvert et transparent.
Mission/programmation, collections : il propose trois expositions d'art contemporain par an.
Services : l'Espace comprend également une médiathèque et un cinéma.
Horaires : l'Espace culturel est ouvert le mardi de 13h à 18h, le mercredi de 9h à 12h, le vendredi de 13h30 à 19h et le samedi de 9h à 12h30.

Milhaud (30)

→ ESCA > ESPACE DE SOUTIEN A LA CIRCULATION ARTISTIQUE

76 route de Nîmes
30540 Milhaud
+33 (0)4 66 74 23 27
www.galerie-esca.com

Mission / programmation / collections : l'ESCA organise des expositions d'art contemporain et soutient des artistes aux démarches et expressions plastiques diverses, offrant au public un panorama riche et varié de la production actuelle. Fidèle à ses objectifs, la galerie entretient des liens permanents avec l'étranger (échanges de galeries à galeries, résidences et expositions d'artistes de l'ESCA en Hollande, Catalogne, Italie, Maroc), contribuant ainsi à la circulation artistique de la création régionale et française. Depuis 2001, sur une initiative commune de l'ESCA et de l'Institut des Beaux-Arts de Tétouan, la galerie organise le FIAV [Festival d'Images Artistiques Vidéo] en collaboration avec des commissaires internationaux et les membres d'un jury désignés par l'association.
Service : editée depuis 1995 par la galerie, la revue trimestrielle « papiers libres » propose des informations et engage une réflexion sur l'art contemporain.
Horaires : du mardi au samedi de 17h à 19h et sur rendez vous.

Millery (21)

→ ASSOCIATION PLUS CRANE

Château de Chevigny
21140 Millery
www.plus.asso.fr

Mission/programmation, collections : le CRANE est un laboratoire d'artistes spécialisés dans les arts visuels, la musique, la danse, la poésie... Il organise des événements artistiques régionaux et internationaux.

Milly-la-Forêt (91)

→ LE CYCLOP DE JEAN TINGUELY

91490 Milly-la-Forêt
+33 (0)1 64 98 83 17

Historique du lieu/architecture : en 1969, Tinguely invite quinze artistes de renommée internationale (dont Daniel Spoerri, Niki de Saint Phalle, Arman, César, Jean-Pierre Raynaud...) à ériger une sculpture-monument. Vingt années seront nécessaires pour terminer son aménagement. La sculpture, donnée à l'État, a été inaugurée officiellement et ouverte au public en 1994.
Mission/programmation, collections : monumentale (22 m de haut), elle se dresse au coeur de la forêt de Milly. Véritable musée vivant de l'univers tinguélyen, Le Cyclop est une incroyable machinerie dont chaque engrenage surprend le spectateur.
Accueil public/scolaires : les visites pour les groupes se font sur réservation, uniquement le jeudi et le vendredi en mai, juin, septembre et octobre. Les enfants de moins de 10 ans ne peuvent pas pénétrer à l'intérieur de la sculpture.

Horaires : ouvert de mai à fin octobre, le vendredi de 10h15 à 13h et de 14h à 15h30, le samedi de 11h à 13h et de 14h à 17h, et le dimanche de 11h à 13h et de 14h à 17h45.
Tarifs : plein : 6 € / réduit : 5 €.

Miramas (13)

→ ARTOTHÈQUE

Av. de la République
13140 Miramas
+33 (0)4 90 58 53 53

Mission/programmation, collections : la collection de l'artothèque comporte plus de mille oeuvres d'art contemporain, couvrant les domaines de l'estampe (sérigraphie, lithographie, gravure), de la photographie, du dessin, de la peinture, et de la sculpture. Elle offre un large panorama de la création des quarante dernières années et présente les oeuvres d'artistes tels qu'Alechinsky, Buraglio, César, Di Rosa, Ernest Pignon Ernest, Hélion, Klein, Matta, Nemours, Soulages, Tàpies... Des expositions, accompagnées de fiches documentaires, sont proposées aux entreprises, collectivités et établissements scolaires.
Horaires : ouvert le mardi et jeudi de 13h à 18h30, le mercredi, vendredi et samedi de 9h30 à 12h et de 13h à 18h30.

Molliens-au-Bois (80)

→ LA FORGE

15, fond de rue
80200 Molliens-au-Bois
+33 (0)3 22 93 09 38
www.laforge.org

Historique du lieu/architecture : le lieu de création est situé dans l'ancienne forge de Molliens-au-Bois.
Mission/programmation, collections : La Forge est un lieu de production artistique qui réunit un collectif d'artistes composé d'écrivains, plasticiens, photographes...

Monflanquin (47)

→ ASSOCIATION POLLEN

25, rue Sainte-Marie
47150 Monflanquin
+33 (0)5 53 36 54 37

Mission/programmation, collections : lieu expérimental, l'Association Pollen a pour vocation de soutenir la jeune création en organisant expositions, éditions, rencontres, projets en milieu culturel, en invitant des artistes en résidence.
Accueil public/scolaires : le service Médiation propose de nombreuses activités pour les scolaires et les étudiants : visites guidées des expositions se déroulant à Monflanquin, conférences, ateliers de pratique artistique...

Mons-en-Baroeul (59)

→ HEURE EXQUISE !

B.P. 113 Le Fort
Av. de Normandie
59370 Mons-en-Baroeul
+33 (0)3 20 43 24 32
www.exquise.org

Mission/programmation, collections : association créée en 1975, Heure exquise ! est spécialisée aujourd'hui dans la création vidéo et dans les arts électroniques. Elle s'occupe également de la diffusion de ses réalisations.

Montbéliard (25)

→ ARTOTHÈQUE ASCAP

19, av. des Alliés
25200 Montbéliard
+33 (0)3 81 32 12 32

Mission/programmation, collections : l'artothèque est une des plus grandes galeries de prêt de France avec plus de mille oeuvres, gravures, lithographies ou peintures, représentant tous les mouvements artistiques, du cubisme jusqu'à nos jours.
Horaires : l'artothèque est ouverte le mardi et le jeudi de 14h à 18h et le mercredi de 9h à 12h.

→ LE 19, CENTRE RÉGIONAL D'ART CONTEMPORAIN

19, av. des Alliés
25200 Montbéliard
+33 (0)3 81 94 43 58

Mission/programmation, collections : à travers des expositions, l'édition de catalogues d'artistes et d'aide à la production d'oeuvre, le 19 soutient la création contemporaine et participe notamment à la sensibilisation du jeune public.
Horaires : exposition ouverte du lundi au samedi de 14h à 18h. Fermeture le 25 décembre et le 1er janvier.

Montélimar (26)

→ LE CHÂTEAU DES ADHÉMAR

24, rue du château
26200 Montélimar
+33 (0)4 75 00 62 30

Historique du lieu/architecture : rare exemple de palais résidentiel d'époque romane, le château de Montélimar, a été édifié à la fin du XIIe siècle sur un monticule, par la dynastie seigneuriale qui l'occupait, les Adhémar.
Mission/programmation, collections : le château des Adhémar abrite depuis le début de l'année 2000 un centre d'art contemporain.
Elle programme cinq expositions par an, dont une de renommée internationale pendant la saison estivale. Elle propose également un cycle de conférences d'initiation à l'art contemporain, des ateliers et des animations visant à sensibiliser le jeune public.
Horaires : ouvert tous les jours de 9h30 à 11h30 et de 14h à 17h30 (18h en juillet et août). Fermé le mardi du 1er novembre au 31 mars. Fermé le 25 décembre et le 1er janvier.

Montluçon (03)

→ ATHANOR

Rue Pablo-Picasso
B.P. 1144
03103 Montluçon Cedex
+33 (0)4 70 08 14 40
www.centreathanor.com

Historique du lieu/architecture : en 1985, est né le centre des congrès Athanor, installé sur le lieu où se trouvaient les usines Saint-Jacques. Son nom vient du petit fourneau d'où les alchimistes tiraient de l'or.
Mission/programmation, collections : multiculturel, Athanor

propose à la fois des conférences, des débats, des spectacles, mais aussi des expositions particulièrement tournées vers l'art contemporain. Ce centre des congrès possède aussi un fonds d'art contemporain.
Services : le lieu dispose de dix salles de réunions, deux auditoriums, deux galeries d'exposition, un bar-restaurant, ainsi qu'un parking de mille places.
Horaires : le centre est ouvert du mardi au vendredi de 9h à 18h30 et le samedi de 9h à 18h. Il est ouvert exceptionnellement le dimanche en cas de manifestation.

Montolieu (11)

→ CENTRE DE SCULPTURE

Fonderie de la Dure
11170 Montolieu
+33 (0)4 68 24 81 81

Historique du lieu/architecture : l'association a élu domicile dans les anciennes tanneries de Montolieu.
Mission/programmation, collections : créé en 1993, le Centre de sculpture a été fondé afin d'encourager une meilleure compréhension de la sculpture contemporaine. Ce lieu d'expérimentation artistique accueille à la fois des jeunes artistes et des artistes de renommée internationale.
Accueil public/scolaires : le Centre a initié des activités artistiques dans les écoles primaires voisines pour favoriser l'accès à l'art et à la culture.
Services : le Centre accueille des artistes en résidence et des stagiaires. Il dispose d'un centre de ressources.

Montpellier (34)

→ CARRÉ SAINTE-ANNE

2, rue Philippy
34000 Montpellier
+33 (0)4 67 60 82 42

Mission/programmation, collections : ancienne église transformée en musée, le Carré Sainte-Anne organise des expositions d'art contemporain.
Accueil public/scolaires : des visites guidées sont organisées tous les jours à 16h30, et le samedi et dimanche à 11h, 15h et 16h30.
Le mercredi, organisation d'un forum d'art contemporain pour les adolescents à 15h30.
Horaires : ouvert du mardi au dimanche de 13h à 19h.
En août, il est fermé le dimanche et le 15.
Tarifs : entrée libre.

→ ÉCOLE SUPÉRIEURE DES BEAUX-ARTS

130, rue Yehudi-Menuhin
34000 Montpellier
+33 (0)4 99 58 32 85
www.esbama.fr.st

Mission/programmation, collections : l'école dispense un enseignement supérieur et ouvre au public un atelier-galerie accueillant sculptures contemporaines, vidéos, peintures, installations et performances.
Elle complète son programme par des cycles de conférences, des colloques ainsi que des voyages thématiques.

ESPACE D'ART CONTEMPORAIN DU DOMAINE DÉPARTEMENTAL DU CHÂTEAU D'O

Avenue des Moulins
Rond-point d'O
34090 Montpellier
+33 (0)4 67 67 69 83

Historique du lieu/architecture : en 1762, fut ajouté à une ancienne métairie datant du XIe siècle, un château, un jardin et des fontaines, puis, en 1769, des bassins et des vasques. Ce domaine fut alors nommé le Château d'Eau. Le parc et les façades du château sont classés aux Monuments historiques depuis 1922. Ce domaine est actuellement un lieu culturel et artistique dans lequel sont organisés expositions et spectacles vivants.

Accueil public/scolaires : le Domaine d'O propose des visites commentées d'une heure environ. Il reçoit les groupes sur rendez-vous du mardi au vendredi, de 9h à 12h et de 14h à 18h. Les visiteurs individuels peuvent visiter le samedi et le dimanche à partir de 15h30.
Des visites pédagogiques (inscription indispensable) sont également organisées avec une possibilité pour les professeurs de recevoir un intervenant dans leur classe. L'inscription se fait du mardi au vendredi de 9h à 12h et de 14h à 18h. Renseignements au 04 67 67 76 17.

Services : des ateliers animés par des plasticiens professionnels peuvent être organisés sur place, afin d'élaborer une démarche artistique.

Horaires : ouvert du mardi au dimanche de 14h30 à 17h30.

Tarifs : entrée gratuite.

FRAC LANGUEDOC-ROUSSILLON

4, rue Rambaud
34000 Monpellier
+33 (0)4 99 74 20 35
www.fraclr.org

Mission/programmation, collections : le FRAC organise de nombreuses expositions dans divers lieux en mettant l'accent sur la promotion de l'actualité artistique, sur le soutien à la jeune création, ainsi que sur une ouverture vers la Méditerranée. Le FRAC dispose d'une collection de près de huit cents oeuvres, réalisées par plus de trois cents artistes français et étrangers.

Accueil public/scolaires : le FRAC met à la disposition des scolaires, un cédérom présentant l'histoire du FRAC, de sa collection, des expositions, et des oeuvres. Un livret d'accompagnement propose des chemins de découverte pédagogique en fonction des niveaux d'enseignement (maternelle, élémentaire, collège, lycée).

GALERIE PHOTOGRAPHIQUE DOMINIQUE BAGOUET

Quartier Montpellier-centre
Esplanade Charles-de-Gaulle
4000 Montpellier
+33 (0)4 67 66 05 48
www.ville-montpellier.fr

Mission/programmation, collections : la galerie photographique Dominique Bagouet met en place, en partenariat avec la Galerie Photo, une programmation annuelle d'expositions photographiques d'artistes régionaux, mais aussi internationaux.

Horaires : la galerie Dominique Bagouet est ouverte du mardi au samedi de 13h à 19h.

Tarifs : entrée libre.

→ GALERIE SAINT-RAVY

Place Saint-Ravy
34000 Montpellier
+33 (0)4 67 60 61 66
www.ville-montpellier.fr

Historique du lieu/architecture : la galerie, créée en 1996, est installée dans la vieille ville et se compose de deux salles voûtées.
Mission/programmation, collections : elle accueille les oeuvres de plasticiens régionaux.
Horaires : ouvert du mardi au dimanche de 13h à 19h.
Tarifs : entrée libre.

→ LA RÉSERVE

42, rue Adam-Craponne
34070 Montpellier
+33 (0)4 67 58 41 61
www.artlareserve.org

Mission/programmation, collections : créé en 1998, La Réserve est un centre expérimental et multiculturel. Ce lieu polyvalent est composé de cinq espaces qui sont à la fois dévolus aux expositions, aux créations, et à la documentation. Il accueille des artistes en résidence en vue de la réalisation de projets.

→ MUSÉE FABRE

13, rue Montpelliéret
34000 Montpellier
+33 (0)4 67 14 83 00
www.montpellier-agglo.com

Historique du lieu/architecture : le musée, créé en 1825, occupe trois bâtiments construits entre le XVIIe et le XIXe siècle. Il est actuellement en travaux et rouvrira ses portes à partir de 2006.
Mission/programmation, collections : le musée s'est engagé à développer sa collection d'art moderne et contemporain avec notamment les peintres du mouvement Supports-Surfaces et les oeuvres de Pierre Soulages.

Montreuil-sous-bois (93)

→ MAISON POPULAIRE

9 bis, rue Dombasle
93100 Montreuil-sous-bois
+33 (0)1 42 87 08 68
www.maisonpop.fr

Mission/programmation, collections : le Centre d'art a pour mission de diffuser les créations de jeunes artistes à travers la programmation de trois expositions annuelles.
Accueil public/scolaires : des ateliers, ainsi que des visites commentées, sont organisés en direction des adultes et des enfants.
Des rendez-vous pédagogiques et des projets artistiques sont proposés aux enseignants.
Services : la Maison Populaire dispose d'un centre de ressources, d'un espace culture multimédia et d'une salle de concert.
Horaires : elle est ouverte du lundi au vendredi de 14h à 21h et le samedi de 10h à 16h30.
Le Centre d'art est fermé le dimanche, les jours fériés, et pendant les vacances scolaires.

→ PULSART

19, rue Gaston Lauriau
93100 Montreuil-sous-bois
+33 (0)1 48 58 28 24
www.pulsart.org

Mission/programmation, collections : fondée en 1994, l'association d'artistes plasticiens a pour objectif, à travers la mise en place d'ateliers d'arts plastiques et de rencontres avec

des créateurs, de permettre aux jeunes de s'initier à des pratiques artistiques.
L'association Pulsart mène notamment des actions dans les quartiers défavorisés.
Accueil public/scolaires : l'association propose des ateliers et des cours de pratique à l'attention du jeune public.
Services : Pulsart organise des colloques, des conférences, des débats et des rencontres. L'association effectue des publications et édite des affiches.

Mont-Saint-Aignan (76)

→ GALERIE DU BELLAY

Résidences La Pléiade/Capelle
Rue de-Lattre-de-Tassigny
76130 Mont-Saint-Aignan
+33 (0)2 35 75 83 83

Mission/programmation, collections : créée en 1993 par le CROUS de Haute-Normandie, la galerie Du Bellay est un lieu de diffusion de l'art contemporain qui expose les oeuvres d'artistes confirmés représentatifs de l'art actuel, mais aussi des élèves des beaux-arts.
Elle organise des rencontres entre artistes et étudiants.
Accueil public/scolaires : la galerie propose un programme pédagogique en partenariat avec l'université de Rouen et avec les écoles d'art de la région.
Des rencontres avec les artistes ou des présentations d'oeuvres sont aussi organisées pour des élèves du secondaire et du primaire.
Services : des conférences et des débats sont présentés par des critiques d'art ou des responsables de lieux de diffusion.
Horaires : ouvert du mardi au vendredi, de 13h à 18h et le samedi, de 15h à 18h.
Tarifs : entrée libre.

Morlaix (29)

→ LES MOYENS DU BORD

Chapelle Saint-Mathieu
32 bis, rue Basse
29600 Morlaix
+33 (0)2 98 88 25 62

Mission/programmation, collections : fondée en 1998, l'association a pour mission d'accompagner les plasticiens dans leur vie professionnelle, afin de développer des pratiques artistiques contemporaines.
Elle favorise la production, la médiation et la diffusion.

Mouans-Sartoux (06)

→ ESPACE DE L'ART CONCRET, CENTRE D'ART CONTEMPORAIN

Château de Mouans
06370 Mouans-Sartoux
+33 (0)4 93 75 71 50

Historique du lieu/architecture : inauguré en 1990, le Centre d'art contemporain s'est installé dans le château de Mouans datant du XVIe siècle, entouré d'un grand parc.
Mission/programmation, collections : ce lieu public, con-

sacré à l'Art Concret, doit sa création au prêt d'une prestigieuse collection privée, la collection Sybil Albers-Barrier : une collection d'art constructif et concret unique en France qui compte environ trois cent cinquante oeuvres picturales, des sculptures, des dessins et collages de plus de cent artistes européens et américains (comme Josef Albers, Antonio Calderada, Aurélie Nemours, Sol LeWitt, Gottfried Honegger...). Le Centre d'art organise des expositions souvent thématiques.
Accueil public/scolaires : l'espace de l'Art concret accueille et participe à la formation des scolaires et enseignants.
Son action éducative s'appuie sur une équipe engagée et spécialisée, qui prend en charge l'accueil des enfants de la maternelle au lycée.
Des ateliers pour enfants sont également proposés.
Horaires : l'espace de l'Art Concret est ouvert tous les jours du 1er juin au 30 septembre de 11h à 19h et du 1er octobre au 31 mai de 11h à 18h.

Mulhouse (68)

→ ARTOTHÈQUE DE MULHOUSE

Villa Steinbach
Musée des beaux-arts
4, place Guillaume-Tell
68100 Mulhouse
+33 (0)3 89 45 43 19

Mission/programmation, collections : créée en 1984, l'artothèque dispose d'une collection de huit cents estampes, réalisées par plus de quatre cents artistes, qui offrent un panorama de la création artistique des trente dernières années.

→ LA FILATURE, SCÈNE NATIONALE

20, allée Nathan-Katz
68090 Mulhouse
+33 (0)3 89 36 28 29
www.lafilature.org

Mission/programmation, collections : ouvert en 1993, La Filature est un lieu pluridisciplinaire qui possède une galerie de 300 m2 exclusivement consacrée à la photographie.
Chaque saison propose cinq expositions qui permettent de découvrir des grands noms d'artistes français et étrangers.
Accueil public/scolaires : rencontres, conférences, visites commentées, médiathèque et bar sont proposés au public. Renseignements au 03 89 36 28 28.
Horaires : la galerie est ouverte les soirs de spectacle à partir de 18h et jusqu'à l'entracte ; le mercredi, le samedi, et le dimanche de 14h à 18h et le mardi, le jeudi et le vendredi aux horaires des séances de cinéma. Elle peut ouvrir également sur rendez-vous au 03 89 36 27 96.
Tarifs : entrée libre.

→ LE QUAI, ÉCOLE SUPÉRIEURE DE L'ART

3, quai des pêcheurs
68200 Mulhouse
+33 (0)3 89 32 12 92
www.lequai.fr

Mission/programmation, collections : Le Quai est une école des beaux-arts de haut niveau où se dispense une formation aux pratiques traditionnelles et aux nouvelles technologies autour du design et du textile. La qualité de son enseignement, ses relations avec les milieux culturels, universitaires et scientifiques, et sa volonté d'introduire les étudiants

dans la vie artistique, font de l'école un haut lieu d'étude et d'expérimentation.
Horaires : Le Quai est ouvert du lundi au vendredi de 9h à 11h et de 14h à 17h.

Nancy (54)

→ ÉCOLE NATIONALE SUPÉRIEURE DES ARTS

1, av. Boffrand
B.P. 3129
54013 Nancy Cedex
+33 (0)3 83 41 61 61
www.ensa-nancy.fr

Mission/programmation, collections : l'école nationale supérieure des arts de Nancy est un lieu d'étude et d'expérimentation au service de la création d'art contemporain. Elle organise des expositions aux galeries Poirel et des conférences.
Services : l'école est l'une des sept grandes écoles nationales d'art en France, placées sous la tutelle du Ministère de la culture et de la communication.
L'école est présente dans trois options d'enseignement en art, communication et design.

→ 379, LIEU DE PRÉSENTATION EXPÉRIMENTALE D'ART CONTEMPORAIN

379, av. de la Libération
54000 Nancy
+33 (0)3 83 97 31 96

Mission/programmation, collections : 379 est un atelier qui propose des expositions et programme des manifestations hors les murs.
Services : 379 édite des livres d'artistes.
Horaires : ouverture sur rendez-vous.

→ MUSEE DES BEAUX-ARTS

3, place Stanislas
54000 Nancy
+33 (0)3 83 85 30 72

Historique du lieu / architecture : le musée créé en 1793 témoigne dans ses murs de l'architecture et de l'évolution urbaine de Nancy. Installé dans l'un des pavillons de la place Stanislas, il fut agrandi une première fois en 1936 puis fut repris en 1995 par une équipe d'architectes nancéiens dirigée par Laurent Beaudouin. Résolument contemporaine, cette nouvelle extension a permis au musée de doubler sa surface et de s'équiper d'espaces plus fonctionnels.
Mission / programmation / collections : le parcours proposé aux visiteurs présente différents courants de l'art en Europe du XVe au XXe siècle. Le cabinet d'art graphique expose par roulement un grand choix de dessins et d'estampes parmi lesquels figurent l'œuvre gravé de Jacques Callot ainsi qu'un fonds exceptionnel de l'illustrateur Grandville. Enfin la collection Daum présentée au sous-sol dans une scénographie particulière permet au visiteur de découvrir près de 400 verreries réalisées par la manufacture nancéienne depuis la période Art Nouveau jusqu'aux productions contemporaines.
Service : une salle de documentation met à disposition une bibliothèque comprenant environ 10.000 ouvrages consacrés à l'histoire de l'art, un auditorium de près de 200 places et une librairie.

Horaires : ouvert de 10h à 18h, tous les jours sauf le mardi. Fermeture les 1er janvier, 1er mai, 14 juillet, 1er novembre et 25 décembre.
Tarifs : plein 6€/ réduit : 4 €.

Nanterre (92)

→ GALERIE VILLA DES TOURELLES

9, rue des Anciennes-mairies
92000 Nanterre
+33 (0)1 41 37 52 06

Mission / programmation / collections : la Galerie Villa des Tourelles est un espace municipal d'exposition d'art contemporain qui accueille environ 5 expositions par an, monographiques ou collectives. La programmation de la galerie s'articule souvent sur des propositions contemporaines (peinture, dessin, installation, sculpture, performance, vidéo) autour de l'attention des artistes au paysage urbain. Une seconde voie forte de la programmation se concentre sur la peinture d'aujourd'hui.
Services : l'accueil des scolaires est organisé par des médiatrices culturelles formées aux arts plastiques et à l'histoire de l'art. Les visites des classes sont possibles sur rendez-vous. Des magazines spécialisés et des ouvrages en lien avec les expositions sont librement consultables à l'accueil.
Horaires : mercredi et samedi de 14h à 19h, mardi, jeudi et vendredi de 16h à 19h.
Tarifs : entrée libre.

Nantes (44)

→ ARTOTHÈQUE LE RING

Espace Jacques-Demy
24, quai de Lafosse
44000 Nantes
+33 (0)2 40 73 12 78
www.le-ring.com

Mission/programmation, collections : née en 1986, l'artothèque possède une collection d'oeuvres uniques sur support papier, d'artistes contemporains nationaux et internationaux.
Elle organise des expositions temporaires et des rencontres avec les artistes.
Horaires : ouvert le mardi et le vendredi de 9h à 12h et de 14h à 19h, le mercredi et le jeudi de 14h à 19h, le samedi de 14h à 18h.

→ ÉCOLE RÉGIONALE DES BEAUX-ARTS

Place Dulcie-September
B.P. 2011
44001 Nantes
Cedex 1
+33 (0)2 40 35 90 20
www.erba-nantes.fr

Mission/programmation, collections : vieille de plus de deux cents ans, l'ERBAN dispense une formation de haut niveau en matière d'art et de création visuelle.
Nombre d'artistes de renom y firent leurs études (Claire Brétécher, Jacques Villeglé, Philippe Cognée...). Depuis 1991, elle soutient des jeunes artistes par le biais de deux galeries d'exposition dont L'atelier sur l'herbe qui a reçu, entre autres, la plasticienne Gina Pane.
Accueil public/scolaires : l'école propose des ateliers d'arts plastiques pour enfants, adolescents et adultes ainsi que des

cours de pratique, conférences, séminaires, et workshops.
Services : avec plus de 10 000 ouvrages, la bibliothèque constitue un des principaux fonds d'art moderne et contemporain de la région. Son catalogue, en réseau avec la bibliothèque municipale de Nantes – onze sites connectés –, donne accès aux ressources documentaires locales. La plupart des grandes revues d'art françaises et internationales, vidéos, diapositives, revue de presse, etc... complètent cet outil primordial pour la constitution des références artistiques chez l'étudiant. La bibliothèque est accessible au public extérieur. Elle est fermée pendant les vacances universitaires.

→ LE LIEU UNIQUE

2, rue de la biscuiterie
B.P. 21304
44013 Nantes
Cedex 01
+33 (0)2 51 82 15 00
www.lelieuunique.com

Historique du lieu/architecture : l'ex-usine Lu, située en bordure du Canal Saint-Félix, à proximité de la gare SNCF et du centre ville, a été transformée par l'architecte Patrick Bouchain, en un espace modulable au service de l'art contemporain. Le centre d'art est ouvert depuis le 1er janvier 2000 et sa surface totale est de 8000m2.
Mission/programmation, collections : Le Lieu unique propose toute l'année une programmation concernant les arts plastiques, le théâtre, la danse, la musique et le livre. Lieu de création, il met en place ponctuellement des événements artistiques et organise des festivals.
Services : Le Lieu unique propose une librairie-boutique, un bar, un restaurant et une crèche.

→ MUSÉE DES BEAUX-ARTS

10, rue Georges-Clémenceau
44000 Nantes
+33 (0)2 51 17 45 00

Historique du lieu/architecture : le musée des beaux-arts de Nantes, construit en 1893 et inauguré en 1900, présente une architecture typique de la fin XIXe siècle due à Clément-Marie Josso. Le bâtiment est conçu et ordonné autour d'un vaste et lumineux patio central, et son architecture permet la présentation chronologique d'une collection dense, harmonieuse, véritable histoire de la peinture occidentale du XIIIe au XIXe et des pratiques artistiques du XXe à nos jours.
Mission/programmation, collections : disposant d'une magnifique collection retraçant l'histoire de la peinture européenne, le musée des beaux-arts de Nantes s'ouvre également à la création actuelle. Il invite des artistes à investir l'espace du patio (Paolini, Toni Grand), mais aussi organise d'importantes expositions monographiques (Soulages, Flanagan, Henry Moore...).
Une politique d'acquisition d'oeuvres contemporaines d'artistes comme Richter ou Martin Barré, vient enrichir les fonds du FRAC et de l'État en dépôt au musée.
Services : une librairie-boutique ainsi qu'un restaurant sont accessibles au public.
Horaires : ouvert de 10h à 18h sauf le mardi et les jours fériés. Nocturne le jeudi jusqu'à 20h.
Tarifs : plein : 3,10 € / demi : 1,60 €.

Nice (06)

77, quai des États-Unis
06300 Nice
+33 (0)4 93 62 37 11
www.nice-coteazur.org

➔ GALERIE MUNICIPALE DES PONCHETTES

Historique du lieu/architecture : la galerie occupe les bâtiments d'un ancien arsenal du XVIIIe siècle. Créée en 1950, elle est célèbre pour avoir accueilli lors de son inauguration la première exposition de Matisse à Nice ainsi que des rétrospectives autour de grands artistes (en août 1956, présentation des oeuvres de Chagall, Bonnard, Matisse, Dufy, Picasso, Derain, Signac, Cocteau, César...).

Mission/programmation, collections : cette galerie propose diverses expositions temporaires, dont certaines sont consacrées à l'art contemporain.

Horaires : la galerie est ouverte de 10h à 18h, tous les jours sauf le lundi et certains jours fériés.

Tarifs : entrée libre.

22 bis boulevard Stalingrad
06300 Nice
+33 (0)4 97 08 28 10
www.le-dojo.org

➔ LE DOJO

Mission / programmation / collections : Le Dojo est une association Loi 1901 qui met à la disposition des artistes plasticiens un lieu d'exposition, des moyens et des compétences et espère ainsi contribuer à l'émergence de nouvelles formes d'art, et défendre des projets inhabituels, parfois difficilement présentables dans les espaces de diffusion classique de l'art contemporain.

Horaires : du lundi au vendredi de 9h à 18h et le samedi sur rendez-vous.

Tarifs : entrée libre.

10 rue Molière
06100 Nice
+33 (0)4 93 51 75 41
www.lastation.org

➔ LA STATION / ASSOCIATION STARTER

Historique du lieu / architecture : La Station était, bien avant 1996, une station-service sise 26 bd Gambetta désaffectée depuis longtemps. Quelques artistes issus de la Villa Arson et d'autres acteurs liés à la scène artistique, conservateurs, collectionneurs, alors en quête d'un lieu pour l'art contemporain, la restaurent, la dénomment, la réaffectent et l'animent jusqu'en 1999, date de la démolition du bâtiment. La Station conserve aujourd'hui le nom du lieu qui l'abritait, afin de réunir sous une même appellation le collectif, les satellites et les initiatives de ses membres.

Mission / programmation / collections : désormais, 600 m2 de superficie, cinq salles d'expositions, des ateliers destinés aux acteurs de La Station, mais aussi à des résidences d'artistes et aux scolaires offrent un nouvel espace de dialogue et de promotion de l'art contemporain.

Horaires : ouvert du jeudi au dimanche de 15h à 19h.

Tarifs : entrée libre.

MUSÉE D'ART MODERNE ET D'ART CONTEMPORAIN, MAMAC

Promenade des arts
06300 Nice
+33 (0)4 93 62 61 62
www.mamac-nice.org

Historique du lieu/architecture : les architectes Yves Bayard et Henri Vidal ont conçu un monument inspiré des principes du classicisme en réponse à l'ordonnance de la place Garibaldi.
Implanté au coeur de la ville, dans le dispositif Promenade des arts, cet ensemble architectural fait le lien entre la vieille ville et le tissu urbain de la Belle Époque.
À noter, l'oeuvre d'Yves Klein Le Mur de Feu, réalisée sur l'une des terrasses, l'installation sur le parvis en 1999 de deux oeuvres de Niki de Saint Phalle, Le Monstre du Loch Ness (1993) et Les Baigneurs (1983), ainsi que l'implantation d'une sculpture monumentale de l'américain Jonathan Borofsky L'Homme à la valise (1987-88), adossée à la façade extérieure du musée.
Le MAMAC, d'une surface de 4000 m2 répartis sur trois étages, fut inauguré en 1990.
Mission/programmation, collections : le programme artistique du musée confronte le Nouveau Réalisme européen (il possède une vingtaine d'oeuvres majeures d'Yves Klein), à l'expression américaine de l'art d'assemblage et du Pop'art (Frank Stella, Sol LeWitt,...). Le musée développe aussi une collection autour du mouvement Supports-Surfaces en France (Claude Viallat, Jean-Pierre Pincemin, Louis Cane...) et de son origine (Simon Hantaï...).
Le parvis a pour vocation l'accueil de sculptures monumentales (Alexander Calder, Mark Di Suvero, Barry Flanagan, Bernar Venet, Sandro Chia, Keith Haring).
Accueil public/scolaires : le musée propose des animations pour les classes du CP au CM2 (mardi, jeudi, vendredi matin et après-midi), des visites commentées à l'attention des collèges et lycées du mardi au vendredi ainsi que des visites individuelles tous les mercredis à 16h.
Services : le MAMAC possède un auditorium où se déroule conférences et colloques, un département audiovisuel, un centre de documentation ouvert le mardi, mercredi et jeudi de 14h à 17h sur rendez-vous. Une boutique-librairie est ouverte tous les jours sauf le lundi de 10h à 18h.
Horaires : ouvert tous les jours de 10h à 18h sauf le lundi, le 1er janvier, le dimanche de Pâques, le 1er mai et le 25 décembre.
Tarifs : plein : 4 € / réduit : 2,50 €. Entrée gratuite le 1er et le 3e dimanche de chaque mois. Entrée libre pour les expositions de la galerie du musée.

THÉÂTRE DE LA PHOTOGRAPHIE ET DE L'IMAGE CHARLES NÈGRE

27, bd Dubouchage
06000 Nice
+33 (0)4 97 13 42 20
www.nice.fr

Mission/programmation, collections : situé dans un théâtre Belle Époque, le Théâtre de la Photographie et de l'Image a ouvert en 1999 et présente chaque année un panorama de

la photographie d'un pays, du XIXe siècle à nos jours, et participe au festival Septembre de la Photo.
Accueil public/scolaires : le théâtre propose des visites commentées ainsi qu'un cycle de conférences.
Horaires : le Théâtre est ouvert tous les jours sauf le lundi et certains jours fériés de 10h à 18h.
Tarifs : entrée libre.

→ VILLA ARSON, ÉCOLE SUPÉRIEURE D'ART

20, av. Stephen-Liégeard
06105 Nice
Cedex 2
+33 (0)4 92 07 73 73
www.villa-arson.org

Historique du lieu/architecture : la Villa Arson, construite au XVIIIe siècle, doit son nom à ses propriétaires. Sous l'impulsion d'André Malraux, elle fut donnée à l'état en 1965 afin de créer une institution dédiée à l'art contemporain.
L'architecte Michel Marot, élève de Walter Gropius, fut le concepteur de la réhabilitation de la villa. Il associa les matières brutes, comme le béton et les galets du Var, aux matériaux originels. Un important programme de réhabilitation générale du bâtiment est en cours.
Mission/programmation, collections : ouverte sur l'étranger, la Villa Arson réunit une école d'art et un centre d'exposition qui ont pour vocation la formation et la diffusion. Ce centre ne dispose pas de collections, mais organise des expositions monographiques ou collectives autour de jeunes artistes, auxquels il apporte une aide technique et financière.
Accueil public/scolaires : le service des publics accueille les visiteurs, les groupes et les scolaires (visites gratuites sur rendez-vous). Il organise des stages spécialisés. Les enseignants sont accueillis au cours des visites du mercredi.
Services : la Villa propose un cycle de conférences et de débats. Elle édite des catalogues, propose aussi des ateliers de techniques traditionnelles et contemporaines. Elle accueille chaque année huit artistes en résidence. À noter l'ouverture d'un studio de création en arts numériques.
Horaires : la Villa dispose d'une bibliothèque ouverte du lundi au jeudi de 10h à 18h et le vendredi de 8h30 à 16h.
Le Café Arson accueille les visiteurs du lundi au jeudi de 8h30 à 17h et le vendredi de 8h30 à 15h.
Fermé en août et en septembre.

Nîmes (30)

→ CARRÉ D'ART

Musée d'art contemporain
Place de la maison Carrée
30031 Nîmes
Cedex 1
+33 (0)4 66 76 35 70
www.musees.nimes.fr

Historique du lieu/architecture : Le Carré d'Art est construit sur l'ancien forum romain qui se trouve face à La Maison Carrée, l'un des fleurons antiques de Nîmes. Le Musée d'art contemporain a ouvert en 1993. Ce bâtiment de verre, aux formes épurées, possède aussi une bibliothèque centrale de prêt.
Mission/programmation, collections : le musée comporte

depuis 1993, une collection de plus de deux cent cinquante oeuvres datant des années 1960 à nos jours. Les grands mouvements de l'art sont représentés par des oeuvres méditerranéennes, germaniques et de culture anglo-saxonne.
Accueil public/scolaires : des ateliers sont proposés, tout particulièrement pour les enfants du primaire (classes musée), ainsi que des formations et des visites guidées.
De plus, une documentation sur l'art contemporain et des dossiers d'information sont à la disposition du public et notamment des enseignants et des scolaires.
Les visites guidées pour les individuels ont lieu du mardi au vendredi à 16h30, le samedi, le dimanche et les jours fériés à 15h et 16h30. Les visites guidées pour les groupes se font uniquement sur rendez-vous avec le service culturel du musée.
Services : l'auditorium organise des conférences en accès libre. Des stages sont possibles en formation continue. Un centre de documentation propose en consultation sur place et en accès libre, douze mille volumes d'art, principalement de 1950 à nos jours. Il est ouvert le mardi de 14h à 18h, du mercredi au samedi de 10h à 18h. Renseignements au 04 66 76 35 89.
Horaires : ouvert du mardi au dimanche de 10h à 18h.
Tarifs : plein : 4,65 € / réduit : 3,40 €.
Gratuit le premier dimanche du mois.

→ LA VIGIE

32, rue Clérisseau
30000 Nîmes
+33 (0)4 66 21 76 37

Historique du lieu/architecture : La Vigie est installée à l'emplacement d'un vieil hôtel des Postes. Sur quatre étages, se trouve une succession de petits studios restés en l'état.
Mission/programmation, collections : en 1992, Isabelle Viallat et Alun Williams créent La Vigie qui organise trois expositions par an. Chaque exposition a une idée directrice qui vient inspirer les artistes exposants. Ce lieu vivant, dans lequel les artistes reconnus présentent des oeuvres, encourage également les jeunes artistes.
Horaires : ouvert tous les jours du mardi au samedi de 14h à 17h et sur rendez-vous.

Noisy-le-Grand (93)

→ ÉCOLE NATIONALE SUPÉRIEURE LOUIS LUMIÈRE

7, allée du Promontoire
93161 Noisy-le-Grand
RER : Noisy-Champs
+33 (0)1 48 15 40 10
www.ens-louis-lumiere.fr

Mission/programmation, collections : fondée en 1926 en mémoire de Louis Lumière et Léon Gaumont, l'École nationale supérieure s'oriente autour de trois pôles d'enseignement : le cinéma, le son et la photographie. Elle participe à des manifestations culturelles (Mois de la Photo, Festival International des Programmes Audiovisuels...). À travers de nombreuses commandes, les élèves sont sollicités par les entreprises.

Services : l'école propose un cycle de conférences.

Noisy-le-Sec (93)

1, rue Jean-Jaurès
93134 Noisy-le-Sec Cedex
+33 (0)1 49 42 67 17

→ LA GALERIE, CENTRE D'ART CONTEMPORAIN

Mission/programmation, collections : ce lieu municipal a ouvert en 1999. À travers une programmation innovante de quatre à cinq expositions par an, visant toutes formes de productions (peinture, vidéo, photographie, installation), La galerie fournit aux artistes un lieu de création et de diffusion.
Accueil public/scolaires : le service éducatif propose aux groupes scolaires et aux centres de loisir, des visites accompagnées et des ateliers pratiques de sensibilisation, donnés par des artistes plasticiens. Ces animations sont gratuites et accessibles sur rendez-vous.
Des dossiers pédagogiques sur les expositions sont disponibles.
À l'attention du public adulte, le centre propose des conférences, rencontres, portes ouvertes, brunchs et soirées.
Services : la galerie édite un journal gratuit et des catalogues d'expositions.
Horaires : ouvert le mardi, jeudi et vendredi de 14h à 18h, le mercredi de 10h à 18h et le samedi de 10h à 12h30 et de 14h à 18h.
Tarifs : entrée libre.

Noyon (60)

Chemin de la Sablière
B.P. 10152
60401 Noyon Cedex
+33 (0)3 44 93 47 61

→ GALERIE D'EXPOSITION DE LA CITÉ SCOLAIRE

Mission/programmation, collections : créée en 1995, la galerie d'exposition de la cité scolaire organise, en collaboration avec le FRAC de Picardie, des expositions de créations d'élèves ou d'artistes.
Horaires : ouvert au public de 8h à 18h du lundi au vendredi sauf le mercredi et le samedi après-midi.

Oiron (79)

Rue du Château
79100 Oiron
+33 (0)5 49 96 51 25
www.oiron.fr

→ CHÂTEAU D'OIRON

Historique du lieu/architecture : élevé aux XVIe et XVIIe siècles, pour ses parties encore visibles, le château d'Oiron fût, dès son origine, dédié à l'art et à la culture. En 1993, le monument renoue véritablement avec sa grandeur passée grâce à la collection Curios et Mirabilia qui n'est autre qu'un cabinet de curiosité conçu, pour Oiron, par des artistes contemporains, dans l'esprit des collections sensibles et étonnantes des érudits du XVIe siècle.
Mission/programmation, collections : le Château, lieu

de fusion du passé et du présent, permet de rencontrer et d'associer témoignages et évolutions artistiques et esthétiques au cours des siècles. En pénétrant dans l'univers des artistes, les visiteurs découvrent et ressentent une proximité souvent inattendue entre les imaginaires.
Accueil public/scolaires : le château propose des ateliers sur des thèmes complémentaires. Il conduit des projets avec les équipes pédagogiques du primaire au lycée : notons le projet Histoire des arts, associant le château et quatre lycées, et Oiron grandeur Nature, en rapport avec l'environnement.

Orléans (45)

→ FRAC CENTRE

12, rue de la Tour neuve
45000 Orléans
+33 (0)2 38 62 52 00
www.frac-centre.asso.fr

Mission/programmation, collections : la mission du FRAC Centre est de constituer une collection autour de l'art et de l'architecture, et de la diffuser largement. Le FRAC centre possède environ cinq mille oeuvres d'art contemporain, qui circulent en permanence en région Centre, en France et à l'étranger.
Accueil public/scolaires : en collaboration avec l'Éducation nationale, il intervient de multiples manières auprès des scolaires et des étudiants, in situ ou dans les établissements.
Services : élaborant son propre projet artistique et culturel, le FRAC définit un ensemble d'objectifs en matière d'acquisition et de commande, d'édition de catalogues et de programmation d'expositions. Il organise des conférences et des séminaires, développe des relations avec les artistes français et étrangers – résidence en ateliers-logements – et met en place une politique de médiation auprès du public.
Horaires : ouvert du lundi au vendredi de 10h à 12h et de 14h à 18h, le samedi et le dimanche de 14h à 18h.

→ INSTITUT D'ARTS VISUELS D'ORLÉANS, IAV

14, rue Dupanloup
45000 Orléans
+33 (0)2 38 79 24 67
www.iav-orleans.com

Mission/programmation, collections : l'Institut, spécialisé dans le design et la communication visuelle, dispose d'une galerie où sont organisées tous les deux mois des expositions mettant à l'honneur un artiste. Cette programmation est en étroite relation avec les activités pédagogiques de l'école.
Accueil public/scolaires : l'IAV propose aux amateurs de tout âge, des cours ou des pratiques d'initiation.
Services : programme de conférences et publications.

→ LE PAYS OÙ LE CIEL EST TOUJOURS BLEU

20, rue des Curés
45000 Orléans
+33 (0)2 38 53 47 87
www.cielbleu.fr.fm

Mission/programmation, collections : Le Pays où le ciel est toujours bleu est un collectif d'artistes, dont le désir est de diffuser des oeuvres d'art contemporain. Il met en place un système de « borne » itinérante qui met à la disposition d'un artiste, un bungalow, dans un temps et un lieu donnés, offert à la vue du public. Il organise aussi des expositions collectives.

Horaires : en dehors des expositions temporaires, ouvert uniquement sur rendez-vous.

→ SCÈNE NATIONALE D'ORLÉANS

B.P. 21269
45002 Orléans
Cedex 1
+33 (0)2 38 62 45 68
www.scene-nationale-orleans.com

Mission/programmation, collections : la Scène nationale d'Orléans assure la gestion du Carré Saint-Vincent qui rassemble trois salles de théâtre et une galerie, consacrée à l'art contemporain. Celle-ci accueille des artistes reconnus ou des expositions expérimentales (Trois !, Christophe Verfaille, Claude Lepoitevin, Bernard Joubert). Elle propose une saison pluridisciplinaire de spectacles vivants qui font l'actualité au niveau européen, et met l'accent depuis quelques années sur la musique lyrique contemporaine.
Horaires : la galerie d'art contemporain est ouverte du mardi au samedi de 13h à 19h et les soirs de spectacles.
Tarifs : entrée libre.

Paris (75)

→ (1er) – GALERIE DU JEU DE PAUME

1, place de la Concorde
75001 Paris
+33 (0)1 47 03 12 50

Historique du lieu/architecture : salle de jeu à l'origine, le bâtiment construit en 1861 dans le jardin des Tuileries, est devenu à partir de 1909, un lieu d'exposition accueillant des expositions permanentes et temporaires.
Cette nouvelle annexe du musée du Luxembourg développe une politique d'acquisition des oeuvres en matière d'art moderne (Modigliani, Van Dongen, Picasso, Chagall, Soutine, Juan Gris, Foujita, etc.).
Le musée du jeu de Paume est créé en 1947, et accueille alors les oeuvres de l'école impressionniste jusqu'en 1986. L'architecte Antoine Stinco réaménage alors le lieu d'art moderne et contemporain, inauguré en 1991.
Mission/programmation, collections : le lieu organise des expositions temporaires contemporaines, mettant en valeur les arts de l'image, allant de la photographie aux installations comportant de la vidéo.
Services : le musée organise des conférences, des colloques et des projections. Il dispose également d'une salle audiovisuelle, d'une librairie et d'un café.
Horaires : ouvert le mardi de 12h à 21h30, du mercredi au vendredi de 12h à 19h, le samedi et le dimanche de 10h à 19h.
Tarifs : plein : 6 € / réduit : 4,50 €.

→ (1er) – LES ARTS DÉCORATIFS

Historique du lieu/architecture : l'Union centrale des arts décoratifs fut créée en 1882 à la suite des expositions universelles.
En 2004, elle devient Les arts décoratifs, association réunissant quatre musées : le Musée des arts décoratifs, créé en

> Musée des arts décoratifs/ Musée de la Mode et du textile / Musée de la Publicité
107, rue de Rivoli
75001 Paris
+33 (0)1 44 55 57 50
www.lesartsdecoratifs.fr
> Musée Nissim de Camondo
63, rue de Monceau
75008 Paris
+33 (0)1 53 89 06 50

1905 dans une des ailes du Louvre, le Musée de la Mode et du textile ouvert en 1986, le Musée de la Publicité, et le musée Nissim de Camondo, situé dans l'hôtel particulier de Moïse de Camondo.
Mission/programmation, collections : cette association a pour vocation de conserver et diffuser les diverses collections d'arts appliqués : mobilier, textile, publicité, bijoux, jouets, papiers-peints, orfèvrerie, céramique, verrerie, dessin et un fonds dédié à la culture islamique et asiatique.
Elle s'ouvre à présent aux créations les plus actuelles, à travers des expositions temporaires.
Accueil public/scolaires : deux lieux d'enseignement, les ateliers du Carrousel et l'école Camondo, proposent des formations dans les domaines du design, de l'architecture d'intérieur et de la pratique artistique.
L'association propose également des ateliers ouverts à tout public. Renseignements au 01 44 55 59 02.
Services : Les Arts décoratifs possèdent une bibliothèque au fonds iconographique important (albums Maciet).
Horaires : les musées des Arts décoratifs, de la Mode et de la Publicité sont ouverts du mardi au vendredi de 11h à 18h et le samedi et dimanche de 10h à 18h.
Le musée Nissim de Camondo est ouvert tous les jours de 10h à 17h30 sauf le lundi et le mardi.

➔ (1er) – MAISON DU GESTE ET DE L'IMAGE, CENTRE DE RECHERCHE ET D'ÉDUCATION ARTISTIQUES

42, rue Saint-Denis
75001 Paris
+33 (0)1 42 36 33 52
www.mgi-paris.org

Mission/programmation, collections : depuis 1983, le centre de recherche a pour vocation de développer des pratiques artistiques en milieu scolaire à travers la collaboration entre artistes et enseignants. Il propose pour cela divers ateliers dirigés par des professionnels.
Horaires : ouvert tous les jours, sauf le lundi, de 14h à 19h30 et le samedi de 14h à 19h.

➔ (1er) – MUSÉE DU LOUVRE

Rue de Rivoli
75001 Paris
75058 Paris
Cedex 01
+33 (0)1 40 20 50 50
www.louvre.fr

Mission/programmation, collections : le musée du Louvre ouvre ses portes à l'art contemporain. En 2005, il a d'ores et déjà accueilli dix artistes renommés (Jean-Michel Alberola, Christian Boltanski, Marie-Ange Guilleminot, Susan Hefuna, Gary Hill, Cameron Jamie, Ange Leccia, Jean-Michel Othoniel, José-Maria Sicilia et Xavier Veilhan) au cours d'une exposition temporaire qui présentait une réflexion de l'artiste face au patrimoine.
Chaque artiste a choisi un lieu, un objet, une période historique, une histoire mythique et a présenté une oeuvre spécifique. Réflexions sur l'objet muséal, sur le temps, la mémoire et la conservation, propositions plastiques, déplacements d'objets, regards d'anthropologues, liens entre la tradition et la modernité, deviennent autant de façons de dialoguer avec

les collections du musée.
Horaires : ouvert de 9h à 18h (jusqu'à 21h45 lors des nocturnes le mercredi et le vendredi) tous les jours sauf le mardi. Fermé le 1er janvier, le 1er mai et le 25 décembre.
Tarifs : pour les collections permanentes et les expositions temporaires : 8,50 €. Nocturnes (collections permanentes et expositions temporaires) : 6 €.

➔ (1er) – PAVILLON DES ARTS

101, rue Rambuteau
Forum des Halles
75001 Paris
+33 (0)1 42 33 82 50

Historique du lieu/architecture : depuis 1983, le Pavillon des arts se situe au Forum des Halles, dans un complexe culturel fait de verre et d'acier.
Mission/programmation, collections : le Pavillon des arts propose des expositions temporaires de peintures, photographies, sculptures, costumes... autour des diverses cultures et époques. De grandes institutions culturelles et d'importants musées étrangers sont en relation avec le Pavillon des arts, engendrant ainsi échanges et ouvertures.
Accueil public/scolaires : après la visite d'une exposition, une plasticienne peut initier les enfants (à partir de 5 ans) à la photographie aquarellée.
Pour s'inscrire aux ateliers, aux conférences ou aux visites individuelles ou en groupe, le service pédagogique est ouvert du mardi au vendredi de 10h à 12h et de 14h à 17h.
Horaires : ouvert tous les jours sauf le lundi et les jours fériés, de 11h30 à 18h30.
Tarifs : plein : 5,50 € / réduit : 4 €

➔ (2e) – BNF, DÉPARTEMENT DES ESTAMPES ET DE LA PHOTOGRAPHIE

Site Richelieu
58, rue de Richelieu
75002 Paris
+33 (0)1 47 03 83 08
www.bnf.fr

Historique du lieu/architecture : le Département des estampes et de la photographie se situe dans les locaux de l'ancienne bibliothèque établis dans l'hôtel Tubeuf, aménagé par Roux-Spitz et où se trouve la fameuse chambre de Mazarin, ornée des peintures de Simon Vouet.
Mission/programmation, collections : au fil du temps, la collection s'est enrichie de fonds prestigieux par des donations (Duchamp, Delaunay, Matisse, Baselitz, Flanagan, Louise Bourgeois, Tàpies), par le dépôt légal ou des acquisitions, ce qui en fait la plus grande collection du monde. Des expositions temporaires sont programmées.
Le département collecte des gravures, estampes, photographies (Cartier-Bresson, Doisneau, Friedlander...), affiches, ou cartes postales et met en place diverses expositions d'estampes et de photographies. Il accueille la Société française de photographie depuis 1994.
Services : le département édite des catalogues d'exposition. Il offre également une importante bibliothèque de documentation sur l'estampe, la photographie, l'affiche et l'imagerie.
Horaires : la salle de lecture est ouverte du lundi au vendredi

de 9h à 18h et le samedi de 9h à 17h.
Les expositions sont généralement accessibles (galerie Mazarine ou galerie de photographie), du mardi au samedi de 10h à 19h et le dimanche de 12h à 19h.

→ (3e) – CENTRE CULTUREL DU MEXIQUE

119, rue Vieille-du-Temple
75003 Paris
+33 (0)1 44 61 84 44
www.mexiqueculture.org

Mission/programmation, collections : le Centre culturel met en valeur les différentes expressions de la culture mexicaine, notamment par le biais d'expositions temporaires autour de la jeune création mexicaine.
Horaires : ouvert du lundi au vendredi de 9h30 à 13h et de 14h30 à 18h, et le samedi de 14h30 à 18h.

→ (3e) – CENTRE CULTUREL SUÉDOIS

Hôtel de Marle
11, rue Payenne
75003 Paris
+33 (0)1 44 78 80 20

Mission/programmation, collections : créé en 1971 dans les murs de l'hôtel de Marle datant de la fin de la Renaissance, le Centre culturel suédois accueille des expositions consacrées aux artistes suédois.
Horaires : les expositions et le café suédois sont ouverts du mardi au dimanche de 12h à 18h.
Nocturne le mardi jusqu'à 21h.
Tarifs : entrée libre.

→ (3e) – CENTRE CULTUREL SUISSE

32-38, rue des Francs-Bourgeois
75003 Paris
+33 (0)1 42 71 44 50
www.ccsparis.com

Mission/programmation, collections : créé en 1985, le Centre culturel suisse est un lieu de création contemporaine.
Il favorise la production et la diffusion d'artistes suisses en plein coeur de Paris, dans le quartier du Marais.
Il est un lieu vivant, inscrit dans la scène culturelle parisienne, où se tisse au quotidien le dialogue entre les artistes et le public, entre les créateurs français et suisses.
Ces liens s'illustrent notamment au travers de cent à cent cinquante représentations par an.
Services : le centre offre une salle de spectacle d'une centaine de places, permettant de présenter des spectacles de petit format (théâtre, danse), des concerts classiques, contemporains ou de jazz.
Il organise également des projections de films et organise des rencontres.
Horaires : le Centre culturel suisse est ouvert du lundi au jeudi de 10h à 12h30 et de 14h à 19h, le vendredi de 14h à 19h et le samedi de 10h à 12h30.

→ (3e) – MUSÉE D'ART ET D'HISTOIRE DU JUDAÏSME

Hôtel de Saint-Aignan
71, rue du Temple
75003 Paris
+33 (0)1 53 01 86 60
www.mahj.org

Historique du lieu/architecture : le musée s'est installé dans l'hôtel de Saint-Aignan depuis 1998. Cet hôtel datant du XVIIe siècle fut réhabilité au milieu du XIXe siècle par des artisans juifs polonais.
Mission/programmation, collections : le Musée accueille plusieurs oeuvres d'art moderne et contemporain. Il a reçu no-

tamment en dépôt des oeuvres majeures d'artistes d'origine juive – Chagall, Soutine..., provenant du centre Pompidou.
Services : il dispose d'une librairie, d'un centre de documentation et d'un auditorium.
Le Musée propose des ateliers pour enfants et adultes ainsi que des conférences.
Horaires : le Musée est ouvert du lundi au vendredi de 11h à 18h et le dimanche de 10h à 18h.
Tarifs : plein : 6,80 €/ réduit : 4,50 €.
Pour les expositions temporaires : plein : 5,50 € / réduit : 4 €.

➔ (3e) – PASSAGE DE RETZ

9, rue Charlot
75003 Paris
+33 (0)1 48 04 37 99
www.passagederetz.com

Historique du lieu/architecture : l'hôtel de Retz fut bâti pour le trésorier du duc de Guise au début du XVIIe siècle.
Le Passage de Retz, aménagé par les architectes François et Sylvain Dubuisson a ouvert ses portes en 1994.
Mission/programmation, collections : cet espace de 750 m2, dédié aux expositions temporaires, a notamment présenté les oeuvres de Gina Pane, Tania Mouraud, Paul-Armand Gette, Ben, Gilbert & George, Combas, Christo, Sarkis... dans le cadre d'expositions renouvelées tous les trimestres.
Horaires : tous les jours de 10h à 19h sauf le lundi.
Tarifs : plein : 5 €/ réduit : 3 €.

➔ (3e) – PUBLIC>

4, imp. Beaubourg
75003 Paris
+33 (0)1 42 71 49 51
www.onoci.com/public

Mission/programmation, collections : Public> est un lieu expérimental de production artistique pluridisciplinaire, géré par une association. Il organise, intra et extra-muros, des événements centrés sur le processus créatif, en confiant à des commissaires invités le soin du montage de l'évènement.
Accueil public/scolaires : Public> propose diverses activités pédagogiques à l'attention des enfants.
Tarifs : gratuit, durée d'une heure trente.

➔ (4e) – CENTRE GEORGES POMPIDOU

Place Georges-Pompidou
75004 Paris/75191 Paris Cedex 04
+33 (0)1 44 78 12 33
www.centrepompidou.fr

Historique du lieu/architecture : né de la volonté du président Pompidou de créer une institution originale dédiée à la création contemporaine, le bâtiment, conçu par Renzo Piano et Richard Rogers, offre une façade insolite, transparente et colorée, qui exhibe les structures de l'édifice par un jeu de couleurs. Ouvert en 1977, et rénové pendant deux ans, le centre Pompidou a rouvert ses portes en janvier 2000.
Mission/programmation, collections : ce lieu, internationalement reconnu et à vocation interdisciplinaire, possède la première collection d'art moderne et contemporain en Europe. Sa collection est constituée d'oeuvres majeures des grands noms comme Miró, Braque, Giacometti, Dali, Dubuffet, Picasso, Matisse, Klein, Léger, Chagall, Kandinsky, Warhol, César, Beuys...
La collection, comptant trente cinq mille oeuvres exposées par

roulement, représente divers courants tels que le dadaïsme, le surréalisme, l'abstraction, l'action-painting, Support-Surfaces, l'art conceptuel, l'arte povera, ou le nouveau constructivisme. Le centre d'art met en place chaque année une trentaine d'expositions temporaires dont, bien souvent, des rétrospectives à caractère historique (Dali, Pollock, Bonnard, Kandinsky, Warhol, Matisse, Brancusi, de Stael, Perriand...).
Accueil public/scolaires : divers ateliers d'arts plastiques sont proposés au jeune public. Les jeudis du Centre Pompidou (tous les deuxièmes jeudis du mois) invitent les jeunes de 18 à 26 ans à découvrir les diverses expositions sous un angle particulier. Le service des publics propose également des initiations et des formations à l'art pour un public adulte.
Services : le centre Pompidou dispose d'une grande bibliothèque ouverte en semaine de 12h à 22h et le week-end de 11h à 22h, de salles de cinéma (le centre propose des cycles de films internationaux) et de spectacle, d'un institut de recherches musicales, l'IRCAM (Institut de recherche et de création en musique contemporaine), d'une librairie, d'un restaurant et d'un café.
Le centre organise également des cycles de conférences et des colloques. Le musée développe une activité éditoriale qui fait de lui le quatrième éditeur d'art de France.
Horaires : le centre Pompidou est ouvert tous les jours, sauf le mardi et le 1er mai de 11h à 22h.
Tarifs : au prix de 10 €, le billet Un jour au Centre donne accès à toutes les expositions temporaires, au musée national d'art moderne, à la galerie du musée, à la galerie d'art graphique, à l'espace 315 et à l'atelier Brancusi.
Laissez-passer un an : plein :44 € / réduit : 22 €.

➔ (4e) – CENTRE WALLONIE-BRUXELLES

7, rue de Venise
75004 Paris
+33 (0)1 53 01 96 96
www.wbri.be

Mission/programmation, collections : installé sur la Piazza Beaubourg, le centre Wallonie-Bruxelles possède notamment une vaste salle d'exposition tournée vers l'art contemporain.
Services : rue Quincampoix, une importante librairie est installée, assurant la diffusion et la distribution d'une cinquantaine d'éditeurs de Wallonie et de Bruxelles.

➔ (4e) – MAISON EUROPÉENNE DE LA PHOTOGRAPHIE, MEP

5-7, rue de Fourcy
75004 Paris
+33 (0)1 44 78 75 00
www.mep-fr.org

Historique du lieu/architecture : l'hôtel Henault de Cantobre fut construit en 1706 et entièrement réhabilité par le cabinet d'architecture Yves Lion, qui lui a construit une aile située rue de Fourcy.
Les façades sur rue, la ferronnerie, ainsi que l'escalier central, représentatifs de l'architecture classique, ont été conservés et sont inscrits à l'inventaire des Monuments historiques.
Mission/programmation, collections : dédiée à la création contemporaine, la Maison européenne de la photographie pro-

pose une collection offrant un panorama de la photographie de 1950 à nos jours. Citons parmi les artistes présents dans la collection, Jean-Loup Sieff, Martin Parr, Christian Boltanski, ou encore Larry Clark.
Services : la MEP dispose d'une grande bibliothèque de consultation rassemblant plus de treize mille ouvrages, d'une vidéothèque réunissant sept cents films réalisés par ou sur les photographes, d'un auditorium et d'un café ouvert du mercredi au dimanche.
Des rencontres et colloques sont également organisés fréquemment et une petite librairie accueille les visiteurs.
Horaires : du mercredi au dimanche de 11h à 20h.
Tarifs : plein : 5 € / réduit : 2,50 €.

➔ (5e) – CENTRE CULTUREL IRLANDAIS

5, rue des Irlandais
75005 Paris
+33 (0)1 58 52 10 30
www.centreculturelirlandais.com

Historique du lieu/architecture : le Centre culturel irlandais s'est installé au sein du Collège des Irlandais, situé en plein coeur du quartier Latin, à quelques pas du Panthéon et de l'université de la Sorbonne.
Mission/programmation, collections : le programme des événements culturels du centre reflète l'activité créative de l'Irlande contemporaine et favorise les échanges franco-irlandais.
Services : le Centre accueille une bibliothèque ancienne, une salle de conférence, une médiathèque ouverte au public comprenant des livres, des journaux et magazines, des CD audio, films, et cédéroms, ainsi qu'une sélection de sites Internet illustrant les différents aspects de l'Irlande. Il est également doté de salles qui sont disponibles pour des réunions, conférences, séminaires...
Horaires : les expositions sont ouvertes du mardi au samedi de 14h à 18h (nocturne le mercredi jusqu'à 20h) et le dimanche de 12h30 à 14h30. La médiathèque est ouverte du lundi au vendredi de 14h à 18h. Nocturne le mercredi jusqu'à 20h.
Tarifs : entrée libre.

➔ (5e) – INSTITUT FINLANDAIS

60, rue des Écoles
75005 Paris
+33 (0)1 40 51 89 09
www.institut-finlandais.asso.fr

Historique du lieu/architecture : l'immeuble de type hausmannien, accueillant l'Institut finlandais, a été rénové par l'architecte finlandais Juhani Pallasmaa et a été inauguré en 1990.
L'intérieur et l'ameublement du bâtiment, avec leurs matériaux typiques, sont représentatifs du design finlandais.
Mission/programmation, collections : la mission de ce centre culturel, créé par la fondation de l'Institut finlandais, est de faire connaître en France, la culture, la société et la vie économique finlandaise, et de promouvoir la coopération franco-finlandaise dans ces secteurs. En outre, l'Institut finlandais participe activement à la coopération dans le domaine de l'enseignement supérieur.

Services : l'institut dispose d'une salle polyvalente, d'une salle de cinéma et d'une médiathèque.
Horaires : ouvert du mardi au samedi de 12h à 18h, nocturne le mardi jusqu'à 20h.

→ (5e) – INSTITUT DU MONDE ARABE

1, rue des Fossés-St-Bernard
Place Mohammed-V
75236 Paris
Cedex 05
+33 (0)1 40 51 38 38
www.imarabe.org

Historique du lieu/architecture : ouvert au public en 1987, et conçu par un groupe d'architectes (Jean Nouvel, Pierre Soria et Architecture Studio), l'Institut offre une synthèse contemporaine de la culture arabe et occidentale, à travers un partenariat entre la France et vingt-deux pays arabes.
Mission/programmation, collections : dans sa politique d'échange entre les deux cultures et de connaissance de la culture arabe, l'IMA et son musée, ouvert depuis décembre 1987, mettent en place une ouverture à l'art contemporain arabo-islamique grâce à des expositions.
Services : l'IMA dispose d'une librairie-boutique ouverte tous les jours sauf le lundi de 10h à 18h, d'un restaurant panoramique Le Ziryab, (réservation au 01 53 10 10 16), ouvert du mardi au dimanche midi de 12h à 14h30 et de 19h30 à 21h30, et d'un self-service Le Moucharabieh, ouvert tous les jours sauf le lundi de 12h à 14h30.

→ (6e) – CENTRE CULTUREL TCHÈQUE

18, rue Bonaparte
75006 Paris
+33 (0)1 53 73 00 22
www.centretcheque.org

Mission/programmation, collections : le centre a pour mission de promouvoir la culture tchèque en France par le biais notamment d'expositions, de rencontres, et de conférences.
Services : ce centre possède une bibliothèque ouverte le jeudi de 13h à 20h et le samedi de 14h à 19h. Chaque semaine, le Centre culturel propose plusieurs soirées avec des conférences, des rencontres…
Horaires : la salle d'exposition est ouverte du mardi au vendredi de 10h à 18h et le samedi de 14h à 19h. Nocturne le jeudi jusqu'à 20h.

→ (6e) – ÉCOLE NATIONALE SUPÉRIEURE DES BEAUX-ARTS, ENSBA

> ENSBA :
14, rue Bonaparte
75006 Paris
> Salles d'exposition et librairie :
13, quai Malaquais
75006 Paris
+33 (0)1 47 03 50 00
www.ensba.fr

Historique du lieu/architecture : l'École nationale supérieure des beaux-arts a pour origine l'École de l'académie royale de peinture et de sculpture, fondée par Mazarin en 1648.
À partir de 1829, elle emménage sur l'emplacement de l'ancien couvent des Petits-Augustins.
Par la suite, l'ENSBA s'agrandira par la construction d'autres bâtiments et en intégrant l'hôtel de Chimay.
Mission/programmation, collections : l'ENSBA dispense un enseignement de haut niveau alliant une pratique artistique à une ouverture à l'expression contemporaine. L'école complète sa démarche par des expositions et des publications

autour de questions d'esthétique. Elle édite également des guides, des écrits d'artiste et des catalogues d'exposition.
Services : l'ENSBA possède une bibliothèque d'une grande richesse. Sa médiathèque permet aux étudiants de suivre toute l'année des conférences et des séminaires, mais aussi d'avoir à disposition une très riche source de documentation. Une petite librairie qui présente essentiellement les ouvrages édités par l'école, est accessible au public.
Horaires : les salles d'exposition sont ouvertes tous les jours sauf le lundi, de 13h à 19h.
Tarifs : plein : 4 € / réduit : 2 €.

→ (6e) – FONDATION DUBUFFET

Voir Périgny-sur-Yerres (94) – Fondation Dubuffet.

→ (6e) – GOETHE INSTITUT, GALERIE CONDÉ

> Galerie Condé
31, rue de Condé
75006 Paris
> Goethe institut
17, av. d'Iéna
75116 Paris
+33 (0)1 40 46 69 60
www.goethe.de/fr

Mission/programmation, collections : l'institut organise divers projets culturels visant à promouvoir la culture allemande en France, et notamment les arts plastiques.
Plusieurs expositions sont organisées à la galerie Condé et avenue d'Iéna dans l'institut même.
Services : l'établissement dispose d'une bibliothèque de prêt ouverte à tout public.
Horaires : l'institut est ouvert de 9h à 21h du lundi au vendredi. La bibliothèque est ouverte de 14h à 20h du mardi au vendredi. Fermeture annuelle en août.
Tarifs : entrée libre.

→ (6e) – INSTITUT HONGROIS

92, rue Bonaparte
75006 Paris
+33 (0)1 43 26 06 44
www.magyarintezet.hu

Mission/programmation, collections : créé en 1986, l'Institut hongrois présente au public de nombreuses manifestations permettant de découvrir la culture hongroise, et tout particulièrement la jeune création artistique magyare.
Tarifs : entrée libre.

→ (6e) – MUSÉE ZADKINE

100 bis, rue d'Assas
75006 Paris
+33 (0)1 43 26 91 90
www.paris.fr

Historique du lieu/architecture : le musée a pris place en 1982 dans la maison de campagne et l'atelier du peintre qui devient alors un espace d'expositions temporaires. Selon le voeu de son époux, Ossip Zadkine, Valentine Prax, peintre elle-même, fait en 1978 une donation à la ville de Paris, d'oeuvres et de biens immobiliers en vue de la création du musée Zadkine.
Depuis 1995, l'ouverture de l'atelier permet d'organiser environ trois à quatre expositions d'art contemporain par an ainsi que divers événements culturels : présentation et signatures de livres d'artistes, interventions, performances, lectures, concerts, etc.
Le souhait d'Ossip Zadkine s'est réalisé : un musée est né, un lieu de mémoire, mais aussi une scène d'expérimentation où

la création contemporaine trouve sa place.
Mission/programmation, collections : grâce aux legs de sa veuve, le musée Zadkine rassemble aujourd'hui trois cents sculptures et oeuvres sur papier qui présentent les diverses périodes de création de l'artiste (primitive, cubiste, antiquisante...).
La présence d'oeuvres telles que Torse d'Éphèbe, la Grande Vénus cariatide, ou encore Femme à l'éventail est à noter. Mémorial, mais aussi lieu de création, le musée accueille également diverses expositions temporaires dans l'atelier du jardin.
Tarifs : entrée libre pour les collections permanentes. Pour les expositions temporaires, plein : 4 € / réduit : 3 € / jeune : 2 €.

→ (7e) – BRITISH COUNCIL

9-11, rue de Constantine
75340 Paris Cedex 07
+33 (0)1 49 55 73 00
www.britishcouncil.fr

Mission/programmation, collections : le British Council présente les artistes britanniques oeuvrant dans divers domaines tels que les arts plastiques, la peinture, la sculpture, les nouvelles images, la photographie, l'architecture et le design.

→ (7e) – CENTRE CULTUREL CANADIEN

5, rue de Constantine
75007 Paris
+33 (0)1 44 43 21 99
www.canada-culture.org

Historique du lieu/architecture : le Centre culturel canadien, qui s'engage activement dans la promotion des arts visuels, des arts de la scène, du cinéma et de la littérature, a été inauguré en 1970 dans un ancien hôtel particulier. Il accueille des disciplines, des langues, et des cultures vivantes de toutes les provinces du Canada.
Mission/programmation, collections : les objectifs du service des arts visuels incluent l'exposition et la promotion, en France, des artistes contemporains canadiens et la facilitation des rencontres entre acteurs variés des mondes de l'art français et canadien. Ce service organise cinq expositions par année et produit autant de publications dans sa collection Esplanade créée en 1994. La collection Esplanade a été conçue pour assurer, au-delà du temps de l'exposition, la diffusion de l'art canadien à l'étranger et pour susciter des rencontres avec des auteurs français afin qu'un regard extérieur puisse être porté sur la production artistique de notre pays.
Accueil public/scolaires : des visites guidées sont organisées sur rendez-vous avec des groupes d'élèves ou d'étudiants.
Services : le Centre culturel canadien dispose d'une bibliothèque, ouverte sans interruption pendant les heures d'ouverture du Centre. Le Centre offre également ses espaces à des organismes canadiens ou français souhaitant y présenter des performances musicales et théâtrales ainsi que des projections de films canadiens.
Horaires : mardi, mercredi, et vendredi de 10h à 18h ; jeudi de 10h à 21h ; samedi de 14h à 18h.
Tarifs : entrée libre.

→ (7e) – CENTRE CULTUREL NÉERLANDAIS

121, rue de Lille
75007 Paris
+33 (0)1 53 59 12 40
www.institutneerlandais.com

Mission/programmation, collections : le Centre, un des plus anciens de Paris, organise de nombreuses manifestations culturelles : conférences, expositions, colloques, débats...
Services : il met l'atelier Holsboer, situé dans la Cité internationale des arts, à la disposition d'artistes néerlandais. Ses expositions de design et de photographie ont gagné une renommée internationale et sont reprises par d'autres institutions.
Horaires : le Centre est ouvert de 9h à 12h et de 15h à 18h du lundi au vendredi ; les expositions sont ouvertes de 13h à 19h tous les jours sauf le lundi.

→ (7e) – FONDATION DINA VIERNY, MUSÉE MAILLOL

59-61, rue de Grenelle
75007 Paris
+33 (0)1 42 22 59 58
www.museemaillol.com

Historique du lieu/architecture : Dina Vierny, modèle d'Aristide Maillol de 1934 à 1944, a donné son nom au musée qui ouvrit ses portes en 1995.
Mission/programmation, collections : il présente au travers d'expositions permanentes, l'ensemble des oeuvres ayant appartenues au modèle (dessins, gravures, peintures, sculptures, art décoratif, plâtres originaux et terres cuites), et des expositions temporaires destinées à mettre en lumière l'oeuvre de peintres modernes et contemporains. Dans cette collection privée, notons les dessins de Matisse, Degas, Picasso, Ingres, Cézanne, Suzanne Valadon, Foujita, Raoul Dufy, les peintures de Bonnard, l'oeuvre lithographique d'Odilon Redon, les bois et aquarelles de Gauguin, ou encore les sculptures de Rodin.
Services : une librairie et un espace de restauration sont à la disposition du public.
Horaires : ouvert tous les jours sauf le mardi, de 11h à 19h.
Tarifs : plein : 8 €/ réduit : 6 € / groupes : 4,57 €.
Entrée gratuite pour les moins de 16 ans.

→ (7e) – FONDATION ÉLECTRA

> Électra-espace EDF
6, rue Récamier
75007 Paris
+33 (0)1 53 63 23 45
> Espace EDF Bazacle
11, quai Saint-Pierre
31000 Toulouse
+33 (0)5 62 30 16 00

Historique du lieu/architecture : ancienne sous-station électrique datant de 1910, le bâtiment de verre et d'acier qui abrite aujourd'hui l'Espace Électra est l'un des premiers témoins architecturaux du développement de l'électricité.
Réhabilité en lieu culturel en 1990 par la fondation Électricité de France, cet espace se fait désormais le reflet des actions de mécénat initiées par EDF.
Mission/programmation, collections : la fondation EDF soutien et organise des expositions dans ses espaces de Toulouse et de Paris.
Tarifs : entrée libre.

→ (7e) – INSTITUT CULTUREL ITALIEN

Historique du lieu/architecture : l'Institut siège dans l'hôtel Gallifet, bâti au XVIIIe siècle et qui accueillit de nombreux personnages illustres tels que Talleyrand, Benjamin Constant,

Théâtre de Galliffet
50, rue de Varenne
75007 Paris
+33 (0)1 44 39 49 39
www.iicparis.org

Madame de Staël, Chateaubriand, ou bien Napoléon.
Mission/programmation, collections : il fait la promotion de la culture italienne en France, et organise à ce titre de nombreuses manifestations artistiques.
Services : l'institut dispose d'une bibliothèque ouverte de 9h30 à 13h et de 15h à 18h, d'une vidéothèque, et d'un bureau d'informations pédagogiques.

➔ (7e) – MAISON DE L'AMÉRIQUE LATINE

217, bd Saint-Germain
75007 Paris
+33 (0)1 49 54 75 00
www.mal217.org

Mission/programmation, collections : ce haut lieu de la diplomatie latino-américaine est ouvert aux courants les plus novateurs de la création contemporaine. Un espace culturel est dédié aux expositions des artistes amérindiens.
Services : ce centre accueille entre autre un restaurant et propose la location de son espace.

➔ (8e) – CENTRE CULTUREL CARDIN

1, av. Gabriel
75008 Paris
+33 (0)1 42 66 17 81

Historique du lieu/architecture : dans les années 70, Pierre Cardin ouvre l'espace Cardin, avenue des Champs-Élysées, sur l'emplacement de l'ancien théâtre des Ambassadeurs, marque de la diversité culturelle du grand couturier.
Mission/programmation, collections : l'espace Cardin est un complexe permettant aux jeunes artistes de mettre en valeur leur travail, dans un cadre unique.
Services : il contient une salle de théâtre, une salle polyvalente, une galerie d'art, un cinéma, un restaurant et un jardin.

➔ (8e) – FONDATION D'ENTREPRISE RICARD

Galerie royale
9, rue Royale
75008 Paris
www.fondationricard.com

Mission/programmation, collections : l'espace fait la promotion de la jeune création contemporaine dans un lieu de 300 m2. Ouvert aux artistes de toutes disciplines – photographie, vidéo, peinture, sculpture, performance, mode, musique – le centre privilégie cependant les arts plastiques.
Services : programmés et animés par Catherine Francblin, critique d'art et auteur de plusieurs livres sur des artistes contemporains, Les entretiens sur l'art, organisés par l'espace, abordent le thème de la mondialisation de la scène artistique contemporaine et de ses conséquences. Une occasion pour les amateurs d'art contemporain de rencontrer des artistes, des commissaires d'exposition et des critiques d'art. L'espace Paul Ricard invite également à venir écouter, parler, réfléchir sur des thèmes initiés par le Centre d'études sur l'actuel et le quotidien (CEAQ). Ni colloque, ni cours magistral, ces rendez-vous proposent des débats de fond sur l'imaginaire et ses manifestations dans un environnement contemporain.
Horaires : ouvert du lundi au vendredi de 10h à 19h.
Fermeture pendant le mois d'août.

(8e) – INSTITUTO CERVANTES

> Institut :
7, rue Quentin-Auchart
75008 Paris
+33 (0)1 40 70 92 92
www.cervantes.es
> Bibliothèque :
11, av. Marceau
75016 Paris

Mission/programmation, collections : l'Instituto, créé en 1991, promeut la culture espagnole en France. Il organise des expositions comparatives d'artistes espagnols et français.
Services : l'institut possède une bibliothèque ouverte le lundi de 14h à 18h, du mardi au vendredi de 10h à 18h, et jusqu'à 20h le mercredi. Renseignements au 01 47 20 70 79.
Horaires : ouvert de 9h à 19h du lundi au jeudi et de 9h à 14h le vendredi.

(8e) – MAISON DU DANEMARK

142, av. des Champs-Élysées
75008 Paris
+33 (0)1 56 59 17 40
www.maisondudanemark.dk

Historique du lieu/architecture : construite sur les vestiges de l'hôtel Subiran dans les années 50, la maison du Danemark est inaugurée en 1955, puis rénovée en 2001 par les architectes Susanne Kongsted et Søren Eriksen.
Mission/programmation, collections : l'activité artistique danoise contemporaine est mise en valeur toute l'année au travers d'expositions et de manifestations diverses.
Services : la maison abrite deux restaurants (Le Copenhague et le Flora Danica), un service traiteur (La Butik) et des show-rooms de sociétés danoises (dont celui de Bang & Olufsen)

(9e) – CENTRE CULTUREL ANATOLIE

77, rue Lafayette
75009 Paris
+33 (0)1 42 80 04 74

Mission/programmation, collections : créé en 1984, le Centre est un lieu de rencontre franco-turc qui organise des expositions de peintures et de photographies. Le Café turc propose des prêts d'expositions itinérantes.

(9e) – FONDATION TAYLOR

1, rue La Bruyère
75009 Paris
+33 (0)1 48 74 85 24

Mission/programmation, collections : la fondation Taylor a pour vocation l'aide aux artistes en difficulté. Elle organise près de vingt expositions d'artistes contemporains vivants et deux rétrospectives par an

(9e) – MUSÉE DE LA VIE ROMANTIQUE

Hôtel Scheffer-Renan
16, rue Chaptal
75009 Paris
+33 (0)1 48 74 95 38
www.paris-france.org/musees

Mission/programmation, collections : l'ancien hôtel particulier du peintre Ary Scheffer, dédié au romantisme et aux souvenirs de George Sand, consacre certaines expositions temporaires à l'art contemporain (Richard Lindner...).
Horaires : ouvert du mardi au dimanche de 10h à 18h.
Tarifs : expositions : 4,57 €.

(10e) – ESPACE BEAUREPAIRE

28, rue Beaurepaire
75010 Paris
+33 (0)1 42 45 59 64
www.espacebeaurepaire.com

Mission/programmation, collections : l'espace met à la disposition d'artistes pluridisciplinaires, une galerie de 170 m2. Le visiteur peut souvent être accueilli par l'artiste.
Tarifs : entrée libre.

→ (10e) – FONDATION ICAR

159, quai de Valmy
75010 Paris
+33 (0)1 53 26 36 61
www.icarfoundation.org

Historique du lieu/architecture : le bâtiment de la fondation ICAR fut conçu par l'artiste hollandais Rens Lipsius. Sa clarté et sa mise en espace le rapproche d'un studio d'artiste.
Mission/programmation, collections : elle privilégie les rapports entre arts visuels et musique. À noter, le programme Art /Recherche 2000 : sur le thème de l'art et de la science, musiciens et plasticiens se sont alliés en s'appuyant sur de nouveaux médias. L'exposition d'inauguration a présenté le travail du photographe anglo-américain John Coplans.
Services : ICAR effectue des publications.
Horaires : ouvert du mercredi au dimanche de 13h à 19h.

→ (10e) – GALERIE FRAÎCH'ATTITUDE, ESPACE DE CRÉATION CONTEMPORAINE DE L'APRIFEL

60, rue du fg Poissonnière
75010 Paris
+33 (0)1 49 49 15 15
www.fraichattitude.com

Mission/programmation, collections : créé en 2001 par l'Aprifel, la galerie Fraîch'Attitude s'oriente vers la création contemporaine autour du thème des fruits et légumes. Trois à quatre expositions autour de manifestations éphémères sont organisées par an. La galerie est avant tout un lieu de monstration, d'expérimentation, ouvert à toute forme d'expression plastique contemporaine, et offre aux visiteurs un aperçu original de la création. Peintres, plasticiens, photographes, designers, scénographes, installateurs, vidéastes travaillent à partir d'une thématique liée aux fruits et légumes.
Accueil public/scolaires : la galerie propose des animations pédagogiques, des ateliers de découverte et de création et publie des ouvrages.
Horaires : ouvert du mardi au samedi de 12h à 19h.
Tarifs : entrée libre.

→ (10e) – PASSAGE DU DÉSIR

85-87, rue du fg St-Martin
75010 Paris
+33 (0)1 56 41 39 95

Mission/programmation, collections : ouvert en mars 2003, le Passage du Désir offre une programmation pluridisciplinaire mêlant les arts plastiques, le spectacle vivant, la mode et le design. Grande salle de 700 m2, cet espace brut et volumineux est transformable à volonté. La programmation est volontairement souple, permettant ainsi la plus grande ouverture et réactivité. Elle mélange volontiers des domaines traditionnellement cloisonnés de l'art, du spectacle vivant, de la mode et du design, avec des artistes français et étrangers.
Cette liberté de programmation est due à une gestion associative à but non lucratif, assurée par le Passage du Désir, structure autonome hébergée par l'agence BETC Euro RSCG.
À la recherche de nouveaux talents et de nouvelles formes d'expression, l'association propose des échanges culturels inattendus entre le public, les métiers et les créateurs de tous les genres confondus.
Horaires : ouvert tous les jours sauf le mardi.
Tarifs : entrée libre.

→ (10e) – POINT ÉPHÉMÈRE

190-206, quai de Valmy
75010 Paris
+33 (0)1 40 34 02 48
www.pointephemere.org

Historique du lieu/architecture : le centre s'est installé dans les anciens docks du canal Saint-Martin, qui ont été partiellement réhabilités, et dont l'occupation a été concédée par la ville de Paris.
Mission/programmation, collections : ce nouveau lieu pluridisciplinaire réalise et diffuse des projets artistiques au travers de six expositions dans l'année, ainsi que de nombreux concerts et événements.
Services : le centre reçoit des artistes en résidence et organise des débats et des rencontres. Il accueille en ses murs un bar-restaurant ouvert tous les jours.

→ (11e) – ARS LONGA

Maison des Métallos
94, rue J-P-Timbaud
75011 Paris
+33 (0)1 43 55 47 71
www.arslonga.org

Mission/programmation, collections : Ars longa, créée en 1996, est un espace Culture Multimédia et Public Numérique. Son programme développe trois axes complémentaires : la formation numérique et artistique, la conception, la production multimédia et la programmation, et la diffusion culturelle.

→ (11e) – LE GÉNIE DE LA BASTILLE

47, rue de Lappe
75011 Paris
+33 (0)1 43 48 56 09
www.legeniedelabastille.net

Mission/programmation, collections : Le Génie de la Bastille organise des expositions ainsi que des échanges internationaux avec des artistes étrangers.

→ (11e) – LA MAISON DES MÉTALLOS

94, rue J-P-Timbaud
75011 Paris
+33 (0)1 47 00 68 45
www.maisondesmetallos.org

Historique du lieu/architecture : la Maison des Métallos abritait, à l'origine, la fabrique d'instruments Couesnon, avant de devenir le siège de l'Union française des Métallurgistes. C'est un lieu de mémoire, actif, présent dans le quartier. Le projet culturel de sa réhabilitation, qui devrait être réalisé pour 2007, va mettre en avant et concilier les activités artistiques et une grande ouverture sur la vie locale et associative.
Mission/programmation, collections : ce lieu pluridisciplinaire est un espace culturel de création qui propose des expositions, des ateliers, des spectacles et débats.

→ (11e) – MÉNAGERIE DE VERRE

12-14, rue Léchevin
75011 Paris
+33 (0)1 43 38 33 44
www.menagerie-de-verre.org

Historique du lieu/architecture : l'architecte Pierre-Louis Faloci a créé à partir d'une ancienne et vaste imprimerie de 2000 m2, un lieu dépouillé et irradié par des verrières lumineuses.
L'architecte réhabilite et traite ainsi en volumes clairs, baignés de lumière naturelle, ce lieu d'exception idéal pour les tournages de films, prises de photos, auditions...
Mission/programmation, collections : véritable laboratoire de création contemporaine fondé en 1983, l'espace accueille chorégraphes, performers, vidéastes, et plasticiens qui viennent produire leurs oeuvres in situ.
Services : le lieu dispose d'un espace scénique, d'ateliers,

de studios de répétition et d'une cafétéria. Il laisse une large place à la formation pédagogique par la mise en place d'ateliers quotidiens et de stages de danse contemporaine.

→ (12e) – MAISON ROUGE, FONDATION ANTOINE DE GALBERT

10, bd de la Bastille
75012 Paris
+33 (0)1 40 01 08 81
www.maisonrouge.org

Historique du lieu/architecture : créée par l'amateur d'art Antoine de Galbert, la fondation s'est installée dans les locaux d'une ancienne usine réhabilitée par l'architecte Jean-Yves Clément et l'agence Amplitude en préservant « les traces de l'architecture industrielle ». Le peintre Jean-Michel Alberola a conçu pour les espaces d'accueil une « frise de mots énigmatiques » pour bien faire sentir « la magie » du lieu et rendre l'espace, avec son café, sa librairie et son patio, accueillant.
Mission/programmation, collections : ouvert en juin 2004, ce nouveau lieu dédié à l'art contemporain, organise des expositions temporaires monographiques ou thématiques et se propose de dévoiler, deux fois par an, de grandes collections particulières de portée internationale.
Services : la Maison Rouge dispose d'une salle de conférence, d'une librairie spécialisée offrant plusieurs milliers d'ouvrages, et d'un accès à l'ensemble de son catalogue sur le site Internet www.bookstorming.com. Elle édite des catalogues d'exposition (disponibles sur Internet) et des actes de colloques.
Un café est à la disposition du public.
Horaires : ouvert du mercredi au dimanche de 11h à 19h, nocturne le jeudi jusqu'à 21h.
Fermé le 1er janvier, le 1er mai et le 25 décembre.
Tarifs : entrée : de 4,50 € à 6,50 €.

→ (13e) – BNF, SITE TOLBIAC

Quai François-Mauriac
75706 Paris
Cedex 13
+33 (0)1 53 79 59 59
www.bnf.fr

Historique du lieu/architecture : conçu par l'architecte Dominique Perrault, le bâtiment est organisé autour d'un socle et de quatre tours d'angle. Au centre de l'esplanade et en contrebas, deux niveaux de salles de lecture enserrent un jardin de plus d'un hectare.
Mission/programmation, collections : dans le cadre du 1% culturel, 8 oeuvres monumentales ont été intégrées au sein de la bibliothèque (Joan Mitchell, Louise Bourgeois, Roy Lichtenstein, Jean-Pierre Bertrand, Claude Viallat, Garouste, Martial Raysse).
Certaines ne sont accessibles que dans le cadre des visites guidées.
La bibliothèque propose dans deux galeries des expositions temporaires qui montrent parfois le fonds du Département des estampes du site Richelieu, et des manifestations culturelles sur des thèmes divers. Des catalogues sont édités.
Services : l'accès au fonds de la bibliothèque est payant. Le site dispose d'une librairie et d'un espace de restauration. Des visites guidées sont proposées pour tous (renseignements au

01 53 79 41 00). Des dossiers pédagogiques sont accessibles en ligne (http://classes.bnf.fr/) ainsi que des « expositions virtuelles » (http://expositions.bnf.fr/). L'accès aux expositions de la petite galerie est gratuit,et de la grande, est payant.
Horaires : les expositions sont ouvertes du mardi au samedi de 10h à 19h et le dimanche de 12h à 19h.

➔ (13e) – CHAPELLE ST-LOUIS DE LA SALPÊTRIÈRE

47, bd de l'Hôpital
75013 Paris
+33 (0)1 45 70 27 27

Historique du lieu/architecture : la chapelle de la Salpêtrière a été édifiée par Le Vau et Bruant entre 1670 et 1677, sur ordre de Louis XIV. L'intérieur et l'extérieur de la chapelle ont été restaurés. La façade du portique d'entrée de la chapelle a été ravalée, les lucarnes tardives ainsi que les volets des fenêtres des pavillons qui jouxtent le portique, ont été supprimés.
Mission/programmation, collections : la chapelle expose des artistes de renommée internationale tels que Gérard Garouste, Nan Goldin (Festival d'Automne à Paris)...
Horaires : ouvert tous les jours de 8h30 à 18h30.
Les expositions sont progammées de mars à novembre.

➔ (14e) – CITÉCULTURE, CITÉ INTERNATIONALE UNIVERSITAIRE DE PARIS, CIUP

19, bd Jourdan
75014 Paris
+33 (0)1 44 16 65 61
www.ciup.fr

Historique du lieu/architecture : la Cité universitaire se compose de trente-sept maisons de styles variés.
Mission/programmation, collections : le lieu accueille cinq mille jeunes artistes et artistes professionnels français et étrangers et propose de multiples expressions artistiques contemporaines telles que la peinture, la sculpture, les installations vidéo...
Services : la Cité propose des résidences d'artistes et des ateliers-logements.

➔ (14e) – FONDATION CARTIER POUR L'ART CONTEMPORAIN

261, bd Raspail
75014 Paris
+33 (0)1 42 18 56 00
www.fondation.cartier.fr

Historique du lieu/architecture : après avoir séjourné pendant dix ans à Jouy-en-Josas, dans les Yvelines, la fondation Cartier pour l'art contemporain a investi en 1994 une bâtisse alliant le verre et le métal, construite en trompe-l'oeil par l'architecte Jean Nouvel et qui offre aux artistes la possibilité de s'approprier le lieu de diverses manières.
Jouant sur la transparence et la lumière, Jean Nouvel a développé dans ce projet architectural, comme il a pu le faire à l'Institut du monde arabe, un travail original et dynamique.
Mission/programmation, collections : la fondation accueille les figures marquantes de l'art contemporain français et étrangers, telles qu'Arman, César, Gérard Garouste, Raymond Hains, Simon Hantaï, Jean-Pierre Raynaud, Alberola, Jean-Charles Blais... Sa collection est essentiellement représentative de l'art des années 80 à nos jours. Elle organise diverses

expositions et effectue de nombreuses commandes auprès des artistes.
Accueil public/scolaires : la visite des expositions, des rencontres avec les artistes et d'autres activités sont proposées aux enfants tous les mercredis après-midi.
Services : les Soirées nomades permettent de mêler aux expositions en cours, des événements liés aux arts de la scène. La fondation propose des cycles de conférences, effectue des publications et dispose d'une librairie.
Horaires : ouvert tous les jours, sauf le lundi, de 12h à 20h. Les Soirées nomades se déroulent le jeudi à 20h30.
Tarifs : plein : 6,50 € / réduit : 4,50 €. Entrée libre pour les enfants de moins de 10 ans.

→ (14e) – FONDATION HENRI CARTIER-BRESSON

2, impasse Lebouis
75014 Paris
+33 (0)1 56 80 27 00
www.henricartierbresson.org

Historique du lieu/architecture : la fondation s'est installée au sein d'un atelier d'artiste conçu en 1912 par Molinié puis rénové par Céria et Coupel.
Mission/programmation, collections : la fondation rassemble un fonds patrimonial exceptionnel, constitué de tirages originaux, de planches contact, de dessins, de publications, de correspondances et livres rares, d'albums, de films et vidéos, d'affiches et cartons d'invitation...
La fondation Henri Cartier-Bresson soutient et encourage la création au travers du Prix HCB, attribué tous les deux ans par un jury international.
Services : la fondation dispose d'une bibliothèque mise, sur demande, à la disposition des chercheurs. Elle propose également des colloques et des conférences.

→ (15e) – MUSÉE BOURDELLE

18, rue Antoine-Bourdelle
75015 Paris
+33 (0)1 49 54 73 73
www.paris.fr/musees/bourdelle

Historique du lieu/architecture : le musée Bourdelle, installé dans les ateliers et les jardins où Antoine Bourdelle (1861-1929) a vécu et travaillé dès 1884, abrite un ensemble exceptionnel de bronzes et de marbres du sculpteur montalbanais.
L'atelier a été conservé intact, avec ses hautes verrières et tout son mobilier.
À proximité, le jardin intérieur que l'artiste avait planté d'acacias, accueille des bronzes. Le grand hall, ou salle des plâtres, est la première extension du musée. Il a été construit en 1961 par l'architecte Henri Gautruche.
L'extension conçue par Christian de Portzamparc en 1992, constitue le dernier agrandissement du musée. « Cette architecture, qui est un habitat pour la statuaire, voudrait être primaire, essentielle, forte. Elle devrait aussi savamment faire descendre et tourner vers chaque sculpture la lumière du ciel, la seule que nous ayons dans ce bâtiment, entre quatre murs mitoyens ».
Mission/programmation, collections : consacré aux oeu-

vres du sculpteur Antoine Bourdelle, le musée accueille cependant des expositions d'art contemporain.
Avec l'exposition Luciano Fabro, Convivio, le musée inaugurait, en 2004, la série d'invitations lancées à des artistes contemporains de sensibilités diverses, et visant à susciter des rencontres avec ce musée-atelier, et à renouveler ainsi le regard porté sur l'oeuvre de Bourdelle.
Horaires : ouvert du mardi au dimanche de 10h à 18h.Fermé le lundi et les jours fériés.
Tarifs : expositions temporaires : plein tarif : 4,50 €.
Les collections permanentes sont gratuites.

→ (15e) – CENTRE CULTUREL ALGÉRIEN

171, rue de-la-Croix-Nivert
75015 Paris
+33 (0)1 45 54 95 31
www.cca-paris.com

Mission/programmation, collections : le Centre culturel algérien organise des expositions de peintures, photographies, et sculptures dans son hall d'exposition.
Services : le Centre offre un accès à une bibliothèque de consultation comprenant environ 35 000 ouvrages et à un auditorium pouvant contenir 200 places.

→ (15e) – IMMANENCE

21, av. du Maine
75015 Paris
+33 (0)1 42 22 05 68
www.art-immanence.org

Mission/programmation, collections : Immanence, ouvert en 2000, est un lieu pluridisciplinaire dédié à l'art contemporain. Ce laboratoire expérimental soutient la jeune création et organise quatre à six expositions par an in situ et hors les murs.
Accueil public/scolaires : divers ateliers sont proposés aux enfants de 6 à 14 ans et aux adultes. Le mercredi, des cours d'une heure trente sont dispensés.
Services : Immanence dispose d'un espace d'exposition sur l'Internet et effectue des publications.

→ (15e) – MAISON DE LA CULTURE DU JAPON À PARIS

101 bis, quai Branly
75015 Paris
+33 (0)1 44 37 95 00
www.mcjp.asso.fr

Historique du lieu/architecture : créée par Masayuki Yamanaka et Kenneth Armstrong en 1997, la Maison de la culture du Japon comporte onze étages, dont sept sont apparents, et se répartit sur une grande salle de 500 m2, à usage polyvalent, une petite salle, et un pavillon de thé traditionnel.
Mission/programmation, collections : la Maison de la culture du Japon a pour mission de promouvoir la culture japonaise en France. Pour ce faire, elle accueille de nombreuses expositions et propose des cours de calligraphie, d'art floral ou de go...
Services : la Maison dispose d'une bibliothèque, d'une librairie, d'un espace audiovisuel, d'une salle de réception, d'un pavillon de thé traditionnel en bois où sont régulièrement présentées des cérémonies.

→ (15e) – MUSÉE DE LA POSTE

34, bd de Vaugirard
75731 Paris
Cedex 15
www.museedelaposte.fr

Mission/programmation, collections : dans quinze salles réparties sur cinq étages, le musée présente ses collections permanentes et organise des expositions temporaires dont certaines sont consacrées à l'art contemporain autour de l'objet « lettre ».
Services : autour de ces événements, de nombreuses activités culturelles et pédagogiques sont proposées, ateliers pour enfants et pour adultes, conférences, animations... .
Le musée possède également un centre de documentation et une bibliothèque dans laquelle se retrouvent des chercheurs du monde entier.
Horaires : ouvert du lundi au samedi, de 10h à 18h. Fermé le dimanche et jours fériés.
Tarifs : expositions : plein : 5 € à 6 € / réduit : 3,50 € à 4,50 €.

→ (15e) – PREMIER REGARD

10, rue Humblot
75015 Paris
+33 (0)1 45 71 07 89
www.premierregard.com

Mission/programmation, collections : créée en 2001, l'association Premier Regard soutient la création de jeunes artistes qu'elle soumet aux premiers regards du public au travers de cinq à six expositions annuelles.

→ (15e) – SQUARE DE VERGENNES

15, square de Vergennes
75015 Paris
+33 (0)1 56 23 00 30
www.15squaredevergennes.com

Historique du lieu/architecture : l'hôtel Barillet, construit en 1932 par Robert Mallet-Stevens pour le renommé maître verrier du même nom, fut réhabilité par l'architecte François Lérault en 2001. Aujourd'hui, cet édifice est inscrit à l'inventaire supplémentaire des Monuments historiques, et les vitraux de l'atelier Barillet sont en instance de classement.
Mission/programmation, collections : le lieu est aujourd'hui une maison du design et de création artistique originale, qui présente régulièrement des expositions temporaires consacrées à de jeunes artistes.
Services : le square Vergennes dispose d'une matériauthèque, il s'agit d'un lieu unique à Paris, qui présente différents matériaux de création.
Horaires : ouvert du mardi au samedi de 12h à 19h.
Tarifs : entrée : 3 € / réduit : 1,50 €.
Entrée des expositions temporaires : plein : 2 € / réduit : 1 €.

→ (16e) – CENTRE CULTUREL CALOUSTE GULBENKIAN

51, av. d'Iéna
75116 Paris
+33 (0)1 53 23 93 93
www.gulbenkian-paris.org

Mission/programmation, collections : soutenu par le Centre d'art moderne de la fondation Calouste Gulbenkian de Lisbonne, le centre culturel, créé en 1965, promeut la création de peintres, sculpteurs, photographes et architectes portugais au travers d'expositions.
Horaires : ouvert de 9h à 18h du mardi au vendredi.
Tarifs : entrée libre.

2, av. d'Iéna
75116 Paris
+33 (0)1 47 20 84 15
www.coree-culture.org

➔ (16e) – CENTRE CULTUREL CORÉEN

Mission/programmation, collections : créé en 1980, le Centre a pour mission de promouvoir la culture coréenne en France, à travers l'organisation d'expositions, la mise en place d'ateliers d'arts traditionnels et le développement d'échanges artistiques entre la Corée et la France.
Un vaste espace d'exposition de 180 m2 peut accueillir entre quarante et cinquante oeuvres.
Horaires : expositions ouvertes le samedi de 10h à 13h.

10, av. Pierre-Ier-de-Serbie
75116 Paris
+33 (0)1 56 52 86 00
www.paris.fr

➔ (16e) – GALLIÉRA, MUSÉE DE LA MODE

Historique du lieu/architecture : commandé par la duchesse de Galliera afin d'exposer des oeuvres d'art, le palais Galliera fut achevé en 1894. Conçu par Paul-René-Léon Ginain, ce bâtiment d'inspiration Renaissance, a fait appel à divers artistes de l'époque pour orner sa façade, ses sols et ses coupoles.
Mission/programmation, collections : en 1987, un département de création contemporaine est créé au sein du musée, valorisant le prêt-à-porter, afin de représenter la démarche créative des créateurs de mode depuis 1960. Outre les neuf cents costumes possédés par le musée, celui-ci compte parmi sa collection, de nombreux dessins, catalogues, photographies et vidéos, présentés à travers des expositions temporaires.
Accueil public/scolaires : le musée propose diverses activités pour jeunes et adultes, groupes et individuels.
Un audioguide permet aux visiteurs individuels de s'orienter dans les expositions.
Horaires : ouvert tous les jours, sauf lundi et jours fériés, de 10h à 18h, pendant la durée des expositions temporaires.

➔ (16e) – GOETHE INSTITUT

Voir Paris (06) - Goethe institut, galerie Condé.

26, rue Raffet
75016 Paris
+33 (0)1 53 92 01 00

➔ (16e) – INSTITUT CAMOËS

Mission/programmation, collections : créé en 1992, l'institut Camoës promeut la culture et la langue portugaises en France au travers notamment d'activités mettant à l'honneur les arts plastiques, la photographie et l'architecture.

11, av. du Pdt-Wilson
75116 Paris
+33 (0)1 53 67 40 00
www.mam.paris.fr

➔ (16e) – MUSÉE D'ART MODERNE DE LA VILLE DE PARIS

Historique du lieu/architecture : deux musées d'art moderne, aux caractéristiques architecturales claires et sobres, reliés par une large percée offrant un point de vue sur la Seine, prennent la place, en 1934, d'une ancienne manufacture de tapis de la Savonnerie, située entre l'avenue du Président Wilson et le quai de Tokyo. Suite à une réhabilitation majeure, le bâtiment devrait rouvrir en décembre 2005.
Mission/programmation, collections : la collection

des musées s'est peu à peu enrichie grâce à des donations d'artistes comme Christian Boltanski, Simon Hantaï, Pierre Soulages.
À noter, les diverses acquisitions réalisées par la ville de Paris lors de la vente André Breton, ont permis d'enrichir le musée d'oeuvres surréalistes, dont jusqu'alors il était déficient.
L'ARC, département contemporain du musée d'art moderne, organise des expositions monographiques ou collectives, destinées à révéler de jeunes talents autour de l'actualité nationale et internationale. Des artistes reconnus, comme Annette Messager, Jean-Michel Alberola, Louise Bourgeois ou Matthew Barney ont également exposés.
Accueil public/scolaires : des visites et des ateliers sur des thèmes variés proposent aux groupes scolaires de découvrir l'art moderne et contemporain. Ces ateliers d'une heure trente sont adaptés aux enfants entre 5 et 12 ans.
Ils ont lieu le mercredi, le samedi et pendant les vacances scolaires de 14h30 à 16h30. Il est nécessaire de réserver au 01 53 67 40 80. Une séance coûte 3,80 €.
Services : les étudiants, les animateurs, les enseignants, les documentalistes et les éducateurs ont la possibilité de s'initier à l'histoire de l'art moderne (conférences et diapositives) et aux principes de la médiation culturelle par un stage de formation en quatre séances avec une approche pédagogique des oeuvres (conception et réalisation d'une visite ou d'un atelier). Renseignements au 01 53 67 40 84.
Horaires : du mardi au dimanche de 10h à 18h, nocturne le mercredi jusqu'a 22h.

→ (16e) – PALAIS DE TOKYO

13, av. du Pdt-Wilson
75116 Paris
+33 (0)1 47 23 54 01
www.palaisdetokyo.com

Historique du lieu/architecture : conçu en 1937 par les architectes Dondel, Aubert, Viart et Dastugue, le bâtiment accueille depuis 1999 le palais de Tokyo dans son aile Ouest, tandis que l'aile Est demeure occupée par le Musée d'art moderne. L'espace est segmenté en différents lieux afin d'accueillir expositions et laboratoires de création.
Mission/programmation, collections : musée, mais aussi atelier et laboratoire de création, le palais de Tokyo est né en 1999 de la volonté de créer un espace ouvert à tous, consacré aux artistes contemporains.
Le lieu est souple, adaptable à toutes les formes de création, il ménage une place à des oeuvres venues de toutes les cultures et se veut international.
Des artistes, un public, souvent amené à participer aux travaux exposés, dans une optique interactive, se retrouvent ainsi dans cet espace segmenté en plusieurs lieux, conçus pour répondre aux attentes de chacun.
Le palais de Tokyo se répartit en trois espaces principaux. Le pavillon d'abord, espace de travail consacré aux artistes, qui se veut un laboratoire de la création contemporaine.

Ensuite, l'espace d'exposition proprement dit, qui se veut, comme la création contemporaine, en perpétuelle évolution avec un immense plateau, malléable, capable de recevoir et de s'adapter à toutes les catégories d'oeuvres.
Et enfin, les deux jardins, l'un, le Jardin sauvage, conçu par des architectes paysagistes dans des conditions difficiles de départ, et l'autre, un assemblage de parcelles, de petits jardins entretenus par des jardiniers amateurs, sur le modèle des jardins familiaux.
Accueil public/scolaires : des ateliers pour les enfants de 6 à 10 ans proposent une approche originale de l'art.
Services : le palais de Tokyo propose régulièrement des rencontres, des débats et des performances.
Il met à la disposition du public, une librairie-boutique et un café-restaurant.
Horaires : du mardi au dimanche de 12h à 00h.
Tarifs : plein : 6 € / réduit : 4 €. Entrée gratuite pour les moins de 18 ans et le 1er dimanche de chaque mois.

→ (18e) – HALLE SAINT-PIERRE

2, rue Ronsard
75018 Paris
+33 (0)1 42 58 72 89
www.hallesaintpierre.org

Historique du lieu/architecture : l'ancien marché construit en 1868 par un élève de Baltard, accueille depuis 1986 le centre culturel, la halle Saint-Pierre.
Mission/programmation, collections : le centre organise des expositions temporaires d'art brut, d'art naïf et d'art populaire contemporain.

→ (19e) – FRAC ILE-DE-FRANCE / LE PLATEAU

33, rue des Alouettes
75019 Paris
+33 (0)1 53 19 88 10
www.fracidf-leplateau.com

Historique du lieu/architecture : l'association Vivre aux Buttes-Chaumont obtient, sur le terrain des anciens studios de la SFP rachetés par Bouygues, la construction de 50 % de logements sociaux, d'une crèche et d'un lieu culturel.
Le Plateau est issu de la collaboration entre une association de riverains, la CABC et le FRAC Ile-de-France. Le bâtiment est le premier travail de l'architecte Jean-Marc Lalo.
Après neuf ans de négociation, Le Plateau a ouvert ses portes en 2002. Financé par l'État et la Région, Le Plateau accueille le Fonds régional d'art contemporain.
Le Plateau est un laboratoire, un lieu de production d'expositions qui s'inscrit dans le territoire de l'arrondissement, en y créant une dynamique culturelle.
Mission/programmation, collections : né en 1983, et réunissant déjà plus de sept cents oeuvres donnant à connaître la création française et internationale, le FRAC a commencé dans les années 90, à privilégier la peinture qui fait un retour important sur la scène internationale.
Il acquiert également des oeuvres majeures de l'histoire de l'art contemporain (Jean-Marc Bustamante, Philippe Cognée...).
Ses récentes acquisitions privilégient la création de jeunes artistes (Tatiana Trouvé,...).

Axé sur la création contemporaine, Le Plateau articule essentiellement les arts plastiques, la musique et la danse, et mène une réflexion originale sur l'engagement politique et social de l'art. Soucieux de ses liens avec son quartier, Le Plateau mène des actions suivies avec l'ensemble des établissements scolaires de l'arrondissement, les bibliothèques et la population de ce quartier.
Le FRAC Ile-de-France prête sa collection pour de nombreuses expositions, et de cette façon, s'ouvre aux structures culturelles les plus diverses.
Services : Le Plateau organise régulièrement des rencontres avec des artistes où des commissaires d'exposition offrent au public l'opportunité de s'associer au travail même de conception des expositions. Des rendez-vous avec les artistes, Séquence, prolongent ces rencontres.
Accueil public/scolaires : le service de présentation du Frac Ile-de-France est mis à la disposition des enseignants.
Tous les dimanches à 16h, les enfants peuvent de découvrir une oeuvre de l'exposition dans le cadre des petits rendez-vous du week-end.
Services : le FRAC édite des catalogues d'expositions.
Horaires : ouvert du mercredi au vendredi de 14h à 19h, le samedi et le dimanche de 11h à 19h.
Fermé le 1er janvier, le 1er mai et le 25 décembre.
Tarifs : entrée libre. 4 € pour les événements.

→ (20e) – ANOMOS

Laboratoire Mediadanse Mosign
23, rue Olivier-Métra
75020 Paris
+33 (0)1 43 66 15 90
www.anomos.org

Mission/programmation, collections : fondée en 1995, Anomalie digital arts est une revue internationale sur les arts et les nouvelles technologies, éditée sous la forme d'une collection d'ouvrages thématiques et collectifs. Elle est également un centre de recherche artistique en matière de création numérique. Associée au centre Pompidou, l'association assure depuis décembre 2004 la continuité des rencontres cinématographiques Face au Présent.
Services : l'association organise des colloques, des conférences et des rencontres.
Horaires : ouvert au public uniquement sur rendez-vous.

→ (20e) – CONFLUENCES

190, bd de Charonne
75020 Paris
+33 (0)1 40 24 16 34
www.confluences.net

Mission/programmation, collections : créée en 1975, l'association, installée dans une ancienne usine de tôlerie, accueille des jeunes artistes, réalisateurs, plasticiens, ou photographes en résidence.
Services : l'association dispose d'un bar qui est ouvert tous les jours de 14h à 18h.
Horaires : la galerie d'exposition est ouverte du lundi au vendredi de 10h à 18h et du samedi au dimanche de 14h à 18h.

Parly (89)

→ CENTRE D'ART GRAPHIQUEDE LA MÉTAIRIE BRUYÈRE

89240 Parly
www.la-metairie.fr

Mission/programmation, collections : le centre d'art graphique de la Métairie Bruyère date de 1985. Il reçoit des artistes internationaux concernés par les techniques de la typographie à l'ancienne, de la gravure et de la lithographie.
Il est un lieu de création et d'exposition.
Services : le centre d'art graphique est doté d'une librairie, d'une maison d'édition créée en 1973, et depuis 1994, d'une association caritative.
Horaires : ouvert tous les jours de 10h à 12h et de 14h à 19h de juin à septembre. D'octobre à mai, le centre est ouvert selon la programmation des expositions.

Pau (64)

→ ÉCOLE SUPÉRIEURE DES ARTS ET DE LA COMMUNICATION

Villa Formose
74, allée de Morlaàs
64000 Pau
+33 (0)5 59 02 20 06
www.esac-pau.fr

Mission/programmation, collections : depuis près de 10 ans, l'ESAC est la vitrine de l'art contemporain, de la création et de la communication graphique ou multimédia à Pau. L'école organise des expositions accueillant les oeuvres des étudiants ainsi que des artistes invités en résidence.
Services : l'école offre un accès à une bibliothèque, vaste lieu de ressources. Sous le nom de Sagace, les éditions de l'école ont pour vocation de communiquer et pérenniser ses activités, notamment les expositions qu'elle organise.

→ VIDÉO K.01

Mail du Centre Leclerc
Université
Av. Louis-Sallenave
64400 Pau
+33 (0)5 59 80 80 65

Mission/programmation, collections : le projet du Vidéo K.01, conçu et élaboré par l'équipe du Parvis, a été installé après un concours de commande publique, lancé à l'initiative de la Délégation aux arts plastiques. La lauréate fut l'architecte et designer Claire Petetin. Le Video K.01 est une architecture nomade et reproductible, susceptible d'être installée dans les espaces publics les plus divers : centres d'art, mais aussi supermarché, gares, aéroports... Il est destiné à faire découvrir à un large public les oeuvres vidéos liées à l'actualité de l'art contemporain ou à l'histoire de la vidéo.
Horaires : ouvert tous les jours, sauf le lundi et le dimanche, de 11h à 13h et de 14h à 19h.

Périgny-sur-Yerres (94)

→ FONDATION DUBUFFET

Mission/programmation, collections : fondée en 1974 par Jean Dubuffet, la fondation a pour mission première de

> Villa Falbala
Ruelle aux chevaux
94000 Périgny-sur-Yerres
+33 (0)1 47 34 12 63
> Fondation Dubuffet
137, rue de Sèvres
75006 Paris
+33 (0)1 47 34 12 63
www.dubuffetfondation.com

rassembler les oeuvres originales de la collection de l'artiste, ainsi qu'une grande partie de ses archives personnelles. Elle compte plus de mille oeuvres (peintures, sculptures, maquettes d'architecture, gouaches, dessins et estampes) présentées au travers d'une exposition permanente.
À noter, la pièce majeure de la collection, la Closerie Falbala, classée aux Monuments historiques. La fondation possède un siège à Paris dans un hôtel particulier appartenant à l'artiste depuis 1962. La collection d'Art brut y était présentée jusqu'en 1975. Le lieu accueille aujourd'hui les expositions temporaires ainsi que les archives consacrées à l'artiste.
Accueil public/scolaires : des visites guidées sont proposées du mardi au vendredi, et le samedi et dimanche à 10h et à 15h sur rendez-vous.
Services : la fondation dispose d'un fonds documentaire et d'une photothèque, et publie le catalogue des travaux de Dubuffet.
Horaires : ouvert du lundi au vendredi de 14h à 18h. Fermé en août et les jours fériés.
Tarifs : entrée : 4 €.

Périgueux (24)

→ ASSOCIATION DÉPARTEMENTALE DE DÉVELOPPEMENT CULTUREL

Espace culturel François-Mitterrand
2, place Hoche
B.P. 1056
24001 Périgueux
+33 (0)5 53 06 40 00
www.perigord.tm.fr

Mission/programmation, collections : créée en 1986, l'association participe au développement culturel dans les domaines des arts plastiques et du spectacle vivant. Pour ce faire, elle organise divers programmes annuels intra ou extra-muros, notamment à travers les manifestations "L'art est ouvert" et "Résidence de l'art en Dordogne". Les oeuvres sont présentées dans des expositions monographiques ou thématiques.
Accueil public/scolaires : l'ADDC propose des visites spécifiques à l'attention des enseignants, ainsi que des projets pédagogiques et des ateliers de pratique destinées aux classes de la maternelle au lycée.
Services : l'association dispose d'un fonds documentaire composé d'ouvrages sur l'histoire de l'art et l'actualité artistique, de catalogues d'expositions et de monographies sur des artistes contemporains. Elle organise des conférences et des journées de rencontres avec les artistes.

Péronne (80)

→ GALERIE DE LA CITÉ SCOLAIRE PIERRE MENDÈS-FRANCE

Rte Saint-Denis
80200 Péronne
+33 (0)3 22 73 35 00
www.ac-amiens.fr

Mission/programmation, collections : la galerie du lycée propose un programme d'environ cinq expositions d'art con-

temporain par an. Celles-ci invitent les élèves à créer à leur tour à partir de leurs propres impressions.
Horaires : ouvert du lundi au vendredi de 9h à 12h et de 14h à 17h, le samedi de 9h à 12h.

Pessac (33)

→ ARTOTHÈQUE, LES ARTS AU MUR

16 bis, av. Jean-Jaurès
33600 Pessac
+33 (0)5 56 46 38 41

Mission/programmation, collections : l'artothèque a pour mission d'aider à la diffusion de l'art contemporain. Pour ce faire, elle organise des expositions et propose le « prêt » d'oeuvres d'art. Cette artothèque s'intéresse surtout aux courants de ces quarante dernières années. Des artistes renommés sont représentés, tels qu'Alechinsky, Barceló, Boisrond, Bourgeois, Buraglio, Bury, Calle, Nash, Nemours, Perconte, Saura, Sicilia, Staudt, Tosani, Toth, Xiaogang, Yanobe... à travers divers supports allant de l'estampe à la vidéo.
Accueil public/scolaires : l'artothèque propose diverses animations pédagogiques.
Services : outre des expositions et des animations pédagogiques, elle propose des soirées thématiques ainsi que des conférences et des voyages culturels.
Horaires : ouvert le mardi et le jeudi de 10h à 12h30 et de 14h30 à 18h, le mercredi de 14h30 à 18h, le samedi de 15h à 18h30 et le dimanche de 9h30 à 12h30.

Plumélian (56)

→ L'ART DANS LES CHAPELLES

Maison du chapelain
Saint-Nicodème
56930 Pluméliau
+33 (0)2 97 51 97 21s
www.artchapelles.com

Mission/programmation, collections : depuis treize ans, L'art dans les chapelles se donne pour mission la découverte du patrimoine des chapelles de la région de Pontivy, à travers les travaux d'artistes plasticiens, peintres et sculpteurs, qui s'approprient les lieux.
Accueil public/scolaires : l'art dans les chapelles propose aux scolaires, aux groupes ou aux individuels, des visites spécifiques se déroulant sur des demi-journées, des journées ou des week-ends. Visites commentées du mardi au vendredi (départ à 14h30 de la Maison du chapelain).
Horaires : ouvert tous les jours sauf le lundi, de 14h30 à 19h de juillet à mi-septembre.
Tarifs : entrée libre.

Poitiers (86)

→ ÉCOLE SUPÉRIEURE DE L'IMAGE

Voir Angoulême (16) – École supérieure de l'image.

185, rue du Fg-du-Pont-Neuf
B.P. 502
86012 Poitiers Cedex
+33 (0)5 49 46 08 08
www.confort-moderne.fr

→ LE CONFORT MODERNE, CENTRE D'ART CONTEMPORAIN

Historique du lieu/architecture : Le Confort moderne s'est installé dans un ancien entrepôt d'électroménager en 1985. Toutes ses activités sont concentrées dans un espace de 350 m2 avec un bar-vidéo, un espace pour les concerts et une mezzanine pour les expositions.

Mission/programmation, collections : le centre aide la jeune création en présentant des expressions artistiques diverses, notamment dans le domaine des arts visuels.

En effet, l'art contemporain est avec la musique, un des principaux pôles d'activités du lieu en terme de production, de diffusion et d'aide à la création. Les expositions proposées par Le Confort Moderne sont généralement des créations et elles permettent au public de découvrir l'aboutissement des plus récents travaux des artistes choisis.

Accueil public/scolaires : afin de sensibiliser le jeune public, Le Confort Moderne mène des actions en direction des enfants et adolescents. En collaboration étroite avec les enseignants des écoles maternelles, élémentaires, des établissements d'éducation spécialisée, des collèges et des lycées du département de la Vienne, différents axes de travail pédagogique sont conçus en fonction du travail de l'artiste, de la technique utilisée et des oeuvres présentées.

Services : des catalogues d'artistes sont à la disposition du public. Si Le Confort Moderne expose, il organise aussi des concerts, des conférences sur la techno, il édite des ouvrages et propose des résidences d'artistes.

Horaires : du lundi au vendredi de 10h à 19h.

3 bis, rue Jean-Jaurès
86000 Poitiers
+33 (0)5 49 41 07 53
www.musees-poitiers.org

→ MUSÉE SAINTE-CROIX

Historique du lieu/architecture : le musée a été conçu en 1971 par l'architecte Jean Monge, sur l'ancien site de l'abbaye Sainte-Croix.

Mission/programmation, collections : le musée Sainte-Croix développe son département d'art contemporain. Sa collection comporte notamment des oeuvres des Nouveaux Réalistes tels que Raymond Hains ou Villeglé.

Accueil public/scolaires : le musée propose des visites et animations pédagogiques à l'attention des scolaires.

Services : le musée réalise des publications en rapport avec ses expositions et ses collections.

Horaires : ouvert du 1er octobre au 31 mai, le lundi de 13h15 à 17h, du mardi au vendredi de 10h à 12h et de 13h15 à 17h et le samedi et dimanche de 14h à 18h.

Du 1er juin au 30 septembre, ouvert le lundi de 13h15 à 18h, du mardi au vendredi de 10h à 12h et de 13h15 à 18h et le samedi et dimanche de 10h à 12h et de 14h à 18h.

Tarifs : entrée : 3,50 €.

Gratuit le mardi et le 1er dimanche de chaque mois.

Pontault-Combault (77)

107, av. de la République
77340 Pontault-Combault
+33 (0)1 70 05 49 80
www.cpif.net

➔ CENTRE PHOTOGRAPHIQUE D'ILE-DE-FRANCE

Mission/programmation, collections : spécialisé en art photographique, le centre expérimental prend en compte toute expression en relation avec l'image fixe ou animée, à travers diverses expositions intra et extra-muros.
Accueil public/scolaires : le Centre photographique propose aux enseignants une préparation afin de faciliter l'exploitation pédagogique des oeuvres et, pour les élèves, des projections et un accompagnement de l'exposition dans les classes, par un artiste ou le chargé des publics.
Services : le Centre photographique d'Ile-de-France propose un atelier de production aux artistes ayant un projet en cours de réalisation, nécessitant des techniques photographiques numériques. Un matériel professionnel spécifique est mis à leur disposition.
Horaires : ouvert du mercredi au dimanche de 13h à 18h30.

Pont Aven (29)

10 rue de la Belle Angèle
29930 Pont Aven
02 98 09 10 45
www.ciac-pa.com/

➔ CENTRE INTERNATIONAL D'ART CONTEMPORAIN (CIAC)

Historique du lieu/ architecture : le Centre International d'Art Contemporain est situé sur les bords de l'Aven. C'est un ensemble de quatre ateliers, de 300m2 chacun, installés dans un ancien entrepôt. L'esthétique architecturale du lieu a été repensée par l'architecte pontavéniste: Christian Blayo, en collaboration avec Caroline Boyle-Turner, directrice de PSCA et Daniel Blin-Daniel, responsable du CIAC. Espace très lumineux.
Mission/programmation, collections : le CIAC est un lieu de création et de diffusion totalement dédié à l'art Contemporain. Un espace galerie et une salle de projection/conférences offrent un programme d'expositions et d'animations ouvert à tous les publics. Prétexte aux rencontres, le CIAC est aussi une dynamique hors les murs, il apporte une médiation entre les artistes, les publics et l'art.
Services : ce parcours d'échanges artistiques est rythmé par des workshops, des rencontres, des cycles de conférences, des concerts, des projections de films, des stages, des séminaires,...
Accueil public/scolaires : dans des ateliers mitoyens, les élèves de Pont Aven School of Contemporary Art viennent du monde entier pour suivre les cours proposés par des professeurs issus des plus grandes universités américaines.
Horaires : ouvert toute l'année, tous les jours et le weekend du 1er juin au 30 septembre, de 14h à 18h30.

Pont-en-Royans (77)

38680 Pont-en-Royans
+33 (0)4 76 36 05 26
www.lahalle.org

→ LA HALLE, LIEU D'ART CONTEMPORAIN

Mission/programmation, collections : situé dans la médiathèque, en plein coeur du village, le lieu est ouvert sur le site classé des maisons suspendues, la rivière et la montagne.
La Halle fait la promotion de la création contemporaine (parfois en coproduction ou en collaboration) en organisant des expositions d'oeuvres d'artistes régionaux, voire internationaux (Sénégal).
Avec en moyenne quatre expositions par an, le lieu s'engage dans le soutien à la création contemporaine.
Les coproductions avec d'autres centres d'art, les collaborations avec les écoles d'art, les galeries et associations, sont développées afin d'inscrire le lieu d'art sur la carte régionale et internationale de l'art contemporain.
Horaires : en hiver, La Halle est ouverte le mardi et le vendredi de 16h à 19h, le mercredi et samedi de 9h à 12h et de 14h à 18h, et sur rendez-vous.
En été, elle est ouverte le mardi et le vendredi de 14h à 18h, le mercredi et le samedi de 9h à 12h et de 14h à 18h, et le dimanche de 14h30 à 17h30.

Pontmain (53)

8 bis, rue de la Grange
53220 Pontmain
+33 (0)2 43 05 08 29

→ CENTRE D'ART SACRÉ CONTEMPORAIN

Mission/programmation, collections : le Centre se propose de réfléchir à la place occupée par le Sacré dans l'art contemporain au travers d'exposition de peintures, sculptures, photographies, vidéos et installations.
Services : le Centre d'art sacré contemporain organise des conférences et publie divers ouvrages.
Horaires : le Centre est ouvert de mai à septembre, tous les jours sauf le lundi, de 11h à 17h.

Pont-Scorff (56)

56620 Pont-Scorff
+33 (0)2 97 32 56 16
www.pont-scorff.com

→ L'ATELIER D'ESTIENNE, ESPACE D'ART CONTEMPORAIN DU PAYS DE LORIENT

Mission/programmation, collections : l'atelier d'Estienne est un lieu de mouvance où se montent et se démontent des expositions d'artistes contemporains et où se croisent et se rencontrent artistes et public. Il s'inscrit dans le projet L'Art chemin faisant, datant de 1999, et propose en été, un parcours pédestre jalonné d'oeuvres artistiques contemporaines sur un thème donné.
Horaires : ouvert du mardi au dimanche de 14h à 19h.
Fermé le 1er janvier, 1er novembre et le 25 décembre.
Tarifs : entrée libre.

Pougues-les-Eaux (58)

Avenue Conti
58320 Pougues-les-Eaux
+33 (0)3 86 90 96 60

→ PARC SAINT-LÉGER

Historique du lieu/architecture : le centre d'art occupe depuis 1998 l'ancienne usine d'embouteillage des eaux du XIXe siècle, réaménagée par les architectes Cornu et Crépet, ainsi que les anciennes écuries et depuis 2002, la gentilhommière attenante. Il dispose alors d'un véritable lieu d'exposition, et d'espaces-ateliers pour les artistes.
Mission/programmation, collections : créée en 1990, l'association est un lieu de création et d'exposition qui accueille des artistes en résidence. L'art dépasse souvent les murs du centre, en trouvant un prolongement dans le parc Saint-Léger ou dans le Pavillon des sources, investis par les artistes. À noter, l'oeuvre de Xavier Veilhan, réalisée en 1991, installée sur le plan d'eau.
L'action du centre d'art s'inscrit sur l'ensemble du territoire départemental à travers des partenariats avec les structures culturelles, les établissements scolaires et les associations.
Aujourd'hui, le Parc Saint-Léger affirme davantage sa vocation de lieu de travail, de recherche et de création pour les artistes, tout en cherchant à inventer d'autres modes de diffusion et de médiation au plus près du public.
Son cadre bucolique fait de lui un espace préservé de la pression exercée par les scènes artistiques urbaines, et par conséquent, est un lieu propice à la réflexion, la concentration, aux échanges intellectuels et conviviaux.
Services : le centre d'art accueille de jeunes artistes en résidence, et édite catalogues et livres d'artistes.
Horaires : ouvert du mercredi au dimanche de 14h à 18h toute l'année, et du mardi au dimanche de 14h à 19h durant les mois d'été, et sur rendez-vous.
Tarifs : entrée libre.

Pouzac (65)

55, avenue de la Mongie
BP 3
65200 Pouzac
+33 (0)5 62 91 14 05

→ L'ART EN STALLES

Historique du lieu / architecture : la galerie est ouverte depuis février 1998 dans des anciens haras d'époque empire à Pouzac, village de 1000 habitants à l'entrée de Bagnères-de-Bigorre.
Mission / programmations, collections : la galerie avance sa programmation autour de la recherche et la promotion de la peinture contemporaine. Des artistes principalement du grand sud - ce n'est pas exclusif - qui développent des univers forts et personnels, que ce soit dans les contenus ou dans la démarche, hors de l'étiquetage périmé à ce jour de la peinture abstraite ou figurative.
Dans un registre plus « historique », ont été présentés des

artistes issus des mouvements de la figuration critique et narrative (Arroyo, Babou, Rancillac...), et des parcours d'artistes atypiques (Lorjou, Chaminade, Borde...). Le dénominateur commun est d'affirmer la permanence, la force et la contemporanéité de la peinture et de peintres dont le souci est de donner un sens et un fil à leur œuvre.
Services : la galerie dispose également d'un atelier de lithographie fonctionnant ponctuellement sur demande. Organisation régulière d'animations, de conférences, petits spectacles et concerts.
Horaires : ouvert pendant l'année du mercredi au dimanche de 14h30 à 19h30 ; de juillet à août, ouvert ces mêmes jours aussi de 10h30 à 12h15.
Tarifs : entrée libre.

Quimper (29)

→ ASSOCIATION GALERIE ARTEM

16, rue Sainte-Catherine
29000 Quimper
+33 (0)2 98 53 27 29

Mission/programmation, collections : ARTEM, association d'artistes, organise des événements et des expositions alliant recherche, diversité et actualité. Cette association effectue un travail d'édition et de diffusion, et établit des relations avec d'autres organismes.

→ ÉCOLE SUPÉRIEURE DES BEAUX-ARTS DE CORNOUAILLES

Voir Rennes (35) – École supérieure des beaux-arts.

→ LE QUARTIER

10, espl. François-Mitterrand
29107 Quimper Cedex
+33 (0)2 98 55 55 77
www.le-quartier.net

Mission/programmation, collections : c'est dans une ancienne caserne qui abrite aussi l'école d'art, au centre-ville, qu'a ouvert en 1990 Le Quartier. Projets monographiques ou collectifs et renouvelées tous les trois mois, les expositions se déploient dans un espace de 450 m² et s'accompagnent d'un programme culturel et éducatif conséquent avec des conférences, débats, visites commentées, et stages de formation.
Accueil public/scolaires : Le Quartier propose diverses activités : visites, conférences, rencontres avec les artistes, actions pédagogiques, voyages culturels.
Services : Le Quartier offre un espace librairie et met à la disposition du public des catalogues.
Horaires : ouvert du mardi au samedi de 10h à 18h et le dimanche de 14h à 17h.
Tarifs : entrée : 1,50 €. Entrée libre le dimanche.

Reims (51)

➔ CENTRE CULTUREL SAINT-EXUPÉRY

3 bis, chaussée Bocquaine
Parc Léo-Lagrange
51100 Reims
+33 (0)3 26 77 41 41

Historique du lieu/architecture : le centre Saint-Exupéry est ouvert aussi bien aux amateurs qu'aux artistes professionnels, et tant aux enfants qu'aux adultes. Chacun peut s'initier ou se perfectionner en arts plastiques.
Le centre propose des résidences d'artistes.

➔ DOMAINE POMMERY

Place du Général Gouraud
51100 Reims
+33 (0)3 26 61 62 63

Historique du lieu / architecture : le domaine Pommery présente un ensemble très homogène construit à partir de 1870 et qui représente 70 ha en pleine ville dont 25 ha de vignes. Le style retenu, "néo gothique anglais" veut mettre en valeur l'aspect international de la marque très liée au marché anglais.
Mission / programmation / collections : les actions menées par Pommery dans le domaine de l'art contemporain, notamment à travers une exposition importante chaque été, s'inscrivent de la sorte dans une aventure spécifique en Champagne-Ardenne, celle de l'alliance de l'art contemporain et du Champagne.
Horaires : pour l'exposition annuelle, ouvert tout les jours de juin à septembre de 9h30 à 19h. Visites guidées uniquement sur réservation.
Tarifs : entrée libre.

➔ FRAC CHAMPAGNE-ARDENNE

Le Collège
1, place Museux
51100 Reims
+33 (0)3 26 05 78 32
www.frac-champagneardenne.org

Historique du lieu/architecture : dès sa création, en 1982, le FRAC Champagne-Ardenne s'est imposé dans la région comme l'un des lieux majeurs de la création contemporaine.
Pendant sept ans, n'ayant pas de lieu fixe, ses expositions se sont déroulées en divers endroits.
Depuis 1990, le FRAC Champagne-Ardenne occupe l'aile droite de l'ancien collège des jésuites, édifié au XVIIe siècle.
Mission/programmation, collections : la collection du FRAC s'est orientée dans un premier temps vers la création contemporaine régionale et la photographie, puis s'est ouverte à l'art national et international avec des oeuvres de Raymond Hains, Jean-Michel Alberola, Jean-Pierre Bertrand, Jeff Wall, Gilberto Zorio... Les contraintes budgétaires, ainsi que leur vocation première, destinent ce FRAC à privilégier la jeune création.
Accueil public/scolaires : le FRAC organise des visites d'expositions commentées et des conférences. Il propose un service éducatif pour les scolaires et invite les étudiants de l'école supérieure d'arts et de design de Reims à participer activement à la vie du FRAC.
Services : de la documentation pour étudiants et enseignants est accessible sur rendez-vous.
Horaires : ouvert du mardi au dimanche de 14h à 18h.

Rennes (35)

→ CENTRE CULTUREL DU TRIANGLE

Boulevard de Yougoslavie
B.P. 2236
35022 Rennes
Cedex 2
+33 (0)2 99 22 27 27

Mission/programmation, collections : situé dans le Blosne, le centre culturel du Triangle est une association de quartier dynamique, impliquée dans la politique culturelle de la ville.
Elle a pour objectif d'introduire l'art dans la cité autour de deux pôles : la photographie et la danse. L'association développe son activité autour d'ateliers de création, de résidences et de commandes à des artistes.
Accueil public/scolaires : l'association intervient dans les classes du quartier en proposant des ateliers pédagogiques.
Services : le centre organise des colloques, des rencontres avec des artistes, et des expositions...

→ ÉCOLE SUPÉRIEURE DES BEAUX-ARTS

ESBA Rennes
34, rue Hoche
35000 Rennes
+33 (0)2 99 28 58 01
www.beauxarts-bretagne.asso.fr

Mission/programmation, collections : dans les galeries du Cloître, cet établissement d'enseignement supérieur accueille tout au long de l'année diverses expositions qui sont en lien avec les actions pédagogiques ou qui présentent les travaux des étudiants des quatre écoles supérieures d'art de Bretagne : Brest, Lorient, Quimper, Rennes.
Horaires : les galeries du Cloître sont ouvertes du lundi au vendredi, de 15h à 19h, et le samedi de 14h à 18h.
Coordonnées des trois autres écoles :
> Bresécole supérieure d'arts de Brest, 18, rue du Château, 29200 Brest. Tél. +33 (0)2 98 00 87 20.
> Lorienécole supérieure d'arts de Lorient, 1, av. de Kergroise, 56100 Lorient. Tél. +33 (0)2 97 35 31 70.
> ESBA de Cornouailles, 8, esplanade François-Mitterrand, 29000 Quimper. Tél. +33 (0)2 98 55 61 57.

→ GALERIE ART & ESSAI

Université Rennes II
Campus Villejean
Place du Rect. Henri-Le-Moal
35043 Rennes
+33 (0)2 99 14 11 42
www.uhb.fr/culture/galerie

Mission/programmation, collections : la galerie Art & Essai est installée dans les locaux de l'université Rennes II. Elle propose un programme de cinq expositions par an en partenariat avec les lieux culturels (FRAC, École supérieure des beaux-arts...).
Ces expositions mettent à l'honneur à la fois des étudiants et des artistes confirmés (Jean Le Gac...).

→ LA CRIÉE, CENTRE D'ART CONTEMPORAIN

Place Honoré-Commeurec
35000 Rennes
+33 (0)2 99 78 18 20
www.criée.org

Historique du lieu/architecture : le Centre d'art contemporain La Criée a investi les halles centrales, conçues en 1923 par l'architecte Emmanuel Le Ray.
Mission/programmation, collections : il soutient la création actuelle en fournissant aux artistes une aide matérielle et financière. Chaque année, il organise cinq à sept expositions monographiques ou collectives d'artistes régionaux,

nationaux et internationaux. Spécialisé en arts plastiques, le centre s'ouvre également au design, à l'architecture et à la chorégraphie.
Accueil public/scolaires : des visites commentées sont proposées au public le jeudi à 17h30. Les visites de groupes se font uniquement sur réservation.
Horaires : ouvert du mardi au vendredi de 12h à 19h et le samedi et dimanche de 14h à 19h.
Fermé le lundi et les jours fériés.
Tarifs : entrée libre.

→ 40MCUBE

34, rue de l'Alma
35000 Rennes
+33 (0)2 23 35 06 42
www.40mcube.org

Mission/programmation, collections : 40mcube est à la fois un lieu d'exposition et un bureau d'organisation de projets artistiques hors les murs.
Horaires : le lieu d'exposition est ouvert du jeudi au samedi de 14h à 18h et sur rendez-vous.

→ LE BON ACCUEIL, SITE EXPÉRIMENTAL DE PRATIQUES ARTISTIQUES

74-74 bis, canal St-Martin
35700 Rennes
+33 (0)8 71 23 19 97
www.bon-accueil.net

Historique du lieu/architecture : depuis 1997, l'association Site Expérimental de Pratiques Artistiques s'est installée au Bon accueil, une ancienne brasserie-restaurant située le long du canal Saint-Martin.
Mission/programmation, collections : le SEPA a pour objectif de soutenir les jeunes artistes dans leur projet artistique. Cet espace d'expérimentation, de création et d'exposition se veut avant tout un lieu d'échange et de promotion.
Services : le SEPA organise des expositions, des visites, des projections, des performances, des rencontres, des débats, des lectures, des actions et des concerts. Il édite et diffuse des catalogues, des DVD...
Il accueille également des artistes en résidence.

Riscle (32)

→ LA GALERIE BLEUE

Collège Val d'Adour
13, place du Foirail
32400 Riscle
+33 (0)5 62 69 70 05
www.galerie.bleue.free.fr

Mission/programmation, collections : fondée en 1994 dans l'enceinte du collège Val d'Adour afin de valoriser les travaux des élèves, la galerie Bleue devint peu à peu une galerie à part entière : elle expose désormais des oeuvres et organise des rencontres et débats en présence des artistes.
Horaires : la galerie est ouverte au public tous les jours de 9h à 12h et de 14h à 18h, sauf le mercredi après-midi, le samedi matin et le dimanche.

Rochechouart (87)

87600 Rochechouart
+33 (0)5 55 03 77 77
www.musee-rochechouart.com

➔ MUSÉE DÉPARTEMENTAL D'ART CONTEMPORAIN

Historique du lieu/architecture : le château de Rochechouart date du XVe siècle, et accueille depuis 1985, les services du musée départemental d'art contemporain de Rochechouart.
Le lieu se prête à des installations d'imposantes dimensions.
Mission/programmation, collections : d'abord centré sur l'art de la fin des années 60 et l'arte Povera, puis sur des artistes tels que Richter, Polke ou Boltanski, le musée départemental d'art contemporain s'est ouvert aux démarches d'autres artistes actifs dans les années 80 et 90.
Il s'est notamment spécialisé dans les arts de l'image et dispose à présent d'un ensemble riche de plus d'une cinquantaine de bandes vidéo.
Le musée commande aussi régulièrement des oeuvres spécifiques pour des espaces du château.
Accueil public/scolaires : des visites guidées et des ateliers sont proposés aux enseignants et à leurs classes.
Services : le musée dispose d'une librairie et propose des cycles de conférences.
Horaires : ouvert tous les jours, sauf le mardi, de 10h à 12h30 et de 13h30 à 18h.
Tarifs : plein : 4,57 € / réduit : 3,05 €.

Rodez (12)

Place Clémenceau
12000 Rodez
+33 (0)5 65 77 89 60
www.ot-rodez.fr

➔ MUSÉE DES BEAUX-ARTS DENYS PUECH

Historique du lieu/architecture : le bâtiment, conçu par l'architecte A. Boyer en 1910 afin d'abriter les oeuvres du sculpteur Denys Puech, a été réhabilité afin d'accueillir le musée des beaux-arts de Rodez.
Mission/programmation, collections : spécialisé à l'origine dans la sculpture, le musée présente des collections variées au sein desquelles l'art contemporain tient une place importante depuis 1989. Il possède ainsi des oeuvres de François Bouillon, Michel Cure, Martine Damas, Rolino Gaspari, Bernard Pagès, Carmen Perrin...
À noter, la sculpture Intégration, réalisée par François Morellet, qui orne les façades du musée.
Accueil public/scolaires : les scolaires sont accueillis pour des visites et des ateliers divers. Des visites guidées sont organisées pour tout public, sur réservation.
Services : le musée des beaux-arts propose les services d'une bibliothèque et dispose d'une librairie.
Horaires : ouvert le mardi de 14h à 18h et du mercredi au samedi de 10h à 12h et 14h à 18h.
Tarifs : plein : 2,50 € / réduit : 1,50 €.

Roubaix (59)

→ ESPACE CROISÉ, CENTRE D'ART CONTEMPORAIN

Grand Place
B.P. 40534
59059 Roubaix
Cedex I
+33 (0)3 20 66 46 93
www.espacecroise.com

Mission/programmation, collections : la programmation du centre est variée, mais elle privilégie l'image sous toutes ses formes, fixe, animée, analogique ou numérique, à travers quatre expositions annuelles.
Horaires : ouvert du mardi au samedi, de 14h à 18h.

→ LA PISCINE, MUSÉE D'ART ET D'INDUSTRIE DE ROUBAIX

23, rue de l'Espérance,
24, rue des Champs
(adresse postale)
59100 Roubaix
+33 (0)3 20 69 23 60

Historique du lieu/architecture : depuis 2001, l'ancienne piscine municipale de style Art déco, conçue par Albert Baert, s'est reconvertie en musée, grâce aux travaux de l'architecte Jean-Paul Philippon.
Quelques enregistrements sonores de baigneurs accueillent le visiteur et le plonge dans l'ambiance originelle du lieu.
Mission/programmation, collections : sa mission est de diffuser à la fois son exceptionnelle collection d'arts appliqués à l'industrie et sa collection beaux-arts. À noter, un fonds intéressant d'art moderne (Foujita, Bonnard, Vuillard...).
Ses expositions temporaires s'ouvrent à l'art contemporain (exposition Christian Jaccard en 2002), et au design.
Services : le musée dispose d'un atelier de création, d'un auditorium, d'une bibliothèque et d'une tissuthèque.
Il propose également les services d'un restaurant-salon de thé et d'une boutique.
Horaires : ouvert du mardi au jeudi de 11h à 18h, le vendredi de 11h à 20h et le samedi et dimanche de 13h à 18h.
Tarifs : entrée : 3 €.
L'accès aux collections permanentes du musée est gratuit tous les premiers dimanches du mois.

Rouen (76)

→ 141, ATELIERS D'ARTISTES

141, rte de Darnetal
76000 Rouen
+33 (0)2 35 07 64 95

Mission/programmation, collections : 141, ateliers d'artistes est une association qui comprend des ateliers d'artistes et une galerie. Le lieu propose également des expositions, des ateliers, des cours et des stages.

→ ÉCOLE RÉGIONALE DES BEAUX-ARTS

186, rue Martainville
76000 Rouen
+33 (0)2 35 71 38 49

Mission/programmation, collections : fondée en 1741, l'École régionale des beaux-arts conduit les étudiants à concevoir un projet personnel de création (sculpture, photographie...).
En ce sens, la galerie d'exposition de l'école promeut l'art contemporain dans sa plus verte nouveauté.

Espl. Marcel-Duchamp
76000 Rouen
+33 (0)2 35 71 28 40
www.musees-rouen.org/beaux_arts/index.html

→ MUSÉE DES BEAUX-ARTS

Historique du lieu/architecture : le Musée des beaux-arts est situé au coeur de la ville, dans un édifice bâti en 1877 et dont la conception revient à Sauvageot, élève de Viollet-le-Duc. Sa rénovation fut terminée en 1994.

Mission/programmation, collections : la collection du musée comprend des oeuvres qui vont du XVe siècle à nos jours, et s'ouvre également à l'art contemporain à travers des oeuvres des frères Duchamp ou de Dubuffet. Le musée passe aussi des commandes à des artistes (Varini) et a fait récemment l'acquisition d'oeuvres d'Aurélie Nemours et de Denis Godefroy.

Tarifs : de 2 € à 3 €. Gratuit pour les moins de 18 ans.

73, rue de Martainville
76000 Rouen
+33 (0)2 35 70 20 21

→ PÔLE IMAGE DE HAUTE-NORMANDIE

Mission/programmation, collections : le Pôle Image de Haute-Normandie est un centre d'apprentissage à la lecture de l'image, une école de l'image qui encourage la création. Sa collection se monte à cinq mille films et de la documentation.

Rouillé (86)

Lycée agricole Xavier-Bernard
EPLEA de Poitiers Venours
86480 Rouillé
+33 (0)5 49 43 62 59
www.rurart.org

→ RURART, ESPACE D'ARTS

Mission/programmation, collections : l'espace d'arts Rurart a été créé en 1995 dans le lycée agricole Xavier-Bernard de Rouillé, près de Poitiers. Il fait la promotion de la culture en milieu rural. Il est ouvert à tout public, dont les scolaires et les étudiants, auxquels sont proposées des activités pédagogiques.

L'espace d'arts élabore chaque année une exposition autour de l'art contemporain.

À noter, l'exposition de 1997 consacrée à Ousmane Sow et Charles Simonds et celle de 2002, consacrées à Kyoko Ibe et Georges Rousse.

Accueil public/scolaires : des visites sont proposées en complément des activités d'atelier. Elles sont élaborées autour de grandes problématiques comme l'autoportrait, la récupération d'éléments organiques, la série / répétition, l'imaginaire, le fantastique...

Services : l'espace d'arts est constitué d'une librairie, d'un atelier et d'une salle d'exposition.

Horaires : ouvert tous les jours de la semaine sauf le samedi et les jours fériés, de 14h à 18h.

Visites commentées et ateliers de 9h à 17h, sur rendez-vous.

Tarifs : plein : 3,50 € / réduit : 1,50 €.

Rueil-Malmaison (92)

3, rue du Prince Eugène
92500 Rueil-Malmaison
+33 (0)1 55 47 14 84
www.earueil.com

➔ ÉCOLE SUPÉRIEURE D'ARTS

Mission/programmation, collections : fondée en 1984, l'école propose des ateliers, conférences et résidences d'artistes.

Services : un journal, Joséphine, est publié, présentant réflexions et débats. L'école dispose d'une bibliothèque spécialisée en arts moderne et contemporain.

Saint-Cyprien (66)

Rue Jules-Romains
66750 Saint-Cyprien
+33 (0)4 68 21 32 07

➔ CENTRE D'ART CONTEMPORAIN

Mission/programmation, collections : créé en 1994, le centre d'art contemporain de Saint-Cyprien prend l'engagement d'interpeller la société dans ses problèmes et son environnement, prolongeant ainsi la pensée de l'artiste François Desnoyer. La collection du centre se compose de dessins, gravures, peintures, sculptures, installations d'artistes d'aujourd'hui, de photographies et de vidéos.

Horaires : ouvert du mercredi au samedi, de 10h à 12h et de 14h à 18h, le dimanche et lundi de 14h à 18h. Fermé le mardi.

Tarifs : entrée : 2 €. Gratuit pour les moins de 12 ans.

Saint-Denis (93)

11, allée des Six Chapelles
93200 Saint-Denis
+33 (0)1 48 20 40 62
www.cafeculturel.org

➔ CAFÉ CULTUREL

Mission/programmation, collections : à proximité de la Basilique, le Café culturel offre un cadre original aux expositions d'artistes contemporains. Ce lieu pluridisciplinaire qui soutient la jeune création, accueille des concerts acoustiques et des compagnies théâtrales.

Horaires : ouvert du lundi au samedi de 10h à 20h, jusqu'à minuit les soirs de spectacles.

Saint-Denis de la Réunion (974)

28, avenue de Paris
97400 Saint-Denis
00 262 20 24 82

➔ ARTOTHÈQUE

Historique du lieu/architecture : en 1912, l'artothèque s'est installée dans un ancien évêché, maintenant elle est dans une très belle maison de style créole.

Mission/programmation, collections : l'artothèque dispose d'un service de prêt d'oeuvres et organise des expositions d'artistes contemporains locaux.

Horaires : le lieu est ouvert du lundi au samedi de 9h à 12h et de 13h à 17h.

Tarifs : entrée libre.

→ FRAC RÉUNION

Maison Serveau
81, Chaussée Royale
B.P. 112
97861 Saint-Paul
La Réunion
00 262 45 74 50

Mission/programmation, collections : créé en 1989, le FRAC Réunion a pris son orientation en 1992 avec Marcel Tavé, qui créa le projet D'autres terres en vue. Ce projet repose sur l'accueil d'artistes renommés, tels que Mohamet El Baz, François Bouillon, Bernard Pagès, Jean-Michel Alberola, Jean Le Gac..., qui sont invités à créer des oeuvres en harmonie avec l'environnement. Le FRAC est attentif à la promotion d'artistes réunionnais sur la scène internationale.

→ LERKA

23, rue Léopold-Rambo
97490 Sainte-Clotilde
00 262 21 40 88

Mission/programmation, collections : LERKA est un lieu de recherche et de création portant sur différentes disciplines artistiques. Elle possède des résidences d'artistes et organise des expositions, des conférences, des débats et des médiations.

Saint-Étienne (42)

→ ÉCOLE RÉGIONALE DES BEAUX-ARTS

15, rue Henri-Gonnard
42000 Saint-Étienne
+33 (0)4 77 47 88 00
www.institutdesign.com

Mission/programmation, collections : l'école propose aux étudiants des moyens d'exposer leurs oeuvres et de les présenter dans diverses manifestations culturelles (Art dans la Ville, Salon du livre, Ateliers d'animation...). Elle multiplie les liens avec les milieux professionnels, notamment par des projets d'aménagement urbain, associant depuis 1998, des plasticiens et des designers (L'atelier Urbain).

Services : l'école accueille des artistes en résidence au 8, rue Barra à Saint-Étienne. Elle est partenaire du Centre de design pour des actions qui visent à sensibiliser les industriels et, de façon plus générale, les acteurs de la chaîne de création de produits, à l'intérêt d'un recours au design. Ces actions, sous forme de colloques et d'expositions, présentent la démarche, les objectifs de travail ainsi que les produits finalement conçus.

L'école met en avant cet aspect désormais incontournable de la création, en offrant le temps de porter un regard sur la civilisation contemporaine à travers la production d'objets, d'interroger l'ensemble des phénomènes qui determinent notre société et de réfléchir au rôle du design.

→ MUSÉE D'ART MODERNE

La Terrasse
42000 Saint-Étienne
+33 (0)4 77 79 52 52

Historique du lieu/architecture : inauguré en 1987, le musée fut conçu par l'architecte Didier Guichard afin de permettre l'accrochage d'oeuvres de dimensions monumentales.

Mission/programmation, collections : la collection du musée s'est bâtie autour de fonds précieux (ceux de Maurice Allemand et de Victor Brauner). Elle se compose de représentants majeurs de l'art du XXe siècle (Picasso, Léger, Picabia, Duchamp, Ernst, Masson, Tanguy...) et plus particulièrement d'artistes importants de la seconde moitié du XXe siècle (Soulages, Manessier, Hartung, Hantaï, Fautrier, Robert Morris, Viallat, Bernard Pagès, Baselitz, Buren, Boltanski, Filliou, François Morellet, Valensi, Penone...). Grâce à un système de dépôts, le musée acquiert de nombreuses pièces contemporaines. Il détient une importante collection de photographies et d'objets design.

Saint-Fons (69)

→ CENTRE D'ARTS PLASTIQUES

12, rue Gambetta
B.P. 100
69195 Saint-Fons
+33 (0)4 72 09 20 27

Mission/programmation, collections : créé en 1986, le centre d'arts plastiques privilégie la jeune création et organise environ cinq expositions annuelles inédites d'artistes régionaux ou internationaux.
Accueil public/scolaires : le centre accueille à la fois le jeune public dans un cadre scolaire ou périscolaire, et le public adulte, auquel est proposé des conférences, des soirées vidéos ou des stages animés par des artistes.
Services : le centre dispose d'une artothèque comptant 582 oeuvres de 1945 à nos jours, d'une diathèque, constituée de 18 000 diapositives sur l'art de 1850 à nos jours, d'une vidéothèque de 350 films, et d'un centre de documentation.

Saint-Gaudens (31)

→ CHAPELLE SAINT-JACQUES

Av. du Maréchal-Foch
31803 Saint-Gaudens
Cedex
+33 (0)5 62 00 15 93

Mission/programmation, collections : la chapelle accueille des installations d'artistes plasticiens travaillant sur l'espace (Corinne Major, Didier Marcel...).
Horaires : ouvert du mardi au samedi de 12h30 à 18h.
Fermeture du 20 au 29 décembre et les jours fériés.
Tarifs : entrée libre.

Saint-Jorioz (74)

→ IMAGESPASSAGES, ART VISUEL ET MÉDIATIQUE

B.P. 32
74410 Saint-Jorioz/Annecy
+33 (0)4 50 68 65 48
www.imagespassages.fr.fm

Mission/programmation, collections : Imagespassages est une association qui défend les arts visuels et médiatiques.
L'association présente tous les ans des expositions et organise des séjours culturels.

Saint-Lô (50)

→ ART PLUME

165, rue du Mesnilcroc
50010 Saint-Lô
+33 (0)2 33 05 03 26

Mission/programmation, collections : Art Plume est une association qui propose des ateliers d'artistes en arts plastiques et en arts du spectacle.

Centre culturel Jean-Lurçat
Place du Champs-de-Mars
50010 Saint-Lô
+33 (0)2 33 72 52 51

→ ÉCOLE MUNICIPALE DE DESSIN

Mission/programmation, collections : l'école municipale de dessin propose des ateliers d'arts plastiques tout public ainsi que des stages pour les enfants pendant les week-ends et les vacances scolaires. Dans sa galerie, l'école municipale présente deux expositions par an.

Saint-Mathieu-des-Tréviers (34)

Appartement 1
Les arènes
34270 St-Mathieu-des-Tréviers
+33 (0)4 67 55 27 07
www.artur.fr.st

→ ARTUR

Historique du lieu/architecture : Artur est une association fondée près de Montpellier en 1996 par deux plasticiens, Catherine Smenia et Pierre Rustico.

Mission/programmation, collections : par le biais du concept Territoire(s), Artur organise des rencontres internationales d'artistes. Ces derniers accaparent un lieu avec leur oeuvre et confrontent ainsi leur travail. Treize projets ont ainsi été réalisés en France, en Europe de l'Est et en Afrique de l'Ouest.

Saint-Maur-des-Fossés (94)

5, rue Saint-Hilaire,
92, av. du Bac,
Place Stalingrad,
94210 La Varenne St-Hilaire
+33 (0)1 48 86 23 32
www.saint-maur.com/services/artoth.htm

→ ARTOTHÈQUE

Mission/programmation, collections : le fonds de l'artothèque est composé d'estampes (eaux-fortes, aquatintes, manières noires, lithographies...), d'aquarelles, d'huiles et de photographies,et d'oeuvres contemporaines.
Elle organise des expositions d'artistes locaux.

Horaires : ouvert tous les jours de 14h à 18h, sauf le dimanche. Fermé au mois d'août et pendant les fêtes de fin d'année, entre le 25 décembre et le 1er janvier.

Saint-Nazaire (44)

Place des Quatre Z'Horloges
44600 Saint-Nazaire
+33 (0)2 40 22 37 66

→ LE GRAND CAFE

Historique du lieu/ architecture : Le Grand Café est un ancien café datant de 1864 fondé par le père d'Aristide Briand, avocat et homme politique célèbre. En 1994, il est acheté par la ville de Saint-Nazaire et dédié aux expositions d'art contemporain. A partir de janvier 1998, les salles d'exposition occupent l'intégralité du lieu, soit quatre salles pour une superficie totale de près de 400 m2. Situé à l'entrée du port et proche du centre ville, il est au cœur des nouveaux enjeux de développement de la ville. En 2004, Le Grand Café est reconnu Centre d'Art Contemporain par le Ministère de la Culture.

Mission/ programmations, collections : fédérateur des actions initiées par la ville et le Service Art Contemporain, Le Grand Café propose expositions, résidences d'artistes, édi-

tions, sensibilisation et formation des publics. La programmation s'articule chaque année autour de trois expositions monographiques (Leandro Erlich, Jac Leirner, Pedro Cabrita Reis, Jordi Colomer, Klaus Rinke, Lara Almarcegui...) avec à chaque fois la production d'un projet spécifique et d'une exposition collective. Le projet artistique du Grand Café explore de manière régulière les questions liées à l'espace, au territoire, à l'architecture et à l'urbanité. Le Grand Café se positionne comme une chambre d'écho à l'espace urbain où s'articulent les enjeux liés à son environnement proche et les enjeux de l'art d'aujourd'hui.
Service : sous le nom d'Ateliers du regard, le Grand Café décline des actions pédagogiques pour tout les publics (enfants, professeurs, public individuels) tout en aménageant des rencontres avec les artistes. Des conférences sont régulièrement proposées.
Horaires : ouvert tous les jours, sauf lundis et jours fériés, de 14h à 19h et les dimanches de 15h à 18h.
Tarifs : Entrée libre.

Saint-Ouen-l'Aumône (95)

→ ABBAYE DE MAUBUISSON

Parc de l'abbaye de Maubuisson
95310 St-Ouen-l'Aumône
+33 (0)1 34 64 36 10

Historique du lieu/architecture : de l'abbaye cistercienne fondée par Blanche de Castille au XIIIe siècle ne subsistent que quelques salles devenues aujourd'hui des espaces d'exposition. Elle est entourée d'un parc de huit hectares.
Mission/programmation, collections : des expositions expérimentales sont organisées autour des thèmes du patrimoine et de la création contemporaine.
Accueil public/scolaires : des visites commentées sont proposées au public les 1ers et 3es samedis du mois à 15h30.
Horaires : le parc est ouvert tous les jours de 7h à 21h du 1er avril au 30 septembre et de 8h à 18h du 1er octobre au 31 mars. L'abbaye est ouverte tous les jours sauf le mardi, de 10h à 18h.
Tarifs : plein : 3,80 € / réduit : 3 €. Gratuit pour les moins de 25 ans.

Saint-Ouen (93)

→ MAINS D'OEUVRES

Mains d'OEuvres
1, rue Charles-Garnier
93400 Saint-Ouen
+33 (0)1 40 11 25 25

Historique du lieu/architecture : Mains d'Oeuvres, association créée en 2001, s'est installée au sein du bâtiment de l'ancien centre social et sportif des usines Valéo.
Mission/programmation, collections : ce lieu expérimental accueille des artistes qui mettent en place différents projets (performances, installations...). Ses activités succèdent

à celles de l'association Usines Éphémères. Mains d'Oeuvres favorise le recours au multimédia dans la création contemporaine.
Services : Mains d'Oeuvres accueille des artistes en résidence en leur proposant des ateliers favorisant échanges et création. Un bar-restaurant est à la disposition du public du lundi au vendredi de 12h30 à 14h30 et lors des événements.
Horaires : ouvert du lundi au vendredi de 9h30 à 1h, le samedi de 11h à 1h, le dimanche de 12h à 20h.

Saint-Paul-de-Vence (06)

→ CHÂTEAU DE VILLENEUVE, FONDATION ÉMILE HUGUES

2, place du frêne
06140 Vence
+33 (0)4 93 24 24 23
www.museedevence.com

Historique du lieu/architecture : le château, édifié au XVIIe siècle et rénové par l'architecte Jean-François Bodin, organise depuis 1992 des expositions d'art moderne et contemporain.
Mission/programmation, collections : la fondation Émile Hugues développe une programmation autour de l'école vençoise (Chagall, Dubuffet, Dufy, Matisse...), et s'ouvre également à la création contemporaine (Viallat...).
Accueil public/scolaires : des ateliers pédagogiques qui privilégient la pratique artistique sont proposés aux enfants le mercredi et durant les vacances scolaires.
Les classes de la maternelle à la terminale sont accueillies pour des visites guidées.
Services : la fondation propose des conférences et rencontres avec des artistes et des critiques. Une librairie de la Réunion des musées nationaux présente une sélection d'ouvrages.
Horaires : le château de Villeneuve est ouvert du mardi au dimanche de 10h à 12h30 et de 14h à 18h.

→ FONDATION MAEGHT

623, chem. des Gardettes
06570 St-Paul-de-Vence
+33 (0)4 93 32 81 63
www.maeght.com

Historique du lieu/architecture : en 1964, Marguerite et Aimé Maeght ont créé une fondation en complément de leur galerie parisienne, afin de mettre en valeur leur collection exceptionnelle d'oeuvres d'artistes majeurs du XXe siècle.
En collaboration avec des peintres et des sculpteurs, l'architecte catalan Josep-Lluis Sert fut désigné pour l'élaboration du projet et intégra les oeuvres des artistes à la nature et à l'architecture du lieu (Cour Giacometti, Labyrinthe Miró, mosaïques de Chagall et de Tal-Coat, bassin et vitrail de Braque, fontaine de Bury...).
Mission/programmation, collections : autonome, la fondation Maeght possède une collection unique regroupant des oeuvres de Bonnard, Braque, Calder, Chagall, Giacometti, Kandisky, Léger, Miró... qui donne naissance à des expositions monographiques ou thématiques.

Services : la fondation dispose d'une bibliothèque d'art moderne et contemporain, de plus de trente mille volumes.
Elle abrite l'une des plus importantes collections de livres d'artistes en France.
Elle effectue diverses publications et accueille des écrivains, des philosophes et des historiens d'arts à l'occasion de colloques et conférences qu'elle organise.
Horaires : ouvert tous les jours du 1er octobre au 30 juin de 10h à 12h30 et de 14h à 18h ; et du 1er juillet au 30 septembre de 10h à 19h.

Saint-Paul-Trois-Châteaux (26)

→ GALERIE ANGLE

Centre historique
26130 St-Paul-Trois-Châteaux
+33 (0)4 75 04 73 03

Mission/programmation, collections : la galerie Angle est une association située dans le centre historique de Saint-Paul-Trois-Châteaux. Six salles sont consacrées à des expositions monographiques.
L'association travaille en partenariat avec les structures culturelles de la région et collabore avec les éditions Cactus.

Saint-Priest (69)

→ ARTOTHÈQUE

Centre Théo-Argence
Place Ferdinand-Buisson
69800 Saint-Priest
+33 (0)4 72 28 41 05

Mission/programmation, collections : la collection se compose de 680 oeuvres, surtout d'estampes, de photographies, d'aquarelles. Elle compte 270 artistes, dont Viallat, Soulages, Christo, Ben, Mirò, Bellmer, Di Rosa, Morellet, Tàpies.
Horaires : ouvert le mercredi de 16h à 18h, le vendredi de 10h à 12h et de 16h à 18h, et le samedi, sur rendez-vous de 10h à 12h.

Saint-Quentin (02)

→ GALERIE SAINT-JACQUES

14, rue de la sellerie
02100 Saint-Quentin
+33 (0)3 23 06 93 71
www.ville-saintquentin.fr

Historique du lieu/architecture : l'espace fut construit en 1927 sur les ruines d'une église, dans un style gothique et renaissant, dont l'intérieur rappelle celui d'une église.
Mission/programmation, collections : la galerie organise des expositions d'artistes renommés ou régionaux.
Horaires : ouvert du lundi au vendredi de 13h à 18h, le samedi et le dimanche de 14h à 18h.
Tarifs : entrée libre.

Saint-Sétiers (87)

→ APPELBOOM ET MOUVANCE

La Pommerie
19290 Saint-Sétiers
+33 (0)5 55 95 62 34

Mission/programmation, collections : La Pommerie est un

petit hameau proche des lieux culturels et artistiques, situé au coeur du futur Parc régional, sur le Plateau de Millevaches. Les associations Appelboom et Mouvance, spécialisées dans les arts plastiques et la mise en scène, attirent de nombreux visiteurs. Appelboom organise des expositions et des rencontres internationales. Elle accueille également des troupes théâtrales et des artistes en résidence.
Horaires : les expositions sont ouvertes du mercredi au dimanche de 14h à 18h. Les artistes en résidence accueillent le public lors des horaires d'ouverture.

Saint-Yrieix-La-Perche (87)

→ ASSOCIATION PAYS-PAYSAGE

17, rue Jules-Ferry
87500 St-Yrieix-La-Perche
+33 (0)5 55 75 70 30
www.centredeslivresdartistes.info

Mission/programmation, collections : l'association Pays-paysage constitue un fonds de livres d'artistes autour de deux thèmes : l'enfance et les paysages.
Une biennale du livre d'artiste est organisée.

→ CENTRE CULTUREL JEAN-PIERRE FABRÈGUE

6, av. du Maréchal de Lattre-de-Tassigny
87500 St-Yrieix-La-Perche
+33 (0)5 55 08 88 77
www.saint-yrieix.com

Mission/programmation, collections : le centre présente cinq expositions d'oeuvres contemporaines par an, de septembre à juin, lors desquelles ont lieu rencontres et échanges.
Services : le centre reçoit des artistes en résidence et possède une bibliothèque ouverte du lundi au samedi.

Sallaumines (59)

→ MAISON DE L'ART ET DE LA COMMUNICATION

Rue Arthur-Lamendin
62430 Sallaumines
+33 (0)3 21 67 00 67
www.mac.ville-sallaumines.fr

Mission/programmation, collections : la Maison de l'art et de la communication est un lieu pluridisciplinaire qui accueille une école de danse, une école de musique, un espace culture et multimédia, une médiathèque et des ateliers d'arts plastiques.
Elle propose des expositions d'art contemporain comme les installations vidéo de Sylvestre Évrard.

Sars-Poteries (59)

→ CENT LIEUX D'ART

7, Offies / Dimont
59216 Sars-Poteries
+33 (0)3 27 61 66 19

Mission/programmation, collections : l'objectif de Cent lieux d'Art est la sensibilisation aux arts visuels par le biais de rencontres entre le public, les oeuvres et les artistes.
Des interventions artistiques sont alors organisées.

Saumur (49)

49400 Saumur
+33 (0)2 41 83 83 83
www.bouvet-ladubay.fr

→ GALERIE D'ART BOUVET-LADUBAY

Mission / programmations, collections : composée de 9 salles d'exposition et d'un hall-librairie, la Galerie d'Art Bouvet-Ladubay s'étend sur près de 800 m2. Le choix de la programmation résulte de deux objectifs : Le premier est de montrer constamment des artistes de haut niveau - Valerio Adami, Eduardo Arroyo, Ben, James Brown, Basquiat, César, Robert Combas, Olivier Debré, Erro, Peter Klasen, Peter Knapp, Julije Knifer, Jean Le Gac, Loïc le Groumellec, Jacques Monory, François Morellet, Jean-Pierre Pincemin, Roman Opalka, Bernard Rancillac, Patrick Raynaud, Niele Toroni, Bernar Venet, Claude Viallat, Jacques Villeglé, Jan Voss... - afin d'offrir à un large public la création picturale des quatre dernières décennies ; Le second est de proposer à des collectionneurs internationaux des œuvres en provenance des ateliers d'artistes.
Horaires : ouvert tous les jours 10h-12h/14h-18h30.
Tarifs : entrée libre.

Sélestat (67)

1, espace G. Estève
B.P. 25
67601 Sélestat
+33 (0)3 88 58 87 55
www.culture-alsace.org

→ FRAC ALSACE

Mission/programmation, collections : le FRAC Alsace dispose d'une collection composée de plus de mille oeuvres représentatives de l'art de 1956 à nos jours. Cette collection est aussi bien orientée vers des artistes majeurs nationaux et internationaux que vers la jeune création régionale. Elle est ouverte à des pratiques aussi diverses que la peinture, la photographie, le dessin, la sculpture, les installations ou l'architecture.

Le FRAC organise diverses expositions temporaires destinées à promouvoir la création contemporaine.

Accueil public/scolaires : le service des publics accueille les scolaires, étudiants et enseignants pour des visites pédagogiques.

Renseignements sur servicedespublics@culture-alsace.org.

Services : le FRAC dispose d'un centre de documentation ouvert au public du lundi au vendredi de 9h à 12h et de 14h à 17h, sur rendez-vous. Le FRAC édite des catalogues d'exposition ainsi que des monographies. Il propose régulièrement des cycles de rencontres et de conférences.

Sérignan (34)

146, av. de la Plage
34410 Sérignan
+33 (0)4 67 32 33 05
www.ville-serignan.fr

→ ESPACE D'ART CONTEMPORAIN GUSTAVE FAYET

Mission/programmation, collections : le lieu organise chaque année des expositions de qualité, d'artistes nationaux

et internationaux (Claude Viallat, rétrospective Christian Bonnefoi, Parallèles 64 : art contemporain islandais...).
Horaires : ouvert tous les jours sauf le mardi et les jours fériés de 10h à 12h et de 15h à 19h.

Sète (34)

➔ CENTRE RÉGIONAL D'ART CONTEMPORAIN

26, quai Aspirant-Herber
34200 Sète
+33 (0)4 67 74 94 37

Historique du lieu/architecture : le CRAC s'est installé dans un ancien bâtiment industriel, un centre de congélation et de conservation du poisson, réaménagé par l'architecte Lorenzo Piqueras.
Mission/programmation, collections : le Centre régional d'art contemporain met en place d'importantes expositions monographiques, collectives ou thématiques (Combas et la ville de Sète en 1992) d'artistes renommés. Son espace modulable permet l'accrochage simultané de diverses expositions. Cette particularité du lieu incite donc le visiteur à chercher, à établir des relations entre les oeuvres, et incite les artistes à créer des oeuvres en rapport avec cet espace.
La situation géographique du Centre régional d'art contemporain le prédispose tout naturellement à porter un intérêt particulier à la culture méditerranéenne.
Accueil public/scolaires : le CRAC accueille des groupes pour des visites, rencontres et conférences.
Services : le Centre reçoit des artistes en résidence, propose des stages aux étudiants des écoles des beaux-arts ou des universités, ainsi que divers échanges internationaux.
Le Centre régional effectue diverses publications (catalogues d'expositions, livrets pédagogiques, livres d'artistes...) en partenariat avec la résidence d'artistes Villa Saint-Clair et l'association Nouvelle Vague.
Horaires : ouvert tous les jours sauf le mardi de 12h30 à 19h.
Réception des groupes sur rendez-vous.
Fermeture durant les périodes d'accrochage d'exposition.
Tarifs : entrée libre.

➔ MUSÉE INTERNATIONAL DES ARTS MODESTES

23, quai de-Lattre-de-Tassigny
34200 Sète
+33 (0)4 67 18 64 00
www.miam.org

Mission/programmation, collections : situé en plein centre de la ville, le Musée international des Arts Modestes a pour objectif d'attirer l'attention du public sur les objets les plus modestes de la vie courante.
Ces objets sont exposés dans des vitrines ou des caravanes, par les artistes Hervé di Rosa et Bernard Belluc.
Le musée met également en place diverses expositions thématiques temporaires.
Horaires : ouvert tous les jours, sauf le mardi et les jours fériés, de 10h à 12h et de 14h à 18h.
Tarifs : plein : 4,60 € / réduit : 1,55 €. Gratuit pour les enfants

de moins de 12 ans, et le 1er dimanche de chaque mois.

→ VILLA SAINT-CLAIR

17, rue Louis-Ramond
34200 Sète
+33 (0)4 67 74 37 07
www.ville-sete.fr

Mission/programmation, collections : créée en 1987 afin de compléter les activités de l'école des beaux-arts de Sète, l'association Villa Saint-Clair propose un programme d'accueil d'artistes en résidence.
Elle organise également des expositions qui se déroulent dans l'entrée de l'École des beaux-arts (La Vitrine).
Services : l'association édite des livres d'artistes et des catalogues liés aux expositions de La Vitrine.

Sèvres (92)

→ MUSÉE NATIONAL DE CÉRAMIQUE

Place de la Manufacture
92310 Sèvres

Historique du lieu/architecture : créé au XIXe siècle par Alexandre Brongniart, le Musée national de céramique a été fondé afin de présenter les différentes catégories de céramiques.
Mission/programmation, collections : outre l'importante collection d'environ cinq mille pièces historiques, le musée ne néglige pas pour autant la céramique contemporaine.
Services : le musée met à la disposition des visiteurs, une librairie-boutique.
Horaires : ouvert de 10h à 17h. Fermé le mardi et les jours fériés.
Tarifs : plein : 4 € / réduit : 2,60 €.

Seyssel (01)

→ ATELIERS DE LA POUDRIÈRE

Montée des Moulins
1420 Seyssel
+33 (0)4 50 56 16 69

Historique du lieu/architecture : l'association Ateliers de la Poudrière s'est installée dans une ancienne usine de mèche de mineur (les établissements Kinsmen) selon les voeux du sculpteur Mireille Fulpius. Elle a ouvert au public en 1993.
Mission/programmation, collections : l'association est un lieu d'échange où se déroulent des expositions, des concerts, et de nombreuses autres manifestations culturelles. Toutes ses activités sont essentiellement financées par les adhérents ou les droits d'entrée aux manifestations.
Services : ce lieu de résidence pour Mireille Fulpius et Llan Wolff, est également un espace de répétitions qui offre la possibilité de faire des stages.
L'association possède aussi un fonds important de films appartenant aux établissements Kinsmen.

Sigean (11)

Hameau du Lac
Corbières Maritimes
11130 Sigean
+33 (0)4 68 48 83 62
www.lac.narbonne.com

→ LIEU D'ART CONTEMPORAIN, LAC

Historique du lieu/architecture : au début des années 90, le peintre hollandais Piet Moget et sa fille ont réhabilité une ancienne cave viticole de 2000 m2 en espace d'exposition, à la fois dépouillé et chaleureux.

Mission/programmation, collections : le LAC organise des expositions d'artistes internationaux majeurs, tels que Geer Van Velde, Richard Long, Niele Torini, Jean-Michel Basquiat, Combas, Sol Lewitt, Yan Pei Ming.

Le LAC est également un lieu de création qui propose aux artistes, par le biais de résidences, de créer et d'exposer ensuite des oeuvres in situ, comme ce fut le cas en 1996 avec les sculptures en feutre de Robert Morris.

Accueil public/scolaires : tout au long de l'année, les scolaires peuvent visiter la collection permanente, uniquement sur rendez-vous, et bénéficier d'un encadrement pédagogique.

Le centre d'art propose également des classes culturelles d'une semaine, des journées pédagogiques et divers ateliers.

Horaires : ouvert pendant toute la période d'été.

Soissons (02)

Abbaye St-Jean-des-Vignes
Rue Saint-Jean
02200 Soissons
+33 (0)3 23 53 42 40
www.musee-soissons.org

→ MUSÉE DE SOISSONS

Historique du lieu/architecture : le musée de Soissons s'est installé depuis 1995 dans les murs de l'Arsenal de l'ancienne abbaye médiévale Saint-Jean-des-Vignes.

Mission/programmation, collections : le musée organise des expositions d'art contemporain dans un cadre exceptionnel et met en relation patrimoine et art actuel.

Accueil public/scolaires : le service pédagogique propose des visites et des ateliers à l'attention du public scolaire. Renseignements au 03 23 93 30 50.

Horaires : ouvert du 1er octobre au 31 mars, le lundi, mardi, jeudi et vendredi, de 9h à 12h et de 14h à 17h, le samedi et dimanche de 14h à 18h. Du 1er avril au 30 septembre, ouvert le lundi, mardi, jeudi et vendredi de 9h à 12h et de 14h à 18h et le samedi et dimanche de 14h à 19h.

Tarifs : entrée libre.

Sotteville-les-Rouen (76)

3, place des Martyrs de la Résistance
76300 Sotteville-les-Rouen
+33 (0)2 35 72 27 51
www.region-haute-normandie.fr/culture

→ FRAC HAUTE-NORMANDIE

Historique du lieu/architecture : Le FRAC Haute-Normandie s'est installé fin 1998 à Sotteville-lès-Rouen, face au Jardin des Plantes de Rouen, dans un ancien bâtiment industriel datant des années 30.

Mission/programmation, collections : créé en 1982, le Frac Haute-Normandie dispose d'une collection de plus de 900 oeuvres d'artistes de renommée nationale ou internationale, en particulier un fonds de peintures abstraites (Debré, Degottex, Godefroy, Mitchell, Pignon, Pinchon, Reigl, Tal Coat, Tolmer...ainsi que Breedveld, Carbonnet, Frize, Jugnet+Clairet, Labussière, Mabille, Pesez, Shaw), d'art britannique (Ackling, Anderson, Art&Language, Blacker, Burgin, Carter, Fulton, Gordon, Knorr, de Monchaux, Monk, Murphy, Tremlett, Willats, Woodrow...), de livres d'artistes (Aubertin, Byars, Dietmann, Feldmann, Gilbert & Georges, Nannucci, Phillips, Roth, Vostell, Zush...). Le FRAC Haute-Normandie s'est récemment orienté vers des thématiques comme le rapport au territoire et à l'architecture (Basilico, Blazy, Brotherus, Burkhard, Bustamante, Coindet, diCorcia, Craig, Davies, Faigenbaum, Huber, Hütte, Keen, Lafont, Lebret, Leonard, Moulin, Niedermayr, Orozco, Pierson, Ristelhueber, Salomone, Scurti, Tavares, Tosani, Udo, Veilhan...) ou les représentations du corps et de l'identité (Ackerman, Alÿs, Appelt, Bächli, Blanc, Bonneval, Brus, Brooks Brody, Cadieux, Cognée, David, Disler, Dzama, Familiari, Fortuné, Framis, Freess, Fréger, Gautel, Geers, Guilleminot, Hybert, Jouve, Karaïndros, Lévénez, Lucariello, Mendiata, Merckaert, Messager, Müller, Negro, Pérez, Piene, Pressager, Sala, Schimert, Schneider, Séchas, Spero, Smith, Sterbak, Strba, Toguo, Tykkä, Tyson, Verna, Vigouroux, Wilson-Pajic...). Il possède également des oeuvres exceptionnelles de Stephen Balkenhol, James Coleman, Rodney Graham, Ken Lum, Tobias Rehberger ou Beat Streuli. Des commandes spécifiques sont régulièrement passées auprès d'artistes.
Un programme de quatre expositions dans son bâtiment et d'une quinzaine hors-les-murs est mis en oeuvre chaque année. Ces dernières prennent le plus souvent la forme de partenariats ou de collaborations avec les principaux acteurs culturels en Haute-Normandie.
Accueil public/scolaires : le services des publics propose aux scolaires de tous âges des actions pédagogiques diversifiées. Des programmes destinés aux publics adultes sont également mis en oeuvre.
Horaires : ouvert du mercredi au dimanche de 1"h30 à 18h30. Fermé les jours fériés.
Tarif : entrée libre.

Souillac (46)

→ L'ATELIER, LAURANNE

25, rue de la Halle
46200 Souillac
+33 (0)5 65 27 16 99
www.lauranne.net

Mission/programmation, collections : l'atelier Lauranne est un lieu d'exposition d'art contemporain, d'installations et de rencontres. L'Art brut y prédomine. L'artiste Lauranne y présente également des expositions temporaires.

Strasbourg (67)

➔ ASSOCIATION POUR LA CRÉATION D'ÉVÉNEMENTS CULTURELS ET ARTISTIQUES

10, rue du Dôme
67000 Strasbourg
+33 (0)3 88 21 00 98
www.aceca.net

Mission/programmation, collections : l'objectif de l'association ACECA est de diffuser l'art contemporain auprès des divers publics et des professionnels. Elle organise des manifestations et participe au développement des réseaux internationaux.
Services : l'ACECA accueille des artistes en résidence et organise des ateliers franco-allemands.
Chaque année, en mai, il est possible de rencontrer les artistes et leur travail dans l'atelier qu'ils occupent. Un catalogue, en rapport avec les ateliers, est à disposition.

➔ APOLLONIA

12, rue du fg de Pierre
67000 Strasbourg
+33 (0)3 88 52 15 12
www.apollonia-art-exchanges.com

Mission/programmation, collections : Apollonia est un organisme artistique qui propose des rencontres et des échanges au niveau européen.
Il souhaite instaurer un parcours artistique maritime entre les villes portuaires méditerranéennes et celles de la mer Noire, afin de rendre ces échanges annuels.
Pour ce projet, Apollonia a créé un laboratoire artistique flottant, spécialisé dans les arts visuels.
Ce laboratoire sera animé par des artistes, des philosophes, et des critiques d'art au cours de divers débats.

➔ BANLIEUES D'EUROPE

B.P. 101
67069 Strasbourg Cedex
+33 (0)3 88 22 24 43
www.banlieues-europe.com

Mission/programmation, collections : Banlieues d'Europe est un réseau créé en 1992. Il met l'accent sur la notion de citoyenneté par la mise en place de nouvelles formes de dialogues, au-delà des frontières. À l'échelle européenne, ce réseau comporte trente-cinq partenaires de travail dans vingt pays. Il agit comme lieu de ressources.
Des rencontres internationales sont proposées.
Son intervention artistique engendre des échanges permettant de sensibiliser les habitants de quartiers défavorisés, exclus de la culture. Le réseau publie également des actes et des ouvrages à propos de la démocratisation culturelle.

➔ CENTRE EUROPÉEN D'ACTIONS ARTISTIQUES CONTEMPORAINES, CEAAC

7, rue de l'Abreuvoir
67000 Strasbourg
+33 (0)3 88 25 69 70
www.ceaac.org

Mission/programmation, collections : créé en 1987, le CEAAC met en place chaque année quatre à cinq expositions thématiques ou collectives, organisées notamment à l'étranger. Au fil des années, le Centre a établi un programme d'installations permanentes extra-muros.
Spécialisé dans la sculpture, le Centre européen d'actions artistiques s'occupe de l'aménagement du parc de Pourtalès, en sculptures contemporaines.

Le projet La Route de l'art contemporain en Alsace, instauré par le Centre, a permis l'installation de sculptures monumentales dans l'environnement, traduisant ainsi la symbiose entre l'artiste et le lieu investi.
Poursuivant cet objectif, le CEAAC effectue de nombreuses commandes publiques d'oeuvres.
Services : le Centre européen organise des colloques et des conférences. Trois ateliers sont mis à la disposition des artistes. Depuis 1987, le Centre européen remet des prix à des artistes dont le travail donnera lieu par la suite, à une exposition au CEAAC.
Horaires : la galerie est ouverte du mercredi au dimanche de 14h à 18h et le jeudi jusqu'à 20h.

→ CHAMBRE À PART

> Association Chambre à Part
17, rue Ohmacht
67000 Strasbourg
+33 (0)3 88 36 87 33
> Galerie Chambre à Part
24, rue Sainte-Madeleine
67000 Strasbourg
www.chambreapart.org

Mission/programmation, collections : Chambre à part est une association loi 1901, qui défend la photographie contemporaine. Elle participe à diverses actions culturelles de la région (Festival Strasbourg Méditerranée,...), édite des livres d'art et des catalogues.
La galerie Chambre à part organise également chaque année une dizaine d'expositions dans sa galerie.
Tarifs : entrée libre.

→ ÉCOLE SUPÉRIEURE DES ARTS DÉCORATIFS

1, rue de l'académie
67000 Strasbourg
+33 (0)3 88 35 38 58
www.esad-stg.org

Mission/programmation, collections : fondée en 1892, l'école dispense un enseignement supérieur spécialisé dans le design et la communication. L'école est à la fois soucieuse des exigences du milieu professionnel et ouverte aux échanges internationaux.
Sa galerie, La Chaufferie, fait de l'École des arts décoratifs, un lieu impliqué dans la politique culturelle de la ville autour de la création contemporaine.

→ LA CHAUFFERIE

5, rue de la Manufacture des Tabacs
67000 Strasbourg
+33 (0)3 88 35 38 58
www.esad-stg.org

Mission/programmation, collections : La Chaufferie, qui dépend de l'ESAD a été créée en 1994. Elle met en place six expositions d'art contemporain par an, dédiées principalement à la jeune création.
Accueil public/scolaires : la galerie propose diverses animations pédagogiques
Tarifs : entrée libre.

→ MAISON DE L'IMAGE

31, rue Kageneck
67000 Strasbourg
+33 (0)3 88 23 86 50
www.images-strasbourg.org

Mission/programmation, collections : fondée en 1999, ce lieu est dédié à la création audiovisuelle et multimédia.
Gérée par la municipalité et l'association Vidéo Les Beaux Jours, elle est à la fois un centre de ressources et un lieu de sensibilisations aux différentes pratiques liées à l'image.
Accueil public/scolaires : l'espace multimédia propose

régulièrement au public des interventions ainsi que des ateliers, permettant ainsi de s'initier à une technique particulière ou de se perfectionner.
Services : la Maison de l'image organise régulièrement des colloques et des cycles de conférences.
Elle dispose d'un espace de diffusion d'oeuvres cinématographiques et audiovisuelles, d'une salle de projection vidéo et cinéma, d'une vidéothèque de près de deux mille films et d'un espace culture multimédia. Ce lieu de réalisation, équipé de matériel vidéo numérique, est ouvert aux porteurs de projet.
Elle accueille également des ateliers d'initiation et de formation aux techniques et au langage de l'image.

→ MUSÉE D'ART MODERNE ET CONTEMPORAIN

1, place Hans-Jean-Arp
67000 Strasbourg
+33 (0)3 88 23 31 31
www.musees-strasbourg.org

Historique du lieu/architecture : ouvert au public en 1998, le Musée d'art moderne, situé au coeur du quartier historique de Strasbourg, a été conçu par l'architecte Adrien Fainsilber.
Mission/programmation, collections : le MAMCS organise des expositions à partir de ses collections, axées principalement sur l'abstraction, le surréalisme, le nouveau réalisme, les mouvements Supports / Surfaces et Fluxus, et l'arte povera.
Le musée s'ouvre également à l'art actuel avec notamment les oeuvres de Buren, Filliou, Sarkis...
Accueil public/scolaires : le Musée d'art moderne et contemporain propose diverses animations.
Services : le MAMCS dispose d'une bibliothèque ouverte du mardi au samedi de 14h à 18h et le jeudi jusqu'à 21h, d'un auditorium, d'une librairie-boutique et d'un restaurant.
Horaires : ouvert du mardi au samedi de 11h à 19h, le jeudi de 12h à 22h et le dimanche de 10h à 18h. Fermé le lundi.
Tarifs : plein : 5 € / réduit 2,50 €.

→ SYNDICAT POTENTIEL

13, rue des couples
67000 Strasbourg
+33 (0)3 88 37 08 72

Mission/programmation, collections : un groupe d'étudiants de l'école des arts décoratifs de Strasbourg ont créé le Syndicat potentiel en 1992.
Si le Syndicat potentiel est un lieu d'exposition, il est aussi un espace public de recherches sur Internet, d'échanges et une banque de projets (il existe à ce propos un journal gratuit et un site Internet : www.banquedeprojets.com). Le domaine de l'art et le domaine universitaire y sont réunis.
Le Syndicat potentiel, réparti dans trois villes (Strasbourg, Paris et Bruxelles), engage une réflexion sur les conditions culturelles et économiques dans l'art d'aujourd'hui.
Horaires : ouvert du mardi au samedi de 15h à 19h toute l'année sauf en juillet et en août.
Tarifs : entrée libre.

Sucy-en-Brie (94)

Ferme de Grand-Val
94370 Sucy-en-Brie
+33 (0)1 45 90 25 12

→ CENTRE CULTUREL

Mission/programmation, collections : le Centre culturel, en partenariat avec le Fonds d'art contemporain du Val-de-Marne, met en place chaque année, dans l'orangerie du château de Sucy, une exposition thématique autour d'oeuvres provenant de la collection du conseil général.
Il accueille des oeuvres d'artistes de renommée internationale tels que César, Raymond Hains, Villeglé, Antonio Segui, ou bien encore Philippe Cognée.

Tarbes (65)

Salle d'exposition
14, rue Théophile-Gautier
65000 Tarbes
+33 (0)5 62 51 16 02

→ LE CARMEL

Historique du lieu/architecture : l'ancien carmel de Tarbes a été réhabilité en espace d'exposition.
Il accueille à présent des oeuvres d'artistes renommés tels que Joan Miró, Olivier Debré, Pierre Alechinsky, Sarah Moon ou Josef Koudelka.
Horaires : du lundi au samedi de 14h à 18h.
Tarifs : entrée libre.

Tedrez-Locquemeau (22)

22300 Tedrez-Locquemeau
+33 (0)2 96 35 21 42
www.oddc22.com

→ GALERIE DU DOURVEN

Historique du lieu/architecture : la galerie du Dourven est installée dans une ancienne maison située à la pointe de Dourven sur un site enchanteur.
Mission/programmation, collections : la galerie soutient la création plastique en proposant aux artistes (Raymond Hains, Gérard Collin-Thébaut...) d'investir les lieux à leur guise.
Chaque exposition est accompagnée d'une publication et d'une présentation de l'oeuvre par un conférencier.
Depuis 2001, la galerie du Dourven est le siège de l'association Art contemporain en Bretagne, qui promeut l'art contemporain dans de nombreux lieux culturels.
Services : des visites commentées sont proposées aux scolaires (de la maternelle au lycée) et aux adultes.
Elles peuvent être accompagnées d'ateliers.
Horaires : ouvert de 15h à 19h le samedi, le dimanche et les jours fériés, et tous les jours sauf le lundi, pendant les vacances scolaires.
Tarifs : entrée libre.

Thiers (63)

Vallée des usines
63300 Thiers
+33 (0)4 73 80 26 56
www.creuxdelenfer.net

➔ LE CREUX DE L'ENFER

Historique du lieu/architecture : le Centre d'art contemporain s'est installé en 1988 dans l'usine du Creux, réhabilitée par les architectes Xavier Fabre et Vincent Speller.

Mission/programmation, collections : la programmation du Creux de l'Enfer se développe autour des différentes pratiques de l'art contemporain et fait appel à des artistes qui doivent concevoir leur projet en relation avec le lieu.

À noter, le cycle d'expositions Les enfants de Sabbat, qui s'ouvre à la création régionale : jeunes artistes issus des écoles des beaux-arts de Clermont-Ferrand et de Lyon.

Accueil public/scolaires : le Centre d'art offre aux enseignants des ateliers en rapport avec les expositions temporaires, ainsi que des visites guidées.

Le Creux de l'enfer souhaite sensibiliser les enfants à l'art contemporain et les voir s'épanouir au moyen de multiples pratiques artistiques diverses.

Services : le Centre d'art contemporain met à la disposition des étudiants, des chercheurs et des enseignants, une bibliothèque et une vidéothèque.

Il propose également les services d'une artothèque, et effectue diverses publication au travers de sa collection Mes pas à faire au Creux de l'enfer.

Horaires : ouvert tous les jours de 14h à 19h.

Tarifs : entrée libre.

Thonon-les-bains (74)

4 bis, av. d'Évian
74200 Thonon-les-Bains
+33 (0)4 50 71 10 10
www.mal-thonon.org

➔ MAISON DES ARTS, ESPACE MAURICE NOVARINA

Historique du lieu/architecture : inaugurée en 1966, la Maison des arts a été conçue par l'architecte Maurice Novarina.

Mission/programmation, collections : la Maison des arts est un espace pluridisciplinaire qui est ouvert à toutes les pratiques artistiques. Elle a notamment créé en 1999, le concours en arts numériques, L'Art en mouvement.

Horaires : ouvert le mardi, mercredi et vendredi de 14h à 19h, le jeudi de 11h à 19h et le samedi de 14h à 18h.

Fermé le lundi et le dimanche.

Thouars (79)

Écuries du Château
av. Martyrs de la Résistance
79100 Thouars
+33 (0)5.49.66.42.47

➔ ÉCOLE MUNICIPALE D'ARTS PLASTIQUES

Mission/programmation, collections : l'École municipale d'arts plastiques propose aux enfants et aux adultes dix ateliers abordant à la fois les pratiques traditionnelles

(peinture, dessin, etc.) et les nouvelles technologies (espace culture multimédia, ECM).
Ces ateliers sont en lien avec la programmation d'expositions d'art contemporain de la ville. Celles-ci sont organisées dans la Chapelle Jeanne d'Arc.
Ils sont également menés en relation avec le patrimoine de la ville (la Tour du prince de Galles).
Certains autres lieux sont en partenariat avec l'école, et proposent des expositions d'art contemporain : les bains douches et l'espace public.

Tinqueux (51)

➔ DANS LA LUNE, CENTRE DE CRÉATIONS POUR L'ENFANCE

> Centre de créations :
8, rue Kléber
51430 Tinqueux
+33 (0)3 26 08 13 26
> Salle d'exposition :
Dans la Lune
av. Sarah-Bernhardt
Zone commerciale du Champ Paveau
51430 Tinqueux
+33 (0)3 26 48 72 64
www.danslalune.asso.fr

Mission/programmation, collections : Dans la lune, ancien titre d'un journal pour enfants, est aujourd'hui la première revue trimestrielle de poésie contemporaine dans laquelle interviennent poètes et plasticiens.
Dans la lune est aussi le nom d'une association créée en 1960 à Tinqueux, qui aide depuis 1989 un large public à accéder aux pratiques culturelles et artistiques. Elle organise cinq expositions par an, diffusées en France comme à l'étranger.
Accueil public/scolaires : le Centre de créations pour l'enfance (de 3 à 12 ans) est pluridisciplinaire. Il possède deux salles d'exposition, un atelier d'arts plastiques et un atelier multimédia. L'association propose en particulier, des cours de photographie.
Le centre peut accueillir deux artistes en résidence.
L'accueil des classes et des groupes se fait sur rendez-vous.
Services : la rubrique du journal, Expositions à louer, permet de consulter le catalogue des expositions.
Horaires : ouvert du lundi au vendredi de 9h à 12h et de 13h30 à 22h30.
La salle d'expositions Dans la Lune est ouverte le lundi, mardi, jeudi et vendredi de 16h30 à 18h, le mercredi de 10h à 12h et de 14h à 18h, et le samedi de 14h à 18h. Pendant les vacances, elle est ouverte de 14h à 18h du lundi au samedi.

Toulon (83)

➔ ÉCOLE SUPÉRIEURE D'ART

École supérieure d'art
+33 (0)4 94 62 01 48
Galerie Riaux
rue des Riaux
83000 Toulon

Mission/programmation, collections : créée en 1899, l'École supérieure d'art accueille dans son enceinte, une galerie d'exposition consacrée à l'art contemporain.
Horaires : la galerie est ouverte du mardi au samedi de 9h à 12h et de 14h à 18h.

➔ GALERIE DES REMP'ARTS

Place Armand Vallé
83000 Toulon
+33 (0)4 94 91 45 60

Mission / programmations, collections : installée dans une

casemate, ancien magasin d'artillerie, des remparts du XVIIe siècle, la galerie Remparts est dédiée depuis son ouverture en 1989 à l'art contemporain. Avec plus de 40 mètres linéaires sous une voûte de 5 mètres, elle est un des équipements importants de la ville en matière de création contemporaine. Elle accueille des expositions temporaires d'artistes nationaux et internationaux tout en restant un équipement servant à la promotion de la jeune création régionale et collabore régulièrement avec l'École Supérieure d'Art de la Ville.
Horaires : du mardi au samedi de 12h à 18h et de 13h à 19h de juin à septembre.
Tarifs : entré libre.

→ HÔTEL DES ARTS, CENTRE MÉDITERRANÉEN D'ART

Conseil général du Var
236, av. du Maréchal-Leclerc
83000 Toulon
+33 (0)4 94 91 69 18

Mission/programmation, collections : situé dans un beau bâtiment de la fin du XIXe siècle, au coeur même de Toulon, l'Hôtel des arts présente une collection d'oeuvres de 1950 à nos jours et des expositions qui privilégient l'art contemporain (Claudio Parmiggiani, Jean-Paul Marcheschi...).
Services : édition de nombreux catalogues de qualité.
Horaires : ouvert tous les jours de 11h à 18h sauf le lundi et les jours fériés.

→ MAISON DE LA PHOTOGRAPHIE

Rue Nicolas Laugier
Place du Globe
83000 Toulon
+33 (0)4 94 93 07 59

Mission / programmations, collections : située au cœur de la Vieille Ville, la Maison de la Photographie, institution muséale de la Ville de Toulon, a été inaugurée en 2002. Ayant une double vocation, elle constitue un tremplin pour les artistes régionaux et se doit également de présenter des œuvres qui par leur envergure internationale influencent les différents courants de la photographie. Le fond, riche de plus de 400 œuvres, possède des pièces de Edouard Boubat, Victor Burgin, Jean-Marc Bustamante, Henri Cartier-Bresson, Lucien Clergue, Robert Doisneau, Walker Evans, Bernard Faucon, Gisèle Freund, Gilbert and George, Jacques-Henri Lartigue, Jean Le Gac, Man Ray, François Nunez, Ernest Pigon-Ernest, Bernard Plossu, Willy Ronis, Georges Rousse, Jean-Loup Sieff, Edouard Steichen, Jean-Pierre Sudre...
Horaires : du mardi au samedi de 12h à 18h et de 13h à 19h de juin à septembre.
Tarifs : entrée libre.

Toulouse (31)

→ BBB, CENTRE RÉGIONAL D'INITIATIVES POUR L'ART CONTEMPORAIN

46, rue Michel Ange
31200 Toulouse
+33 (0)5 61 13 37 14
www.lebbb.org

Mission/programmation, collections : le BBB soutient les jeunes créateurs en arts plastiques et en arts visuels, et s'ouvre aux nouvelles technologies au niveau régional, interrégional et européen. Il propose cinq à six expositions par an,

sur le site et à l'extérieur.
Il a pour mission de promouvoir l'art dans des échanges et dans une programmation d'actions sociales et scolaires.
Services : la mission du Centre régional d'initiatives pour l'art contemporain s'organise autour de résidence d'artistes et d'ateliers d'expression artistique et d'informatique.

5, quai de la Daurade
31000 Toulouse
+33 (0)5 61 22 21 95
www.mairie-toulouse.fr/beaux-arts

→ ÉCOLE SUPÉRIEURE DES BEAUX-ARTS

Mission/programmation, collections : l'école des beaux-arts de Toulouse forme des artistes et des créateurs.
Elle est conçue comme un espace d'expérimentation et de recherche, largement ouvert sur la réalité artistique contemporaine et cherche à offrir les meilleures conditions pour une formation de haut niveau.
Elle présente le travail de ses étudiants dans sa galerie du Quai, et participe également à des expositions dans les lieux culturels de la région.

> Espace Croix-Baragnon
24, rue Croix-Baragnon
31000 Toulouse
+33 (0)5 62 27 60 60
> Atelier d'arts Plastiques
2 bis, av. Jules-Julien
Résidence Jean-Moulin
31400 Toulouse
+33 (0)5 61 52 79 95

→ ESPACE CROIX-BARAGNON

Mission/programmation, collections : spécialisé dans les arts visuels et les arts de la scène, l'espace Croix-Baragnon est un lieu expérimental qui lance les jeunes créateurs sur la scène artistique, et fait leur promotion.
Sa galerie expose chaque mois un nouvel artiste.
Services : l'espace Croix-Baragnon dispose d'un centre de documentation, d'une vidéothèque, d'ateliers d'arts plastiques et d'un laboratoire de montage (Espace III).

56, allée Charles-de-Fitte
31300 Toulouse
+33 (0)5 61 22 27 77

→ ESPACE SAINT-CYPRIEN

Mission/programmation, collections : l'espace Saint-Cyprien est un lieu multiculturel ouvert aux arts plastiques.
Sa galerie organise diverses expositions d'oeuvres de plasticiens ou de photographes.
Accueil public/scolaires : le centre propose divers ateliers d'arts plastiques dirigés par un artiste.
Horaires : ouvert du lundi au vendredi de 9h à 12h30 et de 13h30 à 18h30 et le samedi de 14h à 18h.
Les ateliers d'arts plastiques sont ouverts aux enfants tous les mercredis de 14h30 à 16h, et aux adultes, tous les jeudis de 19h30 à 21h30.

3, place du Capitole
31000 Toulouse
+33 (0)5 62 30 23 30
www.espace-ecureuil.com

→ FONDATION D'ENTREPRISE ESPACE ÉCUREUIL

Historique du lieu/architecture : créé en 2004, la fondation offre au coeur de la ville une galerie d'art contemporain de 400 m2, répartis sur deux étages.
Mission/programmation, collections : la fondation allie le mécénat et la présentation d'oeuvres au travers de six expositions annuelles, consacrées à des artistes reconnus et des jeunes créateurs régionaux.
Accueil public/scolaires : la fondation d'entreprise développe

une activité éducative en partenariat avec le rectorat de l'académie de Toulouse.
Horaires : ouvert du mardi au samedi de 12h30 à 19h30.
Tarifs : entrée libre.

→ GALERIE MUNICIPALE DU CHÂTEAU D'EAU

1, place Laganne
31300 Toulouse
+33 (0)5 61 77 09 40
www.galeriechateaudeau.org

Historique du lieu/architecture : créé en 1974, la galerie municipale du Château d'eau, gérée par la PACE, l'association Photographie Au Château d'Eau, est la première galerie municipale en France dédiée à la photographie.
Mission/programmation, collections : un fonds de plus de 4700 tirages photographiques est proposé au visiteur sous la forme d'expositions temporaires ou itinérantes.
Accueil public/scolaires : des ateliers pédagogiques accueillent les scolaires. Des mallettes pédagogiques sont mises à la disposition des enseignants. Les visites guidées se font sur rendez-vous du lundi au vendredi de 10h à 18h.
Services : la galerie se compose d'une bibliothèque, d'une vidéothèque et d'une diapothèque. Elle programme diverses conférences thématiques extra-muros et édite des affiches et des monographies d'artistes.
Horaires : la galerie est ouverte tous les jours de 13h à 19h sauf le lundi et certains jours fériés. Le centre de documentation est ouvert de 13h30 à 18h du mardi au samedi.
Tarifs : plein : 2,50 € / réduit : 1,50 €.
Gratuit pour les moins de 18 ans.

→ LES ABATTOIRS

76, allée Charles-de-Fitte
31300 Toulouse
+33 (0)5 62 48 58 00
www.lesabattoirs.org

Historique du lieu/architecture : oeuvre de l'architecte Urbain Vitry, Les Abattoirs s'inscrivent dans la tradition du néoclassicisme industriel du XIXe siècle.
Ils sont réaménagés en 2000, en espace d'art contemporain grâce au projet des architectes Antoine Stinco et Rémi Papillault. Le bâtiment alliant austérité et dépouillement, permet une mise en valeur des oeuvres exposées.
Mission/programmation, collections : le musée, possédant une importante collection d'art moderne et contemporain, renouvelle régulièrement ses accrochages dans les salles.
Les expositions présentent divers mouvements depuis 1934 à nos jours : Cobra, les artistes japonais du groupe Gutaï, Supports / Surfaces (Viallat, Dezeuze), Anti-Forme, l'art brut et l'informel, l'expressionnisme, le surréalisme, les abstractions, lyrique et géométrique, l'arte povera, les Nouveaux Réalistes et apparentés, la Transavangarde et la Figuration libre (Combas, Di Rosa)... Le musée dispose ainsi d'oeuvres d'artistes majeurs de l'art contemporain tels que Filliou, Morellet, Bustamante, Gina Pane, Barcelò, Tàpies, Hantaï, Le Gac, Morris.
À noter, la présence de l'immense rideau de scène, La dépouille de Minotaure en costume d'Arlequin, réalisé par Picasso pour la pièce de théâtre de Romain Rolland, 14 juillet.

Accueil public/scolaires : des conférences et débats, des rencontres avec les artistes, des visites guidées ainsi que des ateliers pluridisciplinaires sont proposés au public.
Services : Les Abattoirs offrent les services d'une librairie, d'une médiathèque et d'un restaurant, Le café du musée.
Horaires : ouvert tous les jours de 11h à 19h sauf le lundi.
Tarifs : entrée : 6,10 €. réduit :3,05 €. Gratuit le 1er dimanche du mois et pendant la durée du Printemps de Septembre.

→ TRAVERSE VIDÉO

Lycée des Arènes
4, place Émile-Mâle
31300 Toulouse
www.traverse-video.org

Mission/programmation, collections : l'association, installée au lycée des Arènes, forme les étudiants en audiovisuel et en arts appliqués. Des artistes mondialement connus sont invités par l'association, dans un souci permanent de stimuler la création. Les manifestations artistiques de Traverse Vidéo quittent parfois les murs du lycée pour investir les espaces culturels de Toulouse et de sa région, afin d'amener un public plus large aux pratiques artistiques contemporaines.
Services : Traverse Vidéo organise des conférences et des rencontres ouvertes au public.
Tarifs : entrée libre.

Tourcoing (59)

→ ÉCOLE RÉGIONALE SUPÉRIEURE D'EXPRESSION PLASTIQUE

36 bis, rue des Ursulines
59200 Tourcoing
+33 (0)3 20 27 23 97

Mission/programmation, collections : l'ERSEP travaille en partenariat avec le Département arts plastiques de l'université de Lille III. Réunis sur le même site, ils disposent d'un lieu d'exposition, la galerie Commune, où se sont déroulées depuis son ouverture en 1999, une quinzaine d'expositions monographiques ou collectives, d'artistes qui élaborent des oeuvres in situ. Depuis 2000, l'ERSEP dispose d'un nouveau lieu, la galerie 36 bis, conçue comme un espace de rencontres entre artistes et étudiants.
Services : l'ERSEP et le Département arts plastiques possèdent un amphithéâtre, une bibliothèque (la plus importante du Nord, organisant des expositions autour de livres d'artistes).
Horaires : ouvert du lundi au jeudi de 8h30 à 17h30 et le vendredi de 8h30 à 16h.

→ LE FRESNOY, STUDIO NATIONAL DES ARTS CONTEMPORAINS

22, rue Fresnoy
B.P. 179
59202 Tourcoing Cedex
+33 (0)3 20 28 38 00
www.le-fresnoy.tm.fr

Historique du lieu/architecture : Le Fresnoy, ouvert en 1997, possède l'une des plus originales architectures contemporaines, conçue par Bernard Tschumi. « Le site du Fresnoy est exceptionnel, parce qu'il intègre les bâtiments d'un ancien complexe de loisirs des années vingt, qui comprenait cinéma, dancing, patinoire, manège, etc. À travers les combinatoires

ancien / nouveau, formation / production, artistes /grand public, l'image du bâtiment intègre la dimension d'un modèle. Conceptuellement, nous pouvons voir le projet un peu comme une succession de boîtes dans une boite ».
Mission/programmation, collections : ce centre de formation artistique et audiovisuelle accueille des étudiants de haut niveau qui viennent parfaire leurs études, produire et exposer leurs projets. L'enseignement est dispensé par des artistes reconnus. Ce centre propose des échanges avec des lieux institutionnels renommés (Villa Médicis, l'École nationale supérieure des beaux-arts de Paris...).
Services : des conférences sur l'histoire de l'art moderne et contemporain sont proposées aux étudiants et au public.
Deux salles de cinéma d'art et d'essai sont ouvertes chaque soir. Tous les ans, en décembre, un festival est organisé. Une médiathèque est à la disposition du public sur rendez-vous.
Le Studio possède aussi une librairie, un bar et un restaurant.
Horaires : ouvert du lundi au jeudi de 9h à 12h30 et de 13h30 à 17h30, le vendredi de 9h à 12h30 et de 13h30 à 16h30.

➔ MÉDIATHÈQUE ANDRÉ MALRAUX

26, rue Famelart
B.P. 599
59208 Tourcoing Cedex
+33 (0)3 20 28 07 46
www.asso.nordnet.fr

Mission/programmation, collections : la médiathèque André Malraux occupe depuis 1988 une ancienne usine textile. Elle anime des manifestations culturelles et met en place un programme d'expositions photographiques à la galerie Nadar.

➔ MUSÉE DES BEAUX-ARTS

2, rue Paul-Doumer
59200 Tourcoing
+33 (0)3 20 28 91 60
www.musenor.com

Mission/programmation, collections : le musée des beaux-arts, rouvert en 1994, est un ancien hôtel particulier qui unit l'art contemporain à l'art ancien.
L'accrochage qui a lieu dans des galeries datant des années trente, change tous les dix-huit mois. Une réflexion est établie pour chaque oeuvre dans sa relation avec le lieu. Ainsi, le fonds de ce musée s'est enrichi d'oeuvres in situ de Sol LeWitt, Michelangelo Pistoletto, Matt Mullican, Richard Long...
Des expositions temporaires autour de l'art contemporain sont organisées : présentation en 2004 d'oeuvres d'artistes contemporains venant de collections privées.
Horaires : ouvert tous les jours de 13h30 à 18h sauf le mardi et les jours fériés.

Tours (37)

➔ CENTRE DE CRÉATION CONTEMPORAINE, CCC

53-55, rue Marcel-Tribut
37000 Tours
+33 (0)2 47 66 50 00

Mission/programmation, collections : le CCC est une association qui a organisé plus de soixante-dix expositions de deux cents artistes. Ce lieu expérimental produit des expositions monographiques d'oeuvres parfois créées in situ. Il travaille également en partenariat avec la ville par le biais de

l'Agence d'artistes qui met en place divers projets : François Morellet est ainsi intervenu sur la façade de l'école des beaux-arts de Bourges (pi-rococo, 1999).
Accueil public/scolaires : le CCC propose de nombreuses activités pédagogiques à l'attention des publics scolaires et universitaires et développe une méthodologie de lecture des oeuvres qui repose sur l'observation, la description, la définition. S'appuyant sur des documents pédagogiques (cahiers de notes, jeux de mémoire, jeux de mots pour les primaires ; cahiers de notes, lexiques ou fiches de synthèse pour les collégiens), ces ateliers amènent les enfants à une appropriation des oeuvres par le regard et le langage. Ils mettent également en lumière les relations qui existent entre les oeuvres d'art et le monde actuel. Enfin, un service de formation est en charge des relations avec l'enseignement supérieur. Il anime le BDE (bureau des étudiants), ouvert aux étudiants de toutes disciplines qui souhaitent s'initier à l'art contemporain et se former professionnellement dans ce domaine. Un service de documentation spécialisé dans l'art du XXe siècle est également à la disposition du public enseignant et étudiant.
Services : un cycle de conférences est mis en place en partenariat avec l'université François Rabelais de Tours. Des publications et des multiples sont éditées par l'association.
Horaires : les expositions sont accessibles du mercredi au dimanche, de 14h à 18h.
Tarifs : entrée libre.

→ ÉCOLE SUPÉRIEURE DES BEAUX-ARTS

Jardin François Ier
B.P. 31152
37011 Tours Cedex 1
+33 (0)2 47 05 72 88
www.esbatours.org

Mission/programmation, collections : fondée en 1774, l'école dispense une formation de qualité, non loin du secteur sauvegardé de la ville. Son espace d'exposition présente les travaux des étudiants et les performances d'artistes invités.
Accueil public/scolaires : l'École supérieure des beaux-arts dispense des cours pour enfants et pour adultes.
Services : elle abrite entre ses murs une bibliothèque ouverte à tous, un espace pluridisciplinaire (nUM) lié à la culture numérique.
Elle organise des cycles de conférences.

→ ETERNAL NETWORK

5, place Plumereau
37000 Tours
+33 (0)2 47 05 78 57

Mission/programmation, collections : Eternal Network, clin d'oeil à l'oeuvre de Robert Filliou, est une association fondée en 1999, qui élabore un travail de médiation afin de faire émerger des projets artistiques dans la région Centre.

Tracy-le-Mont (60)

→ TRACES & CIE

60170 Tracy-le-Mont
www.traces-et-cie.org

Mission/programmation, collections : Traces & Cie est une association pluridisciplinaire qui organise, notamment, des expositions Alentours ayant pour but d'intégrer l'oeuvre à l'environnement, tout en sollicitant l'esprit de l'artiste et la sagacité du visiteur.

Trappes (78)

→ BANLIEUES'ARTS

1, rue de l'abreuvoir
78197 Trappes Cedex
+33 (0)1 30 16 47 33

Mission/programmation, collections : en 1992, l'Association Culturelle de Trappes a créé Banlieues'arts, festival de la création artistique et culturelle, qui se déplace dans divers établissements scolaires des Yvelines. Il propose des rencontres et des débats, organise des spectacles professionnels, des ateliers, et présente au final les créations des élèves.
Banlieues'arts prend également des artistes en résidence.

Treigny (89)

→ CHÂTEAU DE RATILLY

Monsieur Luc Pierlot
89520 Ratilly-Treigny
+33 (0)3 86 74 79 54

Historique du lieu/architecture : le château de Ratilly est classé aux Monuments historiques. Si son aspect féodal du XIIe et du XIIIe siècle a été conservé, des transformations ont été effectuées jusqu'au XVIIe siècle. En 1951, est créé, dans l'enceinte du château, un atelier de poterie qui devient peu à peu un lieu d'échanges et de pratiques artistiques.
Mission/programmation, collections : actuellement, l'Association des Amis de Ratilly a joint aux ateliers de poterie, diverses activités telles que des expositions d'art contemporain, des concerts et des stages de musique.
Accueil public/scolaires : des visites guidées sur rendez-vous sont proposées pour plus de dix personnes.
Horaires : ouvert l'été tous les jours de 10h à 18h. Au printemps et en automne, ouvert en semaine de 10h à 12h et de 14h à 17h, le week-end de 15h à 18h. Ouvert en semaine l'hiver, de 10h à 12h et de 14h à 17h, et le samedi de 14h à 17h. Fermé le dimanche.

→ MAISON DU CHANOINE

Le Chaîneau
89520 Treigny-Yonne
+33 (0)3 86 39 89 75

Historique du lieu/architecture : depuis le XVIe siècle, une importante activité de poterie anime le village de Treigny.
La Maison du chanoine fabriqua des poteries jusqu'en 1890.
Un artiste peintre racheta la maison en 1968.
Mission/programmation, collections : chaque été, ateliers et fours deviennent des salles d'expositions de créations contemporaines en rapport avec la céramique.

Troyes (10)

→ CENTRE D'ART CONTEMPORAIN, PASSAGES

9, rue Jeanne-d'Arc
10000 Troyes
+33 (0)3 25 73 28 27
www.art-contemporain.eu.org/passages

Historique du lieu/architecture : le centre d'art contemporain est installé dans une ancienne usine de bonneterie.

Mission/programmation, collections : Passages réalise une dizaine d'expositions annuelles autour de la jeune création plastique contemporaine.

Accueil public/scolaires : afin d'élargir les publics et de les fidéliser, les vernissages et les scénographies d'expositions facilitent l'accès aux oeuvres. Passages accueille des groupes scolaires auxquels sont proposés divers ateliers éducatifs.
Le Centre d'art collabore avec l'école supérieure d'arts appliqués de Troyes et l'école supérieure d'art et de design de Reims.

Services : Passages accueille des artistes en résidence.

Horaires : ouverture tous les jours de 14h à 18h sauf le dimanche et les jours fériés.

Valence (26)

→ CENTRE DE RECHERCHE ET D'ACTION CULTURELLE, CRAC

36, bd du Général-de-Gaulle
26000 Valence
+33 (0)4 75 82 44 10
www.crac.asso.fr

Historique du lieu/architecture : en 1995, le CRAC investit l'ancien cinéma Le Provence, réhabilité par les architectes Antoine Félix-Faure et Philippe Macary.

Mission/programmation, collections : le Crac est la seule scène nationale dont le projet artistique privilégie l'image sous toutes ses formes : cinéma, arts plastiques et multimédia. Trois manifestations pluridisciplinaires s'y déroulent, La Preuve par l'image, Cinéma dans l'Histoire et Changer son matin. Elles ont accueilli notamment Willy Ronis et Solweig von Kleist.

Services : le Centre de recherche dispose d'un centre de documentation, d'une vidéothèque, d'un service d'édition et d'un espace culture multimédia.
De nombreuses actions de découverte et de formation sont engagées chaque année vers le public scolaire.

Horaires : les expositions sont ouvertes du lundi au vendredi de 13h30 à 21h, le samedi et dimanche de 16h à 20h.

Valence-sur-Baïse (32)

→ ABBAYE DE FLARAN

Abbaye de Flaran
32310 Valence-sur-Baïse
+33 (0)5 62 28 50 19

Historique du lieu/architecture : fondée en 1151 dans la vallée de la Baïse, l'abbaye de Flaran, composée de bâtiments monastiques, de jardins et d'un parc, est une parfaite illustration d'un ensemble cistercien du XIIe siècle. Le site est racheté par le département du Gers en 1972 qui engage alors une

intense campagne de restauration.
Siège désormais de la Conservation départementale du patrimoine, ce site développe de nombreuses activités culturelles.
Mission/programmation, collections : l'abbaye cistercienne accueille régulièrement dans ses murs des expositions d'art contemporain. Des oeuvres de Tàpies, Marcheschi et de Brown, ont été récemment exposées.
L'abbaye invite également des artistes en résidence.

Valenciennes (59)

➔ ACTE DE NAISSANCE

Galerie L'H du Siège
15, rue de l'Hôp. du Siège
59300 Valenciennes
+33 (0)3 27 36 06 61
www.hdusiege.org

Mission/programmation, collections : l'association Acte de Naissance, gérant la galerie-atelier L'H du Siège, fut créée en 1987. Elle organise quatre expositions par an, représentatives de la création actuelle en région.
Acte de naissance favorise à la fois la rencontre des artistes entre eux, au travers d'expositions duo qui offrent une confrontation entre leurs oeuvres, et privilégie la rencontre du public avec les artistes dans leur atelier : le travail de l'artiste et sa progression sont ainsi autant pris en considération que l'oeuvre achevée.
Services : l'association a fait construire en 2002 un atelier-logement, destiné à accueillir des artistes en résidence.
Tarifs : plein : 2,50 €.
L'entrée est gratuite pour les scolaires, les étudiants, les artistes et les chômeurs.

➔ ESPACE PIER PAOLO PASOLINI

2, rue Salle-Le-Comte
59300 Valenciennes
+33 (0)3 27 20 16 40
www.espace-pasolini.asso.fr

Mission/programmation, collections : inauguré en 1991, et né de la volonté du collectif théâtral du Hainaut-Jeune Théâtre International, l'espace Pasolini est un lieu pluridisciplinaire alternatif qui accueille notamment peintres et photographes.
Il est ouvert à une création plurielle et expérimentale.
Tarifs : plein : 9,50 € / réduit : 7,00 €.

➔ L'AQUARIUM, ÉCOLE DES BEAUX-ARTS

8, rue Ferrand
59300 Valenciennes
+33 (0)3 27 22 57 63
www.ville-valenciennes.fr

Historique du lieu/architecture : l'école actuelle est l'une des plus anciennes et plus historiques écoles d'art en France.
En 1991, un ancien atelier de peinture situé dans la cour d'honneur de l'école a été dégagé. Cette salle, dite l'Aquarium, est la galerie d'exposition de l'école.
Mission/programmation, collections : l'orientation de l'Aquarium en regard de la scène artistique internationale et la particularité de sa situation dans la cour d'une école d'art, conduisent à un fonctionnement prospectif et pédagogique.
Elle présente trois fois par an des créations photographiques contemporaines. Les artistes qui exposent à l'Aquarium, interviennent également dans l'école par des conférences, visites d'atelier et commentaires des travaux des étudiants.

Services : L'Aquarium édite des livres et journaux, et propose un cycle de conférences et de rencontres. Le centre de documentation de l'école est accessible. Constitué comme un outil actif, inhérent et indispensable à la réflexion artistique, le fonds spécialisé comporte plus de 7000 titres et est abonné à plus de vingt-cinq périodiques français et étrangers.

Vandoeuvre-lès-Nancy (54)

1, place de l'hôtel de ville
54500 Vandoeuvre-lès-Nancy
+33 (0)3 83 56 15 00
www.centremalraux.com

→ CENTRE CULTUREL ANDRÉ MALRAUX

Mission/programmation, collections : le Centre culturel propose diverses manifestations pluridisciplinaires, dont des expositions de photographies dans sa galerie Robert Doisneau.
Services : parmi ses nombreux ateliers, il est à noter la présence d'un atelier consacré à la photographie, ouvert les mardis de 20h à 23h sauf pendant les vacances scolaires.

Venissieux (69)

12, rue Eugène Peloux
BP 24
69631 Vénissieux cedex
+33 (0)4 72 21 44 44
www.ville-venissieux.fr/artsplastiques

→ ESPACE D'ARTS PLASTIQUES DE VENISSIEUX

Mission / programmations, collections : L'Espace arts plastiques de la ville de Vénissieux s'inscrit dans le réseau des structures d'art contemporain de la Région Rhône-Alpes. Depuis 1973, il multiplie les voies d'accès à la création d'aujourd'hui, les contacts possibles entre artistes et habitants à travers expositions, résidences, publications et ateliers de pratique artiste. Une salle d'exposition de 200 m2 nouvellement rénovée, accueille entre 5 et 7 expositions d'art contemporain par an. Cette programmation balaie les multiples facettes de l'art d'aujourd'hui sous ses formes les plus diverses (installation, dessin, sculpture, image...) mais interroge plus particulièrement la place de l'art et de l'artiste dans les récentes mutations urbaines et sociales. Elle reste également très attentive à la jeune création.
Services : Trois publications par an pérennisent les expositions les plus importantes, les résidences d'artistes offrent leur première édition à de jeunes artistes. Un atelier de pratique artistique sensibilise à diverses pratiques artistiques. Nombreuses événements et conférences.
Horaires : ouvert du mercredi au samedi de 14h30 à 18h.
Tarifs : Entrée libre.

Versailles (78)

La Maréchalerie
B.P. 674
78006 Versailles
+33 (0)1 39 07 40 58
www.versailles.archi.fr

→ LA MARÉCHALERIE

Historique du lieu/architecture : La Maréchalerie, espace d'expérimentation art /architecture, est un projet initié par l'école d'architecture de Versailles qui engage une expérience innovante et originale d'ouverture et de sensibilisation à l'art contemporain. Inauguré en juin 2004, ce nouveau centre d'art contemporain, situé en plein coeur de la ville sur le domaine du château de Versailles, a pris sa place géographique dans le cadre des travaux de rénovation et d'extension de l'école.

Mission/programmation, collections : dédié à une réflexion sur les rapports entre art contemporain et architecture, La Maréchalerie – Centre d'art contemporain est un pôle expérimental de recherche et de création.

Il offre un lieu de réflexion et de production à un artiste invité et assure une diffusion des œuvres par des expositions, éditions, rencontres et débats.

Il s'agit d'étudier les différentes formulations liant ou déliant ce que les deux disciplines peuvent expérimenter à partir de préoccupations communes, et selon diverses approches. Interrogeant les notions d'architecture, d'environnement, de territoire ou plus largement d'espace, le Centre d'art invite un artiste à produire une œuvre, conçue et réalisée in situ, inscrite dans les particularités de cet espace.

Un Atelier de production complète cette plateforme de recherche. Il met à la disposition de l'artiste un espace de travail. Chaque réalisation est l'occasion d'un échange privilégiée avec les étudiants de l'Ecole d'architecture en collaboration avec les enseignants. Atelier de recherche, workshop, ou groupe de projet permet à l'artiste invité de présenter sa démarche et de susciter un échange de point de vues sur des problématiques communes. Présentée en amont de la production, cette intervention participe de la mise en place de l'œuvre et la nourrie. Engagée plus tard dans la conception, elle ouvre de nouveaux possibles.

Les résultats de cette démarche sont présentés lors de trois expositions annuelles. Pour chaque exposition une édition est réalisée, document d'artiste présentant le projet de l'artiste invité et l'expérience pédagogique menée au sein de l'Ecole d'Architecture.

Par ailleurs des conférences-débats MANEGE sont l'occasion de développer et discuter des thématiques sociales, politiques et scientifiques en présence de spécialistes, d'architectes et d'artistes invités.

Accueil public/scolaires : divers échanges pédagogiques ont lieu entre les artistes programmés, les étudiants, les enseignants de l'école et le public. Des visites guidées sont proposées aux étudiants, aux scolaires et aux enseignants.

Services : rencontres, débats et éditions font suite à chacune

des expositions.
Horaires : ouvert tous les jours sauf le dimanche et les jours fériés de 14h à 18h, et sur rendez-vous.
Tarifs : entrée libre.

Ville di Pietrabugno (2A)

➔ CENTRE MÉDITERRANÉEN DE LA PHOTOGRAPHIE

Cité Comte-Résidence Pietramarina
20200 Ville di Pietrabugno
+33 (0)4 95 31 56 08
www.cmp-corsica.com

Mission/programmation, collections : le centre a trois objectifs principaux : développer son fonds de photographies, s'ouvrir aux pays méditerranéens et européens par l'intermédiaire d'expositions et de biennales, et soutenir la création actuelle en offrant aux photographes des moyens de réaliser leurs projets.
Accueil public/scolaires : le centre propose des actions pédagogiques pour les scolaires : ateliers de Caméra Obscura.
Services : le centre organise des colloques et publie des catalogues et des ouvrages scolaires.
Horaires : ouvert du mardi au samedi de 13h à 19h et le dimanche de 14h à 18h.
Tarifs : entrée libre.

Villefranche-sur-Saône (69)

➔ MUSÉE PAUL DINI

Place Faubert
69400 Villefranche-sur-Saône
+33 (0)4 74 68 33 70

Historique du lieu/architecture : en 1998, Paul et Muguette Dini lèguent à la ville une grande partie de leur collection de peintures, constituée de quatre cent cinquante tableaux signés. La donation s'est accompagnée ensuite de la donation Jocelyne Naef, comportant une cinquantaine d'oeuvres datant des années 1980-1990.
Mission/programmation, collections : la collection comporte des oeuvres allant du pré-impressionnisme à la période contemporaine. Paysagistes, fauves, cubistes ou artistes contemporains ont pour point commun d'illustrer l'histoire de la vie artistique de la région.
Accueil public/scolaires : visites commentées.
Horaires : ouvert du mercredi au vendredi de 11h à 18h30, et le samedi et dimanche de 14h à 18h30. Fermé les jours fériés.
Tarifs : plein : 4€ / réduit : 2€ / visite commentée : 3€.
Gratuit pour les moins de 18 ans.
Entrée gratuite tous les premiers dimanches du mois.

Villeurbanne (69)

→ INSTITUT D'ART CONTEMPORAIN, IAC-FRAC RHÔNE-ALPES

11, rue du Docteur-Dolard
69605 Villeurbanne Cedex
+33 (0)4 78 03 47 00
www.i-art-c.org

Historique du lieu/architecture : en 1997, le FRAC Rhône-Alpes, né en 1982, et le Nouveau musée, né en 1978, – l'un des premiers centres d'art contemporain en France avec le CAPC de Bordeaux, le Consortium de Dijon et le CCC de Tours –, fusionnent et deviennent l'institut d'art contemporain (IAC). Un espace modulable offre une surface d'exposition de 1200 m2.
Mission/programmation, collections : l'IAC organise des expositions thématiques, monographiques (Basserode, Peter Friedl...) et collectives, à partir de commandes ou d'oeuvres appartenant à des collections publiques ou privées.
Le fonds, composé de plus de 1330 oeuvres, permet de découvrir 515 artistes français et internationaux (Gina Pane, Annette Messager, Martha Rosler, Barbara Kruger, Jenny Holzer, Orlan, Shirin Neshat, Hans Haacke, Franck Scurti...).
Cette collection a pour spécificité l'acquisition d'ensembles monographiques de la jeune création, ainsi que des oeuvres sur support vidéo.
Depuis 2003, l'Institut élabore un partenariat avec la Biennale d'art contemporain de Lyon.
Accueil public/scolaires : des cycles de conférences, des colloques ainsi que des visites guidées et des leçons données par des artistes, sont proposées au public.
Il offre aux enseignants diverses formations et établit des liens privilégiés avec les universités et les grandes écoles en associant les étudiants aux diverses activités du musée.
Services : l'IAC met à la disposition du public un centre de documentation et d'archives spécialisé en art contemporain.
Il édite des livres et des écrits d'artistes, des essais, des actes de colloques et des conférences.
Horaires : ouvert du mercredi au dimanche de 13h à 18h. De 13h à 19h d'octobre à mai. Nocturne le mercredi jusqu'à 20h. Visites individuelles commentées le samedi et le dimanche à 15h. Visites de groupe sur rendez-vous.
Tarifs : plein : 4 € / réduit : 2,5 €.

→ URDLA - CENTRE INTERNATIONAL DE L'ESTAMPE ET DU LIVRE

207, rue Francis-de-Pressensé
69608 Villeurbanne Cedex
+33 (0)4 72 65 33 34

Mission/ programmation, collections : devenue Centre international de l'estampe et du livre, l'URDLA poursuit son développement sans ignorer les crises qu'affronte la création actuelle, avec l'ambition d'être en premier lieu un outil d'analyse et de réflexion pratique sur l'art en train de naître et sur sa diffusion immédiate dans le tissu vivant de la cité.
Horaires : ouvert du lundi au vendredi de 9h à 12h et de 14h à 18h.
Tarifs : entrée libre.

Villeneuve-d'Ascq (59)

1, allée du musée
59650 Villeneuve-d'Ascq
+33 (0)3 20 19 68 68
www.nordnet.fr/mam

→ MUSÉE D'ART MODERNE LILLE MÉTROPOLE

Historique du lieu/architecture : la donation faite par Geneviève et Jean Masurel à la ville de Lille en 1979 est à l'origine de la création du Musée d'art moderne Lille Métropole qui a ouvert ses portes en 1983.
Il se situe au centre d'un jardin de sculptures en bordure du parc du Héron et longe un cours d'eau. Entièrement en brique, sa superficie est de 7700 m2.
Mission/programmation, collections : la collection exceptionnelle du Musée d'art moderne est composée d'oeuvres de figures majeures de l'art moderne (Braque, Derain, Léger, Miró, Modigliani, Picasso, Rouault,...) et de l'art contemporain, tels qu'Eduardo Arroyo, Olivier Debré, Erró, Jacques de la Villeglé, Eugène Leroy, Mimmo Rotella, Daniel Buren, Daniel Dezeuze, Claude Rutault, Pierre Soulages...
Accueil public/scolaires : le MAM propose des conférences, des visites et des activités pour le public et les scolaires, mais aussi des ateliers en dehors du temps scolaire pour les enfants de quatre à douze ans.
Services : le MAM accueille dans ses murs une librairie-boutique, gérée par la Réunion des musées nationaux.
Horaires : le musée est fermé pour travaux de janvier 2006 à janvier 2008.
Tarifs : entrée : 5 €.

Vitré (35)

Centre culturel Jacques Duhamel
6, rue Verdun
35506 Vitré
+33 (0)2 99 75 02 25

→ ARTOTHÈQUE

Mission/programmation, collections : l'artothèque possède une collection d'environ huit cents oeuvres d'art contemporain, en particulier un ensemble de photographies et d'estampes. Elle organise toute l'année et notamment en été, des expositions de photographies d'artistes de renommée internationale.
Accueil public/scolaires : elle propose au public diverses activités pédagogiques et un programme de conférences.
Services : une documentation est à la disposition des scolaires, des étudiants et des professeurs.
Horaires : l'espace de prêts est ouvert le lundi, mardi et jeudi de 16h30 à 18h30, le mercredi de 9h à 12h30 et de 14h à 20h, le vendredi de 16h30 à 18h30.

Vitry-sur-Seine (94)

LA GALERIE MUNICIPALE D'ART CONTEMPORAIN

59 rue Guy Moquet
94400 Vitry sur seine
+33 (0)1 46 82 83 22
www.mairie-vitry94.fr

Mission / programmations, collections : l'objectif de la ville à travers cet espace municipale est de favoriser l'accès à l'art pour le plus grand nombre en couvrant le territoire de la ville et en suscitant l'envie, la curiosité et la découverte par des formes diverses de médiation. L'équipe de la Galerie met en place des visites à destination des scolaires (de la maternelle au lycée) et des centres de loisirs. L'exposition y est décortiquée et la visite stimulée par un jeu de questions-réponses.
Services : pour accompagner l'exposition, un document pédagogique est mis à disposition des enfants et des enseignants. Il traite des enjeux de l'exposition et replace l'artiste et son travail dans le champ de l'histoire de l'art. A chaque exposition, un catalogue est réalisé en complicité entre l'artiste et l'équipe de la Galerie. Prolongement idéal de l'exposition et nourri de contributions écrites par des critiques et historiens d'art, il est offert aux visiteurs.
Horaires : du mardi au dimanche de 14h à 19h pendant les expositions.
Tarifs : entrée libre.

MUSÉE D'ART CONTEMPORAIN VAL-DE-MARNE/VITRY

Pavillon du musée
Carrefour de la Libération
94400 Vitry-sur-Seine
RER : Vitry-sur-Seine
+33 (0)1 43 91 64 22
www.macval.fr

Historique du lieu/architecture : au centre de Vitry-sur-Seine, le nouveau musée d'art contemporain Val-de-Marne / Vitry, est inauguré à l'automne 2005 afin d'accueillir la collection du fonds départemental d'art contemporain. Le projet architectural est l'oeuvre de l'atelier d'architecture J. Ripault et D. Duhart. Situé sur un terrain de 20 000 m2, le bâtiment de 13 000 m2 comporte 4000 m2 d'espace d'exposition ; 2600 m² d'exposition permanente et 1350 m2 dédiés aux expositions temporaires.
Mission/programmation, collections : le musée d'art contemporain Val-de-Marne / Vitry possède une collection qui présente les différents mouvements qui ont marqué l'art de 1950 à nos jours : l'art optique et lumino-cinétique (Le Parc, Soto, Tinguely), l'abstraction géométrique (Magnelli, Jacobsen), la peinture gestuelle (Hartung, Soulages, Reigl, Degottex), la figuration narrative (Rancillac, Monory, Télémaque), le nouveau réalisme (César, Arman, Spoerri, Raysse), Supports / Surfaces (Buraglio, Jaccard, Dezeuze), ainsi que de grands noms de l'art actuel (François Morellet, Annette Messager...). Des commandes régulières complètent le fonds de la collection. À noter, une salle sera consacrée à Jean Dubuffet.
Accueil public/scolaires : le service des publics offre aux enseignants depuis 2003 la possibilité de travailler sur diverses thématiques.
Services : le musée accueille dans ses murs trois ateliers

d'arts plastiques, deux ateliers d'artistes en résidence, un cinéma d'art et d'essai, un auditorium, une librairie-boutique de près de 200 m2, offrant à la vente plus de 10 000 titres sur l'art moderne et contemporain – un accès au catalogue de vente est possible via le site Internet de la librairie -, et un restaurant.

34 LIEUX DE L'ART CONTEMPORAIN EN BELGIQUE

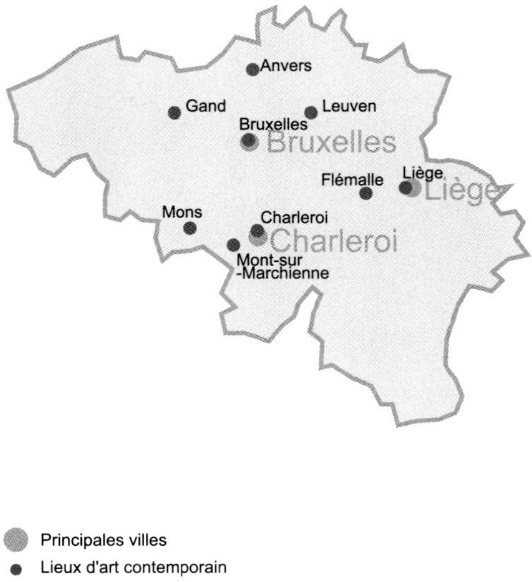
Anvers
Gand
Leuven
Bruxelles
Bruxelles
Flémalle
Liège
Liège
Mons
Charleroi
Charleroi
Mont-sur
-Marchienne
Principales villes
Lieux d'art contemporain

Bruxelles

→ 1 SUR 1

321 avenue de la Couronne
1050 Bruxelles
www.1sur1.be

Mission/ programmation/ collection : ce lieu n'est autre qu'une vitrine sur rue 'vivarium' qui invite un artiste chaque mois depuis 2005 à produire une oeuvre pour cette espace atypique.

→ ARGOS

Werfrstraat
13 rue du Chantier
1000 Bruxelles
+32 (0)2 229 00 03
www.argosarts.org

Mission/ programmation/ collection : ce centre d'art développe sa programmation et ses services autour de la création audiovisuelle. La programmation se décline en expositions monographiques à un rythme allant de 3 à 5 expositions par an (Arenout Mik, Michel Lorand, Peter Dwonsbrough, Markus Schinwald, Joëlle Tuerlinckx), en diffusion (séance de projections de films d'artistes), conférences, avec le festival annuel 'Argosfestival' et enfin au travers de publications (catalogues, dvd...)
Services : Argos mets à disposition des artistes des ateliers, des institutions un fond d'œuvres vidéos et du public une médiathèque.
Horaires : ouvert du mardi au samedi de 14h à 19h, nocturne le jeudi jusqu'à 22h. L'accés à la médiathèque se fait exclusivement sur rendez-vous.

→ ART EN MARGE

312 rue Haute
1000 Bruxelles
+32 (0)2 511 04 11
www.artenmarge.be

Mission/programmation, collection : durant ces 15 années d'existence Art en Marge a habité successivement trois adresses : le n°7 de la rue des Vierges au centre de Bruxelles, le n°59 de la rue des Alexiens et lson adresse actuelle.
Le centre bruxellois Art en Marge - Centre de Recherche et de Diffusion d'art outsider - recherche et diffuse depuis 1986 des oeuvres créées par des artistes autodidactes belges ou étrangers. Certains sont pensionnaires de maisons pour handicapés mentaux, d'hôpitaux psychiatriques, d'autres exercent ou ont exercé des métiers très variés: photographe, brocanteur, cordonnier, musicien... L'objectif du centre est de montrer les similitudes et la complémentarité qui existent entre des œuvres réalisées par des artistes professionnels et celles découvertes dans des lieux inaccessibles au public.
La collection d'art en Marge, qui compte à ce jour plus de 1500 œuvres d'artistes belges et internationaux s'organise autour d'artistes comme Inès Andouche, Umberto Bergamaschi, Dominique Bottemane, Victor Cordier, Francis Marshall... et s'agrandit à chaque nouvelle exposition.
Services : un ouvrage très complet et nombreuses cartes postales présentent la collection.
Horaires : ouvert du mercredi au vendredi 12h à 18h et le samedi 11h à 16h, fermé en août.

➔ ARTISCOPE

35, Boulevard Saint-Michel
1040 Brussels
+32 (0)2 735 52 12
www.artiscope.be

Mission/ programmation, collection: fondé en 1977, Artiscope est situé au cœur de Bruxelles. Spécialisé en art contemporain américain et européen, la galerie propose chaque année cinq expositions temporaires privilégiant notamment les protagonistes des mouvements italiens les plus importants comme Clemente, Pistoletto, Paladino, Penone... avec qui elle a tissé des liens très forts. Artiscope collabore avec de nombreuses institutions publiques et belges, autant qu'avec des musées étrangers.
Services: Artiscope a édité de nombreux catalogues et livres d'art.
Horaires: ouvert du mardi au vendredi de 14h à 18h et sur rendez vous les autres jours.
Tarifs: entrée libre.

➔ ATELIER 340

Drève de Rivieren 340
1090 Bruxelles
+32 (0)2 424 24 12
www.atelier340muzeum.be

Historique du lieu/ architecture : ces bâtiments regroupent d'anciennes petites maisons ouvrières autour d'une ancienne salle de bal. La diversité de ces espaces récupérés, aux murs de briques et aux sols en béton ou en carrelage décoratif, se combine à des espaces récemment construits. La sobriété est le dénominateur commun. Des façades aux couleurs affirmées complètent l'ensemble. L'Atelier 340 Muzeum est situé dans une rue très calme qui accueille par ailleurs quelques sculptures monumentales. Un petit parc de sculptures s'ouvrira au public en 2007.
Mission/ programmation/ collection: l'Atelier 340 Muzeum est un centre d'art indépendant, créé en 1979, qui s'est donné pour but l'étude et la promotion de la sculpture et de l'art tridimensionnel, tant en Belgique qu'à l'étranger. L'Atelier 340 Muzeum organise 3-4 expositions par an dans ses bâtiments ainsi que plusieurs manifestations hors de ses locaux. Il organise trois types d'expositions: thématiques, confrontatives ou personnelles (rétrospectives), accompagnées par la publication d'importants catalogues quadrilingues, richement illustrés ainsi que de cartes postales.
Services: l'Atelier 340 Muzeum abrite également un centre de documentation spécialisé pour la sculpture contemporaine et une Cellule de la Pierre.
Horaires: ouvert du jeudi au dimanche et les jours fériés de 14h à 19h.
Tarifs : 6 €

➔ BAINS

Rue Berthelot 34
1190 Forest
Bruxelles
+32 (0)2 53 44 855
www.bains.be

Historique du lieu/ architecture : ancienne piscine construite entre 1913 et 1960, désaffectée en 1985, cet espace fut investi par de jeunes artistes en 1997 qui obtirent du propriétaire l'autorisation de rester contre rénovation du lieu. Les Bains ont été reconnus comme centre d'art en 2006.

Mission/ programmation/ collection : lieu performatif, les Bains sont surtout un espace de création, de production pour jeunes artistes en résidences. Néanmoins, l'impératif de présenter l'œuvre à u public les incite à développer une programmation pour le public.
Horaires : les bureaux sont ouverts de 10h à 17h et les ateliers de 8h30 à 22h.

→ BOZAR - PALAIS DES BEAUX ARTS

23 rue Ravenstein
1000 Bruxelles
+32 (0)25 07 84 44
www.bozar.be

Historique du lieu/ architecture : l'architecte belge Victor Horta (1861-1947) entreprit les plans du Palais des Beaux-Arts peu de temps après la Première Guerre Mondiale. Le bâtiment faisait alors partie intégrante d'un projet urbanistique concernant tout le Mont des Arts. Horta est principalement connu pour les maisons de maître qu'il construisit à la fin du XIXe siècle en style art nouveau. Le Musée Horta – l'ancienne demeure et atelier de l'architecte – constitue un superbe témoignage du travail du maître, qui considérait que l'architecture et l'aménagement intérieur sont indissociables. Un espace d'une incroyable fluidité, une lumière naturelle abondante, glissant par des verrières ornées de vitraux, des rampes en fer forgé, un décor d'inspiration florale qui s'étend du sol au plafond et jusqu'au mobilier, laissent le visiteur en admiration.
Mission/ programmation/ collection : Bozar vous propose différentes activités : spectacles, expositions, conférences… autour de l'art contemporain et sous toutes ses formes. Une vingtaine d'expositions sont organisées par an, en collaboration avec les institutions internationales les plus réputées, faisant alterner les grandes collections, l'art contemporain, les trésors de divers patrimoines nationaux et le soutien à la jeune création. Autour de l'architecture : un « studiolo », laboratoire hors normes situé au cœur du bâtiment et ouvert au public, accueille des expositions, des conférences, des réalisations concrètes parfois spectaculaires, et travaille en étroite collaboration avec le Centre d'information de l'architecture, de l'urbanisme et du design.
Services : restaurant ouvert non stop de 9h30 à 23h : conçu par l'artiste Jan De Cock et inauguré en octobre 2004, il offre une cuisine variée, chaude et froide, créative et originale, dont la carte relaie les thèmes des expositions !
En fonction des activités programmées au Palais des Beaux-Arts, le public a accès à deux bars fixes ainsi qu'à un ou plusieurs bars mobiles.
Horaires : ouvert du mardi au dimanche de 10h à 18h et le jeudi jusqu'à 21h.
Tarifs : variables selon les expositions.

→ LA CENTRALE ELECTRIQUE

13 rue Sainte Catherine
1000 Bruxelles
+32 (0)2 279 64 31

Historique du lieu / architecture : la première centrale électrique de Bruxelles fut construite en 1892-1893 dans la rue Melsens. Vers 1901, l'architecte Devreux fut chargé de l'agrandissement et de la modernisation de la première centrale. Le bâtiment présente des façades caractéristiques des bâtiments industriels et témoigne ainsi de la mixité de fonctions que connut anciennement le centre urbain. Si le rez-de-chaussée a été modifié par des installations commerciales, les quatre niveaux supérieurs ont conservé leur intégrité. La façade éclectique du bâtiment de la rue Sainte-Catherine est rythmée par des assises de pierre blanche et bleue et est percée de grandes baies métalliques qui lui donnent une monumentalité sévère. En certains points, la façade fait référence à la tour de l'ancienne église Sainte-Catherine, que jouxte le bâtiment situé sur la place. Ainsi, les éléments architecturaux de la façade, élément déterminant de la rue, donnent à l'ancienne centrale électrique un aspect très original, inspiré par le besoin de représentation ressenti par les services communaux du XIXe siècle. Depuis 1998, la façade et e toit du bâtiment sont classés.

Mission/ programmation/collection : la nouvelles politique de la Ville de Bruxelles et de son Echevinat de la Culture privilégie la ville, l'art urbain, l'interpénétration et la transversalité des différentes formes artistiques, favorisant également le partenariat entre structures dynamiques et novatrices. Pour la mise en oeuvre de cette politique, le Service Culture a bénéficié d'une restructuration autour de trois axes : la représentation et création artistique, les sons, les nouveaux médiums et les arts du spectacle ; la participation et l'éducation permanente, les espaces publics, la communication événementielle et institutionnelle et la culture urbaine ; l'organisation logistique, les finances et l'informatique, la formation continue.

Horaires : ouvert du mercredi au dimanche de 11h à 18h et le jeudi jusqu'à 20h.

Tarifs : Plein : 6€ / réduit : 4.50€.

→ CENTRE INTERNATIONAL POUR LA VILLE, L'ARCHITECTURE ET LE PAYSAGE- CIVA

Rue de l'Ermitage 55
Kluisstraat
1050 Bruxelles
+32 (0)2 642 24 50
www.civa.be

Historique du lieu/ architecture : un concours international a permis de sélectionner les architectes du CIVA : une jeune équipe française Jean-Philippe Garric, Bernard Quirot, Valérie Nègre et Joseph Altuna. Le CIVA occupe une superficie d'environ 6 500m². Le Centre International pour la Ville, l'Architecture et le Paysage (CIVA) constitue un complexe architectural important réunissant bibliothèques, centre d'archives et de documentation, salles d'expositions et de conférences.

Mission/ programmation, collection : Le Civa poursuit ses différentes missions : préserver la mémoire de l'architecture, débattre des questions qui y sont liées et promouvoir la création, tant par le biais d'expositions (monographiques ou thématiques, seul ou en partenariat avec d'autres institutions

culturelles, sur son site ou hors les murs) que via l'édition d'ouvrages (catalogues d'exposition, beaux livres, guides d'architecture...) ; le Civa propose également régulièrement des colloques et conférences.
Services : librairie
Horaires : ouvert du mardi au dimanche de 10h30 à 18h30.
Tarifs : l'accès à la galerie 1 est gratuite. Seule l'accès à l'exposition permanente est payante :
plein : 6€ / réduit : 4€ et 2€.

→ ESPACE PHOTOGRAPHIQUE CONTRETYPE

1 avenue de la Jonction
1060 Bruxelles
+32 (0)25 38 42 20
www.contretype.org

Historique du lieu/ architecture : l'Hôtel Hannon, très bel hôtel de maître Art Nouveau, fut construit en 1903-1904 par l'architecte Jules Brunfaut à la demande de son ami Edouard Hannon, ingénieur auprès de la société Solvay et photographe. Au sein de cette magnifique demeure, le peintre rouennais Paul Albert Baudoin réalisa les importantes fresques de la cage d'escalier et du fumoir ; les vitraux sont dus à Raphaël Evaldre, le mobilier et la décoration, aujourd'hui dispersés, portent la griffe du célèbre verrier et ébéniste Emile Gallé et de Louis Majorelle. L'hôtel Hannon, classé en 1976 par les Monuments et Sites, fut acquis par la commune de Saint Gilles et bénéficia d'une importante rénovation de 1984 à 1988. Les lieux furent alors mis à la disposition de l'Espace Photographique Contretype, association qui s'occupe de la gestion culturelle et qui a déjà présenté une centaine d'expositions dans le domaine de la photographie contemporaine.
Mission/ programmation/ collection : association fondée en 1978 par Jean-Louis Godefroid, Contretype se présente comme un espace d'exposition, de production et de diffusion centré sur la photographie créative, sans considération de pratiques ou de genres particuliers. Depuis 25 ans, Contretype œuvre à l'accueil à Bruxelles de productions européennes et, en instaurant des relations de travail avec ses partenaires, diffuse la production d'artistes belges à l'étranger. L'Hôtel Hannon organise des expositions dans et hors ses murs. Il est aussi à l'origine de créations de missions photographiques, de résidences d'artistes, de l'édition de livres et de la publication d'une revue bimestrielle.
Services : dans le cadre de « Paroles d'images », un cycle de conférences sur et autour de la photographie contemporaine vous est proposé.
Horaires : ouvert du mercredi au vendredi de 11h à 18h et le samedi et dimanche de 13h à 18h.
Tarifs : 2,5€.

→ INSTITUT GOETHE

58, rue Belliard
1040 Bruxelles
+32 (0) 22 30 39 70
www.goethe.de

Historique du lieu/ architecture : fondé en 1959, le Goethe-Institut Brüssel est situé depuis 1963 dans la rue Belliard.
Mission/ programmation, collection : le Goethe-Institut

est, au niveau international, la plus importante institution culturelle de la République Fédérale d'Allemagne. Il a pour mission de promouvoir la langue allemande à l'étranger, d'encourager la coopération culturelle internationale et de communiquer une image aussi complète que possible de l'Allemagne, en informant sur la vie culturelle, sociale et politique du pays. Le Goethe-Institut est membre du consortium des instituts culturels européens en Belgique – CICEB, et organise dans ce cadre, des projets avec d'autres instituts culturels ainsi qu'avec d'autres institutions européennes. Il organise et soutient des manifestations culturelles (des conférences, expositions, concerts, spectacles de danse, etc.), toujours en coopération avec d'autres institutions dans le pays hôte. Il aimerait donc, de cette manière, contribuer à la création d'une image diversifiée de l'Allemagne et à un dialogue interculturel dans la capitale européenne et en Belgique.
Services : le Goethe-Institut offre un grand choix d'informations sur la culture et la langue allemande à travers des cours d'allemand ainsi que de nombreuses bibliothèques.
Horaires : ouvert du mardi au vendredi de 9h à 19h et le samedi de 9h à 13h.
Tarifs : entrée libre.

→ KOMPLOT

59, rue des Eperonniers
1000 Bruxelles
+32 (0) 2 534 7252
www.kmplt.be

Mission/ programmation, collection : créée en 2002, Komplot est une association d'artistes et de curateurs qui s'ils ne disposent pas de lieu développent une programmation en investissant tour à tour des institutions et des espaces publics. Leur site internet permet de suivre leur programmation. L'association a notamment créé une programmation sous le nom VOLLEVOX autour du théme de la voix dans l'art contemporain qui a fait l'objet d'un catalogue- CD en 2005.

→ LES HALLES

22 rue Royale Sainte-Marie
B-1030 Bruxelles
+32 (0)2 218 21 07
www.halles.be

Historique du lieu/ architecture : l'espace des Halles est un exemple type de la réaffectation d'un lieu industriel en lieu culturel. Dés 1975 la communauté française de Belgique investit cet ancien marché couvert en structure de fer riveté propre à l'architecture du milieu du XIXéme à Bruxelles.
Mission/ programmation/ collection : à l'architecture polyvalente du lieu répond une programmation multidisciplinaire, française, belge, européenne… internationale, l'axe européen étant l'un des soucis majeurs. Les Halles sont notamment à l'origine du réseau TransEuropeHalles, réseau de centre d'art indépendants en Europe. Multidisciplinaire, le lieu est surtout axé sur les arts de la scène mais se lie aux arts plastiques grâce à 'Trouble, un espace pour la performance' en partenariat avec les Subsistances de Lyon et New territories à Glasgow.
Horaires : le secrétariat général est ouvert du lundi au ven-

dredi de 9h30 à 18h.

MUSEE ALICE ET DAVID VAN BUUREN

41 Avenue Léo Errera
1180 Bruxelles
+ 32(0)23 43 48 51
www.museumvanbuuren.com

Historique du lieu/ architecture : construite en 1928, la maison du banquier mécène David van Buuren présente une architecture extérieure typique de l'Ecole d'Amsterdam, alors que la décoration intérieure constitue un ensemble « Art déco » unique aménagé par des ensembliers belges, français et hollandais le couple van Buuren avait fait de sa villa un « conservatoire vivant », où mobilier rare, tapis, vitraux, sculptures et tableaux de maîtres internationaux sont restés à leur place, dans une maison de mémoire devenue musée en 1975. A cette maison s'ajoute un parc 1.5 hectare où la sculpture contemporaine a trouvé sa place.
Mission/ programmation/ collection : le parc de sculpture comprend un espace plus ouvert dans sa composition que le reste du parc qui n'est autre que le verger. Celui-ci attire ponctuellement les amateurs de sculpture contemporaine en offrant un champ d'expansion à l'actualité de la création artistique. De 1991 à 1997, les jardins accueillirent trois éditions du Prix triennal de Sculpture. La présence régulière d'œuvres d'artistes de tous horizons crée une relation esthétique où sculpture et environnement se mettent réciproquement en valeur.
Services : une librairie se tient à votre disposition.
Horaires : ouvert tous les jours sauf mardi de 14h30 à 17h30.
Tarifs : musée+jardin : Plein : 10€/ réduit : 5€ - jardin seul : 5€/ réduit : 2,5€.

MUSEE D'ART MODERNE

Place Royale 3
1000 Bruxelles
+32(0)25 08 32 11
www.fine-arts-museum.be

Historique du lieu / architecture : les œuvres du XXe sont regroupées dans les salles qui ont été ouvertes en 1984. En partie souterraines, celles-ci sont distribuées autour d'un puit de lumière qui confère à l'ensemble architectural une identité particulière.
Mission / programmation/ collections : le musée propose un panorama particulièrement riche de la peinture et de la sculpture belge au XIXe siècle. Les œuvres y sont agréablement disposées suivant un parcours thématique et chronologique réparti sur six niveaux. L'ensemble retrace l'évolution de l'art du XXe siècle à travers le fauvisme, l'expressionnisme, et le surréalisme ou l'abstraction et les tendances contemporaines. Le département d'Art moderne comprend également les Musées Antoine Wiertz et Constantin.
Accueil public / scolaires : le service éducatif peut accueillir les visiteurs au Musée moderne. Son but est d'établir un lien actif entre le musée et son public, qu'il soit enfant, adolescent ou adulte : quel que soit l'âge du visiteur, la visite guidée est un dialogue vivant avec l'oeuvre d'art.

Services : le fonds de la bibliothèque se compose de monographies, catalogues d'exposition, catalogues de vente, périodiques, cédéroms, etc., ayant trait aux domaines de la peinture, du dessin et de la sculpture, de la fin du moyen âge jusqu'à nos jours. Dans une moindre mesure, la bibliothèque possède des ouvrages consacrés à la gravure, l'architecture, la photographie et aux arts appliqués. La bibliothèque est accessible au public, les mardi et jeudi, de 9h à 12h et de 13h à 16h. Fermeture en août et entre les fêtes de fin d'année.
Boutique : de 10h à 17h45
La cafeteria : de 10 h 30 à 16 h 30
Le musée propose un ensemble d'activités : concerts, conférences, visites guidées thématiques dont on retrouve la programmation sur le site des musées royaux.
Horaires : ouvert du mardi au dimanche de 10h à 17h.
Tarifs : plein : 5 € / réduit : 3,5 € et gratuit le 1er mercredi après-midi de chaque mois.

→ MUSEE D'ART SPONTANE

27 rue de la constitution
1030 Bruxelles
+32 (0) 24 26 84 04
www.proximedia.com

Historique du lieu/ architecture : hormis les caves légèrement transformées, le musée d'art spontané est un bel exemple de réutilisation valorisante d'un lieu industriel en lieu culturel, puisque cet espace était une imprimerie autrefois. Le monte-charge et sa poulie sont d'ailleurs toujours visibles, tout comme le coffre-fort qui sert aujourd'hui d'étagère !
Mission/ programmation/ collection : le musée d'art spontané regroupe différentes formes d'expression artistique alliant de l'art naïf à de l'art brut. Délaissant tout académisme, les artistes, souvent autodidactes, peignent et sculptent sans à priori. Primitifs contemporains, la valeur de leurs œuvres découle de leur caractère authentiquement personnel. Le musée présente en permanence une cinquantaine d'œuvres choisies dans la collection du musée.
Services : le musée publie des catalogues d'exposition et organise différents ateliers.
Horaires : ouvert du mardi au samedi de 13h à 17h.
Tarifs : Plein : 2€ / réduit : 1€.

→ MUSEE D' IXELLES

71 rue Jean Van Volsem
1050 Bruxelles
+32 (0)2 515 64 21
www.musee-ixelles.be

Historique du lieu/ architecture : destin étonnant, voire insolite que celui de l'ancien abattoir d'Ixelles. En effet, afin de présenter au public la donation Edmond de Praetere dont la commune vient d'hériter, et ne disposant pas des moyens financiers nécessaires à l'édification d'un musée, la seule ressource envisageable consiste à occuper un bâtiment existant. L'abattoir ayant définitivement fermé ses portes en septembre 1890, la commune décide de sa nouvelle destination : y implanter le nouveau musée des beaux arts d'Ixelles ! Pour la circonstance on procède à la transformation et à la rénovation de l'édifice qui présente un corps central de 40 mètres, composé de 4 salles, chacune de 9 mètres de côté, séparées par un couloir central. Pour l'ouverture de l'institution, une salle de 380 m^2 est construite à l'arrière du bâtiment existant, l'ensemble offrant environ 625 mètres de cimaises.

Mission/ programmation/ collection : né à la grande époque du règne de Léopold II, le musée d'Ixelles a profité d'un climat favorable aux arts pour se constituer un patrimoine de grande renommée, acquérant au cours de ces quelques cent ans d'existence une spécificité qui fait sa force. A l'heure actuelle, il peut se prévaloir de présenter un vaste panorama de l'art belge des 19ème siècle et, plus proches de nous, fauvisme, expressionnisme, cubisme, surréalisme, abstraction construite et lyrique ainsi que les principales tendances actuelles. Un fort bel échantillon de maîtres flamands, quelques représentants d'écoles étrangères et un grand nombre d'affiches fin de siècle complètent cet ensemble.

Services : édifice entièrement accessible aux fauteuils roulants. Une librairie se tient à votre disposition, ainsi qu'une bibliothèque et une cafétéria.

Horaires : ouvert du mardi au vendredi de 13h à 18h30 et le samedi et dimanche de 10 à 17h

Tarifs : entrée libre.

➔ RECYCLART GARE BRUXELLES-CHAPELLE

rue des Ursulines 25
1000 Bruxelles
www.recyclart.be
+32 2 502 57 34

Historique du lieu/ architecture : à l'origine de ce lieu atypique, la décision prise par la région de Bruxelles en 1997 de réhabiliter la gare Bruxelles-Chapelle.

Mission/ programmation / collection : l'association Recyclart a imaginé ce lieu comme une entre-gare entre la métropole et ses alentours et y a mélangé les disciplines et les projets. Recyclart est ainsi une plateforme de formation professionnelle, d'aide à la recherche d'emploi mais aussi un espace de diffusion de la création artistique sous toutes ces formes (arts plastiques, architecture, musique...).

Services : bar.

Horaires : ouvert tout les jours de 8h30 à 18h30.

Louvain-la-Neuve

➔ JARDIN DE SCULPTURES-MUSEE DE L'UNIVERSITE CATHOLIQUE DE LOUVAIN

Place de l'Université
1348 Louvain-la-Neuve
www.md.ucl.ac.be

Mission/ programmation/ collection : à côté du jardin de plantes médicinales, un parc de deux hectares planté de 120 arbres ornementaux invite le public à la promenade. Les amateurs d'art y découvriront le premier jardin permanent de sculptures contemporaines de Bruxelles.

Anvers

→ DESINGEL

Desguinlei 25
2018 Anvers
+32 (0)3 248 28 28
www.desingel.be

Historique du lieu/ architecture : réalisé par l'architecte Léon Stynen , le bâtiment de ce centre d'art constitue une infrastructure unique pensée pour la création, une construction phare de l'architecture contemporaine.
Mission/ programmation, collection : Designel a vocation à soutenir essentiellement l'architecture, la musique, le théâtre et la danse. Néanmoins, le centre disposera en 2008 de nouveaux espaces qui auront entre autre vocation à ouvrir le centre vers la création plastique. Dans le cadre d'un programme intitulé 'Curating the campus', six œuvres monumentales sont réparties sur le campus : Jan Fabre, Richard Venlet, Matt Mullican, Dominique Gonzalez-Foerster, Rémy Zaugg et Pierre Bismuth.
Services : café.
Horaires : ouvert du mardi au dimanche de 14h à 18h.

→ EXTRACITY

Mexicostraat,
Kattendijkdok, Kaai 44
2030 Anvers
+32 (0)484 42.10.70
www.extracity.org

Historique du lieu/ architecture : le centre d'art Extra City a ouvert ses portes en novembre 2004 dans une ancienne minoterie au sein du quartier Het Eilandje à Anvers, zone située entre la vieille ville et les anciens docks. Rénové par Trouw Natie en étroite collaboration avec le bureau d'études architecturales B-architecten, le site propose 1.600 m² d'espace d'exposition, compartiment brut et flexible ayant vocation à acceuillir des oeuvres ultracontemporaines.
Mission/ programmation, collection : à l'origine de ce lieu l'organisation culturelle Extra City s'était constituée afin de donner une nouvelle impulsion à l'art contemporain au sein d'une ville déjà portée par la création actuelle, notamment via la mode et la présence de galeries de renommé internationale. En étroite collaboration avec le MUKHA et AIR (artists in residence), Extra City devient une plateforme ambitieuse de diffusion mais aussi de production. Suite à l'exposition collective initiale "Dedicated to a Proposition" ayant rassemblée des artistes tels qu'Enrique Metinides, Ana Torfs, Damian Ortega, Gert Robijns, Gerard Byrne, Luc Tuymans ou encore Paul Graham, le centre prévoit une programmation de 5 expositions par an. Le centre lance en 2006 une foire parraléle à Art Brussels sous le nom The Galleries Show.
Serices : ExtraCity acceuille des artistes en résidence. C'est notamment au cours d'une résidence que les artistes Vadim Fishkin et Yuri Leidermann ont créé "Hotelit", unité d'habitation au sein du lieu que le pubic peut louer!
Horaires : ouvert du mercredi au dimanche de 11h à 18h et nocturne le samedi jusqu'à 23h.
Tarifs : plein : 3€ / réduit : 2,5€.

FOTOMUSEUM

Waalse Kaai 47
2000 Anvers
+32 (0)32 42 93 00
www.fotomuseum.be

Historique du lieu/ architecture : après avoir fermé pendant environ trois ans, le Musée de la Photographie a rouvert ses portes sur un nouveau bâtiment en mars 2004. Il dispose alors d'une galerie, de nouvelles salles d'exposition pour des oeuvres historiques et actuelles, d'un café, d'une librairie, d'une bibliothèque entièrement modernisée et de premier rang, avec une grande salle de lecture, d'une salle de cinéma luxueuse pour 85 personnes et d'un auditoire d'une capacité de 150 personnes.
Mission/ programmation, collection : la mission du musée se caractérise non seulement par des activités importantes, mais aussi des activités évidentes pour un Musée de la Photographie (acquérir, étudier, archiver et révéler), ainsi que par des initiatives comme des expositions, des journées d'expertise, des projections de films, le FotoMuseum Magazine et une vente aux enchères annuelle.
Services : le Café est ouvert du mardi au samedi de 10h à 24h. La bibliothèque moderne vous permet de rester informé de la littérature, des livres et des publications récentes consacrées à la photographie. Plus de 37.000 titres sont disponibles, en plus d'un vaste fonds documentaire. Elle est ouverte de 10h à 13h et de 14h à 18h. Le lundi et mardi uniquement sur rendez-vous.
La Boutique propose un large éventail de livres connus et d'ouvrages rares consacrés à la photographie et au cinéma, et plus particulièrement des catalogues d'expositions, des monographies, des livres techniques et des publications du musée. Outre les livres, vous y trouverez des articles en rapport avec la photographie et le cinéma. Des tirages de photos sélectionnées dans la collection du musée sont aussi en vente ou peuvent être commandés.
Horaires : ouvert du mardi au dimanche de 10h à 18h.
Tarifs : plein : 6€ / réduit : 4€.

MUSEE EN PLEIN AIR DE LA SCULPTURE

2000 Anvers
Middelheimlaan, 61
+32 (0)38 27 15.4
www.museum.antwerpen.be

Historique du lieu/ architecture : c'est en 1950 qu'est organisée pour la première fois dans le parc (20 ha) une exposition de sculptures internationale. Sur proposition du bourgmestre Lode Craeybeckx, le conseil communal décide de créer un musée permanent pour l'exposition en plein air de sculptures A Middelheim-Hoog, le pavillon Braem est inauguré en 1971, d'après un concept de l'architecte anversois Renaat Braem. Les petites statues ou les oeuvres ne pouvant pas être exposées en plein air peuvent y être admirées.
Mission/ programmation/ collection : aujourd'hui, cinquante ans plus tard, on trouve ici une superbe collection de statues et d'oeuvres donnant un aperçu sélectif de la sculpture moderne avec des sculpteurs comme Jean Arp, Emile-Antoine Bourdelle, Alexander Calder, Pablo Gargallo, Barbara

Hepworth, Floris et Oscar Jespers, Aristide Maillol, Giacomo Manzu, Henry Moore, Louise Nevelson, Reinhoud, Auguste Rodin, Jesus Rafael Soto, Rik Wouters, Ossip Zadkine. Depuis 1993, l'année où Anvers était capitale culturelle de l'Europe, le musée change de cap et le budget d'achat est consacré à l'art contemporain. Des oeuvres d'artistes de niveau international ayant déjà acquis une renommée dans le domaine de l'art contemporain sont acquises. Le concept 'sculpture de plein air dans un parc' est interprété dans le sens le plus large du terme afin que le musée puisse mieux suivre les tendances actuelles dans l'art plastique et contribuer au développement de l'art de la sculpture en plein air.
Services : librairie et centre de documentation.

→ MUSEUM VAN HEDENDAAGSE ANTWERPEN – MUKHA

Leuvenstraat 32,
2000 Anvers
+ 32 (0)32 60 99 99
www.muhka.be

Historique du lieu/ architecture : le MuHKA occupe un silo à grains de 1926 qui a fait l'objet d'une rénovation et d'une extension, témoin d'anciennes activités portuaires qui se sont déployées au sud d'Anvers jusqu'à la deuxième moitié du vingtième siècle. Les docks (Zuiderdokken) du quartier, actuellement comblés et le Zuiderpershuis en sont les vestiges. Le fait que la Leuvenstraat parte en biais par rapport aux quais dits Cockerillkaai et Waalsekaai trouve ses origines dans le passé : un chemin de fer traversait tous ces quais et un train ne sait pas emprunter des virages à 90°.
Mission/ programmation/ collection : le MuHKA organise simultanément des expositions de large envergure, des présentations variées de sa collection et des projets spécifiques réalisés avec des artistes. Les salles au rez-de-chaussée sont destinées aux grandes expositions qui, au rythme des quatre saisons, vous permettront de découvrir les œuvres d'un seul ou de plusieurs artistes, le plus souvent réunis selon un thème. Le Musée présente sa collection internationale d'art contemporain (à partir de 1970), non pas sous la forme d'une présentation fixe mais à travers des présentations qui changent régulièrement, plutôt à l'instar d'un feuilleton dans lequel chaque épisode est présenté par une voix différente. Le MuHKA s'engage – aux côtés des grandes expositions du rez-de-chaussée et en dehors de l'accent mis sur la collection – à mettre un espace à la disposition des artistes, consacré à des projets de moindre envergure mais non moins importants: les artistes sont invités à 'intervenir' dans la présentation de la collection, de s'y immiscer littéralement et de provoquer un dialogue entre leur œuvre et les œuvres de la collection. Ces interventions peuvent assumer une fonction de laboratoire, tant pour l'artiste qui trouve ainsi une occasion d'essayer quelque chose, que pour le musée, en tant qu'institution. Par ailleurs, elles permettent au public de suivre de près l'évolution de l'art contemporain.

Services: boutique, café, bibliothèque, service éducatif actif.
Horaires : ouvert du mardi au dimanche de 10h à 17h.
Tarifs : plein : 5€ / réduit : 3€.

Gand

→ EL HUIS - WINDOW GALLERY

Experimental Intermedia v.z.w.
Sassekaai 45
9000 Gand
+ 32 (0)9 330 72 50
www.experimentalintermedia.be

Historique du lieu/ architecture : l'action de l'association Experimental Intermedia a débuté en 1993 à l'intiative de plusieurs artistes l'objectif étant de présenter et diffuser des artistes travaillant sur des œuvres mixant divers médiums : installations sonores et visuelles, performances. Le lieu se décline en un double espace une résidence d'artistes et une vitrine sur rue que l'artiste en résidence investi d'une création in-situ.
Mission/ programmation/ collection : en plus des 4 expositions par an au sein d'El Huis window gallery, l'association organise des expositions en partenariat avec des lieux à travers le monde et des rencontres entres artistes dont les pratiques sont significatives par rapport à l'engagement de ce lieu.
Horaires : l'espace est investi 4 fois par an, les expositions durent un mois sur un calendrier variable.

→ STEDELIJK MUSEUM VOOR ACTUELE KUNST : SMAK

Citadelpark
9000 Gand
+32 (0)92 21 17 03
www.smak.be

Historique/ architecture : le Musée gantois de l'Art contemporain fut créé en 1975. Ce fut à l'époque le premier musée belge consacré à l'art contemporain. Le musée avait trouvé refuge sous le toit du Musée des beaux-arts. Durant cette même année, Jan Hoet fut nommé directeur du nouveau musée. Sous sa direction, la collection s'est systématiquement étendue et le musée acquit une renommée internationale. En 1996, une impulsion nouvelle fut donnée avec l'ouverture du 'Rode Poort'.'De Rode Poort' était l'exposition inaugurale du musée dans ses locaux nouveaux mais temporaires. L'ouverture du musée définitif, la transformation du 'casino', était prévue pour fin 1998. Le 9 novembre 1996, l'immeuble dans son ensemble fut présenté au public, par le biais d'un projet de grande envergure, tous les locaux étant mis en valeur par le biais des différents médias utilisés dans les arts plastiques. En 1999, le musée avait enfin son propre bâtiment.
Mission/ programmation/ collection : le S.M.A.K. possède une des collections d'art contemporain les plus importantes d'Europe occidentale. Cette collection unique et bénéficiant d'une réputation internationale situe l'art local dans les évolutions internationales depuis 1945. Outre plusieurs courants artistiques de première importance tels que Cobra, le Pop Art, le Minimal Art, l'Art Conceptuel et l'Arte Povera, de nombreux

artistes renommés sont représentés dans la collection. Toutefois, la politique d'achat du musée est radicalement actuelle, et c'est pourquoi plusieurs jeunes artistes sont représentés dans la collection du musée.
Le S.M.A.K. tente toujours de créer une interaction dynamique entre la collection permanente et les expositions temporaires. Les expositions en cours sont prises comme point de référence, et le musée présente régulièrement une partie différente de la collection permanente.
Services : café, bibliothèque, boutique.
Horaires : ouvert du mardi au dimanche de 10h à 18h.Nocturne entre 18h et 22h chaque premier samedi du mois.
Tarifs : plein 5€ / réduit : 3,8 €.

Leuven

→ ARTES-LEUVEN

Savoyestraat 6
3000 Leuven
+ 32(0)16 22 45 64
www.leuven.be

Historique du lieu : Artes-Leuven a été fondée en 2002, comme héritière de l'association qui, depuis 1990, mettait sur pied des expositions à Leuven, autour de thématiques diverses. Artes-Leuven asbl est une initiative de la ville de Leuven, la province du Brabant flamand et la K.U.Leuven (Université catholique de Leuven).
Mission/ programmation/ collection : Artes-Leuven organise des expositions d'ampleur et de grande qualité sur le site du musée à Leuven. L'art comme la science y sont abordés, en collaboration avec les différents départements de la K.U.Leuven.
Horaires : ouvert du mardi au samedi de 10h à 18h et le dimanche de 14h à 18h, nocturne le vendredi jusqu'à 21h30.
Tarifs : plein : 9€ / réduit : 7€.

Charleroi

→ B.P.S.22.

Boulevard Solvay 22
6000 Charleroi
+32 (0) 71 27 29 71
www.hainaut.be

Historique du lieu/ architecture: en 1911, deux bâtiments ont été érigés lors de l'Exposition Industrielle et Commerciale de Charleroi, souhaitée par le Ministre Jules Destrée : le bâtiment Gramme et les Ateliers. Dès la manifestation terminée, ces constructions ont été destinées à devenir les premiers locaux de la nouvelle Université du Travail, initiée par Paul Pastur. Conçus par l'architecte Gabriel DEVREUX, les Ateliers (appelés aussi bâtiment provincial Solvay) sont un ensemble architectural qui s'impose par le système de références historiques : une colonnade néoclassique en béton, signe d'un pouvoir politique qui perpétue une hiérarchie sociale ancienne. La colonnade centrale est surmontée d'un fronton courbe et flanquée, de part et d'autre, de baies serliennes.
Mission/ programmation/ collection : le B.P.S. 22 (bâti-

ment provincial Solvay) est l'espace de création contemporaine du Secteur des Arts plastiques de la Province de Hainaut. Cet édifice industriel de verre et de fer, d'une surface de plus de 1200m², a été érigé en 1911. Partiellement réaffecté depuis 2000, il accueille des expositions classiques (blocs-cimaises, espace-temps déterminé, circulation etc.), des créations in situ (Jean-Luc Moerman etc.), comme des expérimentations plus événementielles, réunissant différentes disciplines artistiques (musique, théâtre, danse etc.) et de différentes esthétiques (techno culture, arts électroniques etc.). Chaque année B.P.S.22 accueille l'exposition des candidats au Prix du Hainaut Arts plastiques ; un prix attribué à un artiste âgé de moins de 35 ans, né en Hainaut ou y résidant depuis un an au moins. Quinze jeunes créateurs investissent le B.P.S. 22 durant trois semaines, une sélection qui témoigne de la diversité de la création puisque l'on retrouve dans cette exposition un large panel de formes d'expression actuelles.
Horaires : ouvert du jeudi au dimanche de 12h à 18h.
Tarifs : entrée libre.

Flémalle

→ CENTRE WALLON D'ART CONTEMPORAIN- LA CHATAIGNERAIE

Chaussée de Ramioul, 19
4400 Flémalle
+ 32 (0) 42 75 33 30
www.cwac.be

Historique du lieu/ architecture : cette gentilhommière située à Ramet, reconstruite entre 1830 et 1840, est aujourd'hui la propriété de la commune de Flémalle. Elle jouit d'un très beau parc qui entoure le bâtiment et abrite des châtaigniers séculaires. L'ensemble du domaine a été classé, dès 1988, site protégé du Patrimoine de la Communauté française de Belgique.
Mission/ programmation/ collection : saison après saison, le centre d'art confirme sa vocation de lieu de promotion pour les jeunes artistes mais aussi sa volonté de créer un lieu de rencontre et de sensibilisation. Il apporte sa contribution à l'histoire de l'art, par la présentation de mouvements artistiques contemporains qui ont marqué la région. Il rend également hommage aux plus grands artistes par une série de rétrospectives, mettant ainsi en valeur le patrimoine artistique wallon et communautaire et contribue en outre à la promotion de la jeune création en Communauté française. Cette politique artistique suscite de nombreuses collaborations, en particulier avec les autres centres d'art de la Communauté française, mais également avec des institutions étrangères d'importance comme la Fondation Kulbenkian de Lisbonne, l'Université polytechnique de Valence ou le Musée d'Art moderne d'Ostende. Depuis sa reconnaissance officielle par la Communauté française en 1984, La Châtaigneraie a pu proposer à un large public régional et international des ex-

positions exploitant toutes les techniques de la création contemporaine en matière d'arts plastiques. Parmi les institutions jouissant d'une reconnaissance ou même d'une convention de fonctionnement avec la Communauté française, sa spécificité réside dans l'éclectisme des disciplines artistiques abordées.
Services : le Centre édite des ouvrages historiques et didactiques illustrant les expositions présentées depuis 1979.
Horaires : variable, se renseigner auprès du centre d'art.

Hornu

→ SITE DU GRAND HORNU

Rue Sainte-Louise,
7301 Hornu
+32 (0) 65 65 21 21
www.grand-hornu.be

Historique du lieu / architecture : le Grand-Hornu est un ancien complexe industriel minier, témoin remarquable de la Révolution industrielle.
Erigé entre 1810 et 1830 par Henri De Gorge, capitaine d'industrie d'origine française, il constitue un véritable projet de ville, exemple unique d'urbanisme fonctionnel sur le continent européen au début de la grande ère d'industrialisation.
Construit dans le style néoclassique, le Grand-Hornu comprend des ateliers, des bureaux, une cité ouvrière et la résidence des administrateurs, appelée "Château De Gorge". Ponctués d'arcades, de frontons et de fenêtres en demi-lunes, les ateliers et bureaux du charbonnage constituent un majestueux ensemble.
Mission / programmation / collection : le MAC's (Musée des Arts Contemporains) se présente comme l'un des projets culturels phares de la communauté française de Belgique. Il se présente en effet comme un relais culturel des plus accessibles dont le projet s'adresse autant aux amateurs d'art actuel qu'aux amateurs de patrimoine. La collection repose autant sur les formes traditionnelles de la pratique artistique (peinture, sculpture...) que sur ses avatars modernes et surtout contemporains (photographie, installations...).
Services : accès handicapé, cafétéria, restaurant, jardin.
Horaires : ouvert du mardi au dimanche de 10h à 18h. Le site sera fermé le 25 décembre et le 1er janvier.
Tarifs : plein : 6€ / réduit : 4€.

Liège

→ LES BRASSEURS - CENTRE D'ART CONTEMPORAIN

rue des Brasseurs,6
4000 Liège
32(0)4 221 41 91
www.brasseurs.be

Mission / programmation / collection : centre d'art dynamique, « Les Brasseurs » conçoivent leur programmation en terme de cycle, le centre d'art a ainsi proposé une série d'expositions monographiques sous le nom « Dis Moi » ayant rassemblés 22 artistes belges et étrangers (Marc Guillaume, Selçuk Mutlu, Alain Janssens, Marianne Ponlot, Alain De Clerck, Pol Pierart, Yann Toma...).

Services : éditions de catalogue
Horaires : selon la programmation.

→ MUSEE D'ART MODERNE ET D'ART CONTEMPORAIN

Parc de la Boverie, 3
4020 Liège
+32 (0)4 343 04 03
www.mamac.org

Historique du lieu/ architecture : ce palais, vestige de l'Exposition Universelle de 1905, est logé dans le cadre de verdure remarquable du parc de la Boverie, entre Meuse et Dérivation.
Mission/ programmation/ collection : la collection du musée - près de 700 œuvres - permet d'apprécier l'évolution de la peinture moderne (vers 1850) jusqu'aux tendances contemporaines. L'accent est mis sur les écoles belges et françaises. Corot et Boudin annoncent l'impressionnisme et le néo-impressionnisme français (Monet, Pissarro, Guillaumin, Signac...) et belge (Claus, Van Rysselberghe...). Le symbolisme (Khnopff), le fauvisme (Friesz, Marquet, Vlaminck...) côtoient l'expressionnisme belge (Permeke, Van den Berghe...) et allemand (Marc, Kokoschka). Les surréalistes belges (Delvaux et Magritte) complètent le panorama. Les œuvres exceptionnelles de Gauguin, Picasso, Chagall, Ensor renforcent la collection. Les années 1950-60, sont principalement illustrées par l'abstraction française (Estève, Poliakoff, Magnelli, Mathieu, Vasarely...) et le mouvement Cobra. La section d'art contemporain (Tapiés, Van Velde, Viallat, Sol Lewitt), encore fort incomplète, est dorénavant un des objectifs principaux du musée. Les expositions, les dépôts publics et privés, les achats, les dons permettront au musée de remplir pleinement sa mission de Musée d'Art moderne et d'Art contemporain.
Services : des visites guidées sont possibles sur demande
Horaires : ouvert du mardi au samedi de 13h à 18h et le dimanche de 11h à 16h30.
Tarifs : plein : 3,8€ / réduit : 2,5€.

Mons

→ MUSEE DES BEAUX ARTS DE MONS

Rue Neuve, 8
7000 Mons
+32 (0) 65 40 53 06
www.mons.be

Historique du lieu/ architecture : en avril 1885, Henri Glépin (1846-1898) lègue aux hospices de la Ville la somme d'un million de francs (environ 25.000 euros), pour la construction d'un hospice et l'établissement d'un musée. D'après les plans de l'architecte Rau, professeur à l'académie de Mons, l'édification du musée démarre en 1908, rue Neuve. Inauguré en 1913 par le Roi Albert et les princes Léopold et Charles, il correspond aux critères du début du XXe siècle. Le musée permet de présenter plus de deux cents oeuvres sur trois niveaux superposés. Le Musée des Beaux-Arts, dans sa version actuelle, voit le jour en 1970, suivant les plans de l'architecte Ernest Vandestrate.
Mission/ programmation/ collection : les collections du

Musée sont représentatives des écoles, essentiellement des XIXe et XXe siècles, de peinture, de gravure, de sculpture et de dessin de Mons, du Hainaut et de Belgique. Mais depuis le dépôt permanent de la collection intitulée "Fruits d'une passion", ce musée présente un panorama exceptionnellement complet de l'art international des années 60 à 90, où se côtoient, en un joyeux mélange, des abstraits lyriques (Mortier, Lanskoy, ...), les tenants de la figuration "libre" et de la "nouvelle" figuration (Atila, Baj, Bertini, Davie, Chaissac, Weiss, Octave...), les partisans de la figuration "narrative" (Adami, Klasen...), des "nouveaux fauves" (Castelli, Bach...). Haute en couleur, cette dernière collection présente les nombreux mouvements esthétiques qui se sont développés durant ces trois décennies, favorisant une figuration autre qui, reniant la modernité, ont milité pour un art pop, in, kitsch, brut, sauvage et, surtout, un art ludique constitué d'amour, d'humour et... d'humeurs.

Horaires : ouvert du mardi au samedi de 12h à 18h et le dimanche de 10h à 18h.

Mont- sur- Marchienne

➔ MUSEE DE LA PHOTOGRAPHIE

Avenue Paul Pastur, 11
6032 Mont- sur- Marchienne
+32 (0) 71 43 58 10
www.museephoto.be

Historique du lieu/ architecture : le Musée de la Photographie est installé depuis 1987 dans un ancien carmel néogothique de la fin du 19ème siècle. Rénové en 1995, ce couvent offre un écrin particulièrement bien adapté aux collections qu'il abrite. Fin 2006, il s'agrandira pour proposer, dans un bâtiment annexe contemporain, de nouveaux espaces d'exposition mais aussi une nouvelle bibliothèque et une salle de projection.

Mission/ programmation / collection : le Musée de la Photographie propose aux visiteurs plus de 2.000 m² d'exposition organisés en 3 axes principaux. Les collections permanentes présentent 450 images extraites des 80.000 que recèle la salle d'archivage. Toute l'histoire de la photographie y est envisagée, des pionniers aux créations contemporaines, en passant par tous les courants et toutes les pratiques qui ont jalonnés les années d'existence de la photographie, et ce de façon internationale.

Les expositions temporaires sont renouvelées tous les trois mois et se penchent sur les innombrables pistes qu'emprunte la photographie depuis son invention.

Quant à l'Espace de Découverte, il plonge les jeunes et les moins jeunes dans l'aventure de la photographie, en abordant les phénomènes de la camera obscura et des illusions d'optiques, le langage photographique ainsi que les utilisations et les manipulations de la photographie.

Services : bibliothèque accessible du mardi au vendredi de

10h à 12h30 et de 13h à 18h. Ouvert le deuxième samedi du mois de 10h à 18h.
Accès handicapé
Cafétéria.
Horaires : ouvert du mardi au dimanche de 10h à 18h.
Tarifs : Plein : 4€ / réduit : 2,5€.

3 LIEUX DE L'ART CONTEMPORAIN AU LUXEMBOURG

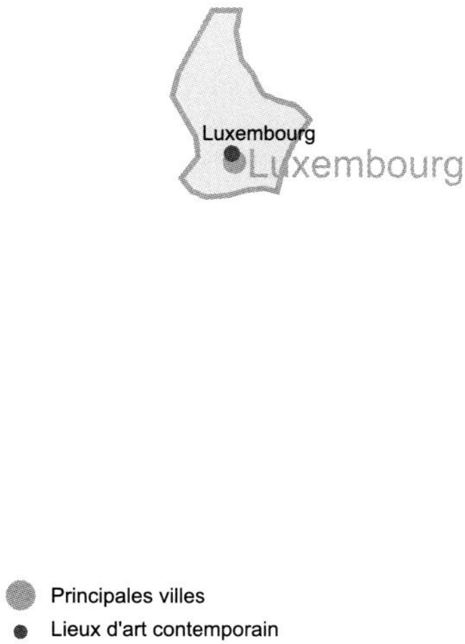
Luxembourg
Luxembourg
Principales villes
Lieux d'art contemporain

Luxembourg

CASINO FORUM D'ART CONTEPORAIN

41, rue Notre-Dame –
B.P. 345 –
2013 Luxembourg
+352 22 50 45
www.casino-luxembourg.lu

Historique du lieu/ architecture : c'est dans un quartier central de la capitale - au nord du Pont Adolphe (qui relie le quartier de la Gare à la vieille ville), entre la rue Notre-Dame et le boulevard F.D.Roosevelt -, que se dresse le Casino Luxembourg. Connu autrefois sous le nom de Casino Bourgeois, il fut construit entre 1880 et 1882 par les architectes luxembourgeois Pierre et Paul Funck, et financé par la Société Anonyme du Casino de Luxembourg. Son aspect extérieur dénote l'influence du Baroque méditerranéen. Le Casino devint rapidement un lieu privilégié de la vie culturelle et mondaine de la ville. Outre les salles de jeux, il abritait une salle de lecture et un restaurant. Ses vastes pièces accueillaient les manifestations les plus diverses : conférences, bals masqués, spectacles de théâtre et de cabaret, concerts, « salons » du Cercle Artistique et réunions de multiples associations. Ces activités connurent un premier sommet avec le dernier récital public de Franz Liszt le 19 juillet 1886. Parmi les autres événements marquants de son histoire, on citera aussi la présence de Winston Churchill, dans la Grande Salle, le 15 juillet 1946. La Société du Casino Bourgeois fut dissoute en 1959. Par la suite, l'Etat racheta l'édifice et le loua au Cercle Culturel des Communautés européennes, fondé en 1954. Le Casino, désormais appelé Foyer européen, restera jusqu'à la fin de l'année 1990 le centre des manifestations culturelles et mondaines de la Communauté européenne à Luxembourg.

Mission/ programmation/ Collection : le Casino Luxembourg - Forum d'art contemporain organise, tout au long de l'année, des expositions sur l'art d'aujourd'hui, insistant sur la diversité et la complexité des démarches actuelles. Dans les salles (douze cubes blancs et une ancienne salle de bal) du bâtiment historique réaménagé, plusieurs expositions peuvent avoir lieu en même temps, accompagnées d'un riche programme de visites guidées et thématiques, de conférences, de discussions mais aussi de rencontres avec la musique contemporaine.

Services : le Casino publie des catalogues d'expositions et dispose d'un centre de documentation, ainsi que d'une librairie où sont en vente ses éditions.

Horaires : ouvert du mardi au vendredi de 11h à 19h hors et le jeudi jusqu'à 20h, samedi et dimanche de 11h à 18h.

Tarifs : plein : 4 € / réduit : 3€. Gratuit pour les moins de 18 ans. Entrée gratuite tous les jeudis soirs à partir de 18h.

MUDAM - MUSEE D'ART MODERNE

Grand-Duc Jean
10, Avenue Guillaume
1650 Luxembourg
+352 45 37 85-1
www.mudam.lu

Historique du lieu/ architecture : le bâtiment est l'œuvre du sino-américain Ieoh Ming Pei. Il est implanté sur le site

du Fort Thungen dans un parc aménagé par Michel Desvigne situé entre le centre ville et le quartier de l'Europe. L'édifice s'inscrit harmonieusement dans le paysage en s'appuyant sur l'historique du lieu et se caractérise par la portée des verrières et le parachèvement en pierre calcaire couleur miel. D'une surface totale de 10 000m2, il dispose d'une surface d'exposition de 4800 m2.
Mission /programmation/ collection : le musée d'art moderne ouvre ses portes le 1er juillet 2006. Un programme d'expositions temporaires est déjà prévu. Entièrement conçu par des artistes, sa vocation est de mettre en avant l'évolution des pratiques artistiques. La collection du musée est consacrée à l'art contemporain et repose également sur des pièces de référence. Elle rend compte des différentes techniques, matières et productions. A l'ouverture du musée la collection contiendra 230 œuvres.
Services : une boutique et un café sont accessibles au public.
Horaires : ouvert tous les jours sauf le samedi de 11h à 18h et le mercredi jusqu'à 20h.

Musée national d'histoire et d'art
Marché-aux-Poissons
2345 Luxembourg
+ 352 47 93 30
www.mnha.public.lu

➔ MUSEE NATIONAL D'HISTOIRE ET D'ART

Historique du lieu/ architecture : le nouveau bâtiment du Musée national d'histoire et d'art marque le cœur de l'ancien quartier du Marché-aux-Poissons en pleine restructuration.
Mission/ programmation/ Collection : la collection d'art moderne et contemporain du Musée national d'histoire et d'art de Luxembourg donne un aperçu des différents courants qui ont parcouru le XXe siècle et met l'accent sur l'impressionnisme, le néo-impressionnisme, le cubisme, l'abstraction, le surréalisme, l'Ecole de Paris, et la Nouvelle Figuration. Au service des arts plastiques, du passé comme du présent, la section des Beaux-Arts est vouée essentiellement à la peinture, à la sculpture et à la photographie. Sa mission essentielle réside non seulement dans la conservation, mais encore dans l'augmentation, dans l'étude et dans la présentation de nos richesses artistiques. Une fonction primordiale de cette section est l'organisation d'expositions temporaires pour éveiller, toujours à nouveau, l'intérêt du public.
Services : sous la lumière diffuse de l'œuvre en néon de l'artiste français François Morellet, l'espace restaurant du MNHA est un endroit plaisant.
Horaires : ouvert du mardi au dimanche de 10h à 17h.
Tarifs : 5 € .

82 LIEUX DE L'ART CONTEMPORAIN EN SUISSE

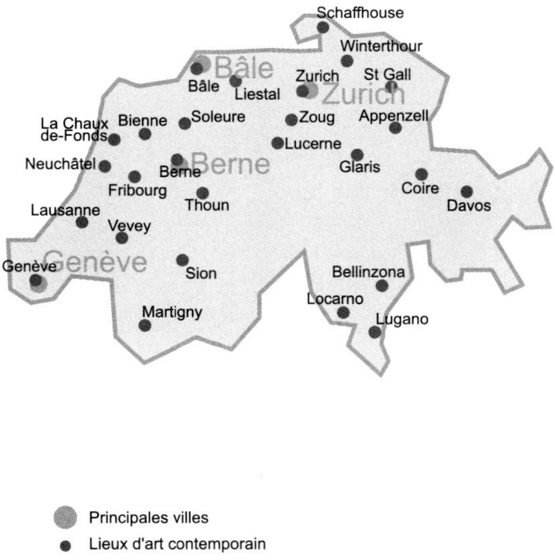
Schaffhouse
Winterthour
Bâle
Bâle
Liestal
Zurich
St Gall
Zurich
La Chaux de-Fonds
Bienne
Soleure
Zoug
Appenzell
Lucerne
Neuchâtel
Berne
Berne
Glaris
Fribourg
Coire
Thoun
Davos
Lausanne
Vevey
Genève
Genève
Sion
Bellinzona
Locarno
Martigny
Lugano
Principales villes
Lieux d'art contemporain

Aarau

AARGAUER KUNSTHAUS

Aargauerplatz
5001 Aarau
+41 (0)62 835 23 30
www.aargauerkunsthaus.ch

Historique du lieu/ architecture : le musée est fondé en 1860 par l'association d'art d'Argovie. Dès ses débuts, le musée se concentre sur la collection d'art suisse. De 1956 à 59, les architectes Loepfe, Hänni et Hänggli construisent le Kunsthaus d'Argovie. En 2003 la maison est complétée par les architectes bâlois Herzog & de Meuron et l'artiste Rémy Zaugg.
Mission/ programmation/ collection : le Kunsthaus d'Argovie possède une des plus belles et complètes collections d'art suisse du XVIIe siècle jusqu'à l'art contemporain qui s'enrichit régulièrement par des nouvelles acquisitions. La partie ancienne se concentre sur les oeuvres de Caspar Wolf, Johann Heinrich Füssli, Arnold Böcklin et la peinture de paysage du XIXe siècle. La collection reflète également l'histoire de l'évolution de l'art en Suisse dans le XXe siècle – de la peinture moderne à l'art abstrait, des avant-gardes des années 1960 jusqu'à nos jours. Les six expositions annuelles se consacrent principalement à l'art contemporain suisse et international, parmi lesquelles ont lieu des expositions thématiques ainsi que des rétrospectives.
Services : café, librairie d'art et bibliothèque d'art, construite par l'artiste Thomas Huber et sa mère, l'architecte d'intérieur Martha Huber-Villiger. Visites guidées pour chaque exposition et offre d'un programme pédagogique.
Horaires : ouvert du mardi au dimanche, de 10h à 17h, nocturne le jeudi jusqu'à 20h.
Tarifs : plein : 10 euros / réduit : 6,50 euros.

Appenzell

MUSEUM LINER

Unterrainstrasse 5
9050 Appenzell
+41 (0)71 788 18 00
www.museumliner.ch

Historique du lieu/ architecture : le musée Liner a été construit par les architectes renommés Annette Gigon et Mike Guyer qui ont fait plusieurs musées en Suisse, notamment à Winterthour (musée des Beaux-Arts, collection Reinhart) et à Davos (musée Kirchner). Le musée a été inauguré en 1998.
Mission/ programmation/ collection : le musée Liner se consacre aux peintres Carl August Liner et son fils Carl Walter Liner. Le musée monographique expose leurs œuvres qui sont régulièrement confrontées avec d'autres expositions. Dès le début, le musée s'est orienté vers l'art contemporain et l'art du XXe siècle.
Services : le musée possède une salle de lecture et une médiathèque avec une vue panoramique.
Des visites guidées publiques ont lieu tous les premiers dimanches du mois à 14h. Visites privées disponibles sur demande.

Horaires : ouvert d'avril à octobre du mardi au vendredi de 10h à 12h et de 14h à 17h, le week-end de 11h à 17h, et ouvert de novembre à mars du mardi au samedi de 14h à 17h et le dimanche de 11h à 17h.
Tarifs : tarif plein : 9.- CHF / tarif réduit : 6.- CHF
Carte familiale 19.- CHF, carte annuelle 30.- CHF, groupe (à partir de 8 personnes) 6.- CHF/personne. Entrée libre pour les classes.

Bâle / Basel

→ ARCHITEKTURMUSEUM

Steinenberg 7
4001 Bâle/Basel
+41 (0)61 261 14 13
www.architekturmuseum.ch

Historique du lieu/ architecture : depuis sa création sous forme de fondation en 1984, le musée d'architecture présente en alternance l'architecture internationale et suisse. Jusqu'à 2003, le musée se situait dans la maison Domus à Bâle, un icône du mouvement moderne suisse de l'après-guerre, avant de s'installer en 2003 dans le bâtiment de la Kunsthalle Basel récemment rénové, au cœur du centre culturel bâlois, entre théâtre, cinéma municipal, salle de concert et musées.
Le site de Bâle - ville des musées, facultés et foires, centre d'une zone de chalandage au coeur du pays des trois frontières: la Suisse, l'Allemagne et la France - s'avère être l'interface internationale idéale pour le musée d'architecture de Bâle. Depuis le milieu des années quatre-vingt, Bâle devient de plus en plus la capitale de l'architecture en Suisse et un centre international de l'architecture contemporaine ce que prouvent la concentration de bureaux d'architectes internationaux comme, par exemple, Michael Alder, Diener & Diener ou Herzog & de Meuron, ainsi que le dynamisme de très nombreux jeunes architectes.
Mission/ programmation/ collection : le programme d'expositions fait apparaître trois vecteurs fondamentaux, l'architecture suisse des modernes classiques constituant l'essentiel : les contributions suisses à la nouvelle architecture retraçant les évolutions historiques (Baur, Bernoulli, Le Corbusier, Meyer ou Wittwer), l'architecture contemporaine internationale (Arets, Czech, Gehry, Herzog & de Meuron, Koolhaas, Moneo, Snozzi ou Vacchini) et finalement un axe consacré à différentes régions marginales de l'architecture.
L'institution constitue, outre ses activités d'exposition et de diffusion de l'information, des « archives du futur ». Ces archives englobent les projets d'architecture suisses les plus importants – réalisés ou non – et s'élargissent d'année en année dans le cadre d'une sélection effectuée à chaque reprise en fonction de l'actualité.
Services : visites guidées, conférences, discussions, colloques et publications, dont « le guide d'architecture de Bâle et de ses environs ». Le musée publie tous les deux mois

un calendrier de toutes les manifestations sur l'architecture en Suisse à l'adresse exclusive des architectes qui soutiennent le musée. Il existe également depuis 1996 le « Prix de l'Architekturmuseum ».
Horaires : ouvert du mardi au vendredi de 11h à 18h, nocturne le jeudi jusqu'à 20h30 et le samedi et dimanche de 10h à 17h.

→ FONDATION BEYELER

Baselstrasse 101
4125 Riehen (Bâle/Basel)
+41 (0)61 645 97 00
www.beyeler.com/fondation

Historique du lieu/ architecture : Renzo Piano a conçu, en rapport étroit avec la collection, le collectionneur et le lieu, un bâtiment idéal pour la présentation de l'art moderne. L'édifice longe sur 127m une route certes très passante mais dont il est protégé par un mur recouvert de porphyre rouge.
Mission/ programmation/ collection : parallèlement à leur importante activité de galeristes, les collectionneurs Hildy et Ernst Beyeler ont rassemblé au cours d'une cinquantaine d'années des œuvres particulièrement représentatives de l'art moderne. En 1982, la collection fut transférée en fondation et présentée au public pour la première fois dans son ensemble, en 1989, au Centro de Arte Reina Sofía à Madrid. La collection comprend aujourd'hui environ 200 tableaux et sculptures, témoignant d'un regard à la fois personnel et connaisseur sur les grands classiques de l'art moderne.
Services : le restaurant est situé dans les locaux superbement proportionnés de la villa Berower, un bâtiment sobre mais élégant. Il se présente sous la forme d'une grande salle décorée d'œuvres d'art originales, et d'un café de dimensions plus modestes. Lorsque le temps le permet, des tables sont également installées dans le jardin, permettant de contempler les sculptures d'Alexander Calder et d'Ellsworth Kelly.
Horaires : ouvert tous les jours de 10h à 18h, et le mercredi jusqu'à 20h. Ouvert les jours fériés selon les mêmes horaires.
Tarifs : plein : 21.- CHF/ réduit : 12.- CHF.

→ FONDATION HERZOG

Oslostrasse 8
4023 Bâle/Basel
+41 (0)61 33 31 85
www.fondation-herzog.ch

Historique du lieu/ architecture : la collection se trouve dans un ancien entrepôt nouvellement rénové.
Mission/ programmation/ collection : la collection Herzog est l'une des plus importantes au monde. Constituée durant les 30 dernières années, elle comporte actuellement quelque 300 000 clichés photographiques. Les prises de vues isolées ou réunies en album illustrent toutes les techniques pratiquées depuis l'invention de ce média (1839/40). La collection comprend aussi bien des clichés amateurs que ceux des pionniers célèbres de la photographie.
Services : une bibliothèque de plus de 1000 titres ainsi qu'une salle d'études sont accessibles.
Horaires : ouvert du mardi au vendredi de 14h à 18h et le samedi de 13h30 à 17h.

FORUM WÜRTH ARLESHEIM

Dornwydenweg 11
4144 Arlesheim
+41 (0)61 705 95 95
www.wuerth-ag.ch

Historique du lieu/ architecture : le groupe internationale Würth, spécialisé dans la production de matériel de fixation, expose régulièrement des oeuvres d'art de la collection de Reinhold Würth, fondateur de l'entreprise, dans leurs différents sièges en Suisse (Kulturforum Würth à Coire), Autriche, Italie, France, Danemark, Norvège et les Pays-Bas et notamment dans leur siège social à Künzelsau (Bade-Wurtemberg, musée depuis 1991) et la Kunsthalle Würth à Schwäbisch Hall, inauguré en 2001. Art et culture font partie de l'entreprise Würth. Le Forum Würth Arlesheim est l'expression de cet engagement culturel. Depuis 2003, sa construction semi-elliptique offre une cohabitation permanente entre l'art et le monde du travail.

Mission/ programmation/ collection : la collection Würth a réuni depuis les années 1960 plus de 9 000 oeuvres d'art principalement du XXe et XXIe siècle. Initiée par Reinhold Würth, la collection de l'entreprise est articulée autour de l'expressionnisme allemand, du surréalisme et de l'Art concret ainsi que la figuration des années 1960-1980 (Baselitz, Immendorf, Lüpertz). Depuis 2003, Reinhold Würth élargit sa collection sur l'art ancien (peintures allemandes et suisses du XVIe siècle de la collection du prince Heinrich de Fürstenberg). Tous les ans, Le Forum Würth Arlesheim propose trois expositions thématiques, historiques et contemporaines de sa propre collection.

Services : visites guidées le mardi à 15h et le dimanche à 11h30 (8.- CHF/personne)
Visites guidées privées pour des groupes : 200.- CHF/h. Service pédagogique : ateliers divers le mercredi après-midi sur demande, 7.- CHF/enfant. La fondation possède un restaurant et une boutique muséale.

Horaires : ouvert du lundi au vendredi de 11h à 17h, samedi et dimanche de 10h à 18h.

Tarifs : entrée libre.

KASKADENKONDENSATOR

Warteck PP
Burgweg 7
4058 Bâle/Basel
+41 (0)61 693 38 37
www.kasko.ch

Historique du lieu/ architecture : le Kaskadenkondensator (condensé de cascades dans sa traduction littérale) existe depuis 1994 et est organisé en association. L'équipe dirigeante est constituée d'artistes, de curateurs et de médiateurs d'art. Ils élaborent ensemble le concept et la programmation annuelle et accompagnent la réalisation des projets artistiques.

Mission/ programmation/ collection : le Kaskadenkondensator est un lieu d'extension de la perception, et de transmission d'une création artistique actuelle qui explore et montre ses processus notamment dans l'interaction des domaines de la performance, des arts visuel et des nouveaux médias. Le Kaskadenkondensator se comprend comme un lieu artistique

complémentaire et joue dans le contexte des institutions bâloises un rôle indépendant. C'est un organisme flexible dans lequel les artistes, les théoriciens et le public s'échangent consciemment les rôles et les positions sur l'art.
Services : le contact et la liaison avec des institutions internationales sont une stratégie essentielle pour le Kaskadenkondensator. Ainsi, la collaboration idéale et le partage du même lieu avec la Dokumentationsstelle – service de documentation – d'artistes bâlois font partie de ce travail interactif (www.dokustellebasel.ch).
Horaires : horaires variables selon la programmation.
Tarifs : entre 5 et 25 € selon la programmation.

→ MUSEUM FÜR GEGENWARTSKUNST

St. Alban-Graben 60
4010 Bâle/Basel
+41 (0)61 206 62 62
www.kunstmuseumbasel.ch

Historique du lieu/ architecture : le musée d'art contemporain de Bâle est composé d'une ancienne usine de papier du 19e siècle réaffectée et d'une aile ajoutée par les architectes Wilfrid et Katharina Steib au sein du cœur historique de la ville. Ouvert en 1980 sur l'initiative commune de la vile de Bâle et des fondations Emmanuel Hoffmann et Christoph Merian, ce musée fut le premier à se consacrer exclusivement aux arts plastiques depuis les années 1960 grâce au don de la collection du comte Giuseppe Panza di Biumo en 1975. Cinq ans après cette donation, le musée voit le jour riche d'une collection remarquable en art conceptuel et minimaliste, fonds qui s'enrichit par des acquisitions.
Mission, programmation/ collection : La collection permanente tourne régulièrement et s'accompagne d'un programme de conférences de qualité sur les pratiques les plus contemporaines de l'art actuel. Le musée propose aussi une programmation d'expositions temporaires consacrées aussi bien à des figures établies de l'art contemporain (Daniel Richter en 2006) qu'à de jeunes artistes qui réalisent alors ici leurs premières expositions monographiques (Christian Philipp Müller en 2006-2007).
Horaires : ouvert du mardi au dimanche de 11h à 17h.

→ MUSEE JEAN TINGUELY

Paul Sacher-Anlage 1
4002 Bâle / Basel
+41 (0)61 681 93 20
www.tinguely.ch

Historique du lieu/ architecture : « situé sur la rive droite du fleuve où le tracé du Rhin constitue la limite d'un large district de la ville, le musée établit un nouvel ordre à l'intérieur d'une configuration urbaine plutôt douteuse en bordure d'autoroute. Ses quatre façades établissent chacune son propre rapport d'espace à l'environnement ambiant. », Mario Botta.
Avec ce musée érigé au bord du Rhin, l'architecte Mario Botta a créé un espace inhabituel pour les œuvres de Tinguely. L'immense salle centrale peut accueillir à elle seule jusqu'à vingt sculptures mécaniques. Et la visite terminée, le parc historique de la Solitude et ses arbres séculaires, la promenade

du Rhin et le bistro «Chez Jeannot» invitent à la flânerie.
Mission/ programmation/ collection : les collections comprennent des travaux et groupes de travaux représentant toutes les phases dans la carrière de Jean Tinguely. Avec des prêts temporaires, ils permettent aux visiteurs du musée d'avoir un large aperçu de l'œuvre de l'artiste. Non seulement sculptures, mais aussi un grand nombre de dessins et lettres dessins, documents, affiches d'expositions, catalogues et documentation, dont photos. Dans la mesure du possible, toute l'œuvre est accessible, soit dans les collections permanentes, soit sous forme de prêts à des expositions dans le monde entier. Les collections virent le jour grâce à une généreuse donation faite par la veuve de l'artiste, Niki de Saint Phalle, à l'occasion de la fondation du Musée, du don d'œuvres des collections de Roche, à laquelle s'ajoutent d'autres dons plus ou moins importants et des achats.
Services : des visites guidées sont accessibles tous les dimanches à 11h30 (pas de réservation nécessaire, prix: billet d'entrée). Une documentation étendue sur Jean Tinguely et les archives de ses œuvres, de même qu'une bibliothèque sont accessibles aux chercheurs. La boutique du Musée offre un choix varié de catalogues, posters, cartes postales, vidéos d'artistes et cadeaux. Le bistro/restaurant Chez Jeannot avec sa belle situation et sa terrasse ensoleillée avec vue superbe sur le Rhin vous reçoit pour un bref ou long moment. Heures d'ouverture: du mardi au dimanche 10h30 à 19h.
Horaires : ouvert du mardi au dimanche de 11h à 19h. Horaires spéciaux les jours fériés.
Tarifs : plein : 10.- CHF/ réduit : 7.- CHF.

→ KUNSTHALLE BASEL

Steinenberg 7
4051 Bâle/Basel
+41 (0)61 206 99 00
www.kunsthallebasel.ch

Historique du lieu/ architecture : en 1840 l'idée de l'association d'art de la ville était de construire une maison des artistes. Johann Jakob Hof avait déjà lancé un service de bac à travers le Rhin. Le montant de ce service devait financer la maison de l'association. Quand la société des artistes de Bâle a fusionné avec Basler Kunstverein (association d'art de Bâle) en 1864, le dernier a assuré le fonctionnement profitable de deux bacs du Rhin. Depuis, le bâtiment a été complètement rénové entre 1969 et 1973. Depuis juin 2004, la Kunsthalle de Bâle est apparu de nouveau dans son ancienne splendeur : commissionné par le Basler Kunstverein, les architectes Miller et Maranta ont modernisé le bâtiment afin de l'adapter à des activités culturelles actuelles.
Mission/ programmation/ collection : selon son objectif indiqué, le Basler Kunstverein (association d'art de Bâle) a ouvert la Kunsthalle de Bâle en 1872. L'objectif de l'association est la promotion et présentation des arts fins, le foyer principal concernant l'art contemporain. Indépendamment des activités d'exposition, celui-ci propose des événements actuels entre

l'art, la culture et la politique. En outre, l'art est intensivement favorisé en acquérant et en rassemblant des oeuvres contemporaines, ainsi que par un choix judicieux d'artistes qui sont soutenus par des bourses et autres formes d'aides financières. Au delà des activités existantes dans les propres lieux de l'association, l'appui est fourni à d'autres établissements et à leurs événements. Ces activités sont complétées par des publications telles que des catalogues d'exposition.
Service : une bibliothèque est accessible au public.
Horaires : ouvert du mardi au vendredi de 11h à 18h et le week end jusqu'à 17h.
Tarifs : plein : 12.- CHF/ réduit : 8.- CHF.

→ KUNSTHAUS BASELLAND

St. Jakob-Strasse 170
4132 Muttenz (Bâle/Basel)
+41 (0)61 312 83 88
www.kunsthausbaselland.ch

Historique du lieu/ architecture : le musée se trouve depuis 1997 à la frontière des deux demi-cantons Bâle-ville et Bâle-canton, non loin du stade de Bâle, construit par les architectes renommés Herzog & De Meuron. L'institution est dans un ancien bâtiment industriel avec des espaces de 1800m2.
Mission/ programmation/ collection : le musée organise tous les ans 10 à 12 expositions d'art contemporain représentant autant la scène régionale qu'internationale. Les expositions thématiques et collectives ou monographiques visent à souligner les nouvelles positions dans l'art contemporain. Elles sont accompagnées d'un programme d'événements : exposés, discours avec des artistes, conférences et colloques.
Dans deux pièces de l'institution est montrée la collection BEWE – des fondateurs Bruno et Elisabeth Weiss – qui représente le groupe artistique Rot-Blau I, II (rouge-bleu I et II) et le groupe 33.
Services : la médiathèque de la collection d'art du canton de Bâle-Campagne documente l'art vidéo de la région, de ses débuts au milieu des années 1970 jusqu'à nos jours. A côté des vidéos d'art, les archives contiennent également des films documentaires, expérimentaux, de fiction et nouveaux médias. Les documents sont consultables sur DVD au Kunsthaus Baselland ainsi qu'à la bibliothèque cantonale et à la Kunsthalle Palazzo de Liestal.
Horaires : ouvert le mardi et du jeudi au dimanche, de 11h à 17h, le mercredi de 14h à 20h.
Tarifs : plein : 7.- CHF / réduit : 5.- CHF.

→ KUNSTRAUM RIEHEN

Im Berowergut
Baselstrasse 71
4125 Riehen (Bâle/Basel)
+41 (0)61 641 20 29
www.kunstraumriehen.ch

Historique du lieu/ architecture : la demeure patricienne « Berowergut » du XVIIIe siècle a été rénovée en 1998 pour servir comme lieu d'exposition d'art contemporain de la commune de Riehen. La commission communale des arts visuels dirige l'espace. Les salles d'exposition se trouvent à côté de la Fondation Beyeler.
Mission/ programmation/ collection : les expositions de

l'espace sont destinées à accueillir des artistes d'art contemporain de la région bâloise. Dans le même bâtiment se trouvent des ateliers et des habitations pour des artistes étrangers dans le cadre du « programme d'échange international d'ateliers de la région bâloise ».
Services : visites guidées : se renseigner auprès de la section culturelle de la mairie de Riehen: Abteilung Kultur und Freizeit, +41 (0)61 646 81 11.
Horaires : ouvert du mercredi au vendredi de 13h à 18h et le samedi et dimanche de 11h à 18h.
Tarifs : entrée libre à l'exception de quelques événements particuliers.

→ [PLUG.IN]

St. Alban-Rheinweg 64
4052 Bâle/ Basel
+41 (0)61 283 6050
www.iplugin.org

Historique du lieu/ architecture : fondée comme une institution pionnière consacrée exclusivement à l'art multimédia, [plug.in] a ouvert son espace en tant que salon public en 2000. Ce lieu a été aménagé par le designer Federico Cambero, auteur des décors des films du réalisateur espagnol Pedro Almodóvar. Pour [plug.in], Cambero a réalisé une animation en 3D représentant une palmeraie d'Andalousie qui est directement intégrée dans l'architecture du bâtiment.
Mission/ programmation/ collection : [plug.in] organise des expositions et des évènements multimédias, collabore avec d'autres institutions et offre aux artistes son réseau. [plug.in] est synonyme de connexion analogique, de fusion dans le réseau électronique et aussi d'extensions digitales de programmes permettant d'interagir avec un autre logiciel. La dénomination signifie l'objectif du lieu : stimuler la participation à des processus dynamiques et interactifs.
L'art multimédia de [plug.in] comprend l'art numérique, l'art software, l'art internet, des installations interactives, la réalité virtuelle ainsi que des images vivantes sur vidéo, DVD, etc.
Services : médiathèque : DVDs, CD-Roms, vidéos et des magazines sont à disposition. Le bar est ouvert lors des événements.
Horaires : ouvert du mercredi à samedi de 14h à 18h. Le dimanche de 14h à 18h seulement pendant des expositions. Evénements et bar le jeudi de 20h à 22h (et plus) selon la programmation.
Tarifs : entrée libre.

→ SCHAULAGER

Ruchfeldstrasse 19
4142 Münchenstein (Bâle/ Basel)
+41 (0)61 335 32 32
www.schaulager.org

Historique du lieu/ architecture : la réalisation du Schaulager (entrepôt de visionnage dans sa traduction littérale) a été confiée aux architectes Herzog & de Meuron qui ont su créer un « entrepôt », puisque telle est la vocation du lieu, susceptible d'accueillir, dans des conditions optimales de conservation, une collection d'art contemporain (impliquant des formats variés – notamment des installations aux vastes

proportions) tout en laissant les oeuvres accessibles à la recherche et à la circulation donc non emballées. Flexibilité et visibilité des œuvres ont présidé à la réalisation de cet espace qui comprend aussi un centre d'exposition et un auditorium.
Mission/ programmation/ collection : la fondation Emmanuel Hoffmann a été créée par Maja Sacher, la femme d'Emmanuel Hoffmann en 1933 dans la poursuite de trois objectifs : collection, conservation et diffusion de la création la plus actuelle en arts visuels. La fondation s'est notamment impliquée dans la réalisation du Museum für Gegenwartskunst présenté précédemment et qui expose régulièrement le fonds ainsi que les nouvelles acquisitions de la fondation. La collection de la fondation s'est développée sur 3 générations, soit 75 années d'acquisitions. Environ 150 artistes sont ainsi représentés. Les premières oeuvres acquises sont de Delaunay, Klee, Max Ernst, expressionnistes belges, s'y sont ajoutées par la suite des œuvres d'artistes ayant fait l'histoire de l'art des années 60-70 avec notamment Joseph Beuys et Bruce Nauman. Parmi les œuvres les plus récemment acquises figurent celles de Jeff Wall, Katharina Fritsch, Fiona Tan et Andrea Zittel. Ni musée, ni espace de stockage donc, le Schaulager est un espace de « consultation » des œuvres ouvert aux chercheurs. Centre de recherches, le Schaulager a développé en association avec l'université de Bâle une programmation de conférences et colloques. Chaque année depuis son ouverture, de mai à septembre, le Schaulager propose une exposition : Dieter Roth en 2003, Herzog & de Meuron en 2004, Jeff Wall en 2005, Tacita dean et Francis Alÿs en 2006.
Service : en-dehors de l'exposition annuelle, le Schaulager est donc uniquement accessible aux personnes justifiant d'un projet de recherche lesquelles ont ainsi accès à l'ensemble de la collection.
Horaires et tarifs : variable selon l'exposition.

Bellinzona

→ CENTRE D'ART CONTEMPORAIN DE TICINO (CACT)

via Tamaro 3
6500 Bellinzona
+41 (0)91 825 40 72
www.cacticino.net

Historique du lieu/ architecture : situé dans la banlieue Nord de Belinzona, le Centre d'Art Contemporain de Ticino a ouvert ses portes en 1994 dans un immeuble dont l'architecture s'apparente au style « White Cube ».
Mission/ programmation/ collection : des expositions d'art contemporain sont organisées au CACT en collaboration avec d'autres centres d'art, musées suisses et étrangers.
Services : le centre d'art publie des manifestes, des catalogues et divers multiples.
Horaires : ouvert du vendredi au dimanche de 14h à 18h.
Tarifs : plein : 5 euros / réduit : 3,20 euros.

Berne / Bern

➔ KUNSTHALLE BERN

Helvetiaplatz 1
3005 Berne/Bern
+41 (0)31 350 00 40
www.kunsthalle-bern.ch

Mission/ programmation/ collection : la Kunsthalle Berne doit son existence à l'initiative prise par la société des artistes de Berne (GSMBA, section de Berne). Ouvert le 5 octobre 1918, le Kunsthalle Berne propose au public un éventail d'artistes de la ville, suisses et internationaux. Sa réputation internationale s'est construite sur des expositions aussi bien monographiques - Klee, Giacometti, Moore, Johns, LeWitt, Nauman, Buren - que collectives ou thématiques, avec par exemple, l'exposition légendaire de Harald Szeemann « When Attitudes Become Form / Quand les attitudes deviennent forme ».
Services : une boutique est accessible au public.
Horaires : ouvert du mardi au dimanche de 10h à 17h et le jeudi jusqu'à 19h.

➔ MUSEE DES BEAUX-ARTS DE BERNE

Hodlerstrasse 12
3000 Berne/Bern
+41 (0)31 328 09 44
www.kunstmuseumbern.ch

Historique du lieu/ architecture : la première pierre de la collection municipale d'œuvres d'art fut posée au début du 19ème siècle à l'occasion d'acquisitions de moulages de plâtre de sculptures antiques pour l'Ecole Supérieure de dessin. La Bernische Kunstgesellschaft, fondée en 1813, commença, elle aussi, à monter une collection constituée essentiellement d'aquarelles et de dessins. Ces deux collections sont conservées depuis 1849 sous un seul et même toit.
En donnant la totalité de sa fortune, l'architecte Gottlieb Hebler (1817-1875) permit la construction du bâtiment d'Eugen Stettler. Les travaux durèrent du printemps 1876 jusqu'à l'automne 1878. L'inauguration eut lieu le 9 août 1879. Une première extension fut annexée au flanc est du Stettlerbau entre 1932 et 1936. La nouvelle extension fut fortement préjudiciable à ce bâtiment annexe dans les années 80 (côté rue, seul le mur portant le graffiti décoratif de Cuno Amiet a été conservé). L'inauguration de la deuxième extension (et la dernière jusqu'à aujourd'hui) eut lieu en 1983. Après des travaux de planification et d'élaboration de projet qui ont duré plus de quatre ans et des travaux de plus de dix huit mois, les travaux de reconstruction et de rénovation du Stettlerbau ont été achevés en novembre 1999. La dernière étape des travaux d'achèvement et de transformation du Musée des Beaux-Arts de Berne était ainsi provisoirement accomplie.
Mission/ programmation/ collection : le Musée des Beaux-Arts de Berne, le plus ancien musée de Suisse, présente une collection permanente et abrite des œuvres qui recouvrent une période de huit siècles. La collection du musée, en perpétuelle mutation, s'enrichit en permanence et comporte actuellement plus de 3000 tableaux et sculptures et environ 48000 dessins,

gravures, photographies, vidéos et films. Les temps forts de la collection permanente sont l'art bernois et l'art suisse du Moyen-âge jusqu'à l'époque contemporaine et l'art international à partir du 19ème siècle. La fondation présente en permanence des pièces majeures de sa collection, organise avec ses fonds personnels et externes des expositions temporaires et met ses œuvres (en règle générale des musées) à disposition de tiers pour des expositions ou des prêts. Elle réalise et publie, dans le cadre des collections et des expositions qu'elle organise, des œuvres scientifiques et d'autres publications et assure le fonctionnement d'une bibliothèque spécialisée ; Le Musée des Beaux-Arts de Berne fait par ailleurs partie des rares collections publiques de Suisse qui encourage explicitement depuis longtemps l'œuvre des femmes artistes, notamment de Sophie Taeuber-Arp , Louise Bourgeois, Meret Oppenheim et Marina Abramovič. L'art contemporain est également fortement représenté au Musée par des groupes d'œuvres considérables de Bernhard Luginbühl, Franz Gertsch, James Lee Byars ou Sigmar Polke, entre autres.
Services : la célèbre confiserie bernoise Eichenberger tient depuis février 2004 le bar-café au Musée des Beaux-Arts. Le musée met aussi à votre disposition une boutique/ librairie et un cinéma qui propose un programme cinématographique diversifié et d'un niveau exigeant. Des séries thématiques, des projections d'œuvres et des rétrospectives concernant des créateurs cinéastes de tout premier ordre font partie du projet ainsi que des films sur les expositions actuelles au Musée des Beaux-Arts.
Horaires : ouvert le mardi de 10h à 21h et du mercredi au dimanche de 10h à 17h.

→ PAUL KLEE ZENTRUM

Monument im Fruchtland 3
3006 Berne/Bern
+41 (0)31 359 01 01
www.paulkleezentrum.ch

Historique du lieu/ architecture : le Zentrum Paul Klee a ouvert ses portes pour la première fois aux amateurs de culture le 20 juin 2005. L'étude intensive de la mission et du terrain donna à Renzo Piano l'idée de créer sur le terrain situé à la périphérie est de Berne une île verte, un lieu éloigné et mystérieux. Sur cette « île » se dresse le Zentrum Paul Klee sous la forme de trois articulations qui s'engrènent dans le terrain. Cela fait naître une sculpture paysagère harmonieuse qui, dans sa globalité, constitue le Zentrum.
Mission/ programmation/ collection : cette nouvelle institution culturelle est entièrement dédiée à la personne, la vie et l'œuvre de Paul Klee (1879–1940). Cet homme qui fut aussi musicien, pédagogue et poète compte parmi les artistes les plus importants du XXe siècle. Avec le Zentrum Paul Klee, la ville de Berne, dans laquelle il passa pratiquement la moitié de sa vie, rend hommage à cet artiste avec un monument de portée internationale. Des presque 10 000 créations que compte l'œuvre de Paul Klee, 40 pour cent ont pu être

rassemblées, soit 4 000 tableaux, aquarelles et dessins ainsi que du matériel d'archives et des documents biographiques. Les fonds du Centre sont considérés comme la plus grande collection monographique au monde d'un artiste de renommée mondiale.
Services : une boutique et un restaurant sont accessibles au public.
Horaires : ouvert du mardi au dimanche de 10h à 17h et le jeudi jusqu'à 21h.
Tarifs : plein : 14.- CHF/ réduit : 12.- CHF.

Bienne / Biel

→ CENTREPASQUART

Kunsthaus, Centre d'Art
Faubourg du Lac 71-75
2502 Bienne/Biel
+41 (0)32 322 55 86
www.pasquart.ch

Historique du lieu/ architecture : le CentrePasquArt s'est ouvert en 1990 dans l'ancien hôpital de la ville. En 1994 le Photoforum, le Filmpodium, la Société des beaux-arts, la Fondation de la Collection CentrePasquArt, visarte et la ville de Bienne s'associent pour former la Fondation CentrePasquArt. Grâce au legs important de l'industriel P. A. Poma, la ville de Bienne et le canton de Berne peuvent faire réaliser en 1998-99 un nouveau bâtiment par les architectes Diener & Diener de Bâle. Le 1er janvier 2000 le CentrePasquArt a rouvert ses portes et poursuit depuis lors son activité d'exposition.
Le bâtiment du CentrePasquArt s'articule en 3 parties. La première, centrale, est construite en 1866 : c'est le premier hôpital de Bienne. En 1955 une aile ouest lui est ajoutée ; un home pour personnes âgées y est installé, tandis que la partie centrale sert désormais d'école. C'est en 1990 que le CentrePasquArt s'installe dans le bâtiment. 10 ans plus tard il reprend possession de ses lieux, agrandis. La rénovation de l'ancien hôpital et la nouvelle aile ont été réalisées par le bureau d'architectes bâlois Diener & Diener, gagnant du concours d'architecture. Le nouveau bâtiment est judicieusement relié à l'ancien par la cage d'escalier de ce dernier. Composé de trois étages (au lieu de quatre comme l'ancien bâtiment), et implanté légèrement plus bas dans le sol, il gagne ainsi en hauteur. L'entrée, toute de transparence, permet de garder un contact visuel avec le Jura auquel tout le bâtiment est accolé. Au premier étage (les Galeries), les fenêtres organisent la surface divisée en trois espaces longitudinaux traversés par un passage central. Le deuxième étage (la salle Poma, du nom du donateur dont la générosité a permis cette réalisation) possède un éclairage zénithal, dont la régularité harmonieuse confère calme et sérénité à ce large espace de 365m2 et haut de 5m80. Les artistes y bénéficient ainsi de conditions d'exposition pratiquement sans contraintes. Dans l'ancien bâtiment, la rénovation a été faite dans le respect des caractéristiques des espaces: planchers, fenêtres, rampe d'escalier...

Mission/ programmation/ collection : la Fondation de la Collection CentrePasquArt est une fondation privée qui a été créée en 1991, en même temps que le CentrePasquArt. Le conseil de fondation est composé de personnalités proches du monde de l'art, dont le/la directeur/trice du CentrePasquArt. Une commission, sous la présidence du/de la directeur/trice du CentrePasquArt, est chargée des achats, des propositions de dons et des contacts avec les donateurs. Les oeuvres de la Fondation sont conservées au CentrePasquArt et sont à disposition de ce dernier pour exposition, ainsi que pour des prêts extérieurs.

La ligne de la collection est la suivante : achats en lien avec les expositions du CentrePasquArt afin d'en garder une trace ; achats d'œuvres d'art contemporain d'importance nationale ou internationale (la ville de Bienne collectionne elle, des d'œuvres d'artistes qui ont un lien avec Bienne et sa région). La Fondation peut aussi passer commande d'une oeuvre. La Fondation de la collection CentrePasquArt comprend, en 2002, environ 1200 oeuvres.

Horaires : ouvert du mercredi au vendredi de 14h à 18h. Samedi et dimanche de 11h à 18h. Ouvert selon les mêmes horaires les jours fériés.

Tarifs : plein : 10.- CHF/ réduit : 8.- CHF.

Burgdorf

→ MUSEUM FRANZ GERTSCH

Platanenstrasse 3
3401 Burgdorf
+41 (0)34 421 40 20
www.museum-franzgertsch.ch

Historique du lieu/ architecture : la réalisation du musée est le fruit d'un concours d'urbanisme remporté par les architectes Jörg & Sturm pour investir les terrains de l'ancienne usine Milka, projet qui devait impérativement favoriser un lien entre la vieille ville et la partie plus contemporaine incluant notamment la gare. Construit entre 2000 et 2002, les architectes ont ainsi proposé trois cubes adjacents de béton et de verre respectant la répartition rectangulaire du quartier de la gare et le création d'un passage piéton conduisant immédiatement à la Lychstrasse au coeur de la ville. L'espace d'exposition se répartit en cinq pièces (murs et sols en chêne blanc) dont l'agencement permet que la lumière extérieure ne rentre jamais directement. Chacun de ces cinq espaces s'ouvre sur le foyer.

Mission/ programmation/ collection : le musée est né de la rencontre entre l'artiste suisse Franz Gertsch et Willy Michel industriel de Burgdorf en 1998. Fasciné par le travail de l'artiste, Willy Michel créé en 2001 sa fondation assurant une donation de ses propres œuvres de Franz Getrsch et l'artiste assurant au musée un prêt de toutes ses œuvres réalisées entre 1987 et 2002. Le musée dispose aussi d'une galerie qui représente exclusivement Franz Gertsch pour la Suisse ainsi

qu'une sélection d'artistes internationaux.
Le musée propose enfin une programmation d'expositions temporaires alternant monographies (Lucio Fontana, Gerhard Richter...) et expositions de groupes. En 2006, le musée propose ainsi une exposition sur le Sublime réunissant 22 artistes internationaux.
Service : le musée propose une cafétéria.
Horaires : ouvert du mardi au vendredi de 11 à 17h et le week-end de 10h à 17h.
Tarifs : plein : 12.- CHF / réduit : 8.- CHF.

Coire / Chur

→ KULTURFORMU WÜRTH

Würth International AG
Aspermontstrasse 1
7004 Coire/Chur
+41 (0)81 558 00 00
www.wurth-international.com

Historique du lieu/ architecture : le groupe internationale Würth, spécialisé dans la production de matériel de fixation, expose régulièrement des oeuvres d'art de la collection de Reinhold Würth, fondateur de l'entreprise, dans leurs différents sièges en Suisse (Arlesheim à Bâle), Autriche, Italie, France, Danemark, Norvège et les Pays-Bas et notamment dans leur siège social à Künzelsau (Bade-Wurtemberg, musée depuis 1991) et leur Kunsthalle Würth à Schwäbisch Hall, inauguré en 2001. Le Kulturforum Würth de Coire a ouvert ses portes en juin 2002 dans le bâtiment de Würth International.
Mission/ programmation/ collection : la collection Würth a réuni depuis les années 1960 plus de 9 000 oeuvres d'art principalement du XXe et XXIe siècle. Initiée par Reinhold Würth, la collection de l'entreprise est articulée autour de l'expressionnisme allemand, du surréalisme et de l'Art concret ainsi que la figuration des années 1960-1980 (Baselitz, Immendorf, Lüpertz). Depuis 2003, Reinhold Würth s'élargit sa collection sur l'art ancien (peintures allemandes et suisses du XVIe siècle de la collection du prince Heinrich de Fürstenberg). Tous les ans, Le Kulturforum Würth de Coire propose trois expositions thématiques, historiques et contemporaines de sa propre collection.
Services : petite boutique muséale et restaurant. Visites guidées sur demande (5.- CHF / 3,5 €/personne).
Horaires : du lundi au dimanche de 10h à 17h, jeudi jusqu'à 20h.
Tarifs : entrée libre.

→ MUSEE DES BEAUX-ARTS DES GRISONS

Postplatz
7002 Coire/Chur
+41 (0)81 257 28 68
www.buendner-kunstmuseum.ch

Historique du lieu/ architecture : la Villa Planta qui tient son nom de son propriétaire Jacques Ambrosius von Planta, a été construite en 1874/75 par l'architecte Johannes Ludwig. Le bâtiment néo-classique est orné à l'intérieur d'un décor orientaliste : peinture pompéienne à l'entrée et coupole dorée surmontée d'une demi-lune, rappellent l'activité commerçante

du propriétaire au Moyen Orient. En 1898, von Planta vend la villa au chemin de fer rhétien qui eux la loue à partir de 1919 au canton des Grisons pour des fins culturelles. En 1957, le canton l'achète pour y présenter sa collection d'art.
L'architecte Sulser construit en 1927 une annexe où se trouvait le musée d'histoire naturelle et du parc national. À partir de 1981, cette collection déménage dans un nouveau lieu ce qui permet au musée des Beaux-Arts d'utiliser ce lieu pour des expositions. Le bâtiment Sulser et la Villa Planta sont depuis liés par une passerelle.
Mission/ programmation/ collection : l'association d'art des Grisons commence en 1900 avec la constitution d'une collection d'art. Elle contient aujourd'hui 6000 oeuvres du XVIIIe siècle jusqu'à l'art contemporain. On y trouve principalement des oeuvres d'artistes suisses et / ou de la région tels que Angelika Kauffmann, Giovanni Segantini, Augusto Giacometti, Giovanni Giacometti, Alberto Giacometti, Ferdinand Hodler, Ernst Ludwig Kirchner, des représentants du groupe "Rouge-Bleu" et les contemporains Matias Spescha, Not Vital, Elisabeth Arpagaus ou Pascale Wiedemann.
Dans le bâtiment Sulser sont présentées six expositions par an ; principalement des rétrospectives d'artistes suisses et des expositions collectives d'art contemporain international.
Services : un café est situé dans l'ancien jardin d'hiver de la villa. Une bibliothèque sur l'art des Grisons et suisse, des catalogues d'expositions et des magazines d'art, sont à disposition le mercredi de 14h à 17h. Visites guidées publiques et privées sur demande. "Art le midi" propose des courtes visites sur une oeuvre pendant la pause déjeuner. Service pédagogique.
Horaires : ouvert du mardi au dimanche, de 10h à17h. Fermé le lundi, vendredi Saint, dimanche de Pâques et dimanche de Pentecôte.
Tarifs : plein : 8.- CHF / réduit : 6.- CHF.

Davos

→ MUSEE KIRCHNER DAVOS

Ernst Ludwig Kirchner Platz
7270 Davos Platz
+41 (0)81 413 22 02
www.kirchnermuseum.ch

Historique du lieu/ architecture : la Fondation Ernst Ludwig Kirchner Davos est propriétaire du musée et l'Association Kirchner, comptant plus de 800 membres, a la responsabilité de son fonctionnement. En 1992, la Fondation Kirchner est entrée en possession de plusieurs imposantes collections d'œuvres et compte maintenant plus de 1400 dessins, gravures, peintures, sculptures et esquisses de l'artiste. Sans oublier plus de 1000 photographies, divers documents et une vaste bibliothèque consacrée à l'œuvre de Kirchner et à l'expressionnisme.
Le bâtiment du musée est le premier mandat important réalisé par les architectes zurichois Annette Gigon et Mike Guyer. De construction sobre, mais extrêmement logique, en verre, bé-

ton, acier et bois, ce bâtiment a ouvert de nouvelles perspec tives dans l'architecture des musées.

Mission/ programmation/ collection : le musée est consacré à l'artiste expressionniste Ernst Ludwig Kirchner. L'institution, à la fois centre d'exposition et de recherche, montre en permanence les principales œuvres de la collection. En outre, des expositions alternantes présentent au public le travail de Kirchner, d'autres œuvres expressionnistes et les courants artistiques apparentés. La majorité des peintures date de la période de Davos.

Deux grandes expositions ont lieu en été et en hiver, complétées par des petites expositions, les Standpunkte – « points de vue » - qui se consacrent à l'art contemporain (Balthasar Burkhard, Rémy Markowitsch, Miriam Cahn).

Services : archives, médiathèque et bibliothèque comptant plus de 10 000 publications. Librairie. Visites guidées publiques le soir de 18h30 à 19h45 (15.- CHF entrée inclue).

Randonnées sur les traces d'Ernst Ludwig Kirchner. Rendez-vous à 10h à la station de bus Alberti, Davos Platz. Route de 3h. Réservation à l'office de tourisme : tél. +41 81 415 21 21, coût, 5.- CHF.

Horaires : ouvert toute l'année, du mardi au dimanche : de Noël à Pâques et du 15 juillet au 30 septembre de 10h à 18h, le reste de l'année de 14h à 18h.

Tarifs : plein : 10.- CHF / réduit : 8.- CHF.

Fribourg

→ ESPACE JEAN TINGUELY & NIKI DE SAINT PHALLE

Rue de Morat 2
1700 Fribourg
+41 (0)26 305 51 70
www.fr.ch/mahf

Historique du lieu/ architecture : érigé en 1900 entre l'église des Cordeliers et la basilique Notre-Dame, le bâtiment abritait, à l'origine, le dépôt des tramways fribourgeois. La mémoire du lieu revêt une dimension poétique en dialogue avec l'œuvre de Jean Tinguely.

Mission/ programmation/ collection : l'espace Jean Tinguely - Niki de Saint Phalle est un lieu magique qui rend hommage à la créativité de deux des plus grands artistes de la deuxième moitié du XXe siècle. Le visiteur y découvre, entre autres, une œuvre maîtresse de Jean Tinguely : le « Retable de l'Abondance occidentale et du Mercantilisme totalitaire », ou encore, les 22 reliefs de «Remembering» en polyester peint (1997/98) de Niki de Saint Phalle. « La Mythologie blessée » (1989), une oeuvre de collaboration, est devenue le symbole de l'Espace. Deux salles sont réservées à des expositions temporaires en lien avec le couple d'artistes.

Services : petit magasin muséal : livres, catalogues d'exposition, affiches, cartes postales, etc.

Possibilité de visites commentées : prix et rendez-vous sur demande.

Horaires : ouvert du mercredi au dimanche de 11h à 18h, nocturne le jeudi jusqu'à 20h.
Tarifs : plein : 6.- CHF / réduit : 4.- CHF ; gratuit pour les scolaires et les enfants jusqu'à 16ans et AMS – ICOM – Amis du Musée.

→ FRI-ART-CENTRE D ART CONTEMPORAIN

Petites-Rames 22
1701 Fribourg
+41(0)26 323 23 51
www.fri-art.ch

Historique du lieu/ architecture : né du vide en 1979, Fri-Art propose, pour la commémoration du 500e anniversaire de l'entrée de Fribourg dans la Confédération en 1981, un vaste projet ayant l'ambition de présenter à Fribourg une exposition d'art contemporain. Réalisée dans l'enceinte de l'ancien séminaire diocésain, avec la participation de plus de soixante artistes suisses et étrangers, cette manifestation connut un grand succès, répercuté au-delà des frontières Suisses. Il s'est révélé, lors de Fri-Art 1981, que la majorité du public fribourgeois découvrait pour la première fois l'art de son époque. Les organisateurs déposent, dès 1982, un projet pour la création d'un Centre d'Art Contemporain permanent à Fribourg, auprès des autorités cantonales et communales. Après plusieurs années de lutte et de persévérance, et bénéficiant en dernière instance d'un soutien populaire, l'Association Fri-Art, issue de l'engagement de quelques artistes et amateurs d'art de la région, inaugure le Centre d'Art Contemporain en novembre 1990. Etabli dans les anciens locaux de l'asile de nuit, mis à disposition par la ville de Fribourg aux Petites-Rames 22.
Mission/ programmation/ collection : depuis l'ouverture du Centre d'Art Contemporain, Fri-Art a réalisé 59 expositions, de nombreuses manifestations multimédias et interventions dans l'espace public, et collaboré avec différentes institutions. En 14 ans, les travaux de 350 artistes ont été présentés dans les domaines les plus divers et les plus poussés de l'art contemporain. Une grande partie d'entre eux sont présents sur la scène artistique actuelle et Fri-Art est reconnu dans les milieux de l'art, aussi bien sur le plan national qu'international, pour son programme cohérent, ouvert et prospectif. Les buts que Fri-Art s'est fixé relèvent d'un point de vue idéal : se tenir à l'écoute de l'évolution des diverses tendances artistiques de notre époque, en transmettre le sens et en souligner les options esthétiques. Bien qu'il soit peut-être illusoire de concilier spontanément des investigations de pointe avec l'entendement d'un large public, sans tenir compte du décalage d'initiation, Fri-Art tente, en résistant, de maintenir ses buts. Fri-Art se veut un laboratoire, offrant aux artistes invités un outil de travail et les moyens de concrétiser leurs investigations. Le centre propose dans son programme annuel plusieurs formes d'expositions. Il stimule les artistes fribourgeois par la confrontation et la remise en question, et leur réserve régulièrement une place.
Horaires : ouvert du mardi au vendredi de 14h à 18h et le samedi de 14h à 17h. Nocturne le jeudi de 18h à 20h.

MUSEE D'ART ET D'HISTOIRE

Rue de Morat 12
1700 Fribourg
+41 (0)26 305 51 40
www.fr.ch/mahf

Historique du lieu/ architecture : le Musée se compose de trois bâtiments distincts, formant un bel ensemble architectural : L'Hôtel Ratzé, l'ancien abattoir et le bâtiment destiné aux expositions temporaires. Les jardins du Musée font écrin à des sculptures monumentales.

Mission/ programmation/ collection : le musée possède une riche collection d'art et d'histoire des origines à nos jours. L'hôtel Ratzé abrite les sculptures et peintures du XIIe au XVIIIe siècle. De nombreux objets historiques illustrent la vie politique, commerciale, militaire et religieuse de Fribourg. L'ancien abattoir montre la statuaire en pierre ainsi que les fontaines originales de la ville. Dans la salle des combles, les visiteurs découvrent la peinture et la sculpture des XIXe et XXe siècles, entre autres, les œuvres de Marcello, Delacroix, Courbet, Clairin mais aussi d'artistes suisses et fribourgeois comme Vallotton, Hodler, Spoerri, Stämpfli, Reichlen, Crotti ainsi qu'un choix d'œuvres de la Nouvelle Ecole de Paris.

Services : petit magasin muséal : livres, catalogues d'exposition, affiches, cartes postales, etc.
« Découverte de 6 à 7 » : présentation mensuelle d'une œuvre des collections du Musée.
Entrée gratuite (avec le soutien de la Société des Amis du Musée).
« Mamemimomu » : visite gratuite de 10 min portant sur une œuvre de la collection, chaque mercredi à 12h15.
« Dimanches en famille » : chaque 3e dimanche du mois, de 11h à midi, jeunes et adultes sont invités à découvrir un thème de la collection. Une animatrice s'occupe des enfants.
Visites guidées publiques pour les expositions temporaires : gratuites.
Visites commentées (également pour les écoles) : prix et rendez-vous sur demande.

Horaires : ouvert du mardi au dimanche de 11h à 18h et nocturne le jeudi jusqu'à 20h.

Tarifs : plein : 8.- CHF/ réduit : 5.- CHF ; gratuit pour les scolaires et les enfants jusqu'à 16ans et AMS – ICOM – Amis du Musée.

Genève

ATTITUDES ESPACES D'ART CONTEMPORAIN

rue du Beulet 4
1203 Genève
+41 (0)22 344 37 56
www.attitudes.ch

Historique du lieu/ architecture : en 2001, Attitudes a installé sa base genevoise dans un bâtiment de type industriel où travaillent également des graphistes, des architectes, des photographes et un cinéaste d'animation. L'espace occupé par attitudes totalise plus de 300 m² (300m²) répartis en une salle d'exposition de 170 m² (170m²), un espace d'accueil, un bureau/bar, un dépôt, une cour extérieure, ainsi qu'un studio qui

permet de loger les invités.
Mission/ programmation/ collection : Attitudes - espace d'arts contemporains est une structure artistique indépendante créée en 1994 et basée à Genève. Sous ce nom, le lieu conçoit et réalise des expositions et des programmes de vidéos tant à Genève dans cet espace même, que sur invitation, dans d'autres contextes artistiques suisses et internationaux. L'espace organise également des performances et des conférences, et édite des publications et des multiples d'artistes. La programmation d'attitudes est centrée sur les arts visuels, mais s'ouvre aussi régulièrement à d'autres disciplines telles que la performance, le film, le design, l'architecture, la danse ou encore la musique. Parallèlement à chaque exposition, attitudes édite un journal qui est conçu principalement comme un espace autonome de création dans lequel le lecteur peut découvrir des contributions originales des artistes exposés, ainsi que des projets qui sont développés uniquement sur ce support.
Services : le livre attitudes 1994 - 2004 documente 10 ans d'activités d'attitudes dans le domaine de l'art contemporain. Le site web www.attitudes.ch, hébergé par le Centre pour l'Image Contemporaine, est fréquemment mis à jour et répertorie l'ensemble des projets réalisés par attitudes. Depuis l'installation des nouveaux locaux à la rue du Beulet, en mai 2001, chaque série d'expositions est accompagnée du journal. Cette publication conçue comme un espace de création et d'information est gratuite. Depuis 1996, l'espace édite régulièrement des multiples d'artistes qui ont eu une exposition à attitudes ou extra-muros. La plupart de ces éditions sont limitées à 25 exemplaires + 5 épreuves d'artiste. Toutes ces éditions sont disponibles auprès d'Attitudes.
Tarifs : entrée libre aux expositions et payantes aux manifestations ponctuelles (conférences, performances...).

→ CABINET DES ESTAMPES

Promenade du Pin 5
1204 Genève
+41 (0)22 418 27 70
www.ville-ge.ch

Historique du lieu/ architecture : l'origine du Cabinet des estampes remonte à 1886, lorsque les autorités municipales décidèrent de rassembler en un seul lieu toutes les gravures appartenant à la Ville de Genève. Intégré au Musée d'art et d'histoire lors de sa création en 1910, il occupe aujourd'hui des locaux situés dans l'ancien hôtel Diodati-Plantamour. Le Cabinet des estampes est l'un des cinq grands cabinets suisses et figure parmi les cinquante qui comptent dans le monde. L'ampleur de ses collections peut être estimée à plus de 300 000 pièces, couvrant cinq cents ans d'histoire. Si certaines gravures sont avant tout de valeur documentaire, il rassemble également nombre de pièces très remarquables, parfois tout à fait uniques.
Mission/ programmation/ collection : le Cabinet des estampes du Musée d'art et d'histoire ne propose pas

d'expositions permanentes de ses collections. Ses fonds sont toutefois consultables sur simple rendez-vous. Chaque année, trois ou quatre expositions monographiques ou thématiques sont montrées à côté d'événements de brève durée. Des catalogues, souvent raisonnés (par exemple l'œuvre imprimé de Jean Fautrier, Franz Gertsch, Urs Lüthi, Henri Michaux, Robert Morris, Robert Müller, Markus Raetz, Kurt Seligmann ou Bram van Velde) faisant toujours référence dans le domaine considéré, sont publiés lors de ces manifestations. Le Cabinet des estampes de Genève se concentre volontairement sur quelques courants et quelques artistes, se donnant ainsi les moyens de constituer des ensembles forts. On n'y cherchera pas les impressionnistes, mais en revanche Giorgio de Chirico, Jean Fautrier, Antonio Saura, Henri Michaux, Bram van Velde, Markus Raetz, Georg Baselitz, Urs Lüthi, John M Armleder ou Robert Morris. L'avant-garde russe et hongroise entre 1913 et 1925 y occupe une place marquante. Un ensemble de livres d'artistes allant de la haute bibliophilie du début du siècle jusqu'aux petits opuscules des années 60 et 70 (Ed Ruscha, Seth Siegelaub, Hamish Fulton ou Richard Long) constitue également une des spécificités du fonds genevois.

Horaires : ouvert du mardi au dimanche de 10h à 12h et de 14h à 18h.

Tarifs : plein : 3.- CHF/ réduit : 2.- CHF.

→ CENTRE D'ART CONTEMPORAIN

Rue des Vieux-Grenadiers 10
1211 Genève
+41 (0)22 329 18 42
www.centre.ch

Historique du lieu/ architecture : fondé en 1974, le Centre est la première institution d'art contemporain en Suisse.

Mission/ programmation/ collection : l'histoire du Centre est très riche. Durant les 30 ans de son existence, il a anticipé les courants, découvert des talents et présenté des artistes suisses ou internationaux au début de leur carrière. Entre autre subventionné par la Ville de Genève, le Centre ne possède pas de collection. Le centre ne se restreint pas à une approche conceptuelle particulière, mais déploie un intérêt pour divers médias : sculpture, peinture, dessin, vidéo, installation, performance et son. La mission du centre est à la fois de rechercher des artistes novateurs de Genève, de Suisse ou de la scène internationale, de commissionner et produire de nouvelles œuvres, mais aussi de publier des livres d'art et commissionner des textes critiques d'auteurs de renommée Internationale. Elle est aussi de présenter les artistes dans des expositions de groupes ou individuelles et de créer un espace convivial, stimulant et pédagogique pour le public à travers un programme d'expositions, de performances, d'ateliers, de conférences et d'autres événements artistiques comme la fête de Noël.

Le Centre souhaite contribuer au développement professionnel de curateurs indépendants et des espaces d'art alternatifs en Suisse grâce à des invitations et à des collaborations. Afin

de renforcer son activité et sa visibilité, le centre engage des co-productions avec des écoles d'art et des institutions locales et internationales. Son programme présente les pratiques trans-disciplinaires et catalyse l'intérêt grandissant du public pour l'art avec les démarches innovantes que les artistes explorent aujourd'hui pour penser et expérimenter la culture. Dans ce sens, le Centre appuie les rencontres prolifiques entre disciplines créatives, c'est-à-dire entre artistes, musiciens, créateurs de mode, graphistes, architectes et chorégraphes.
Services : le Centre offre une bibliothèque publique de plus de 3000 ouvrages référencés, l'atelier des enfants, et un atelier pour artiste en résidence.
Horaires : ouvert du mardi au dimanche de 11h à 18h.
Tarifs : plein : 4.- CHF / réduit : 2.- CHF.

→ CENTRE D'ART EN L'ILE

Place de l'Ile 1
1211 Genève 11
+41 (0)22 312 12 30
www.ville-ge.ch

Historique du lieu/ architecture : le Centre d'art en l'Ile est installé depuis le début des années 90 aux Halles de l'Ile, un ancien marché rénové et magnifiquement situé au milieu du Rhône.
Mission/ programmation/ collection : destiné principalement aux artistes locaux, le Centre d'art en l'Ile se veut un espace ouvert à tous les styles et à toutes les écoles. Dix-sept expositions temporaires individuelles ou collectives y sont organisées chaque année. Tous les modes d'expression sont présentés: sculpture, peinture, photographie, collage, installation et vidéo. Le Centre veut aussi aider les jeunes créateurs à s'adresser directement au public et à s'intégrer dans un circuit professionnel. Afin de favoriser les contacts et les discussions, les exposants sont en principe présents dans la galerie le samedi et le dimanche.
Horaires : ouvert du mardi au vendredi de 13h à 19h et du samedi au dimanche de 11h à 17h.
Tarifs : entrée libre.

→ CENTRE D'EDITION CONTEMPORAINE

Rue St.-Léger 18
1204 Genève
+41 (0)22 310 51 70
www.c-e-c.ch

Mission/ programmation/ collection : le Centre d'édition contemporaine (Centre genevois de gravure contemporaine jusqu'en 2000) concilie la production d'éditions et un programme d'expositions qui témoignent à la fois du domaine spécifique de l'édition et de l'art contemporain. Plusieurs artistes suisses ou étrangers, jeunes ou confirmés, sont invités chaque année à exposer et à réaliser une édition (imprimés, livres d'artistes, publications, multiples, ...).
Horaires : ouvert du mercredi au vendredi de 14h à 19h et le samedi de 14h à 17h.
Tarifs : entrée libre, et visite guidée gratuite et sur rendez-vous.

Rue du Général-Dufour 16
1204 Genève
+41 (0)22 329 28 35
www.ville-ge.ch

→ CENTRE DE LA PHOTOGRAPHIE

Historique du lieu/ architecture : propriété de la Ville de Genève, le bâtiment est une ancienne école construite en 1871-1873 sur les plans de l'architecte Georges Matthey et transformée en Maison des arts du Grütli en 1987-1989 par le bureau d'étude Jean Stryjenski et Urs Tschumi. Inaugurée en 1989, la nouvelle Maison des arts renforce l'identité culturelle du quartier de Neuve où, à proximité d'institutions prestigieuses telles que le Musée Rath, le Conservatoire de musique, l'Université et la Bibliothèque publique et universitaire, le Grand Théâtre et le Victoria Hall, elle trouve sa place en tant que centre culturel pluridisciplinaire et dynamique.

Mission/ programmation/ collection : sur ses cinq niveaux, la Maison des arts du Grütli abrite quantité d'espaces dédiés à la culture: le Théâtre du Grütli, le CAC-Voltaire, le Centre de la Photographie, la Bibliothèque musicale de la Ville de Genève, trois studios de répétition pour la danse contemporaine, six ateliers pour plasticiens, et héberge les festivals Black Movie, Cinéma Tout Écran et le Festival international du film sur les droits humains.

Le Centre de la photographie a été fondé en 1984 par des photographes genevois pour la défense de la photographie comme des beaux-arts. Aujourd'hui, le CPG montre toute sorte de productions, de distributions et de présentations de la photographie contemporaine, avec des points forts dans les domaines de l'urbanisme, du « style documentaire » et de la critique de la représentation. Le CPG présente en moyenne 6 à 7 expositions monographiques par an, dont une, « hors les murs ». Tous les trois ans, le CPG organise les « 50 Jours pour la Photographie » à Genève en collaboration avec des musées, des centres d'art, des galeries et des bibliothèques genevois.

Services : un café-restaurant vous accueille au 2ème étage du bâtiment.

Horaires : ouvert du mardi au vendredi de 14h à 18h et le samedi de 14h à 18h.

Tarifs : entrée libre.

Saint-Gervais
Rue du Temple 5
1201 Genève
+41 (0)22 908 20 00
www.centreimage.ch

→ LE CENTRE POUR L'IMAGE CONTEMPORAINE

Mission/ programmation/ collection : fondé en 1985, le Centre pour l'image contemporaine présente des manifestations culturelles - de 4 à 6 expositions personnelles ou collectives par année- autour des nouvelles technologies de l'image : vidéo, multimédia, internet, mais aussi photographie et cinéma. Les activités vont de la production à la collection d'œuvres, en passant par les expositions et les programmations régulières. Deux grandes salles d'exposition, une salle de projection, un salon de visionnage et le site Internet accueillent les visiteurs. La plupart des expositions sont accompagnées de programmations thématiques de films, vidéos et performances. Parmi les artistes et les créateurs dont le

Centre a exposé ou collectionné les oeuvres, on peut citer Bill Viola, Gary Hill, Christ Marker, Michael Snow, Julian Opie, Angela Bulloch, Pierre Bismuth et de très nombreux artistes suisses comme Fischli & Weiss, Fabrice Gygi, Miltos Manetas, Mariko Mori, Antoni Muntadas, Aziz & Cucher, Ellen Cantor, Jochen Gerz, Thomas Hirschhorn.
Services : le centre édite des catalogues et livres d'art et dispose d'une très belle médiathèque. Avec plus de 1500 titres (vidéos et cd-roms), la médiathèque du Centre pour l'image contemporaine est une des principales collections européennes dans le champ des nouveaux médias ; accessible gratuitement sur simple rendez-vous, la médiathèque est un outil de travail, de connaissance et de mémoire pour les amateurs, les étudiants et les spécialistes. Le catalogue de la médiathèque est disponible en ligne et sur l'Encyclopédie des Nouveaux Médias.
Horaires : ouvert du mardi au dimanche de 12h à 18h. Fermetures annuelles : de début juillet à mi-août, Noël et nouvel an.

➔ FORDE

Place des Volontaires 4
1204 Genève
+41 (0)22 321 68 22
www.forde.ch

Historique du lieu/ architecture : Forde est un espace d'art contemporain fondé à Genève en 1994. Créé au sein de l'Usine, le bâtiment regroupe un ensemble d'activités culturelles (cinéma, théâtre, salle de concerts).
Mission/ programmation/ collection : la vocation de Forde est de présenter des expositions en dehors de toute contrainte institutionnelle ou commerciale. Forde reçoit à cette fin le soutien du département municipal des affaires culturelles de la Ville de Genève par le biais d'une subvention l'autorisant à établir une programmation indépendante de toute autre structure existante. Tous les 18 mois, le comité de Forde nomme un ou plusieurs commissaires à qui il confie la gestion complète de la programmation, de l'administration et de l'entretien de l'espace. Les personnes nommées vont gérer l'espace durant une année et demie. Les programmes proposés sont par conséquent de nature très diverses, établissant à chaque fois leurs propres économies de travail et des relations avec des scènes différentes. En moins de 10 ans, près de 60 manifestations mélangeant expositions monographiques et thématiques, projections de films, concerts, performances et ateliers ont été organisés. Plusieurs publications ont également été réalisées dans ce cadre. C'est ici que des artistes aujourd'hui largement reconnus, ont connu leurs premières expositions individuelles en Suisse, comme Liam Gillick ou Pierre Huyghe. Un bilan qui ne demande donc qu'à s'enrichir au gré des candidatures à venir.
Services : un bar et un restaurant sont accessibles au public.
Horaires : ouvert du jeudi au samedi de 14h à 19h.

→ L'USINE

Place des Volontaires 4
1204 Genève
+41 (0)22 781 34 90
www.wild.ch/usine

Historique du lieu/ architecture : autrefois cet espace n'était autre que l'usine genevoise de Dégrossissage d'Or. Depuis 1989, le rez-de-chaussée et les deux premiers étages du bâtiment, une friche industrielle du début du siècle située au bord du Rhône, sont mis gratuitement à disposition de l'association par les autorités de la Ville de Genève.

Mission/ programmation/ collection : l'Usine est un centre culturel et social alternatif, géré par une association à but non lucratif du nom d'Etat d'Urgences dans un premier temps, devenue L'Usine depuis 1998. Le côté le plus visible de L'USINE passe par la programmation de spectacles, manifestations, fêtes, concerts et expositions diverses. Une salle de concert modulable (entre 100 et 800 places) investie par deux entités distinctes et complémentaires (le KAB et PTR), un théâtre (le Théâtre de l'Usine), un cinéma (le Spoutnik), un espace d'art contemporain (la galerie Forde), une vaste salle pluridisciplinaire (le ZOO), un bistrot restaurant. Les programmations se caractérisent essentiellement par leur caractère jeune, indépendant, novateur, en marge - par choix ou par nécessité - du marché et des institutions.

Services : une salle de concert modulable, un théâtre, un cinéma, un café/restaurant, un disquaire... sont accessibles sur place.

Horaires : se référer aux horaires de la Galerie Forde.

→ MAMCO - CENTRE D'ART MODERNE ET CONTEMPORAIN

10, rue des Vieux-Grenadiers
1205 Genève
+41 (0)22 320 61 22
www.mamco.ch

Historique du lieu/ architecture : installés dans une belle usine désaffectée, acquise par la Ville de Genève, ses espaces ouverts au public se déploient sur 4000 m2, répartis en 70 lieux différenciés et aisément modulables (dont chacun porte un nom qui identifie son contenu). Le Mamco est ainsi, à ce jour, le plus grand, le plus jeune et le plus contemporain des musées d'art en Suisse. L'immeuble industriel dans lequel il est situé s'appelle désormais le Bac (Bâtiment d'art contemporain). Le Bac contient aussi le Centre d'Art Contemporain (qui développe complémentairement sa propre programmation d'expositions d'art actuel) et le Fonds municipal d'art contemporain.

Mission/ programmation/ collection : depuis son ouverture en 1994, le Mamco (Musée d'art moderne et contemporain) développe à Genève une forme nouvelle de musée consacré à l'art de notre époque.

Travaillant essentiellement sur l'art des quarante dernières années, le Mamco fonde son action sur douze principes :

– Conception du musée comme exposition globale faisant alterner, dans la continuité de la visite, expositions temporaires et présentations des collections permanentes – d'ailleurs fréquemment renouvelées, de façon vivante et souvent ludique.

– Variation des types d'espaces et d'accrochages évoquant l'histoire du musée et des styles d'exposition (de l'appartement du collectionneur au plateau brut du loft, en passant par la boîte blanche ('white cube'), la cellule, l'atelier, l'entrepôt, etc.
– Insistance sur les espaces dévolus à des présentations monographiques durables (Vito Acconci, Siah Armajani, Art & Language, Claudio Parmiggiani, Claude Rutault, Sarkis, etc.). Gestion évolutive, par les artistes eux-mêmes, de leurs espaces monographiques.
– Refus des regroupements traditionnels au profit d'ensembles thématiques confrontant souvent des artistes de générations, de cultures, de nationalités ou de problématiques différentes.
– Accent porté sur les artistes et les formes d'art situés à l'écart du marché et des courants dominants (rétrospectives Siah Armajani, Claudio Parmiggiani, Martin Kippenberger, Michael Snow, Jim Shaw, Bertrand Lavier, Noël Dolla, etc.).
– Préférence marquée pour des expositions temporaires nombreuses et diversifiées plutôt que pour des événements médiatiques et recherche historiographique centrée pour les années 60 – 70.
– Récurrence fréquente des mêmes artistes, présentés sous des phases ou des aspects différents de leur travail.
– Attention régulière aux scènes genevoises et suisses (Écart, John M Armleder, Helmut Federle, Sylvie Fleury, Rémy Zaugg, etc.).
– Stratégie de collection fondée sur d'importants dépôts privés (d'artistes et de collectionneurs suisses et étrangers) aussi bien que sur des achats, des commandes et des productions.
– Pratiques didactiques diversifiées (aussi bien à l'intention des adultes que des enfants) fondées sur un rapport vivant aux œuvres et développées notamment en étroit partenariat avec le Département de l'Instruction publique.
– Orientation éditoriale privilégiant les livres plutôt que les catalogues (écrits d'artistes, monographies, essais historiques et théoriques, etc.)
– Politique de collaboration professionnelle avec les institutions et acteurs locaux ainsi qu'avec un réseau international.
Le Mamco peut aujourd'hui fonder son travail sur une collection de 3000 œuvres dont plus de 1000 lui appartiennent. Il a réalisé en onze ans plus de 250 expositions.
Services : le Mamco publie des livres qui fournissent des voies de réflexion qui accompagnent son activité.
Horaires : ouvert du mardi au vendredi de 12h à 18h et le samedi et dimanche de 11h à 18h.
Tarifs : plein : 8.- CHF/ réduit: 4.- CHF et gratuit le premier dimanche du mois.

→ MUSEE D'ART ET D'HISTOIRE

Rue Charles-Galland 2
1206 Genève
+41 (0)22 418 26 00
www.ville-ge.ch

Historique du lieu/ architecture : construit entre 1903 et

1910 et conçu comme un musée encyclopédique, il réunit les témoins essentiels de toute la culture occidentale des origines à nos jours.
Mission/ programmation/ collection : trois grands secteurs comprennent l'archéologie (préhistorique, égyptienne, grecque, étrusque et romaine) ; les Beaux-Arts (quelque 400 tableaux datant de la Renaissance à nos jours ainsi que des sculptures d'artistes tels que Houdon, Pradier, Rodin, Arp, Giacometti, Tinguely, etc.) ; les arts appliqués (objets datant du Moyen Âge au XXe siècle : mobilier, textiles, étains, armes et armures). L'art contemporain est représenté par des artistes comme John M.Armleder ou Henry Moore... La vidéo aussi est représentée au musée.
Horaires : ouvert du mardi au dimanche de 10h à 17h.
Tarifs : pour les expositions temporaires : Plein : 5.- CHF/ réduit : 3.- CHF ; entrée libre aux collections permanentes.

➔ MUSEE RATH

Place Neuve
1204 Genève
+41 (0)22 418 33 40

Historique du lieu/ architecture : inauguré en 1826, cet édifice, offert aux genevois par Jeanne-Françoise et Henriette Rath, fut conçu par l'architecte Samuel Vaucher comme "un temple des muses", à la fois héritier du goût français et de la tendance italianisante.
Mission/ programmation/ collection : le Musée Rath, premier des musées suisses consacré aux Beaux-Arts, est le lieu des grandes expositions temporaires organisées par le Musée d'art et d'histoire. Actuellement, le musée expose aussi bien l'art international que l'art suisse. Au cours de la dernière décennie, il a montré plus de soixante expositions, en privilégiant l'archéologie et l'art ancien ("Trésors de l'Islam"), d'une part, et l'art moderne et l'art contemporain, d'autre part (rétrospectives "Bram van Velde", "Markus Raetz", etc.).
Services : visites commentées mercredi à 18h30 ou sur réservation.
Horaires : ouvert du mardi au dimanche de 10h à 17h et mercredi de 12h à 21h.
Tarifs : plein : 9.- CHF/ réduit : 5.- CHF. Entrée libre jusqu'à 18 ans.

➔ PALAIS DE L'ATHENEE SALLE CROSNIER

2, rue de l'Athénée
1205 Genève
+41 (0)22 310 41 02
www.societedesarts.ch

Historique du lieu/ architecture : fondée en 1776, la Société des Arts est la plus ancienne société genevoise à but culturel. Sur le modèle des anciennes Académies, la Société des Arts a développé une activité pluridisciplinaire en organisant des sections autonomes, les « Classes », correspondant aux principaux aspects de la créativité. Elle en compte actuellement trois, celle d'Agriculture et d'Art de Vivre, celle des Beaux-Arts et celle d'Industrie et de Commerce.
La Société des Arts est la plus ancienne association privée genevoise. Dans le vaste mouvement des Lumières qui a vu dès

le milieu du XVIIIe siècle la création de nombreuses sociétés dites d'émulation ou d'utilité publique, Genève a tenu sa place par la fondation, en date du 18 avril 1776, d'une « Société pour l'avancement des arts ».
Mission/ programmation/ collection : la Classe des Beaux-Arts décline ses activités dans 3 domaines : elle assure la promotion de jeunes artistes qui exercent leur activité à Genève, en leur offrant comme tremplin une exposition personnelle ou en groupe, à la Salle Crosnier du Palais de l'Athénée, et organise régulièrement des concours récompensés par différents prix. Elle offre aussi à ses membres des cycles de conférences abordant de thèmes culturels variés. Ces manifestations sont suivies de réceptions qui permettent des échanges personnalisés avec les conférenciers. Elle organise des visites ou des excursions en amenant ses membres à découvrir ou à revoir, sous la houlette d'experts, des lieux d'intérêts artistiques soit dans le patrimoine genevois, soit plus loin en Suisse ou en Europe.
Horaires : ouvert du lundi au vendredi de 14h à 18h et le samedi de 10h à 12h et de 14h à 18h.

→ VILLA BERNASCONI

3, rte du Grand-Lancy
1212 Grand-Lancy/Genève
+41 (0)22 794 73 03
www.lancy.ch

Historique du lieu/ architecture : ouverte au public dès 1997, la Villa Bernasconi se situe au cœur d'un parc magnifique et champêtre, bordé par une petite rivière, tout proche du centre de Genève. Maison de maître construite en 1826 par l'historien genevois Frédéric Soret, elle a été très longtemps la demeure de la famille Bernasconi avant d'être rachetée, le 31 mai 1991, par la Ville de Lancy. Son architecture, d'influence néo-classique, est celle de nombreux petits domaines à la périphérie de la ville.
Mission/ programmation/ collection : la Villa Bernasconi est un centre culturel qui abrite de nombreuses expositions d'art plastique, de bd, d'illustration de livres pour enfants, mais aussi des lectures d'auteurs contemporains, des rencontres autour de la danse, des collaborations avec les écoles d'art de Genève, des ateliers pour enfants, des stages de danse durant l'été. Elle est, avec son parc, le cadre d'un festival, Mai au parc, qui réunit arts de la scène (musique, théâtre, danse, numéros de cirque) et arts plastiques pour un grand week-end de fête au mois de mai de chaque année.
Depuis 2005, une collaboration avec l'Association pour la Danse contemporaine de Genève permet l'organisation des Danses d'été durant la première quinzaine de juillet, avec des spectacles en plein air dans le décor idyllique du parc Bernasconi.
L'ensemble de la programmation fait appel à des artistes contemporains et soutient la création régionale tout en accueillant des personnalités de la scène internationale.
Services : des visites commentées sont organisées pour les

écoles de la région, en collaborations avec le Département de l'instruction publique de Canton de Genève.
Pour les groupes qui le souhaitent, elles ont lieu sur rendez-vous.
Horaires : ouvert du mardi au samedi de 15h à 19h, le dimanche de 15h à 18h et sur rendez-vous.
Tarifs : entrée libre, sauf pour les Danses d'été et les lectures.

→ VILLA DUTOIT

5 chemin Gilbert-Troillet
1209 Petit-Saconnex Genève
+41 (0)22 733 05 75
www.villadutoit.ch

Mission/ programmation/ collection : la villa Dutoit propose 10 plages d'activités par année avec à chaque plage : une exposition accueillant entre 4 et 12 artistes, un concert classique, un concert Jazz, une conférence et une visite d'exposition par les artistes ouverte au public. Mais aussi : une présentation d'un programme de manifestations culturelles variées tout au long de l'année en synergie : Arts Plastiques, Musique classique, Jazz, Conférences, etc.
Les visites et présentations d'exposition sont faites par les artistes. Musiciens, 27 artisans au marché de Noël et 5 conférenciers ont rencontré les 3000 visiteurs venus à la Villa Dutoit.

Glaris / Glarus

→ KUNSTHAUS GLARUS

Im Volksgarten
8750 Glaris
+41 (0)55 640 25 35
www.kunsthausglarus.ch

Historique du lieu/ architecture : en 1952, le musée est fondé et s'installe dans le bâtiment Im Volksgarten que l'architecte Hans Leuzinger a construit avec Daniel Aebli. Deux pavillons de forme géométrique simple abritent la collection permanente et les expositions temporaires. L'association d'art de Glaris existe depuis 1870 et sa collection ne cesse de grandir. A partir de 1992, l'institution est professionnalisée par la création d'un poste de commissaire d'exposition.
Mission/ programmation/ collection : le musée organise régulièrement des expositions d'art contemporain sur des artistes importants qui déterminent la scène actuelle. L'accent est mis sur l'art suisse et international (Knut Asdam, Helen Chadwick, Monica Bonvicini, Peter Doig, Urs Fischer, Peter Land, Ugo Rondinone, Jim Shaw, Gillian Wearing, etc.).
Le musée joue aussi un rôle pionnier dans la découverte et la promotion de jeunes artistes talentueux. Tous les ans sont présentés des artistes qui exposent pour la première fois dans une institution muséale (Olaf Breuning, David Chieppo) ou des artistes étrangers qui exposent pour la première fois en Suisse (Eija-Liisa Ahtila, Hellen van Meene, Joanne Tatham & Tom O'Sullivan ou Julika Rudelius).
Services : service pédagogique : ateliers divers.
Horaires : du mardi à vendredi de 14h à 18h et du samedi au dimanche de 11h à 17h.
Tarifs : plein : 6.- CHF / réduit : 4.- CHF, enfants gratuits jusqu'à 16 ans.

Grenchen

→ KUNSTHAUS GRENCHEN

Freiestrasse 2
2540 Grenchen
+41 (0)32 652 50 22
www.kunsthausgrenchen.ch

Historique du lieu/ architecture : le Kunsthaus est fondé en 1972 par la ville de Grenchen et l'association d'art est porté aujourd'hui par la société d'art de Grenchen. Des parties de la collection, afin d'être plus accessible au public, sont temporairement présentées dans des lieux administratifs et publics de la ville.

Mission/ programmation/ collection : la collection se concentre sur les arts graphiques et a commencé avec l'achat d'œuvres internationales lors de la première Triennale d'art graphique à Grenchen en 1958. Cette spécialisation a permis au musée de se situer à la même hauteur que le cabinet d'art graphique de Bâle – le Kupferstichkabinett – et la collection graphique de l'Ecole Polytechnique de Zurich. La collection est constituée d'artistes internationaux, nationaux et régionaux. Le canton de Soleure acquiert dans le cadre du programme « Solodorensia » des œuvres d'artistes installés dans la région. Le musée possède aussi des tableaux pour compléter des œuvres graphiques (R. Iseli, F. Eggenschwyler, F.A. Wyss, P. Travaglini). A l'extérieur se trouve un jardin de sculptures.

Le musée montre jusqu'à six expositions collectives ou monographiques dont une qui représente la collection de l'institution.

Services : service pédagogique : ateliers. Le dimanche des familles : art pour parents et enfants (5 à 12 ans). Visite de l'exposition et de l'atelier du Kunsthaus.

Horaires : ouvert les mardi, mercredi, vendredi, samedi et dimanche de 14h à 17h et le jeudi de 17h à 20h.

Tarifs : entrée libre.

Gruyères

→ MUSEE HR GIGER

Château St-Germain
1663 Gruyères
+41 (0)26 921 22 00
www.hrgiger.info/museum-domain

Historique du lieu/ architecture : le Château St-Germain au XIe siècle faisait partie du Château de Gruyères. Depuis le XIIIe au XVIe siècle, le Comte de Gruyères aménage cette tour de défense en résidence et en siège des « Châtelains » (la famille St-Germain) représentants des Ducs de Savoie. Durant cette période, le bâtiment subit d'importantes transformations. En 1578, Jean-Rudolphe de St-Germain est exproprié à cause de son esprit réformateur et de démêlés avec le Bailli de Fribourg. Ainsi la bâtisse devient propriété des Excellences de l'Etat jusqu'en 1745. La famille de Jean-Pierre Gachet transforme la forteresse en demeure bourgeoise avec l'aménagement des chambres en style Louis XV.

En 1890, les Révérendes Sœurs d'Ingenbohl achètent et transforment le château en hospice. Par la suite, plusieurs honorables familles de Gruyères deviennent propriétaires du château jusqu'en 1998, date à laquelle l'artiste Hans Ruedi Giger achète et transforme le château en musée pour exposer ses propres œuvres.

Mission/ programmation/ collection : le musée présente la plus grande exposition permanente d'œuvres de HR Giger au monde. Au troisième étage est exposée sa collection privée (Fuchs, Dado, Sandoz, Coleman, Arman). Connu dans le monde entier comme le concepteur culte d'Alien, HR Giger est aussi un artiste visionnaire qui invite le visiteur à entrer dans son monde surréaliste, fantastique et surprenant.

Peintre, sculpteur, dessinateur, architecte d'intérieur, il est devenu une référence dans le monde du cinéma et de la musique en tant que créateur des pochettes de disques, des vidéos clips et des décors.

Services : un bar, une œuvre grandiose de l'artiste, a été créée dans l'aile gauche du musée qui rappelle l'art gothique mélangé aux visions futuristes et surréalistes de son créateur. Le bar est ouvert de 10h à 20h30.

Horaires : ouvert de mai à octobre, tous les jours de 10h à 18h et de novembre à avril du mardi à dimanche de 11h à 17h.

Tarifs : plein : 8.50 € / réduit : 5.50 €.

Kreuzlingen

→ KUNSTRAUM KREUZLINGEN

Bodanstrasse 7a
8280 Kreuzlingen
+41 (0)71 677 10 38
www.kunstraum-kreuzlingen.ch

Historique du lieu/ architecture : en 1993, la société d'art de Thurgovie acquiert le Kunstraum à Kreuzlingen pour poursuivre son activité artistique à but non lucratif. En 1997, le nouveau Kunstraum Kreuzlingen rouvre ses portes dans l'ancienne usine de la lingerie Schiesser. L'aménagement intérieur a été conçu par le designer Kaspar Mühlemann.

Mission/ programmation/ collection : le Kunstraum Kreuzlingen est un forum pour l'art contemporain et la créativité avant-gardiste. Cinq expositions thématiques par an sont complétées de discussions, conférences et visites guidées afin d'encourager l'échange entre artistes et public. Une équipe curatoriale se montre responsable pour la programmation et invite occasionnellement des commissaires pour concevoir des expositions.

Services : visites guidées privées sur demande : 100.- CHF / 1,5h
Service pédagogique : visite guidée gratuite pour des classes d'école.

Horaires : ouvert les jeudi et vendredi de 17h à 20h, samedi de 13h à 17h, dimanche de 11h à 17h.

La Chaux-de-Fonds

→ MUSEE DES BEAUX ARTS DE LA CHAUX DE FONDS

Rue des Musées 33
2300 La Chaux-de-Fonds
+41 (0)32 967 60 76
www.chaux-de-fonds.ch

Historique du lieu/ architecture : le Musée des beaux-arts de La Chaux-de-Fonds a son origine dans la création, en 1864, de la Société des Amis des Arts (aujourd'hui Société des amis du Musée), dont les buts étaient alors, par l'acquisition d'œuvres d'art et l'organisation d'expositions, de développer la culture artistique de la région et de "rendre l'art utile à l'industrie". Jusqu'à l'érection du bâtiment actuel inauguré en 1926, la collection, encore modeste, est présentée de manière permanente dès 1877 dans une salle du Collège industriel, puis à partir de 1910, dans les combles aménagés de l'Hôtel des postes. Le bâtiment actuel, classé monument historique, est remarquable par la polychromie de ses façades, l'ordonnance et clarté de ses salles et son décor. Il a été construit dans un style art déco de tendance néo-classique par l'architecte René Chapallaz et l'artiste Charles L'Eplattenier, maître du futur Le Corbusier à l'Ecole d'art appliqué de la Ville. Suite au legs de la Collection Junod en 1986, le musée est rénové puis agrandi de 1990 à 1993 par l'architecte Georges-André Haefeli. L'extension, souterraine, s'intègre de manière discrète et harmonieuse à l'édifice de 1926.

Mission/ programmation/ collection : la collection du musée se constitue autour du peintre romantique Léopold Robert, des artistes régionaux et suisses ainsi que la collection René et Madeleine Junod. A la fin des années 80 s'opère un recentrage sur de jeunes artistes romands qualifiés de "néo-géo", tels qu'Olivier Mosset, Jean-Luc Manz ou Christian Floquet, puis sur une seconde génération d'artistes " concrets " : Andreas Christen, Hans-Jörg Glattfelder. La collection reste néanmoins ouverte à l'art européen avec des œuvres de François Morellet et Günther Förg. La peinture comme signe et comme écriture est également l'une des thématiques de la collection qui se développe à travers les oeuvres de Mathieu, Capogrossi, Novelli, Ung No Lee, Zenderoudi, Mumprecht , Weiner. Des expositions temporaires d'art contemporains sont régulièrement organisées.

Services : une cafétéria, une bibliothèque et une salle vidéo sont accessibles au public.

Horaires : ouvert du mardi au dimanche de 10h à 17h.

Tarifs : plein : 8.- CHF/ réduit : 6.- CHF. Gratuit jusqu'à 16 ans et tous les dimanches matin.

Langenthal

→ KUNSTHAUS LANGENTHAL

Marktgasse 13
4900 Langenthal
+41 (0)62 922 60 55
www.kunsthauslangenthal.ch

Historique du lieu/ architecture : le bâtiment est construit de 1792 à 1815 pour héberger plusieurs institutions : magasins, taverne, espaces pour la mairie, une salle de classe, dépots et quelques cellules de prison. De 1893 à 1894, le bâtiment sert de mairie. En 1992, les deux étages supérieurs sont dédiés à des expositions. C'est en 1998 que le maire décide de transformer tout le bâtiment en maison d'art – le Kunsthaus. Le Kunsthaus Langenthal est porté par la société d'art de Haute-Argovie.

Mission/ programmation/ collection : le Kunsthaus Langenthal organise quatre expositions par an, axées principalement sur l'art contemporain suisse. Des expositions thématiques traitent de questions actuelles et les mettent en relation avec des positions historiques. Les grands espaces s'apprêtent idéalement à des expositions thématiques qui sont généralement accompagnées d'une publication scientifique. Le Kunsthaus est un lieu de rencontre interdisciplinaire, accentué par un service pédagogique qui met en relation les arts visuels avec la musique et la littérature.

Services : chaque dimanche à 11h a lieu une visite guidée publique. Service pédagogique: événements divers, ateliers d'enfants, accueil de classes scolaires.

Horaires : ouvert du mercredi au vendredi de 14h à 17h, nocturne le vendredi jusqu'à 19h et le week-end de 10h à 17h

Tarifs : plein : 8.- CHF / réduit : 5.- CHF.

Lausanne

→ MUDAC

Place de la Cathédrale 6
1005 Lausanne
+41 (0)21 315 25 30
www.mudac.ch

Historique du lieu/ architecture : le MUDAC, aussi appelé Maison Gaudard, a une histoire peu banale. Le bâtiment est en fait constitué de plusieurs habitations datant du Moyen Age qui ont été réunies au fil des siècles. Au XVIIe siècle, le lieutenant Gaudard fait harmoniser l'aspect de la façade nord, désormais deux fois plus large. Le MUDAC a aussi un passé de pensionnat et de siége de différentes administrations pour finir par être celui de la Préfecture. A cette époque, la ville de Lausanne examine la possibilité de donner un nouvel espace d'exposition au Musée des Arts décoratifs, qui se trouve trop à l'étroit là où il se trouve. Dés 1995 les travaux de rénovation commencent alors. Effectués par le bureau d'architectes Monot + Monot, les travaux sont terminés en 2000 et le musée inauguré en juin de cette même année. Parallèlement, le musée change de nom et devient le Musée de design et d'arts appliqués contemporains.

Mission/ programmation/ collection : toujours à l'écoute des nouvelles tendances, le MUDAC se veut un lieu d'échanges et de rencontres entre les différents domaines du Design, des arts appliqués et de l'art contemporain. Cette catégorisation de mineurs et majeurs, héritée des historiens d'art du XIXème siècle, est-elle encore pertinente ? Les artistes ne travaillent-ils pas pour des maisons de design ? Les designers n'ont-ils pas des préoccupations similaires à celles de l'art contemporain ? Quelles soient monographiques ou thématiques, les expositions du MUDAC tentent d'aborder ces problématiques sous

différents angles. N'hésitant pas à réunir objets commerciaux et objets d'art dans la même salle, le MUDAC étonne, défie, amuse. La collection du musée est constituée de design, de bijoux, d'estampes et d'œuvres textiles. Elle est parfois visible lors d'expositions temporaires.
Services : le MUDAC publie des catalogues d'expositions et des monographies.
Horaires : ouvert du mardi au dimanche de 11h à 18h.

→ MUSEE DE L'ELYSEE

Avenue de l'Elysée 18
1014 Lausanne
+41 (0)21 316 99 11
www.elysee.ch

Historique du lieu/ architecture : le Musée de l'Elysée est logé dans une élégante maison de maître construite entre 1780 et 1783 sur les terres du Petit-Ouchy par Henri de Mollins (1729-1811), officier suisse au service de la couronne de Hollande et major du contingent de Lausanne. Les travaux de construction furent dirigés par l'architecte Abraham Fraisse. Cette maison (baptisée ainsi en 1834), agrémentée d'un vaste parc, jouit d'une situation exceptionnelle dominant le lac. Parmi les hôtes célèbres de la maison, Mme de Staël y a donné en 1807 des représentations d'Andromaque, avec Benjamin Constant et Mme Récamier. En 1971, la maison est achetée par l'Etat de Vaud, entièrement restaurée et en partie aménagée en musée. Entre 1980 et 1985, elle accueille le Cabinet cantonal des estampes. Celui-ci est transféré à Vevey, au Musée Jenisch, après que Charles-Henri Favrod a fondé le Musée de l'Elysée, un musée pour la photographie, en octobre 1985.
Mission/ programmation/ collection : la richesse des collections, et les divers fonds déposés, permettent de percevoir la photographie dans ses cohérences historiques et esthétiques, depuis les premières images des années 1840 jusqu'à la photographie numérique. En l'espace de quinze ans, le musée a présenté près de 350 expositions dans ses propres murs et plus d'une centaine à l'extérieur. Le Musée de l'Elysée est entièrement consacré à la photographie. Il possède huit salles d'exposition réparties sur quatre étages, une boutique librairie, une salle de lecture et des collections d'une grande richesse. Plus de 100 000 tirages originaux des XIXe et XXe siècles y sont conservés : une collection unique de photographies interférentielles de Gabriel Lippmann et une sélection représentative d'œuvres importantes comme ceux de Francis Frith, Robert Capa, John Phillips ou Mario Giacomelli. Le musée a acquis de nombreux travaux de photographes contemporains, liant souvent sa politique d'achat à celle de ses expositions. Par un travail de recherche important, diverses collaborations avec les universités et d'autres institutions, le musée s'affirme comme un centre de compétence, en particulier sur le thème de la représentation du corps. Il propose un programme d'expositions d'envergure internationale qui rend compte de la multiplicité des pratiques photographiques.

Il présente des expositions thématiques et des rétrospectives historiques, des photographes célèbres ainsi que des jeunes talents. Le musée réalise également de nombreuses expositions hors les murs, en Suisse et à l'étranger, qui permettent de faire connaître ses collections. Le musée conserve environ 100 000 tirages originaux des XIXe et XXe siècles. Dès sa création, il a acquis de nombreux travaux de photographes contemporains, liant souvent sa politique d'achat à celle de ses expositions. Il a également suscité des travaux de commande importants qui sont venus enrichir les collections. De nombreux photographes ont contribué généreusement à la constitution de la collection par des dons.
Services : la librairie-boutique du musée offre un large choix de monographies, des ouvrages sur l'histoire et la technique de la photographie, des essais et des publications en langues étrangères. Elle propose aussi un vaste choix de cartes postales, de calendriers ainsi que les affiches et les publications du musée. Des séances de signatures y sont régulièrement organisées.
Horaires : le musée est ouvert 7 jours sur 7 de 11h à 18h.
Tarifs : plein : 8.- CHF. Entrée gratuite le premier samedi du mois.

→ MUSEE CANTONAL DES BEAUX ARTS

Palais de Rumine
Place de la Riponne 6
1014 Lausanne
+41 (0)21 316 34 45
www.beaux-arts.vd.ch

Historique du lieu/ architecture : en 1808, l'aquarelliste vaudois Louis Ducros propose la création d'une Ecole de dessin, et la mise à disposition à des fins d'étude de sa collection personnelle constituée d'oeuvres italiennes du 17e et 18e siècle, ainsi que de ses propres aquarelles. Ducros mourra sans que ses vœux se réalisent. Sa collection sera acquise par l'Etat de Vaud en 1816, constituant « les fonds primitifs de la collection lausannoise. »
En 1822, le peintre vaudois Louis Arlaud, consacre une partie de sa fortune à la construction d'un bâtiment assez vaste pour accueillir non seulement une Ecole de dessin mais aussi un Musée digne du rôle pilote que le Canton de Vaud entend jouer dans la Confédération.
Le Musée Arlaud est inauguré en 1841 et il expose, outre la collection de Ducros, des œuvres françaises et italiennes offertes par l'artiste, son premier directeur.
Le Musée actuel est logé au deuxième étage du Palais de Rumine, édifice de style néo-renaissance florentine édifié en 1904 sur la place de la Riponne, dans le centre historique de la Ville de Lausanne. Ce Palais abrite des collections d'histoire naturelle et d'archéologie, une partie de la bibliothèque cantonale et universitaire, le Parlement cantonal. Le Musée dispose de dix salles dont trois à éclairage zénithal et un hall de sculptures.
Mission/ programmation/ collection : une partie des collections du musée donne un aperçu de l'histoire de l'art géné-

rale dès l'Egypte ancienne. La période d'excellence s'étend de la seconde moitié du 18e siècle au post-impressionnisme, avec des ouvertures de qualité sur le cubisme et l'abstraction vaudois. La relation à l'art vivant est assurée par des acquisitions régulières qui, bien que maintenant un accent sur l'art suisse, ouvrent le musée aux grands courants de l'art international. Le Musée des Beaux-Arts conserve à ce jour 8400 objets. Ses collections se sont constituées par des achats, mais aussi grâce à la libéralité bourgeoise et aux dépôts à long terme d'organismes nationaux. L'initiative privée est à l'origine non seulement de la création du musée en 1841, mais aussi de l'enrichissement régulier de ses fonds et de l'ouverture à l'art international par des legs et des dons importants. La réputation du musée, au niveau national et international, repose sur quatre grands fonds.

Services : pendant la présentation d'expositions temporaires, la collection permanente n'est pas visible.

Horaires : ouvert du mardi au vendredi de 11h à 18h et du vendredi au dimanche jusqu'à 17h.

Tarifs : plein : 10.- CHF/ réduit : 8.- CHF.

Liestal

→ KULTURHAUS PALAZZO KUNSTHALLE

Poststrasse 2
4410 Liestal
+41 (0)61 921 14 13 (Kulturhaus)
+41 (0)61 921 50 62 (Kunsthalle)
www.palazzo.ch

Historique du lieu/ architecture : ce centre d'art est installé dans l'ancienne poste de Liestal construite en 1891/92 en style néo-renaissance. Ce bâtiment aux allures de palazzo, est l'œuvre de l'architecte Wilhelm Auer qui a notamment construit le parlement suisse à Berne. En 1978, suite au concept proposé par l'artiste Niggi Messerli, le bâtiment se transforme en maison de la culture, le Kulturhaus Palazzo AG.

Mission/ programmation/ collection : quatre expositions par an. Chaque exposition est accompagnée d'une publication.

Service : cinéma Sputnik, théâtre, concerts, spectacle vivant, événements divers, café.

Horaires : ouvert du mardi au vendredi de 14h à 18h et pendant les expositions du samedi au dimanche de 13h à 17h.

Locarno

→ LA RADA

Ex-scuole comunali
Piazzetta Remo Rossi
6600 Locarno
+41 (0)91 752 22 30
www.larada.ch

Historique du lieu/ architecture : active depuis 1996, l'association La Rada s'intéressait principalement à la musique d'avant-garde et à la poésie. Même si elle avait déjà programmé quelques expositions d'art contemporain, elle était plus reconnue pour son édition ainsi que pour son festival de poésie et ce n'est que depuis 2004, suite à un changement de direc-

tion, qu'elle s'y consacre presque exclusivement. 2004 amena également un changement de siège, vu que les anciens locaux de l'association, un ancien entrepôt du début du siècle, furent abattus. La Rada se situe actuellement dans l'ancienne école primaire de la ville de Locarno.
Mission, programmation/ collection : promouvoir l'art contemporain avec tous les enjeux qu'un territoire géographiquement excentrique peut engendrer. Dans sa programmation d'exposition personnelle, La Rada essaie de refléter sa situation d'appartenance à un territoire tampon entre la Suisse et l'Italie - dont l'influence culturelle sur le Tessin est très forte - en présentant surtout de jeunes artistes italiens et suisses (provenant aussi bien de la Suisse-alémanique, de la Suisse-romande, comme du Tessin) tout en s'ouvrant petit à petit à une programmation plus internationale. Tandis que ses expositions collectives, ses interventions dans l'espace public ainsi que ses collaborations (qu'elles soient locales ou extérieures) viennent répondre à une nécessité d'interroger et d'informer le public sur l'état actuel de l'art contemporain au Tessin.
Services : outre les espaces d'exposition, La Rada a aménagé une salle multimédia, dans laquelle se trouve une bibliothèque avec livres et magazines d'art, un point d'info où l'on peut trouver des renseignements sur ce qui se passe dans le reste de la Suisse ainsi qu'en Italie et son wondershop où sont en vente des éditions d'artistes qui ont collaboré avec La Rada.
Horaires : ouvert mardi, jeudi, vendredi et samedi de 15h à 19h.
Tarifs : entrée libre.

Lugano

→ MUSEO CANTONALE D'ARTE

Via Canova 10
6900 Lugano
+41 (0)91 910 47 80
www.museo-cantonale-arte.ch

Historique du lieu/architecture : situé au centre de Lugano, le Musée Cantonal d'Art a été inauguré en 1987, dans un des palazzi édifié après 1400, donnant sur la rue Canova, riche en témoignages artistiques.
Mission/ programmation/ collection : la collection du musée comprend des œuvres du XIXe et du XXe siècle, documentant les artistes du Ticino/Tessin, parmi eux Giovanni Battista Discepoli, Pier Francesco Mola, Giuseppe Antonio Petrini. Cependant d'autres nationalités sont aussi présentées, des artistes suisses, italiens et de pays étrangers qui ont eu un rôle important dans l'histoire de l'art moderne et contemporain, citons par exemple Degas, Renoir, Pissarro, Orozco, Dijkstra, Struth.
Depuis son ouverture, le Musée Cantonal d'Art a déjà réalisé plus de 90 expositions présentant des thèmes et des techniques artistiques contemporaines bien différents : de

peinture, sculpture, photographie, vidéo ou bien encore de l'architecture.

Services : la bibliothèque reste à la disposition des chercheurs, des étudiants et au public intéressé.

La vidéothèque rassemble aussi une grande quantité d'œuvres en rapport avec la création artistique et particulièrement liée à l'histoire artistique de Ticino.

Accueil/public, scolaires : le service médiation propose de nombreuses activités pour les scolaires et les étudiants, des visites guidées. Le samedi et le dimanche sont organisées des rencontres culturelles, pour les enfants, tels que des animations, des contes, des concerts ou des spectacles théâtraux.

Horaires : le musée est ouvert le mardi de 14h à 17h et du mercredi au dimanche de 10h à 17h.

Tarifs : pour la collection permanente : plein : 7 € / réduit : 5 €. Pour les expositions temporaires : plein : 10 €/ réduit : 7 €.

Lucerne / Luzern

Europaplatz 1 (KKL Level K)
6002 Lucerne
+41 (0)41 226 78 00
www.kunstmuseumluzern.ch

→ KUNSTMUSEUM LUZERN

Historique du lieu/ architecture : le secteur d'exposition de 2.100 m2 du nouveau musée de l'art Lucerne est sur le quatrième plancher du centre de culture et de congrès de Lucerne (KKL). Le musée se compose essentiellement de deux grands toits translucides, divisés selon une grille stricte par des cloisons de séparation de plâtre. Ce concept a été développé en collaboration avec l'artiste Rémy Zaugg. La division actuelle de l'espace produit des rangées d'un total de 19 salles. Les passages entre les différents espaces, avec une aire de 1.4 x 2.2 m, sont exceptionnellement petits - l'intention de Jean Nouvel était de créer une impression succincte de clôture dans les espaces. De grandes peintures sont déplacées par les image-portes grandes et étroites. L'abstraction extraordinaire des espaces de musée - plancher gris foncé, murs en béton et blancs polis, plafond lumineux - correspond au désir du musée.

Mission, programmation/ collection : la collection du musée d'art de Lucerne contient principalement des oeuvres suisses de la Renaissance à nos jours. Elle contient les peintures exemplaires du tôt et haut baroque, par Kaspar Meglinger et Franz Ludwig Raufft aussi bien qu'une série complète de portraits d'artistes du 18e siècle. L'art produit à partir des années 1970 est mis en avant dans la collection. Avec des travaux à côté des artistes internationaux, les artistes suisses sont très représentés tels qu'André Thomkins, Urs Lüthi, marcheur d'Aldo et Rémy Markowitsch. L'expansion de la collection a continué dans cette direction des années 80 jusqu'à aujourd'hui - Cragg Élégant, diacre de Richard, Boyle et Collines, mur de Jeff, ou Anton Henning et Rosemary Laing

pourraient être mentionnés en tant qu'exemples de qualité...
Services : une boutique est ouverte aux mêmes heures que le musée.
Horaires : ouvert du mardi au dimanche de 10h à 17h et le vendredi jusqu'à 20h.
Tarifs : plein: 10.- CHF/ réduit: 8.- CHF.

Martigny

➔ FONDATION PIERRE GIANADDA

Rue du Forum 59
1920 Martigny
+41 (0)27 722 39 78
www.gianadda.ch

Historique du lieu/ architecture : alors qu'il envisageait de construire un immeuble locatif sur une parcelle de terrain dont il était propriétaire, Léonard Gianadda, ingénieur, découvre au printemps 1976 les vestiges d'un temple gallo-romain, le plus ancien de ce type en Suisse.
Peu de temps après, le 31 juillet 1976, son frère cadet, Pierre, décède tragiquement. Très attaché à Pierre, Léonard décide de créer une fondation qui perpétuera son souvenir. Il érige autour du temple antique un centre culturel qui portera le nom de son frère. L'inauguration a eu lieu le 19 novembre 1978, jour où Pierre aurait fêté son quarantième anniversaire.
Mission/ programmation/ collection : la fondation rassemble le musée de l'automobile, le musée gallo-romain, le jardin des sculptures et la cour Chagall. Les jardins de la Fondation, ombragés et agrémentés de magnifiques plans d'eau, présentent d'intéressants vestiges gallo-romains (thermes et mur du temenos, l'antique enclos sacré).
On peut aussi y admirer une exposition permanente de sculptures par des artistes de renom, de différentes époques dont celle en cours.
Services : une boutique est accessible, où sont disponibles un large choix de livres d'art et objets en tout genre.
Horaires : ouvert de novembre à juin de 10h à 18h et de juin à novembre de 9h à 19h.
Tarifs : plein : 15.- CHF/ réduit : 8.- CHF.

Neuchâtel

➔ CAN : CENTRE D'ART NEUCHATEL

Rue des Moulins 37
2001 Neuchâtel
+41 (0)32 724 01 60
www.can.ch

Historique du lieu/ architecture : le CAN est installé au cœur de la ville dans un ancien bâtiment industriel du début du XXe siècle.
Mission/ programmation/ collection : inauguré en mars 1995, le CAN se veut un lieu de découverte et d'expérimentation. Il tient à encourager et faciliter la réalisation et l'exposition de nouvelles œuvres dans l'art contemporain (sans pour autant pratiquer de politique d'acquisition). Il présente ainsi des artistes suisses ou étrangers, jouant tous un rôle dans la production actuelle.

Services : parallèlement aux expositions, le Can propose un programme de conférences et de visites guidées. Une salle de projection avec programmation vidéo, une vidéothèque, une bibliothèque et une petite librairie d'art sont à la disposition du public. Le Can publie également des catalogues d'exposition et des livres d'art.
Horaires : ouvert du mercredi au samedi de 14h à 18h et le jeudi jusqu'à 20h.

Porrentruy

Rue Pierre-Péquignat 9
2900 Porrentruy
+41 (0)32 420 84 02

→ ESPACE D'ART CONTEMPORAIN (EAC)

Historique du lieu/ architecture : l'Espace d'Art Contemporain est installé au sein de l'Hôtel des Halles, construit au XVIIIe siècle, au cœur de la vielle ville. Le bâtiment classé servit de dépôt de grains, de marché et de poste et garda également l'étalon de mesure. En 1998, la république et canton du Jura achètent l'édifice pour y installer l'office de la culture et la bibliothèque cantonale. Dans la même année est créée au rez-de-chaussée l'association Espace d'Art Contemporain (les halles) qui inaugure les locaux avec une exposition monographique sur Balthasar Burkhard.
Mission/ programmation/ Collection : L'institution organise jusqu'à 5 expositions par an sur l'art contemporain régional, national et international. Le projet « échanges » de la Société Suisse des Beaux-Arts qui consiste à promouvoir l'échange interlinguistique, permet aux Halles de faire des expositions avec la Wallonie en Belgique. Le lieu met son accent sur les gestes artistiques inhabituels, inédits ou novateurs. Il se voit comme une plate-forme, un laboratoire pour l'expérimentation artistique en respectant les diverses formes des arts plastiques.
L'espace d'art publie selon les projets des catalogues d'expositions.
Services : visites guidées sur demande.
Horaires : jeudi de 19h à 21h, du samedi au dimanche de 14h à 18h et sur rendez-vous (+41 (0)32 465 84 02).
Tarifs : entrée libre.

Schaffhouse/Schaffhausen

Baumgartenstrasse 23
Postbox 617
8200 Schaffhouse
+41 (0)52 625 25 15
www.modern-art.ch

→ HALLEN FÜR NEUE KUNST

Historique du lieu/ architecture : le musée a pris place en 1983 dans les anciens murs d'une fabrique de textile située prés du Rhin. Il dispose depuis de 5500 m2 de surface d'exposition.
Mission/ programmation/ collection : le musée fut un exemple pour l'art européen et américain après 1965. Il présente de manière exemplaire les installations pionnières

de mouvements tels que l'Arte povera, le minimalisme ou encore l'art conceptuel. Il dispose également d'une très belle collection de peintures contemporaines, où figure des artistes comme Robert Ryman et Robert Mangold. Un grand nombre de sculptures de Bruce Nauman y sont aussi visibles.
Horaires : ouvert le samedi de 15h à 17h et dimanche de 11h à 17h.
Tarifs : plein: 14.- CHF/ réduit : 8.- CHF.

Sion

→ LE MUSEE CANTONAL DES BEAUX-ARTS DE SION

Place de la Majorie 15
1950 Sion
+41 (0)27 606 46 90
www.vs.ch/musees

Historique du lieu/ architecture : le Musée est établi dans le château de la Majorie. Citée dès le 13e siècle, la Majorie était, avec le château de Tourbillon, la résidence principale des évêques de Sion entre 1373 et 1788. L'état actuel du bâtiment résulte de trois interventions principales. Entre 1529 et 1536, la Majorie est reconstruite par l'évêque Adrien Ier de Riedmatten, dont les armoiries sont toujours visibles dans plusieurs salles. Du grand incendie de Sion en 1788 ne réchappent que les salles de réception, superposées dans la tour occidentale du palais épiscopal. Après avoir servi de caserne, le château a été restauré pour accueillir le Musée cantonal des beaux-arts, ouvert en 1947 pour abriter le legs du peintre Raphy Dallèves et les autres collections d'art de l'Etat du Valais.
Mission/ programmation/ collection : la collection reflète de manière chronologique les points forts de la fin du 18e siècle à nos jours. Des salles modernes alternent avec des espaces marqués par l'histoire du bâtiment. La première salle présente des acquisitions récentes. La dernière, qui offre un panorama saisissant sur la ville de Sion, accueille aussi des interventions d'art contemporain qui font objet d'une attention particulière (Varini, Förg, Mosset, Abramovic, etc.).
Le MCBA met régulièrement sur pied des expositions temporaires qui complètent les collections tout en les ouvrant sur d'autres horizons, y sont représentés des artistes cantonaux, nationaux et internationaux.
Services : visites guidées le 1er jeudi du mois à 18h30 ou sur demande. Service pédagogique : ateliers divers. Bibliothèque des quatre musées cantonaux dans la rue des châteaux 14 à Sion.
Horaires : ouvert du mardi au dimanche de 10h à 12h et de 14h à 18h. Fermé les 25 septembre et 1er janvier.
Tarifs : plein : 5.- CHF / réduit : 2,50.- CHF.

Soleure / Solothurn

→ KUNSTMUSEUM SOLOTHURN

Werkhofstrasse 30
4500 Soleure
+41 (0)32 624 40 00
www.kunstmuseum-so.ch

Historique du lieu/ architecture : le musée des Beaux-Arts a été fondé en 1902 et contient une petite collection d'art

ancien, des œuvres uniques de l'art international et surtout de l'art suisse du 19e et 20e siècle. La collection contient des œuvres majeures (importantes) de Ferdinand Hodler, Giovanni Giacometti, Hans Berger, Max Gubler, Frank Buchser, Cuno Amiet, ainsi que l'artiste soleurois Otto Frölicher. La programmation des expositions et des activités s'étend sur le XXe siècle jusqu'à l'art suisse le plus contemporain.
Mission/ programmation/ collection : le musée organise régulièrement des expositions sur l'art contemporain et l'art historique. La collection s'enrichit annuellement et possède des œuvres de Klimt, van Gogh, Matisse, Degas, Cézanne, Léger, Felix Vallotton, Jean Tinguely, Bernhard Luginbühl, Robert Müller, Meret Oppenheim, Daniel Spoerri, Dieter Roth, Markus Raetz, Roman Signer, Silvie Defraoui, René Zäch, Albrecht Schnider, Felix Stephan Huber, Uwe Wittwer, Monica Studer / Christoph van den Berg et autres.
Services : visites guidées, activités pédagogiques, café.
Horaires : ouvert du mardi au vendredi de 11h à 17h, et du samedi au dimanche de 10h à 17h.
Tarifs : entrée libre.

St.Gall / St. Gallen

→ NEUE KUNST HALLE ST.GALLEN

Davidstrasse 40
9000 St.Gall
+41 (0)71 222 10 14
www.k9000.ch

Historique du lieu/ architecture : la Kunsthalle St.Gall existe depuis 20 ans. Elle a changé son nom en Neue Kunst Halle au moment du déménagement au parterre de l'ancien dépôt municipal au centre ville. Des grandes vitres donnant sur la rue permettent aux piétons de regarder directement dans un magnifique lobby conçu par le duo artistique Lang/ Baumann. Cette entrée stylisée accueille tous les six mois un artiste à décorer la frise de la pièce (Annelise Coste, We You, 2006).Trois salles sont dédiées à des expositions.
Mission/ programmation/ collection : la Neue Kunst Halle St.Gall se consacre à l'art contemporain international en organisant plusieurs expositions par an, collectives et monographiques, sur des artistes nationaux et internationaux. L'institution essaie de tisser des liens entre des disciplines diverses afin de souligner les parallèles artistiques possibles.
Services : visites guidées pour des groupes jusqu'à 20 personnes (120.- CHF / 75,90 €). Petite bibliothèque et vente de catalogues d'expositions.
Horaires : ouvert du mardi au vendredi de 14h à 18h et du samedi au dimanche de 12h à 17h.
Tarifs : 3,20 €.

→ KUNSTMUSEUM

Museumstrasse 32
9000 St.Gall
+41.(0)71 242 06 71
www.kunstmuseumsg.ch

Historique du lieu/ architecture : construit par l'architecte Johann Christoph Kunkler en 1877, le Kunstmuseum de St.

Gall est un des plus beaux bâtiments classiques du patrimoine suisse.
Mission/ programmation/ collection : le musée abrite une très belle collection de sculptures et de peintures de la fin du Moyen âge à nos jours. L'Allemagne, la Suisse et la France y sont représentées.
Horaires : ouvert du mardi au vendredi de 10h à 12h et de 14h à 17h et le mercredi jusqu'à 20h. Samedi et dimanche de 10h à 17h.

Studen à Bienne / Studen bei Biel

→ FONDATION SANER STUDEN

Fondation pour l'art suisse
2557 Studen bei Biel
+41 (0)32 373 13 17
www.fondation-saner.ch

Historique du lieu/ architecture : la fondation Saner est fondée en 1990 avec le but de rendre public la collection du couple Saner, propriétaires de l'entreprise Saner AG. La fondation se trouve dans les mêmes locaux que l'entreprise qui s'est spécialisée dans la fabrication d'éléments d'horlogerie. En 1969, l'architecte Fritz Haller a construit le bâtiment. Un système modulable, USM, permet d'aménager et transformer les salles selon les besoins requis. Ainsi sont réunies sous le même toit production commerciale et fondation culturelle.
Mission/ programmation/ collection : la Fondation Saner Studen s'est spécialisée dans la collection d'art suisse du début du XXe siècle jusqu'à nos jours. Chaque année, une à deux expositions sont organisées. La collection contient des œuvres de Hodler, Amiet, Anker, Giacometti, Vallotton, etc. mais aussi Buri, Roth, Lohse, Spoerri, Ben Vautier, Bill, Raetz, Luginbühl... L'art concret zurichois fait objet d'une attention particulière.
Services : visites guidées privées, café pendant les horaires d'ouverture.
Horaires : ouvert le vendredi, de 17h à 20h, et le samedi et dimanche de 10h à 17h.
Tarifs : plein : 9.- CHF / réduit : 7.- CHF.

Thoun / Thun

→ KUNSTMUSEUM THUN

Hofstettenstrasse 14
3602 Thoun
+41 (0)33 225 84 20
www.kunstmuseum-thun.ch

Historique du lieu/ architecture : depuis 1949, le musée des Beaux-Arts de Thoun se trouve dans l'ancien grand hôtel Thunerhof non loin du centre ville au bord du lac de Thoun. Le bâtiment a été construit en 1870 comme premier hôtel de luxe de la ville par l'architecte Adolphe Tièche.
Mission/ programmation/ collection : la collection est constituée de plusieurs dons privés et de la collection de plusieurs départements municipaux et compte plus de 5 000 œuvres.
Le musée possède des oeuvres importantes d'artistes suisses

du XIXe et XXe siècle (Ferdinand Hodler, Cuno Amiet, René Auberjonois, Paul Klee, Johannes Itten, Varlin, Meret Oppenheim). La collection s'est concentrée particulièrement sur le Pop Art suisse et le photo-réalisme. Le musée s'enrichit continuellement avec des artistes d'art contemporain, tels que Balthasar Burkhard, Karim Noureldin, Claudia & Julia Müller, Lutz/Guggisberg, etc.
Tous les ans, l'institution propose de cinq à six expositions d'artistes régionaux et internationaux.
Services : une boutique et un café sont accessibles. Service pédagogique : visites et ateliers sur demande. La maison organise plusieurs événements interdisciplinaires (musique, littérature, lectures, etc.).
Horaires : ouvert du mardi au dimanche de 10h à 17h et le vendredi jusqu'à 21h.
Tarifs : plein : 8.- CHF/ réduit : 6.- CHF.

Turgovie / Thurgau

→ MUSEE DES BEAUX-ARTS DU CANTON DE THURGOVIE

La Chartreuse d'Ittingen
8532 Warth
+41 (0)52 748 41 20
www.kunstmuseum.ch
www.kartause.ch

Historique du lieu/ architecture : un ancien château fort à Ittingen est transformé par l'ordre des Augustins. De 1461 à 1848, le monastère appartient aux chartreux. En 1977, la fondation La Chartreuse d'Ittingen acquiert et restaure la demeure. En 1983, le canton de Thurgovie inaugure à l'intérieur du monastère deux musées, le Ittinger Museum – le musée d'Ittingen – et le musée des Beaux-Arts du canton de Thurgovie. Le musée d'Ittingen permet de visiter la Chartreuse et d'apprendre le mode de vie des moines. Le musée des Beaux-Arts abrite la collection cantonale qui s'élargit continuellement.
Mission/ programmation/ collection : la collection et le programme des expositions du musée se concentre sur trois thèmes : Aussenseiterkunst et les naïfs, des artistes de la région et l'art contemporain international avec des artistes importants comme par exemple Janet Cardiff, Jenny Holzer ou Joseph Kosuth. Le cadre historique du musée donne à la collection une intensité particulière avec une réputation d'un centre d'art exceptionnel.
Services : un hôtel de 67 chambres se trouve dans la Chartreuse d'Ittingen. Comme à l'époque des moines, le restaurant Mühle sert des repas constitués de produits faits maison. La Chartreuse possède une fromagerie, une boucherie et un jardin potager.
Horaires: ouvert du lundi au vendredi de 14h à 18h, et les samedis, dimanches et jours fériés, de 11h à 18h.
Tarifs : plein : 7.- CHF / réduit : 5.- CHF collection permanente, 10.- CHF / 7.- CHF avec exposition.

Vevey

➔ MUSEE JENISCH/ MUSEE DES BEAUX ARTS/ CABINET DES ESTAMPES

Avenue de la Gare 2
1800 Vevey
+41 (0)21 921 29 50
www.museejenisch.ch

Historique du lieu/ architecture : le musée doit son existence à Fanny Henriette Jenisch (St. Michaelis 1801 – Vevey 1881), femme de Martin Johan Jenisch, sénateur de Hambourg venu s'établir à Vevey. Elle légua 200 000 francs de l'époque pour la construction d'un "musée destiné à recevoir les collections scientifiques et artistiques, ainsi que la bibliothèque de la ville". Construit dans le style néo-classique par les architectes Louis Maillard et Robert Convert, le Musée Jenisch fut inauguré le 10 mars 1897. Un moulage de la frise du Parthénon orne sa façade principale. Entièrement consacré depuis 1987 aux beaux-arts, le musée fut rénové par l'architecte Hubert Vuilleumier de 1987 à 1989. Il accueille en 1987 les collections qui constitueront dès la réouverture en 1989 le Cabinet cantonal des estampes.

Mission/ programmation/ collection : le Musée Jenisch abrite deux institutions qui montrent leurs collections en alternance avec des expositions temporaires. Le Musée des Beaux-Arts possède des peintures représentatives des écoles suisse (Léopold Robert, Gleyre, Bocion, Hodler, Amiet, Vallotton, Steinlen, Soutter) et étrangère (Van Ostade, Courbet, Corot), ainsi que d'artistes modernes et contemporains (Giacometti, Morandi, Rouault, Picasso, De Staël, Bram van Velde, Ubac, Alechinsky, Scully).

Il réunit en outre une des plus belles collections de dessins anciens et modernes de Suisse (Carracci, Zuccari, Tintoretto, Veronese, Tiepolo, Goltzius, Van Ostade, Ingres, Bonnard, Balthus, Chillida) et abrite la Fondation Oskar Kokoschka, riche de plus de 800 originaux retraçant l'évolution de ce peintre.

Services : le Musée Jenisch met en vente les catalogues encore disponibles des expositions qu'il a présenté, ainsi qu'un grand nombre de cartes postales, cartes de vœux et affiches.

Horaires : ouvert du mardi au dimanche de 11h à 17h30.

Tarifs : plein : 8.- à 15.- CHF/ réduit : 4.- à 8.- CHF selon les expositions.

Winterthour / Winterthur

➔ FOTOMUSEUM - FONDATION SUISSE POUR LA PHOTOGRAPHIE

Grüzenstrasse 45
8400 Winterthour
+41 (0)52 234 10 30
www.fotostiftung.ch
www.fotomuseum.ch

Historique du lieu/ architecture : en 2002/2003 la Fondation suisse pour la photographie et le Fotomuseum Winterthur ont réhabilité une partie de l'aire industrielle « Schleife » pour y mettre en valeur les multiples aspects de la création photographique. Au total 1300m2 sont à disposition pour des expositions temporaires et des présentations de collections.

Mission/ programmation/ collection : créée en 1971, la Fondation suisse pour la photographie s'occupe de la conversation, de la mise en valeur et de la publication d'œuvres photographiques. Elle gère des archives et une collection qui réunissent à ce jour plus de 30 legs et environ 30 000 tirages originaux de photographes renommés. Elle organise chaque année quatre expositions dans ses propres locaux à Winterthour. La collection est complétée par des prêts permanents de la Confédération ainsi que par la collection d'œuvres internationales des Amis de la Fondation. Elle comprend un important volet consacré à la photographie des années 1930 à 1950, ainsi qu'un nombre croissant d'œuvres internationales représentatives du médium photographique.
Services : accessible aux personnes en chaise roulante. Des visites commentées sont proposées tous les mercredis à 18h30 et dimanche à 11h30. Une bibliothèque spécialisée est accessible du mardi au vendredi de 13h30 à 17h30. Il est possible d'acheter des nouveaux tirages de négatifs originaux en possession de la Fondation. Une boutique, un lounge et un café sont accessibles.
Horaires : ouvert du mardi au dimanche de 11h à 18h et mercredi jusqu'à 20h.
Tarifs : expositions temporaires : Plein : 9.- CHF/ réduit : 7.- CHF - Billets combinés : Plein : 15.- CHF/ réduit : 11.- CHF.

→ KUNSTHALLE WINTERTHOUR

Marktgasse 25
8400 Winterthour
+41 (0)52 267 51 32
www.kunsthallewinterthur.ch

Historique du lieu/ architecture : la Kunsthalle Winterthour existe depuis 1980 au centre ville historique. Elle se trouve au deuxième étage d'une maison ancienne, le Waaghaus – la maison de balance - qui a été construite en 1503 dans le style gothique tardif. L'intérieur de la maison contient des belles salles datant du XIXe siècle.
Mission/ programmation/ collection : le cadre historique du bâtiment donne au lieu un charme particulier pour exposer de l'art contemporain. L'institution propose une programmation d'expositions sur l'art contemporain international tout en respectant des artistes régionaux.
Services : depuis 2006, la Kunsthalle propose le „Dritte Raum" – la troisième pièce – aménagé par l'artiste suisse Mark Divo. Elle contient une bibliothèque et un choix de la Publish and be damned public library de Londres comprenant des publications d'artistes.
Dans cette pièce se trouve également le centre de documentation des artistes de la région de Winterthour.
Horaires : ouvert du mercredi au vendredi de 12h à 18h et du samedi au dimanche de 12h à 16h.
Tarifs : entrée libre.

→ MUSEE DES BEAUX-ARTS DE WINTERTHOUR

Museumstrasse 52
8400 Winterthour
+41 (0)52 267 51 62
www.kmw.ch

Historique du lieu/ architecture : l'association d'art de

Winterthour est fondée en 1848. Le musée des Beaux-Arts est construit en 1915 par les architectes locaux Rittmeyer & Furrer. Ce bâtiment classique est complété en 1995 par une annexe moderne signée par les architectes renommés Annette Gigon & Mike Guyer. Les deux constructions sont liées par une passerelle.

Mission/ programmation/ collection : le musée des Beaux-Arts de Winterthour possède une collection moderne remarquable avec des œuvres majeures de la seconde moitié du XIXe siècle jusqu'à l'art contemporain.

Dans le bâtiment ancien sont présentées des artistes du (post-)impressionnisme (van Gogh, Monet, Bonnard, Vallotton), du cubisme (Braque, Gris, Léger) et autres courant de la moderne classique (Kandinsky, Klee, Magritte, Miró) alors que le bâtiment de Gigon&Guyer expose l'art contemporain (Ellsworth Kelly, Marden, Mangold, Tuttle, Kounellis, Merz, Richter, Schütte, Martin, Bishop, Penone, Scheibitz, etc.). Parallèlement sont organisées tous les ans plusieurs expositions collectives ou monographiques.

Services : petite librairie du musée avec des catalogues, affiches et cartes postales. Service pédagogique : ateliers divers sur demande. Visites guidées publiques gratuites : un dimanche sur deux de 11h30 à 12h30 et chaque mardi de 18h30 à 19h30.

Horaires : ouvert du mercredi à dimanche de 10h à 17h ; mardi de 10h à 20h.

Tarifs : plein : 10.- CHF / réduit : 7.- CHF

Zoug / Zug

→ KUNSTHAUS ZUG

Dorfstrasse 27
6300 Zoug
+41 (0)41 725 33 44
www.kunsthauszug.ch

Historique du lieu/ architecture : le bâtiment est construit au XVIe siècle comme domaine rural. La demeure est continuellement transformée et enrichie au XVIIe et XVIIIe siècle et sert finalement de cave à vin. En 1983, la fondation des amis du Kunsthaus Zoug acquiert le lieu. En 1988, l'architecte zurichois Franz Füeg transforme la maison en musée qui est inauguré en mai 1990.

Mission/ programmation/ collection : la collection du musée est constituée d'artistes du surréalisme suisse et du Phantastik (Brignoni, von Moos, Seligmann, Tschumi, Kuhn, Wipf), des plastiques figuratives suisses (Aeschbacher, Geiser, Haller, Niederhäusern), de la moderne classique principalement viennoise (Klimt, Gerstl, Kokoschka, Kubin, Schiele, Hoffmann ; Kirchner, Macke, Schlemmer, Schwitters ; Gris, Léger, Villon), de la région suisse centrale et du canton de Zoug (Annen, Herzog, Hotz, Potthof, Strba, Villiger) ainsi que des projets artistiques de Kawamata, Tuttle et Pepperstein. Le musée organise plusieurs expositions par an.

Le Kunsthaus Zug mobile est unique dans le monde et sert de lieu d'expositions itinérant sous forme d'un container spécial avec une climatisation et un système de sécurité. Le groupe architectural Rheinflügel l'a conçu et construit à Hambourg. Depuis mai 2002 ce musée mobile est en route avec des projets artistiques et socioculturels en coopération avec des partenaires divers (communes, musées, écoles, maisons de retraites, etc.).
Services : visites guidées publiques et privées. Service pédagogique : ateliers, projets divers, formation continue etc. Bar pendant les horaires d'ouverture.
Horaires : ouvert du mardi au vendredi de 12h à 18h et le week-end de 10 à 17h.
Tarifs : plein : 15.- CHF / réduit : 12.- CHF.

Zurich / Zürich

→ CABARET VOLTAIRE

Spiegelgasse 1
8001 Zurich
+41 (0)43 268 57 20
www.cabaretvoltaire.ch

Historique du lieu/ architecture : Hugo Ball et Emmy Hennings, Hans Arp, Tristan Tzara et Marcel Janco ont commencé le 5 février 1916 leur cabaret dans le « bistrot artistique Voltaire », la petite salle du restaurant « Meierei ». « Bienvenue à tout le monde ! », en peu de temps s'est développé sur la scène le Hokuspokus dadaïste. Sous le nom de «Cabaret Voltaire», le bistrot est devenu le centre de gravité des émotions les plus folles. De là s'est répandu le mouvement dadaïste sur les autres villes. A Berlin, Cologne, New York, Paris, aux Pays-Bas, en Belgique, en Russie et au Japon, d'autres centres DADA ont vu le jour, développant une activité selon le bon mot dadaïste « Dada ruht nie. Dada vermehrt sich » - Dada ne se repose pas. Dada prolifère.
Mission/ programmation/ collection : le Cabaret Voltaire est un lieu commémoratif touristique et émotionnel à l'honneur du DADA historique. Mais il est aussi, et avant tout, un lieu vivant dont la programmation fait des liens entre DADA et des mouvements contemporains sociaux et culturels. Les événements se font souvent en coopération avec des artistes, curateurs ou d'autres cercles intéressés.
Services : le Cabaret Voltaire possède un café-bar et une bibliothèque DADA.
Horaires : le lieu d'exposition, le magasin, et la bibliothèque sont ouverts du mardi au vendredi de 13h à 19h (jeudi jusqu'à 23h) ; samedi et dimanche de 13h à 19h. Le cafébar est ouvert du mardi au vendredi de 11h30 à 19h (jeudi jusqu'à 23h) ; samedi et dimanche de 13h à 19h.
Tarifs : entrée libre. Selon les événements/expositions, une entrée à hauteur de 5.- CHF est demandée.

Eingang Karl Schmid Strasse
8092 Zurich/Zürich
+41 (0)44 632 40 46
www.museen-zurich.ch

→ COLLECTION D'ART GRAPHIQUE DE L'EPF

Mission/ programmation/ collection : deuxième collection graphique de Suisse comprenant principalement les maîtres européens du XVIe au XVIIIe siècle (Schongauer, Mantegna, Dürer, Rembrandt, Piranesi et Goya). En outre, art graphique imprimé et dessins suisses du XIXe et XXe siècle. Actuellement, la collection met l'accent sur l'art contemporain international et les jeunes artistes suisses.
Services : une cafétéria et une bibliothèque sont accessibles au public.
Horaires : ouvert du lundi au vendredi de 10h à 17h et le mercredi jusqu'à 19h. Visite de la collection possible sur rendez-vous.
Tarifs : entrée libre.

Löwenbräu-Areal,
Limmatstrasse 268
8005 Zurich/Zürich
+41 (0)21 447 70 00
www.museen-zuerich.ch

→ EXPOSITIONS DAROS

Mission/ programmation/ collection : depuis le printemps 2001, des espaces d'exposition sont ouverts au public au Löwenbräu-Areal de Zurich sous le nom de Daros Exhibitions. Ces expositions semestrielles rassemblent des œuvres thématiques ou monographiques des collections Daros. Tandis que la Daros Collection regroupe des œuvres internationales (essentiellement nord-américaines) de la seconde moitié du XXe siècle, Daros-Latinamerica se concentre sur l'art contemporain d'Amérique centrale et d'Amérique du Sud. Daros Contemporary développe également un modèle axé essentiellement sur la création artistique contemporaine en Suisse et dans le reste de l'Europe.
Outre les collections et les expositions organisées, Daros Art Education s'est fixé pour objectif de rapprocher les enfants et les jeunes de l'art contemporain.
Services : les catalogues sont en vente sur place.
Horaires : ouvert du jeudi au dimanche de 12h à 18h.
Tarifs : plein : 5.- CHF / Gratuit pour les autres.

ETH Zürich / EPF Zurich
Hönggerberg
8093 Zurich/Zürich
+41 (0)44 633 29 36
www.gta.arch.ethz.ch/
ausstellungen

→ GTA AUSSTELLUNGEN / INSTITUT D'HISTOIRE ET DE THEORIE DE L'ARCHITECTURE

Historique du lieu/ architecture : depuis 1975 l'Ecole polytechnique fédérale de Zurich prépare à « l'institut d'histoire et de théorie de l'architecture » des activités d'expositions qui sont ensuite montrées au siège principale de l'EPF cu dans le Campus Hönggerberg.
Mission/ programmation/ collection : Le «gta Ausstellungen» a comme vocation de montrer au public les résultats des recherches et des sciences du département de l'architecture. D'autre part sont présentées les positions architecturales actuelles et des thèmes historiques sur l'architecture suisse et étrangère. Les très riches archives d'architecture de l'EPF servent de base pour tous les projets de recherches et d'expositions. La maison d'édition de l'institut

publie des catalogues d'expositions.
Services : café à l'institut et librairie sur le Campus Hönggerberg.
Horaires : ouvert du lundi au vendredi de 8h à 20h, samedi de 8h à 12h ; fermé le dimanche.
Tarifs : entrée gratuite.

→ HAUS KONSTRUKTIV

Im ewz-Unterwerk Selnau
Selnaustrasse 25
8001 Zurich/Zürich
+41 (0)44 217 70 80
www.hauskonstruktiv.ch

Historique du lieu/ architecture : active depuis 1986, la Fondation pour l'art constructif et concret a investit cette ancienne centrale électrique sur les bords de la rivière Sihl en 2001. Témoin d'une architecture industrielle, le bâtiment initialement construit en 1898 a été réaménagé par Meier+Steinauer. L'espace d'exposition est réparti sur 5 étages et en 14 espaces tous différents laissant apparaître la structure d'origine.
Mission/ programmation/ collection : la fondation œuvre donc à promouvoir tant les arts plastiques que du design mais « concrets, constructivistes et / ou conceptuel. » Historiques ou ultra-contemporaines, monographiques ou collectives, les expositions récemment présentées étaient « ordering and seduction », « minimalist kitsch and visonnary collection », « utopie réalisée » en partenariat avec l'espace des arts concrets (Mouans sartoux – F), Sol Lewitt, Hamish Fulton, Richard Long, Robert Ryman.... Enfin, vous pourrez découvrir exposée en permanence 'la salle à manger Rockfeller' commandée par Henry Rockfeller à l'artiste suisse Fritz Glarner et réalisée en 1963.
Services : la fondation dispose d'une cafétéria et d'une librairie possédant un fonds exceptionnel.
Horaires : ouvert les mardi, jeudi et vendredi de 12h à 18h, le mercredi de 12h à 20h et les week-end de 11h à 18h.
Tarifs : plein : 10 € / réduit : 7 €.

→ HELMHAUS

Limmatquai 31
8001 Zürich
+41 (0)44 251 61 77
www.helmhaus.org

Historique du lieu/ architecture : Le Helmhaus – la maison du casque – est situé au centre ville au bord de la rivière Limmat dans un bâtiment classé datant du XIIIe siècle.
Mission/ programmation/ collection : Le Helmhaus montre des artistes contemporains suisses ou vivant en Suisse. Ne possédant pas une propre collection, le Helmhaus organise plusieurs expositions annuelles, monographiques ou collectives. Les expositions sont accompagnées d'un programme de conférences, discussions, débats etc. entre les artistes et le public.
Services : visites guidées, café et boutique.
Horaires : du mardi au dimanche de 10h à 18h et jeudi de 10h à 20h.
Tarifs : entrée libre.

➔ KUNSTHALLE ZÜRICH

Limmatstrasse 270
8005 Zurich/Zürich
+ 41 (0)44 272 15 15
www.kunsthallezurich.ch

Historique du lieu/ architecture : en 1985 est fondée l'association Kunsthalle Zürich afin de créer une institution d'art à Zurich qui, à côté du Kunsthaus Zürich, accueille des expositions temporaires sur l'art contemporain.

En mai 1996, la Kunsthalle ouvre ses portes dans le Löwenbräu-Areal, ancienne usine de brasserie dans laquelle se trouvent d'autres institutions (Migros museum, Daros Exhibitions) et galeries d'art contemporain (Hauser&Wirth, Presenhuber, Kilchmann, Bob van Oursouw, Caratsch de Pury & Luxembourg).

Mission/ programmation/ collection : la Kunsthalle montre de l'art contemporain d'importance internationale, mais qui n'est pas encore connu par le grand public. Particulièrement des expositions monographiques y sont présentées.

Les objectifs de la Kunsthalle sont de transmettre l'art à un grand public afin de souligner les évolutions artistiques et exemplaires de nos temps. Quelque fois, l'institution organise des expositions collectives et thématiques. Un programme riche d'événements accompagne les expositions (exposés, colloques, conférences, etc.).

Services : café et petit magasin muséal.

Horaires : ouvert du mardi au vendredi de 12h à 18h, nocturne le jeudi jusqu'à à 20h et le samedi et dimanche de 11h à 17h.

Tarifs : plein : 8.- CHF / réduit : 4.- CHF.

➔ KUNSTHAUS ZÜRICH

Heimplatz 1
8001 Zurich/Zürich
+41 (0)44 253 84 84
www.kunsthaus.ch

Historique du lieu/ architecture : le musée s'étend sur plus de 7000m2. L'art suisse de Hans Asper, Ferdinand Hodler, Rudolf Koller et Robert Zünd a emménagé dans les salles de l'Art nouveau, fidèlement restaurées par le bureau d'architectes Schnebli, Ammann, Menz avec le concours et l'expertise des Monuments historiques. Ces salles réunissent toutes les qualités de l'architecture classique européenne dans sa plus belle tradition – le sens de l'espace, des salles en enfilade, des proportions humaines, des effets de lumière naturels – avec la connaissance moderne analytique des moyens élémentaires d'agencement de la construction – formes de base stéréométriques, directions, parois et ouvertures. À partir de ce noyau datant de 1910, la construction a pu être agrandie sans problème : en 1925 par Karl Moser lui-même, en 1958 par les frères Pfister, en 1976 par Erwin Müller et jusqu'en 2005 par Tobias Ammann, auquel on doit également la nouvelle conception du vaste hall d'entrée. Au deuxième étage, qui comme le sous-sol, est maintenant aisément accessible grâce à l'ascenseur, les améliorations les plus notables sont la moquette fidèle à l'originale dans la salle principale, où sont maintenant réunis Segantini, Munch et un groupe de sculptures, et la loggia, dans laquelle ont été découvertes, contre toute attente, les structures murales d'origine aux coloris largement conservés. La grande salle d'exposition sans piliers, inaugurée en 1958, est avec ses 1300 mètres carrés la plus grande de ce type en pays germanophone.

Mission/ programmation/ collection : c'est en 1787 qu'un cercle d'artistes et de connaisseurs d'art se réunissait pour la première fois, qui allaient par la suite mener à la formation de la société des Beaux-Arts de Zurich. Après la construction du Musée en 1910 et plusieurs phases d'agrandissement, le Kunsthaus possède de nos jours une des collections d'art les plus importantes de la Suisse. La plus importante collection des oeuvres d'Alberto Giacometti est présentée au public depuis 2002 dans les nouvelles salles d'exposition. Les autres salles regroupent de précieuses sculptures et tableaux du Moyen Âge, des exquises peintures du baroque néerlandais et italien, ainsi que d'importantes oeuvres de la peinture suisse des 19e et 20e siècles, tels le plus fameux des ensemble d'œuvres de Johann Heinrich Füssli et de Ferdinand Hodler. Richard Paul Lohse, artiste du mouvement de l'art concret, et les artistes suisses contemporains comme Pipilotti Rist et Peter Fischli / David Weiss sont également représentés au Kunsthaus. À présent, la collection rassemble environ 4 000 tableaux, sculptures et installations datant du moyen age à l'art contemporain. La collection graphique compte environ 80 000 aquarelles, dessins et estampes, tandis que la collection photographique, en phase de grande expansion, regroupe environ 800 oeuvres. Les oeuvres d'art et les documents historiques de toutes catégories nécessitent des conditions adéquates et des soins particuliers. Au niveau international, les majeurs points d'intérêt sont la collection de tableaux d'Edvard Munch, qui est la plus grande en son genre hors de Norvège, d'importantes oeuvres de Picasso, les expressionnistes Kokoschka, Beckmann et Corinth, un remarquable ensemble d'œuvres de Claude Monet comprenant deux peintures aux nénuphars, ainsi que la salle dédiée á Chagall. Les courants artistiques plus récents sont représentés par Rothko, Merz, Twombly, Beuys, Bacon et Baselitz.

Services : boutique - librairie. Une bibliothèque est aussi accessible la semaine de 13h à 17h.

Horaires : ouvert du mardi au jeudi de 10h à 21h et de vendredi à dimanche de 10h à 17h.

→ MIGROS MUSEUM FÜR GEGENWARTSKUNST

Limmatstrasse 270
8005 Zurich/Zürich
+41 (0)44 277 20 50
www.migrosmuseum.ch

Historique du lieu/ architecture : en 1995, le migros museum ouvre ses portes dans le Löwenbräu-Areal, ancienne usine de brasserie dans laquelle se trouvent d'autres institutions (Migros museum, Daros Exhibitions) et galeries d'art contemporain (Hauser&Wirth, Presenhuber, Kilchmann, Bob van Oursouw, Caratsch de Pury & Luxembourg). Le migros museum est une institution d'art sous la tutelle de l'entreprise coopérative Migros, premier groupe du commerce en détail suisse. Chaque année, 1% du chiffre d'affaires de l'entreprise est directement imputé dans des œuvres sociales, éducatives, sportives, scientifiques et culturelles, dont le musée qui porte le nom de cette coopérative, fondée en 1925 par la figure emblématique Gottlieb Duttweiler.

Mission/ programmation/ collection : le musée possède 1300 œuvres de 700 artistes. La mission du musée est de montrer comment l'art contemporain participe au contexte social en proposant des échanges et une réflexion à travers l'œuvre elle-même. Ainsi le musée cherche toujours à intégrer sa collection dans l'environnement social.

L'institution organise entre 5 à 10 expositions par an sur la scène artistique internationale, des expositions monographiques aux collectives et thématiques.

Horaires : ouvert du mardi au vendredi de 12h à 18h et le jeudi jusqu'à 20h. Le week-end de 11h à 17h.

Tarifs : plein : 8.- CHF / réduit : 4.- CHF.

→ MUSEUM FÜR GESTALTUNG ZÜRICH

Ausstellungstrasse 60
8005 Zurich/Zürich
+41 (0)43 446 67 67
www.museum-gestaltung.ch

Historique du lieu/ architecture : le bâtiment des architectes Steger & Egender, construit en 1933, est un des exemples les plus marquants de la nouvelle construction en Suisse. Le musée fait partie de l'Ecole des Beaux-Arts de Zurich et est classé monument historique.

Mission/ programmation/ collection : le design, la communication visuelle, les nouveaux médias et l'architecture font partie de la programmation des expositions. Des événements dans le cadre des expositions et le service pédagogique complètent l'offre culturelle.

Les archives du musée de l'Ecole des Beaux-Arts contiennent un fonds important de collections d'affiches, du design et du graphisme ainsi que la collection des métiers d'art qui se trouve délocalisée dans le musée Bellerive au bord du lac de Zurich (www.museum-bellerive.ch).

Services : le musée possède un café et une boutique.

Horaires : du mardi au jeudi, de 10h à 20h, du vendredi au samedi de 10h à 17h.

Visite guidée publique dans le hall : mercredi à 18h30.

Visite guidée publique dans la galerie : mardi à 18h30.

Tarifs : Hall, plein : 9.- CHF / réduit : 6.- CHF ; Galerie: 7.- CHF /5.- CHF ; Les deux : 12.- CHF /8.- CHF.

→ SHEDHALLE

Rote Fabrik / Fabrique rouge
Seestrasse 395
8038 Zurich/Zürich
+41 (0)44 481 59 50
www.shedhalle.ch

Historique du lieu/ architecture : c'est dans une ancienne fabrique de soie à tisser dont les plans furent dessinés par l'architecte Carl Arnold Séquin en 1892 que le centre d'art ouvrit ses portes en 1980 après trois ans de travaux et différentes tensions.

Mission/ programmation/ collection : la Shedhalle occupe

une place très particulière parmi les différentes institutions d'art. Ce n'est ni une galerie, ni un musée, ni même un espace alternatif.
La Shedalle entend tenir la place d'un lieu de production, de communication, d'investigation ainsi que de discussion et de diffusion par l'intermédiaire de différents médias. La pratique curatoriale du lieu doit servir à redéfinir à chaque fois ce qu'est un espace d'exposition.
Services : une boutique est accessible au public.
Horaires : ouvert du mercredi au vendredi de 14h à 17h et le jeudi jusqu'à 21h. Samedi et dimanche de 14h à 20h.
Tarifs : plein : 5.- CHF / réduit : 3.- CHF.

→ WALCHETURM

Kanonengasse 20
8004 Zurich/Zürich
+41 (0)43 322 08 13
www.walcheturm.ch

Historique du lieu/ architecture : le Walcheturm a été fondé dans les années 1950 sous le nom de « l'association pour le soutien des beaux-arts » avec l'objectif de promouvoir des jeunes artistes suisses.
En 2002, le lieu rouvre ses portes dans l'ancien arsenal de la caserne derrière la gare principale de Zurich, avec des espaces d'exposition de plus de 500 m2. Ils sont divisés en trois parties : la salle d'exposition, la salle de projets et la salle d'événements, de conférence et de présentation.
Mission/ programmation/ collection : l'espace d'art Walcheturm est un lieu où l'art contemporain est présenté sous tous ses angles. La programmation fait place à l'art médiatique, au film, à la musique, au design, à l'architecture et aux performances en exposant des artistes nationaux et internationaux. 5 à 7 expositions collectives sont organisées par an alors que dans la salle de projet sont invités des artistes qui présentent leur travail in situ sous forme de work in progress, ce qui leur permet un retour immédiat de la part du public.
Le Walcheturm se comprend comme une petite institution innovatrice qui accompagne les artistes et soutient toute nouvelle forme artistique.
Services : tous les projets et expositions sont documentés sur le site internet
Horaires : ouvert du mercredi à samedi de 15h à 17h.
Tarifs : entrée libre à l'exception de quelques événements particuliers (concerts, performances).

→ WHITE SPACE

Espace d'art contemporain
Militärstrasse 76
Dans la cour, entrée par la Kanonengasse
8004 Zurich/Zürich
www.whitespace.ch

Historique du lieu/ architecture : White Space existe depuis 2004 et se comprend comme un espace expérimental d'art contemporain se situant dans la scène off zurichoise. Il est fondé en 2004 comme une association à but non lucratif par deux jeunes curateurs indépendants. Cet espace d'exposition se trouve dans la cour d'un quartier multiculturel et branché, non loin de la gare principale de Zurich.
Mission/ programmation/ collection : White Space mon-

tre dans l'intervalle de trois semaines des expositions collectives, thématiques et des monographies d'artistes suisses et étrangers. Occasionnellement, le lieu donne carte blanche à des jeunes institutions d'art contemporain et des curateurs invités. L'espace est également une plateforme qui accueille des performances, des projections de films et des conférences. Chaque vernissage est précédé du Künstlerkochen – le cuisiner d'artiste – qui accentue l'échange entre public et artiste, une des missions majeures du lieu.
Services : White Space offre un service de conseil pour les artistes au sujet des bourses, concours et de la documentation des œuvres. Il renseigne aussi les visiteurs sur les thèmes de l'art, de la théorie de l'art et répond à diverses recherches.
Horaires : ouvert du mercredi au vendredi de 18h30 à 20h30, et le samedi de16h à 18h.
Tarifs : entrée gratuite. Possibilité d'adhésion annuelle.

photos of
swimmers +
splash sound
track in ~~[illegible]~~
cadiz
health.

France

Belgique

Luxembourg

Suisse

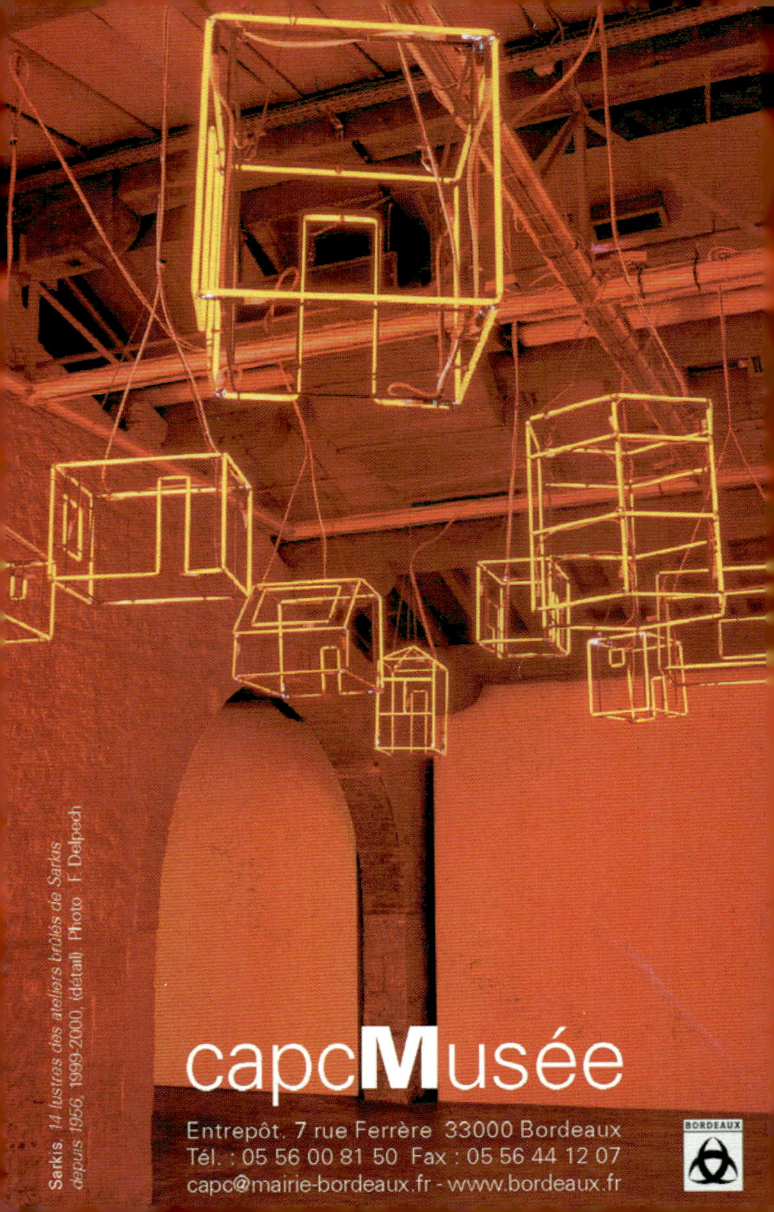

Sarkis, *14 lustres des ateliers brûlés de Sarkis depuis 1956*, 1999-2000, (détail). Photo : F. Delpech
capcMusée
Entrepôt. 7 rue Ferrère 33000 Bordeaux
Tél. : 05 56 00 81 50 Fax : 05 56 44 12 07
capc@mairie-bordeaux.fr - www.bordeaux.fr
BORDEAUX

xembourg
sée d'Art Moderne
and-Duc Jean

MUDAM
LUXEMBOURG

RT MODERNE
ND-DUC JEAN
UILLET 2006

Tél + 352 45 37 85 1
Fax + 352 45 37 85 30

www.mudam.lu
info@mudam.lu

Parc Dräi Eechelen
Luxembourg

MUSEE D
GR
OUVERTURE

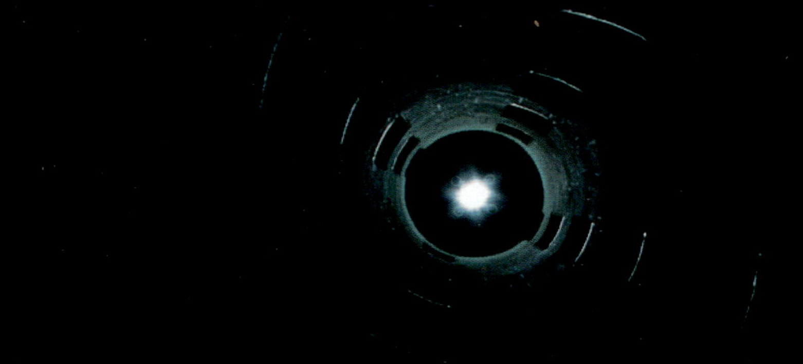

cosmogonies

25.02 – 22.04 2006 Isabelle Arthuis, Soyoung Chung, Attila Csörgö, Julien Discrit, Vidya Gastaldon, Jean-Michel Wicker

ulien Discrit, *Sans titre* (détail), 2005, caisson lumineux, 150 x 100 cm. © Julien Discrit

Prochaines expositions :
Carte blanche à un(e) commissaire invité(e)
13 mai – 22 juillet 2006
Exposition personnelle d'Olivier Nottellet
16 septembre – 25 novembre 2006

Résidences :
Résidence d'artiste (de juillet à mars)
Résidence de commissaire d'exposition étranger (d'avril à juin)

Production d'œuvres et co-édition de catalogues
Conférences, rencontres, performances…
Ateliers de pratique artistique pour les enfants

Noisy-le-Sec, une ville à vivre passionnément

la galerie
VILLE DE NOISY-LE-SEC

Centre d'art contemporain
1 rue Jean-Jaurès
93130 Noisy-le-Sec
T : +33 (0)1 49 42 67 17
F : +33 (0)1 48 46 10 70
lagalerie@noisylesec.fr

Entrée libre

Horaires d'ouverture
Du mardi au vendredi de 14 h à 18 h
Samedi de 14 h à 19 h

La Galerie, Centre d'art contemporain, est financée par la Ville de Noisy-le-Sec, la Direction régionale des Affaires culturelles d'Île-de-France - Ministère de la Culture et de la Communication, le Conseil général de la Seine-Saint-Denis et le Conseil régional d'Île-de-France.
La Galerie est membre du réseau tram

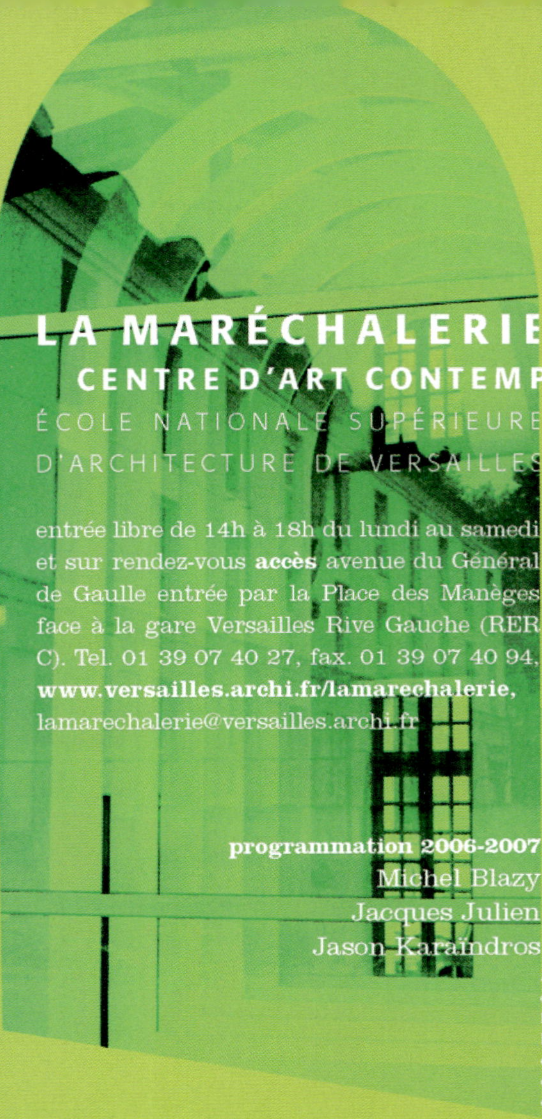

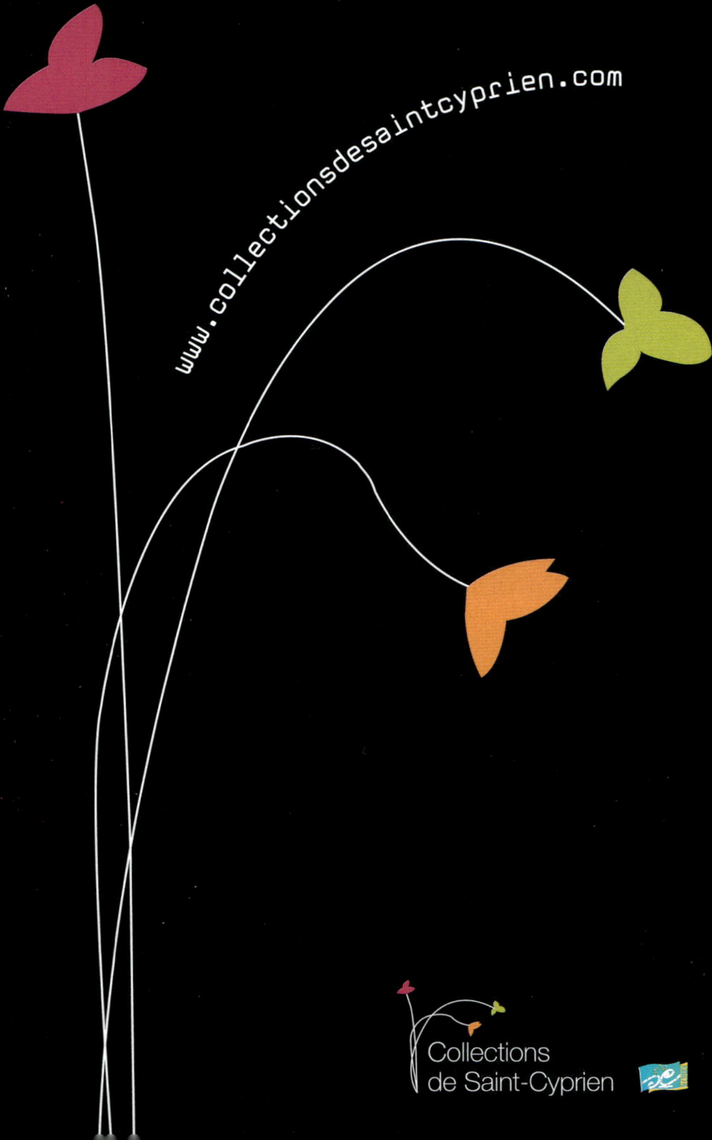

www.collectionsdesaintcyprien.com

Collections
de Saint-Cyprien

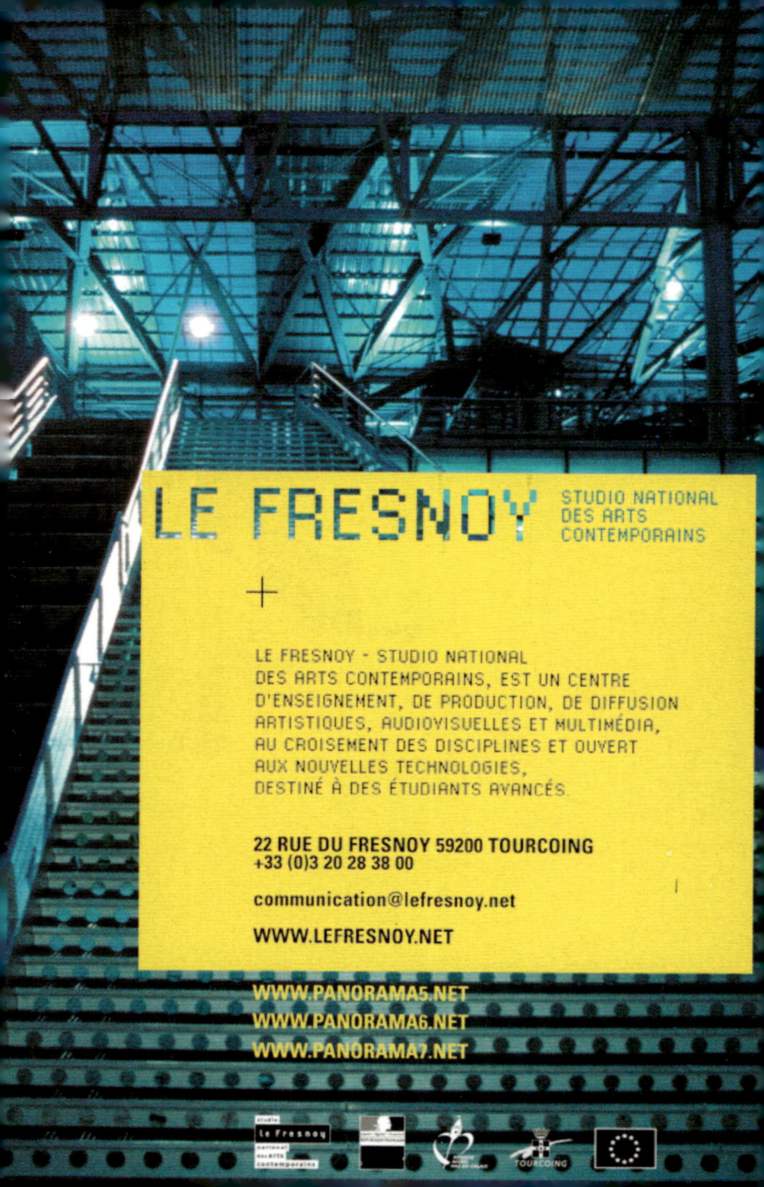
LE FRESNOY
STUDIO NATIONAL DES ARTS CONTEMPORAINS
LE FRESNOY - STUDIO NATIONAL DES ARTS CONTEMPORAINS, EST UN CENTRE D'ENSEIGNEMENT, DE PRODUCTION, DE DIFFUSION ARTISTIQUES, AUDIOVISUELLES ET MULTIMÉDIA, AU CROISEMENT DES DISCIPLINES ET OUVERT AUX NOUVELLES TECHNOLOGIES, DESTINÉ À DES ÉTUDIANTS AVANCÉS.
22 RUE DU FRESNOY 59200 TOURCOING
+33 (0)3 20 28 38 00
communication@lefresnoy.net
WWW.LEFRESNOY.NET
WWW.PANORAMA5.NET
WWW.PANORAMA6.NET
WWW.PANORAMA7.NET
TOURCOING